Lukas Thommen

Sparta

**Verfassungs- und Sozialgeschichte
einer griechischen Polis**

2., erweiterte Auflage

J. B. Metzler Verlag

Der Autor
Lukas Thommen ist Professor für Alte Geschichte an der Universität Basel und wissenschaftlicher Mitarbeiter der Universität Zürich.

Gedruckt auf chlorfrei gebleichtem, säurefreiem und alterungsbeständigem Papier

Bibliografische Information der Deutschen Nationalbibliothek
Die Deutsche Nationalbibliothek verzeichnet diese Publikation in der Deutschen Nationalbibliografie; detaillierte bibliografische Daten sind im Internet über http://dnb.d-nb.de abrufbar.

ISBN 978-3-476-04330-6
ISBN 978-3-476-04331-3 (eBook)

Dieses Werk einschließlich aller seiner Teile ist urheberrechtlich geschützt. Jede Verwertung außerhalb der engen Grenzen des Urheberrechtsgesetzes ist ohne Zustimmung des Verlages unzulässig und strafbar. Das gilt insbesondere für Vervielfältigungen, Übersetzungen, Mikroverfilmungen und die Einspeicherung und Verarbeitung in elektronischen Systemen.

J. B. Metzler, Stuttgart
© Springer-Verlag GmbH Deutschland, 2017

Einbandgestaltung: Finken & Bumiller, Stuttgart (Foto: akg-images)
Satz: pp030 – Produktionsbüro Heike Praetor, Berlin

J. B. Metzler ist Teil von Springer Nature
Die eingetragene Gesellschaft ist Springer-Verlag GmbH Deutschland
www.metzlerverlag.de
info@metzlerverlag.de

Inhalt

Vorwort
Vorwort zur zweiten Auflage

I. **Grundlagen** 1

    Einleitung 1
    Das Thermopylen-Epigramm 2
    Quellenlage 6
    Rezeptions- und Forschungsgeschichte 8
    Topographie Spartas und Lakoniens 13

II. **Anfänge** 19

    Landnahme 19
    Expansion, Kolonisation und Messenische Kriege 22
    Lykurg 27
    Die Große Rhetra 30
        Datierung und Überlieferung 30
        Könige 33
        Geronten 33
        Volksversammlung 34
        Ordnungsstiftung und Verfassungsentwicklung 36
    Heeres- und Bürgerverband zur Zeit des Tyrtaios 37
    Soziale und kulturelle Verhältnisse zur Zeit des Alkman 39

III. **Der Peloponnesische Bund** 45

    Konstituierung und Vertragswerk 45
    Außerpeloponnesische Unternehmungen und Dorieus 48
    Die Bundesversammlung 50

IV. **Entwicklung von Königtum und Ephorat** 53

    Chilon 53
    Die Sicherung der Königsfolge 55
    Kleomenes und Demaratos 56
        Kleomenes' Anfänge 56
        Einfälle in Athen 57
        Das Kommandogesetz 58

Gorgo 59
Eingriffe in Argos und Aigina 60
Demaratos' Absetzung 61
Kleomenes' Ende 62
Fazit 63

V. Die Perserkriege 65

Entscheidungssituationen 65
Eurybiades 67
Leonidas 69
Pausanias und Leotychidas 70

VI. Die Pentekontaetie 77

VII. Verfassung 81

Das politische System 81
Könige 82
    Ursprung und Besetzung 82
    Vorrechte und Aufgaben 83
    Einbindung 85
Gerusia 86
Ephoren 89
    Ursprung 89
    Aufstieg 90
    Besetzung 91
    Aufgaben 92
Apella 94
Mikra Ekklesia 97

VIII. Gesellschaft 99

Heloten 99
Periöken 101
Die Bürgerschaft als Homoioi 104
Olympiasiege 108
Gedenkstätten 109
Xenelasia 110
Erziehung/Agoge 112
Krypteia 114
Syssitien 115
Spartanische Frauen 117
    Antike und moderne Bilder 117
    Erziehung und Bildung 118
    Sport und Nacktheit 119
    Kleidung 120
    Eheschließung 121
    Partnerschaft und Nachkommen 122

        Erbe und Landbesitz   122
        Haushaltführung   123
        Fazit   124
Geld   125
Kinadon und die minderberechtigten Gesellschaftsgruppen   126
        Verschwörungen   126
        Hypomeiones, Mothakes, Syntrophoi, Nothoi   127
        Neodamoden   128
        Epitadeus   128

IX. Die Armee   131

X. Der Peloponnesische Krieg   135

    Charakteristika   135
    Kriegsgrund   136
    Der Archidamische Krieg   136
    Der Nikiasfriede   138
    Agis und Gylippos   139
    Der Dekeleisch-Ionische Krieg   139
    Lysander   141

XI. Nauarchen und Harmosten   145

    Nauarchen   145
    Harmosten   147

XII. Die spartanische Hegemonie   149

XIII. Söldnerführer   155

    Agesilaos   156
    Archidamos   156
    Agis III.   157
    Thibron   157
    Akrotatos   158
    Kleonymos   158

XIV. Areus und der hellenistische Königshof   161

XV. Agis, Kleomenes und die Reformierung Spartas   163

    Agis   163
    Kleomenes   165
    Frauen im Umkreis der hellenistischen Königshäuser   167
    Zwischen Makedonien und Aitolien   169

XVI. Nabis und der Achaiische Bund   173

    Nabis   173
    Zwischen Achaia und Rom   175

XVII. Eurykles und das römische Sparta   177

    Eurykles und seine Dynastie   177
    Verfassung und Gesellschaft   180

Anhang   183

    Karten   184
    Königsliste (6. bis 3. Jahrhundert v. Chr.)   187
    Zeittafel   188
    Quellen   190
    Bibliographie   193
    Abbildungsverzeichnis   228
    Register   229

Vorwort

Dieses Buch setzt das Thema meiner 1995/96 am Center for Hellenic Studies in Washington D. C. zum Druck fertiggestellten Basler Habilitationsschrift *Lakedaimonion politeia. Die Entstehung der spartanischen Verfassung* (F. Steiner Verlag, Stuttgart 1996) fort und profitiert von verschiedenen Lehrveranstaltungen über Sparta, die ich seither an den Universitäten Basel und Zürich gehalten habe. Martin Dreher (Magdeburg) und Beat Näf (Zürich) haben Teile einer früheren Version des Manuskriptes gelesen und viele wertvolle Verbesserungen angeregt, wofür ich ihnen herzlich danke. Dank gebührt auch den studentischen Hilfskräften des Seminars für Alte Geschichte der Universität Basel für die Beschaffung zahlreicher Bücher: Christoph Carpenter, Chantal Hengartner und Daniel Morf. Schließlich danke ich Oliver Schütze vom Verlag J. B. Metzler für die engagierte und sorgfältige redaktionelle Betreuung des Manuskriptes.

Basel/Mannheim, November 2002   *Lukas Thommen*

Vorwort zur zweiten Auflage

Seit der Entstehung dieses Buches vor fast fünfzehn Jahren wurde die Sparta-Forschung kräftig vorangetrieben. Die zweite Auflage gibt mir die Gelegenheit, am ursprünglichen Text verschiedene Ergänzungen und Verbesserungen vorzunehmen. Zudem wird die Bibliographie nochmals deutlich erweitert. Da das Buch nach wie vor auf Anmerkungen verzichtet, sind auch vermehrt Hinweise auf die Autorschaft grundlegender Forschungen bzw. bestimmter Forschungsthesen angefügt. Der Aufbau des Buches, der sich insbesondere an den Bedürfnissen und Themen von universitären Sparta-Seminaren orientiert, wurde unverändert belassen. Ich danke Oliver Schütze vom Metzler-Verlag für die Möglichkeit, dieses Grundlagenwerk in aktualisierter Form neu auflegen zu können – sowie für die technische Hilfe, die er dabei geleistet hat.

Basel/Zürich, August 2016   *Lukas Thommen*

I. Grundlagen

Einleitung

Sparta gilt neben Athen als zweite mächtige Polis der griechischen Staatenwelt, wobei die beiden Städte schon immer exemplarisch als Vertreter zweier verschiedener Gesellschaftssysteme und Verfassungsmodelle gegenübergestellt wurden. Auf eine kurze Formel gebracht: hier der Militärstaat – dort die Demokratie bzw. (mit Karl Popper) die ›geschlossene‹ und die ›offene‹ Gesellschaft. Die politische Stabilität und militärische Leistungskraft Spartas wurden schon von den Zeitgenossen zu einem Ideal erhoben und auf die staatliche Erziehung zurückgeführt. Xenophon pries am Anfang des 4. Jahrhunderts die militärischen Tugenden der Spartaner, und Platon sah wenig später in der spartanischen Erziehung und Disziplin ein Mittel, um dem Menschen zu einem besseren Leben zu verhelfen. Sparta wurde schließlich im Verlaufe des 4. Jahrhunderts von Aristoteles zum Modell einer ›gemischten Verfassung‹ erhoben, die sowohl monarchische als auch aristokratische und demokratische Elemente (Könige, Geronten, Ephoren/Volksversammlung) besessen habe. In dieser Form war es später auch für die Römer vorbildhaft, wie besonders Polybios (Buch 6) verdeutlicht.

Sparta gilt bis heute aber auch als Inbegriff eines schon in der Frühzeit gesetzlich streng regulierten und rein militärisch ausgerichteten Staates. Die ›Gleichheit‹ der spartanischen Bürger, die in der Bezeichnung *hómoioi* (Gleichgestellte) zum Ausdruck kommt, hat sowohl in der Antike als auch in der Moderne immer wieder fasziniert. Mit ihr wurde auch das gemeinschaftliche Leben der Männer Spartas in Form eines permanenten ›Feldlagers‹ verbunden; nach gängiger Auffassung schlürften die Spartiaten nach dem täglichen Training in ›Zeltgemeinschaften‹ (Syskenien) ihre karge Blutsuppe, die als Hauptnahrungsmittel gedient habe, um dann auf Schilfrohr Schlaf zu finden. Friedrich Schiller (*Die Gesetzgebung des Lykurgus und Solon*, 1790) bemerkte lakonisch, also in der sprichwörtlich gewordenen Knappheit der Spartaner: »Die Spartaner hätten gut tapfer zu sein, weil es kein so großes Übel wäre, zu sterben, als ihre schwarze Suppe zu essen.« Die Vorstellung von der strikten Regulierung sämtlicher Lebensbereiche und ihrer Ausrichtung auf den Staat fand im 20. Jahrhundert ihren Niederschlag in der Bezeichnung des spartanischen Gemeinwesens als Kosmos. Dazu gehört insbesondere auch die staatliche Erziehung der Knaben und Jünglinge, die viel gerühmte Agoge, bei der die gemeinschaftlichen Werte und Gehorsam eingeübt wurden.

Sparta verkörpert somit einen Mythos, den es allerdings immer wieder zu hinterfragen gilt. Dies betrifft auch die für die spartanische Geschichte oft gewählten Epochengrenzen, die den Blick für zeitlich übergreifende Entwicklungen versperren. Moderne Darstellungen enden – Xenophon folgend – meistens mit den Niederlagen der Spartaner gegen die Thebaner bei Leuktra und Mantineia (371/362), weil die Stadt danach nicht mehr an die frühere Bedeutung in der griechischen Poliswelt anknüpfen konnte. Zudem wird für die hellenistische Zeit allgemein mit einer Dekadenz der oft bewunderten spartanischen Lebensweise gerechnet. Die Spartaner haben im mittleren 3. Jahrhundert aber entscheidende Reformmaßnahmen getroffen, welche die vermeintlich altspartanische Lebensweise wieder einschärfen sollten. Diese trugen in der Folge wesentlich zur Traditionsbildung über Sparta bei. Die Betrachtung der nachklassischen Epochen bringt daher wichtige Erkenntnisse über die Formierung des Mythos Sparta. Darüber hinaus wird aber auch exemplarisch deutlich, wie sich eine griechische Stadt zwischen den hellenistischen Reichen behaupten musste, wie der Übergang in das Römische Reich gestaltet wurde und welche Auswirkungen dies auf das politische und kulturelle Leben hatte.

Die Betrachtung Spartas soll im vorliegenden Studienbuch dazu genutzt werden, griechische Geschichte an einem prägnanten Beispiel einer Polis zu verfolgen, und zwar durch das ganze erste vorchristliche Jahrtausend hindurch, seit dem Neuanfang der griechischen Kultur nach dem Untergang der großen Burgen (Mykene, Tiryns, Pylos) um 1200 bis zur römischen Eroberung und Aufnahme ins römische Provinzialsystem im Jahre 146. Der zeitliche Rahmen wird aber darüber hinaus mit den Eurykliden bis ins 1./2. Jahrhundert n. Chr. erweitert, um in Grundzügen den Wandel und die Kontinuität der griechischen Polis in römischer Zeit weiterzuverfolgen. Ziel des Buches ist es, Sparta nicht als monolithisches Gebilde, sondern als ein im steten Wandel befindliches Gemeinwesen zu betrachten. Seine Eigenheiten sollen in ein übergeordnetes Raster der antiken Geschichte eingeordnet und damit das Bild vom erstarrten Kosmos der klassischen Zeit überwunden werden.

Das Buch versucht, die systematische Darstellung von politischen Institutionen und gesellschaftlichen Gruppen mit einer chronologisch aufbauenden Grundstruktur historischen Geschehens zu verbinden. Dadurch sollen einerseits die politischen und sozialen Entwicklungen verdeutlicht, andererseits aber auch einzelne Sachphänomene in sich geschlossen und zeitlich übergreifend dargestellt werden. Dies hat zur Folge, dass die vorgenommene Kategorisierung in Verfassung, Gesellschaft und Armee nicht immer strikt eingehalten werden kann und z. T. auch zeitliche Vor- oder Rückgriffe nötig sind. Das chronologische Grundprinzip erlaubt hingegen, die Interdependenz von Innen- und Außenpolitik zu verdeutlichen und Sparta damit verstärkt in den Rahmen der gesamtgriechischen Geschichte zu stellen. Die Angabe der wichtigsten Quellen im Text und die ausführlichen Literaturhinweise zu den einzelnen Kapiteln sollen das Weiterstudium ermöglichen.

Das Thermopylen-Epigramm

»Wanderer, kommst du nach Sparta, verkündige dorten, du habest
Uns hier liegen gesehn, wie das Gesetz es befahl.«

Diese beiden Zeilen aus Friedrich Schillers Gedicht »Der Spaziergang« (1795, vv. 97 f.) sind in das Gedächtnis vieler Generationen eingegangen. Die Erinnerung an König Leonidas und seine 300 Spartiaten, die im Jahre 480 an den Thermopylen dem Einfall der Perser nach Griechenland zu trotzen versuchten und dabei ihr Leben opferten, hat den Mythos Sparta nachhaltig geprägt. Das Grabepigramm für die gefallenen Spartiaten steht stellvertretend für ein weit verbreitetes Spartabild und reflektiert ein bis in die Schulbücher propagiertes Staats- und Erziehungsideal.

Nachdem schon J. G. Herder das Thermopylen-Epigramm als »Grundsatz der höchsten politischen Tugend« gepriesen hatte (*Ideen zur Philosophie der Geschichte der Menschheit*, 13. Buch, Kap. 4, ND 1966, 346), verwendete Wilhelm Müller in seinen »Griechenliedern« aus den Jahren 1821–1823 Leonidas und die Thermopylen als Symbole für den bedingungslosen Freiheitskampf der Griechen:

> »Heil! Heil! Nie wird Thermopylä den Sieg der Sclaven seh'n.
> Heil! Ewig wird Thermopylä, ein Hort der Freiheit, stehn.
> Da kreist er mit dem Flammenschwert als Wächter um den Pass,
> Den er mit seinem Blut gefeit, der Held Leonidas,
> Und hinter ihm die ganze Schaar der Treuen bis zum Tod,
> Mit grünen Kränzen auf dem Haupt, die Brust ganz purpurroth.«
> (»Thermopylä«, 1823, vv. 1–6).

Gut hundert Jahre später zollten im Umfeld des Nationalsozialismus auch Historiker den Thermopylenkämpfern Anerkennung. Der Althistoriker Helmut Berve sah in seinem Sparta-Buch von 1937 das Heldentum der gefallenen Spartiaten darin, »dass sie, fern von der Heimat, an einer Stelle, wohin der Befehl sie gestellt hatte, aushielten aus keinem anderen Grunde, als weil es so Befehl war. ... eine Tat von unwahrscheinlicher Größe, doppelt bewundernswert, weil sie denen, die sich geopfert hatten, wie ihren Brüdern daheim selbstverständlich war. Wie hätte überhaupt ein lakedämonischer König, wie hätte eine Spartiatenmannschaft ihren Posten verlassen können, ein Leben zu retten, dessen höchste Erfüllung die Bewährung im Kampfe war, gleich, ob er Sieg oder Tod brachte! Undenkbar die Rückkehr einer solchen Schar!« – und dies obwohl Berve die strategische Fragwürdigkeit der Tat erkannte: »aber der missversteht spartanische Kriegführung und verkennt die Kräfte, welche letzten Endes Hellas über den Perser haben siegen lassen, der hier nach äußerem Nutzen fragen oder gar nach ihm werten wollte. Wie die Größe, so lag auch die Wirkung der Tat gerade in ihrer Nutzlosigkeit. Denn es war den Hellenen ein erschütterndes Beispiel aufgerichtet ... ein Maßstab war gesetzt, der Geist adligen Griechentums war in einer erhabenen Tat dokumentiert« (78 f.).

Hans Lüdemann, der in seinem Sparta-Buch von 1939 »das dorische Sparta als Mahnmahl« aufrief, »als richtungsweisendes Beispiel der Erziehung und Staatsordnung« (2), sah in den Thermopylen »die höchste Bewährung des Kosmos ... Es ist die Bewusstheit des Opfers und die Selbstverständlichkeit heldischer Haltung in Kampf und Tod, die den Griechen von damals und alle Nachfahren und Erben der Hellenen bis heute erschüttern« (144).

Das Thermopylen-Epigramm ist jedoch nicht nur das eindringlichste Beispiel für die Sparta-Verehrung, sondern auch für die willkürliche Rezeption von Nachrichten über Sparta und deren propagandistische Überhöhung. Dabei gingen der historische Kontext und die Erinnerung an die übrigen Opfer auf Seiten der Griechen weitgehend verloren: die wohl über 1000 gefallenen Lakedaimonier und Bundesgenossen sowie die 700 Thespier und 400 Thebaner, die mit den Spartiaten umgekommen waren (Hdt. 7,202. 222 ff.). Zudem trat der Kontext des Epigramms in Schillers Gedicht gänzlich in den Hintergrund.

Eine besondere Ironie liegt darin, dass Schiller gerade nicht zu den Sparta-Verehrern gehörte, sondern in seiner Abhandlung von 1790 die Rigorosität des spartanischen Staates mit dessen Verlangen nach Vaterlandsliebe und Opferbereitschaft verwarf: »Der Staat selbst ist niemals Zweck, er ist nur wichtig als eine Bedingung, unter welcher der Zweck der Menschheit erfüllt werden kann, und dieser Zweck der Menschheit ist kein andrer als Ausbildung aller Kräfte der Menschen, Fortschreitung. Hindert eine Staatsverfassung, dass alle Kräfte, die im Menschen liegen, sich entwickeln, hindert sie die Fortschreitung des Geistes, so ist sie verwerflich und schädlich, sie mag übrigens noch so durchdacht und in ihrer Art noch so vollkommen sein« (*Die Gesetzgebung des Lykurgus und Solon*, in: K. Christ, Sparta [1986], 83). Zu Lykurgs Gesetzgebung meinte Schiller weiter: »Diese bewunderungswürdige Verfassung ist im höchsten Grade verwerflich, und nichts Traurigers könnte der Menschheit begegnen, als wenn alle Staaten nach diesem Muster wären gegründet worden« (82). Es liegt daher auf der Hand, dass die Thermopylen-Verse in Schillers Gedicht nicht auf das Lob Spartas, sondern auf die Identifikation der Spartaner mit dem Staat zielten.

»Wanderer, kommst du nach Sparta ...« steht im Zentrum eines »Traumes«, der den Spaziergänger am Übergang vom Naturzustand zur Zivilisation »schaudernd ergriff mit des Lebens furchtbarem Bilde« (187). Das »Vaterland« und »der Ahnen Gesetze«, für die das Herz »glüht« (77), forderten ihren Tribut. Als die Männer im Traum des Spaziergängers hinauszogen, konnten ihre Frauen, »den Säugling im Arme«, nur noch dem Heereszug nachschauen, »bis ihn die Ferne verschlang« (92). Die Mütter »flehten um Ruhm und Sieg«, aber auch um »Rückkehr« der Krieger, doch »der Ruhm nur kehrte zurücke« (94 f.). Allein der »rührende Stein« meldet »Eurer Taten Verdienst« (96) an die vorüberziehenden Menschen aus der Heimat. Dem Epigramm kommt bei Schiller also überaus ambivalente Aussagekraft zu, auch wenn »Von euerem Blute begossen, Grünet der Ölbaum, es keimt lustig die köstliche Saat« (99 f.).

Da sich der Dichter auf die zeitenthobene Bedeutung des Gesetzes konzentrierte, wich er auch von der lateinischen Vorlage des Epigramms ab, wie sie Cicero (Gespräche in Tusculum 1,101 f.) überliefert:

»Berichte, Fremder, in Sparta, du habest uns hier liegen gesehen,
indem wir den heiligen Gesetzen des Vaterlandes gefolgt sind.«
Dic, hospes, Spartae nos te hic vidisse iacentis,
Dum sanctis patriae legibus obsequimur.

Das lateinische Distichon beginnt mit dem Imperativ »melde« (*dic*), die Aufforderung an den vorbeiziehenden Fremden, die Tat direkt nach Sparta weiterzuleiten, von der er hier nachträglich persönlich Augenschein genommen hat (*vidisse*). Auch der Gehorsam der Gefallenen wird zu einem personalen Akt: wir gehorchen (*obsequimur*), und zwar den heiligen, unantastbaren Gesetzen des Vaterlandes (*patria*), wie es dem Römer entspricht. Demgegenüber steht bei Schiller der nach neuen Werten suchende Wanderer im Vordergrund, der etwas berichten bzw. wiederholen soll, was im Grunde längst bekannt ist und das daher als übertragbare Maxime erkennbar wird. Das Gesetz stellt dabei eine unpersönliche, absolute Macht dar, die aber auch die Einsicht in den Sinn des Opfertodes erschwert. Die vermeintliche Heldentat hat nicht zur nötigen »Vernunft« geführt, sondern »wilde Begierde« ausgelöst (141). Der Aufschwung, den die griechischen Staaten nach den Perserkriegen nahmen, wird dadurch indirekt relativiert.

Die ursprüngliche Version des Thermopylen-Epigramms ist bei Herodot (7,228) im dritten Viertel des 5. Jahrhunderts überliefert und dürfte – wie Cicero berichtet – auf den Dichter Simonides zurückgehen. Dieser war den Zeitgenossen der Perserkriege sowohl für seine Siegeselegien als auch für seine Grabverse bekannt. Die Thermopylen-Verse lauten:

»Fremder, verkünde den Lakedaimoniern, dass wir hier liegen,
ihren Befehlen gehorchend«.
*O xeín angéllein Lakedaimoníois, hóti téde
keímetha toís keínon rhémas˙ peithómenoi.*

Durch die griechische Grabinschrift erfährt die Tat des Leonidas an den Thermopylen ihre nachträgliche Erklärung und Rechtfertigung. Während aber auf vergleichbaren Epigrammen der Betrachter zu stillem Gedenken aufgefordert wird, soll er hier die Rolle des militärischen Berichterstatters an die Lakedaimonier übernehmen, da die Mitkämpfer alle gefallen sind. Dabei wird dem unbeteiligten Passanten der Wert des Heldenopfers nahegebracht. Die Krieger kamen zu Tode, indem sie den *rhémata* (Befehlen) gehorchten. *Rhéma* bedeutet zunächst freilich nur das gesprochene »Wort« oder »Ausspruch« und weist auf einen konkreten militärischen oder politischen Befehl. *Rhémata* können daher nicht *a priori* mit *nómima*, den staatlichen Gesetzen bzw. dem Gesetz schlechthin, gleichgesetzt werden, wie das dann beim attischen Redner Lykurg (Leokrates 109) im 4. Jahrhundert erstmals der Fall war.

Dennoch gehört das Epigramm schon bei Herodot in jenen Prozess der Mythenbildung, der den Spartanern im Anschluss an die Perserkriege besondere Tapferkeit und vorbildlichen Gehorsam gegenüber den Gesetzen nachsagte. Einschlägig sind dazu die Aussagen des einstigen Spartanerkönigs Demaratos im Gespräch mit dem Perserkönig Xerxes (7,104): »Über ihnen (den Lakedaimoniern) steht nämlich das Gesetz (*nómos*) als Herr, das sie viel mehr fürchten als deine Untertanen dich. Sie handeln stets, wie ihnen das Gesetz befiehlt. Es gebietet aber stets das gleiche: vor keiner Zahl von Gegnern aus der Schlacht zu fliehen, sondern auf dem Platz zu bleiben in Reih und Glied und zu siegen oder zu sterben.« Damit wurde das Thermopylen-Epigramm schon kurz nach seiner Aufstellung neu gedeutet und im Zusammenhang mit dem den Spartanern zugeeigneten bedingungslosen Gehorsam gegenüber dem staatlichen Gesetz in Verbindung gebracht.

Doch das Verhalten der Spartaner war schon in der Antike nicht über jeden Zweifel erhaben. Der Perserkönig bezeichnete den Verbleib der Lakedaimonier an den Thermopylen als »unverschämt« und »dumm« (7,210), und Herodot selber erkannte, dass im weiteren Verlauf der Perserinvasion das blinde Befolgen des Gesetzes im Kampf zu Lande nicht zum Sieg geführt hätte (7,139). Aristoteles stellte das Handeln aus Furcht vor dem Gesetz später allgemein in Frage: »Denn offensichtlich setzen sich die Bürger einer Polis den Gefahren aus wegen der gesetzlich festgelegten Strafen, wegen der Schande und der Ehre« (NE 1116a18–19). Solchermaßen herbeigeführte Tapferkeit, die nicht aus freien Stücken erfolgt, ist nach Aristoteles nur zweitrangig.

Leonidas und seine Schar von 300 Spartiaten konnten also nur heroisiert werden, indem das Epigramm von seiner ursprünglichen konkreten Bedeutung, der Erfüllung der militärischen Pflicht, abgekoppelt und zu einer allgemeinen Maxime bedingungsloser Staats- und Gesetzestreue stilisiert wurde. Die genauen Umstände bzw. die strategischen Zusammenhänge der letzten Schlacht an den Thermoplyen sind dabei alles andere als klar und das Motiv der freiwilligen Aufopferung höchst fragwürdig. Erst unabhängig von dem konkreten historischen Kontext konnte das Epigramm ein Exempel für Vaterlandsliebe und Opferbereitschaft liefern und allgemein zur Propagierung von Gehorsam gegenüber den Gesetzen beigezogen werden.

Quellenlage

Das Beispiel des Thermopylen-Epigramms macht die besondere Problematik im Umgang mit der Geschichte Spartas deutlich. In dem Moment, wo wir Sparta näher kennen lernen, nämlich mit Herodot im dritten Viertel des 5. Jahrhunderts, war es bereits einer Typisierung und Überzeichnung von außen unterzogen. Schon für Thukydides, der am Ende des 5. Jahrhunderts das Zeitgeschehen des Peloponnesischen Krieges aufzeichnete, war es schwierig, Informationen über Sparta aufzutreiben; er bemängelte bei den Spartanern ihr »Geheimtun in Dingen des Staates« (5,68). Eine eigene Geschichtsschreibung hatte Sparta nie entwickelt, sondern sich bis in hellenistische Zeit zunächst lieber mit seiner ›lykurgischen‹ Verfassung beschäftigt (Thommen 2000; Tober 2010) Historische Darstellungen erfolgten bis dahin nur von außerhalb, insbesondere aus athenischer Sicht.

Die moderne Forschung sieht sich bei der Charakterisierung der politischen Verhältnisse und Entwicklung in Sparta daher mit schwerwiegenden Quellenproblemen konfrontiert. Schon zur Zeit Herodots, der nach der Mitte des 5. Jahrhunderts als erster die bis dahin weitgehend mündlich tradierten Ereignisse der Vergangenheit schriftlich festhielt, kursierten konträre Erklärungen zur Genese der spartanischen Institutionen, die teilweise auf Lykurg und die von ihm bewirkte Ordnung (*eunomía*) zurückgeführt wurden (Hdt. 1,65; 6,52). Auch in den weiteren herodoteischen Geschichten über Sparta wird naturgemäß auf verfassungspolitische Angaben meist wenig Wert gelegt, so dass wir erst mit Xenophons *Verfassung der Spartaner* (*Lakedaimonion politeía*) im früheren 4. Jahrhundert detailliertere Nachrichten zum Staatsaufbau erhalten. Xenophon war zwar aus eigener Anschauung mit den Verhältnissen in Sparta vertraut, aber seine Beschreibung der Institutionen ist selektiv und bereits von einem idealisierten Spartabild geprägt. Abgesehen von den Versen des Tyrtaios und Alkman, die in der zweiten Hälfte des 7. Jahrhunderts das militärische bzw. das festliche Sparta widerspiegeln, enthalten schließlich erst die – nur ganz fragmentarisch überlieferten – Werke des Grammatikers Sosibios (FGrHist 595) und einiger wenig bekannter lakonischer Schriftsteller (Nikokles, Hippasios, Molpis [FGrHist 587, 589, 590]) aus hellenistischer Zeit Informationen aus spartanischer Sicht (Boring 1979; Figueira 2007).

Für Sparta sind in archaischer Zeit weder eine Chronik noch schriftliche Gesetzes- oder Rechtsaufzeichnungen nachzuweisen. Hingegen existierte wohl ein königliches ›Archiv‹, in dem die delphischen Orakel aufbewahrt wurden (Hdt. 6,57; Plut. mor. 1116f). König Pausanias schöpfte offensichtlich aus diesem, als er nach 395 in der Verbannung ein Pamphlet über die Gesetzgebung des Lykurg verfasste, mit dem er sich wohl gegen die – angeblich erst später eingesetzten – Ephoren zur Wehr setzte. Wir erfahren jedoch erst um die Zeitwende bei Strabon (8,5,5) über diese von Ephoros im 4. Jahrhundert im Rahmen seiner Universalgeschichte berichtete Angelegenheit, und es bleibt unklar, ob Ephoros die Schrift selber zur Verfügung hatte. Dasselbe gilt für Aristoteles, auf den sich Plutarch am Anfang des 2. Jahrhunderts n. Chr. in seiner Lykurg-Vita in Verfassungsfragen stützt (Plut. Lyk. 6). Eine weitere beträchtliche Quellenlücke besteht darin, dass Aristoteles' Beschreibung der spartanischen Verfassung (*Lakedaimonion politeía*) größtenteils verloren ist (frr. 532–545R).

Für die Frühzeit Spartas ist Plutarchs Lykurg-Vita weitgehend wertlos, da sie zu einem Großteil auf hellenistischen Autoren basiert. Diese hatten kein neues Quellenmaterial zur Verfügung, sondern zogen ihre Rückschlüsse aus Indizien bei den früheren Autoren. Die einzige ausführlichere Darstellung des frühen Sparta finden wir neben der Plutarch-Vita im 3. und 4. Buch des Pausanias (2. Hälfte 2. Jahrhundert n. Chr.), der seine Abhandlung über die Messenischen Kriege auf den hellenistischen Geschichtsschreiber Myron von Priene und den Epiker Rhianos von Bene (2. Hälfte 3. Jahrhundert) stützt (Paus. 4,6,1 ff.). Die bei den späten Autoren einfließenden Angaben über politische Behörden und Entscheidungsprozesse in Sparta zur Zeit der mit Lykurg verbundenen Gesetzgebung sowie zur Zeit der Messenischen Kriege sind daher anachronistisch bzw. mit Vorsicht zu genießen.

Trotz aller Problematik stellt Herodots Niederschrift von Erzählungen der Vergangenheit die früheste historische Überlieferung dar und bildet neben den zeitgenössischen Dichtern und archäologischen Befunden die wertvollste Quelle zum frühen Sparta. Im Rahmen seiner Nachforschungen zur Darstellung der persisch-griechischen Auseinandersetzungen sammelte Herodot auch in Sparta lokale Erzählungen, die insbesondere Erinnerungen einzelner Aristokraten über die letzten drei bis vier Generationen (bis etwa 570/60) umfassen (vgl. 3,55). Herodot besuchte Sparta wohl zumindest einmal – und zwar in den früheren oder mittleren 440er Jahren, bevor zur Zeit des Peloponnesischen Krieges sowohl athenische Ressentiments als auch verklärende Bewunderung markant zunahmen. Die von ihm berichteten Erzählungen drehen sich hauptsächlich um die Königshäuser, deren Leistungen und Skandale. Ein spartanischer Sonderweg bzw. eine militarisierte spartanische Gesellschaft tritt dabei nicht hervor (Cragg 1976; Lévy 1999)

Als besonders aufschlussreich erweist es sich, Herodots Berichte gegen die nachfolgenden Aussagen des Thukydides abzugrenzen, um den Prozess der Veränderung und Neuinterpretation zu fassen. Thukydides begann mit seinem Werk nach eigener Aussage (1,1) gleich beim Ausbruch des Krieges (431) und war damit bis zu seinem Tod um 400 beschäftigt. Auch Thukydides stand offensichtlich kaum nützliches Material über die Frühzeit zur Verfügung, so dass er sich dazu entsprechend knapp äußert. Seine Schrift zeigt andererseits aber auch eindrücklich, wie sich im späteren 5. Jahrhundert in Athen feste Ansichten und Topoi über die gegnerische Stadt herausbildeten. Thukydides entwickelt ein dezidiertes Negativbild, bei dem die Spartaner als gegen Neues eingestellt, fremdenfeindlich, erfindungslos und altväterlich gelten; das Leben sei der Gemeinschaft angeglichen, das individuelle Dasein daher bedroht (1,68–71. 141). Das Ganze bildet einen diametralen Gegensatz zu Athen, wie Perikles in seiner Gefallenenrede (Epitaphios Logos) verdeutlichte (2,36 ff.): Während in Sparta Disziplin und Kampfesmut durch Drill eingeübt würden, handelten die Athener aus Einsicht tugendhaft und genössen Freiheit. Trotzdem erachtet Thukydides das spartanische Staatswesen als wohlgeordnet und blühend (1,18), da es sich durch eine frühe Gesetzgebung und Stabilität auszeichnete (8,24) (Cartledge–Debnar 2006).

Angesichts der mündlichen Überlieferung der von Herodot verarbeiteten Geschichten ist deren historische Verlässlichkeit in mancher Hinsicht problematisch. Bei ihrer Beurteilung sind daher die von der *oral tradition*-Forschung festgestellten Gesetzmäßigkeiten von grundlegender Bedeutung (dazu v. a. D. Henige, *Oral Historiography*, 1982; J. Vansina, *Oral Tradition as History*, 1985). Kennzeichnend für mündliche Überlieferung ist, dass auf die ausführliche Schilderung der Frühzeit (»origins«) jeweils eine schlecht dokumentierte Zwischenphase (»floating gap«) folgt, der sich wiederum reiche Erzählungen zur jüngsten Vergangenheit anschließen. Die Gründungsphase verbindet sich typischerweise mit einem Gesetzgeber (»culture hero«), wie er im Falle Spartas in Lykurg verkörpert ist. Die Zeit der ›Verfassungsgebung‹ liegt freilich außerhalb der konkreten Erinnerung. Nicht nur wegen der beschränkten Gedächtnisleistung, sondern auch aufgrund der Relevanz für die Gegenwart, wird ein Großteil der Ereignisse jeweils nur rund hundert, höchstens jedoch 150–200 Jahre kommemoriert. Für die herodoteischen Geschichten sind daher kaum vertrauenswürdige Berichte über die Mitte des 6. Jahrhunderts hinaus zu erwarten. Dementsprechend kann auch erst ab diesem Zeitpunkt eine fortlaufende Darstellung der Geschichte Spartas nachvollzogen werden.

Bei der mündlichen Überlieferung stellt sich darüber hinaus das Problem, dass die Information bei jedem Austausch (»performance«) umgeformt und aktualisiert wurde. Das berichtete ›Wissen‹ ist daher jeweils von Zeitbezügen beeinflusst. Tatsächliche Begebenheiten sind dadurch kaum noch zu fassen. Sicher zu eruieren bleibt lediglich, was zum Zeitpunkt der letzten Übermittlung für die berichtete Zeit als real möglich erachtet wurde. Dennoch besitzt die herodoteische Überlieferung insofern historiographischen Wert, als strukturelle Elemente des historischen Geschehens ausfindig gemacht und somit gesellschaftliche und politische Grundkonstellationen der betreffenden Zeit erschlossen werden können.

Thukydides, der in seiner Geschichte des Peloponnesischen Krieges auch ereignisgeschichtlich an Herodot angeknüpft hatte, wurde seinerseits von Xenophon und den von Diodor benutzten *Hellenika Oxyrhynchia* fortgesetzt. Diese liefern insbesondere Informationen zur spartanischen Hegemonie in den ersten Jahrzehnten des 4. Jahrhunderts. Im Verlaufe des 4. Jahrhunderts ging Sparta dann v. a. in der Universalgeschichte des Ephoros auf, die wir ausschnittweise ebenfalls bei Diodor und Strabon fassen können. Für das 4. und 3. Jahrhundert sind Plutarchs Biographien über Lysander, Agesilaos sowie die Reformkönige Agis und Kleomenes von großer Bedeutung, auch wenn sie erst in der Kaiserzeit entstanden sind und sich auf unterschiedliche hellenistische Quellen stützen. Plutarch wird ergänzt durch die zeitgenössische Darstellung des Polybios aus Megalopolis, der Spartas Auseinandersetzung mit dem Achaierbund bis zur Aufnahme ins Römische Reich im Jahre 146 selber erlebt hatte. Für das von Pausanias im 3. Buch beschriebene römische Sparta stehen nur noch wenige literarische Quellen zur Verfügung. Hingegen gibt es eine reiche Zahl von Inschriften (*Inscriptiones Graecae* Bd. 5,1), die wiederum durch die Interpretation von archäologischen Hinterlassenschaften ergänzt werden müssen.

Rezeptions- und Forschungsgeschichte

Jede kritische Beschäftigung mit Sparta ist zwangsläufig auch eine Auseinandersetzung mit der Idealisierung Spartas. Die erste umfassende Abhandlung über den schon bei den antiken Autoren einsetzenden Prozess der Verklärung verfasste François Ollier im Jahre 1933 (*Le mirage spartiate*), die in den 60er und 70er Jahren von E. N. Tigerstedt übertroffen wurde (*The Legend of Sparta in Classical Antiquity*). Die weitere Rezeption Spartas durch Mittelalter und Neuzeit ist in dem Buch von Elizabeth Rawson *The Spartan Tradition in European Thought* (1969) sowie im Sparta-Artikel von Volker Losemann im Neuen Pauly (Bd. 15/3, 2003, 153–172) dargestellt.

Die Forschungsgeschichte hat Karl Christ in seinem Sammelband *Sparta* (Wege der Forschung 622, 1986) zusammengefasst. Er betont, dass Sparta »ebenso entschiedene Ablehnung wie volle Bewunderung oder gar begeisterte Nachahmung hervorgerufen« hat. »Sparta wurde nicht allein zum Prototyp des klassischen griechischen Polizeistaates schlechthin, zum Gegenbild der attischen Demokratie mit ihrem Anspruch, dem Vollbürger ein Maximum an Freiheit zu gewährleisten, sondern darüber hinaus zum vollendeten Verfassungsmodell, das die Herrschaft einer Minderheit in Staat und Gesellschaft wirksam auf Dauer garantierte« (1).

Mit der Neuentdeckung der antiken Autoren in der Renaissance, insbesondere Xenophons, Platons und Plutarchs, wurde Sparta schon seit dem 15. Jahrhundert zu einem Erziehungsideal. Mit der Reformation gewann auch der verfassungspolitische Aspekt an Interesse. Im elisabethanischen England galt Sparta als Ideal einer Mischverfassung. Im späteren 17. Jahrhundert begann das spartanische Modell in Europa eine enstscheidende Rolle zu spielen. In Montesquieus *L'esprit des lois* (1748) hatte Sparta freilich noch eine untergeordnete Bedeutung. Dennoch wurde Lykurg als genialer Gesetzgeber bezeichnet, so dass Sparta zu Größe und Ruhm gelangt sei. Zudem bewunderte Montesquieu die lange Dauer des Staatswesens, das stets die Freiheit und Unabhängigkeit zum Ziel gehabt habe.

Erst J. J. Rousseau brachte im *Contrat social* (1762) seine Verehrung für Sparta zum Ausdruck, die sich vorwiegend auf die Darstellungen von Plutarch in der Lebensbeschreibung von Lykurg, Agis und Kleomenes stützt: »telle fut l'unique et sublime institution du grand Lycurgue« (II Kap. 3). Lykurg wird insbesondere verehrt, weil er die Parteienherrschaft radikal beseitigte, was jede Sondergesellschaft verunmöglichte, also Gleichheit herbeiführte und den Gemeinschaftsgeist und das Gemeinwohl ins Zentrum stellte. Sparta genoss in dieser Beziehung auch Vorteile gegenüber Rom (III Kap. 5 u. 11). In der Französischen Revolution spielte Sparta insgesamt jedoch eine zweitrangige Rolle und wurde von der athenischen Demokratie und römischen Republik als Vorbild überflügelt.

Zur gleichen Zeit bezeichnete in Deutschland J. G. Herder Lykurg – trotz der bemängelten Starrheit – als den größten Gesetzgeber des Altertums und Autor der »sonderbarste(n) Verfassung, die je in eines Menschen Kopf oder Herz gekommen ist« (*Werke*, Bd. 10 [2000], 383 = *Adrastea*, 3. Bd., 5. Stück). Neben seiner Bewunderung für die Botschaft des Thermopylen-Epigramms erkannte Herder in den Kriegsliedern des Tyrtaios einen genuinen Ausdruck deutscher Seele (*Werke*, Bd. 1 [1985], 349 ff. = *Über die neuere deutsche Literatur. Zwote Samrnlung von Fragmenten, 4. Tyrtäus und der Grenadier*). Sparta war damit Ausdruck für Patriotismus, während Athen gleichsam Aufklärung verkörperte. Für Herder galt es letztlich beides zu vereinigen, um damit Humanität zu erreichen. Mit Fr. Schiller erfuhr dann Lykurg eine deutlich distanzierte Einschätzung und der spartanische Staat insgesamt eine dezidierte Ablehnung.

Der Breslauer Gymnasialprofessor J. C. F. Manso war der erste, der in den Jahren 1800–1805 eine zusammenhängende Geschichte Spartas verfasste und dabei auch die Lage der einzelnen sozialen Gruppen kritisch zu unterscheiden wusste. Bahnbrechend erwies sich dann das Werk von Karl Otfried Müller über die Dorier, das in erster Auflage 1824 erschien. Es versuchte gegenüber der traditionellen Bewunderung von Athen für das Dorische eine eigene Stammesgeschichte mit genuinen Eigenheiten aus der Wanderungszeit zu fassen, was sich später freilich auch als geeignete Grundlage für verklärende Rassentheorien erwies. Sparta galt dabei als das Zentrum des Dorischen und organische Einheit schlechthin. G. W. F. Hegel ging dann wiederum auf Distanz zu Sparta, dessen »unmenschliche Härte« und erzwungene »Gleichheit« er bemängelte (*Vorlesungen über die Philosophie der Geschichte* [1961], 369 f.).

Ein kritische Darstellung erfuhr Sparta sowohl in George Grotes *History of Greece* (1846–56) als auch in Karl Julius Belochs *Griechischer Geschichte* (1912/14). Dieser kritisierte sowohl die Überbetonung der Einzelpersönlichkeit in der Geschichte als auch die Missachtung der Rolle der Massen (1,1 ff.). Besonders hart fiel die Abrechnung mit Leonidas aus: »Nur einen Vorteil hat die Katastrophe an den Thermopylen der griechischen Sache gebracht; sie hat das Bundesheer von einem unfähigen Oberfeldherrn befreit und die Bahn freigemacht für den Mann, der es im folgenden Jahre bei Plataeae zum Siege führen sollte« (2,2, 104 f.). Jacob Burckhardt betrachtete in seiner *Griechischen Kulturgeschichte* Sparta als Modell einer geregelten Polis, deren Macht er bewunderte, aber auch kritische Vorbehalte entgegenbrachte.

Ebenfalls um die Jahrhundertwende erschienen die systematischen Abhandlungen zu den Institutionen des spartanischen Staates von Gustav Gilbert und Georg Busolt. Einen Höhepunkt dieser Forschungsrichtung bildete Ulrich Kahrstedts *Griechisches Staatsrecht* (Bd. 1, 1922), das den spartanischen Staat nach dem Muster von Theodor Mommsens *Römischem Staatsrecht* interpretieren wollte und dabei griechische Charakteristika in römische Schemata, insbesondere in das Konzept der Magistratur, presste. Die von ihm erarbeitete Materialgrundlage ist aber bis heute unverzichtbar geblieben.

Einen großen Fortschritt in der Sparta-Forschung bedeuteten die Grabungen der Engländer im Artemis Orthia-Heiligtum in den Jahren 1906 bis 1910. Die reichen Funde widerlegten das Bild einer materiell beschränkten und kunstfeindlichen Gesellschaft in archaischer Zeit.

In der Zwischenkriegszeit erfolgte durch die Forschungen von Victor Ehrenberg ein entscheidender Schub in der Sparta-Forschung. Dessen Habilitationsschrift *Neugründer des Staates* von 1925 versuchte jene Charakteristika, die bisher unter der lykurgischen Verfassung des 9. oder 8. Jahrhunderts subsumiert wurden, einer Reform des mittleren 6. Jahrhunderts zuzuschreiben, für die er den Ephoren Chilon verantwortlich machte.

Ehrenberg war von den Erfahrungen des Ersten Weltkrieges geprägt und von der Gemeinschaft spartanischer Männerbünde fasziniert. Schon in der Habilitationsschrift schrieb er: »Für Sparta war der Weg zur Harmonie von Staatsverfassung und Gesellschaft dieser, dass die durch eine Unzahl ungeschriebener rigoroser Normen zur Zwangseinheit verurteilte Gesellschaft des Spartiatentums derart im Staat aufgeht, dass der Einzelne zum bloßen Teil des Staates wird« (110 f.). Im Jahre 1929 formulierte er in dem großen Sparta-Artikel in Paulys Realenzyclopaedie (RE III A, Sp. 1383): »Niemals wieder ist das Ideal disziplinierter Männlichkeit in solcher Reinheit aufgestellt worden. Das größte aber ist, dass diese männliche und soldatische Gesellschaft im uneingeschränkten Dienst des Nomos steht, der als Verkörperung ihres Staates, ihres religiösen Glaubens, ihrer Sitte und Tradition ihr einziger Herr ist. Nur deshalb ist es möglich gewesen, dass ihre Gesellschaft ihr Eigenleben fast völlig dem Staate geopfert hatte.« Im Jahre 1934 schilderte Ehrenberg Sparta bereits mit weniger Bewunderung als Musterbeispiel eines »totalitären« Staates. Auch wenn er erwähnte, dass Sparta nie eine Diktatur kannte und späterhin freundliche Beziehungen mit den Juden pflegte sowie zum Schluss davor warnte, Zwang und Gehorsam zum einzigen Zweck eines Gemeinwesens zu erheben, wurde die Sicht vom totalitären Staat von anderer Seite in den Dienst der zeitgenössischen Ideologie genommen. Ehrenberg selber musste im Jahre 1939 nach England emigrieren.

Schon 1925 hatte Ehrenberg im *Neugründer des Staates* eine rigorose Sicht vom ›Kosmos‹ der Spartaner entwickelt: »Das Wesen dieser Gestaltung, die wir als Verstaatlichung und Aufhebung der Gesellschaft bezeichnen können, weil innerhalb des Staatsvolkes der Lakedaimonier eine Gesellschaft sich nie bilden konnte und nie gebildet hat, ist für die Spartaner selbst in dem Worte ›Kosmos‹ lebendig gewesen, ihnen also als vollendete harmonische Ordnung erschienen« (111). In seinem Werk *The Greek State* (2. Aufl. 1969, 67) betonte er später in Bezug auf den spartanischen Staat nochmals: »the ›kosmos‹ was expressed in its strictest and most rigid form«.

Die Auffassung Ehrenbergs von einer staatsmännisch diktierten Reform des mittleren 6. Jahrhunderts hatte noch im selben Jahr (1925) die Reaktion von Helmut Berve provoziert (Rez. V. Ehrenberg, *Neugründer des Staates*, Gnomon 1, 1925, 311): »Der eigenartige Kosmos und der ihn tragende spartanische Geist, wie wir ihn aus der historischen Zeit kennen, sind nicht gemacht, sondern gewachsen aus den letzten zeitlosen Tiefen einer Volksseele heraus ...«. Bald darauf entwickelte Berve ein umfassendes Spartabild, das schließlich auch der Propaganda des Nationalsozialismus diente. Diese betrachtete die Griechen als nordische Rasse und speziell die Dorier von Sparta als letzte Ankömmlinge aus dem Norden als Herrenvolk.

In dem Werk Berves wurde der Begriff vom spartanischen ›Kosmos‹ über Ehrenberg hinaus reich befrachtet (*Griechische Geschichte*, Bd. 1, 1931, 157 f.): »So dient der Kampf, der dem Spartaner wie jedem dorischen Mann als glückvollste Betätigung gilt, mit Bewährung der Areté des einzelnen zugleich dem Schutze der Welt dieser Areté, dem Kosmos. Der ist ihm eine göttliche Stiftung wie dem Mönch sein Orden, und gleich einem Orden schließt man in Sparta sich nun gegen die Außenwelt ab, die nichts Positives geben, höchstens den Kosmos zersetzen kann.« Eine extensive Verwendung von ›Kosmos‹ ist schließlich auch in Berves Sparta-Buch von 1936 zu beobachten und hat seither immer wieder Eingang in die Literatur gefunden.

Der Ausdruck ›Kosmos‹, der die Allgegenwärtigkeit des spartanischen Staates mit seinen Verhaltensnormen und Unterdrückungsmechanismen zum Ausdruck bringen soll, hat später auch in die Titel der Sparta-Bücher von M. Nafissi (*La nascita del kosmos*, 1991), S. Link (*Der Kosmos Sparta*, 1994) und S. Sommer (*Das Ephorat: Garant des spartanischen Kosmos*, 2001) Eingang gefunden. Ein Blick auf die Begriffsgeschichte zeigt jedoch, dass der Ausdruck in der Antike nur zweimal auf den spartanischen Staat bezogen wurde (J. Kerschensteiner, *Kosmos*, 1960, 12 ff.). Aufgrund von Herodot (1,65) soll »nach einigen Berichten« die Pythia (Orakel von Delphi) den Lykurg den jetzt bei den Spartiaten bestehenden Kosmos gelehrt haben, und bei Klearch von Soloi (frg. 39 Wehrli) ist von einem ›politischen Kosmos‹ die Rede, der die anderen Ordnungen an Alter übertrifft. Der Begriff stand also nicht für den spartanischen Staat schlechthin und figurierte nie als *terminus technicus* für die spartanische Verfassung oder Lebensordnung. Er ist jedoch symptomatisch für die Verklärung des spartanischen Staates.

Nach dem Zweiten Weltkrieg konnte sich in Deutschland lange Zeit keine kontinuierliche Forschungstradition mehr entfalten. Wichtige Detailstudien stellten allerdings die von Berve betreuten Dissertationen von G. Zeilhofer über Spartas Beziehungen zu Delphi (1959) sowie von K. Wickert über den Peloponnesischen Bund (1961) dar, die durch F. Kiechles eigenwillige Habilitationsschrift *Lakonien und Sparta* (1963) ergänzt wurden. K. Bringmann hat in zwei Artikeln (in: K. Christ, Sparta, 1986) versucht, die Eigenheiten der spartanischen Polis aus ihrer Entstehungsgeschichte zu erklären. Er betonte dabei den Einfluss des Volkes (Damos), der im Zuge des zweiten Messenischen Krieges (2. Hälfte 7. Jh.) dem Königtum entgegengetreten sei, während im 6. Jahrhundert das Ephorat die Position der Könige eingenommen habe. Schließlich ging F. Gschnitzer in seiner *Griechischen Sozialgeschichte* (1981, 96 ff.) hinsichtlich des archaischen Sparta insbesondere gegen die einst von V. Ehrenberg (1934/46) proklamierte Vorstellung von dem »totalitären« Staat an und charakterisierte das System als Gemeinwesen mit adligen Strukturen, in dem aufgrund von sozialen und politischen Unterschieden kein egalitäres Gemeinschaftsleben stattgefunden habe.

Eine erste umfassende Darstellung wurde von M. Clauss *Sparta. Eine Einführung in seine Geschichte und Zivilisation* (1983) vorgelegt. Einen Überblick über die gesellschaftlichen und politischen Grundzüge des klassischen Sparta hat S. Link (1994) im Anschluss an D. M. MacDowells *Spartan Law* (1986) verfasst, wobei die Entstehungsgeschichte des spartanischen ›Kosmos‹ bewusst ausgeklammert blieb. Diese hat er in einer kurzen Monographie über *Das frühe Sparta* (2000) teilweise nachzuliefern versucht und darin Stadt und Staat von Sparta als »bereits um 600 v.Chr. fertig ausgebildet« erachtet (118) – was M. Kõiv in *Ancient Tradition and Early Greek History. The Origins of States in Early-Archaic Sparta, Argos and Corinth* (2003) sogar schon für das 8. Jahrhundert annimmt. Für das 7. Jahrhundert möchte insbesondere auch M. Meier in seiner Dissertation *Aristokraten und Damoden* (1998) mehr Licht ins Dunkel bringen, wobei die entworfene Chronologie kaum zu überzeugen vermag. A. Luther greift in seinem Buch *Könige und Ephoren* (2004) die Frage nach der Verfassungsentwicklung von ca. 550–400 auf und erkennt in dieser Zeit »keine signifikante Veränderung der Kräfteverhältnisse im institutionellen Gefüge«, so dass die spartanische Staatsform »seit ca. 550 (fast) vollständig ausgeprägt« gewesen sei (138f.), was jedoch schwer nachvollziehbar ist. Wichtige neue Beiträge sind schließlich das Überblickswerk von K.-W. Welwei zu *Sparta. Aufstieg und Niedergang einer antiken Großmacht* (2004) sowie die Abhandlung von F. Schulz über *Die homerischen Räte und die spartanische Gerusie* (2011).

Insgesamt bedeutender als die deutschsprachige wurde nach dem Zweiten Weltkrieg die englische Forschung. Verschiedene Althistoriker versuchten, die Charakterisierung der einzelnen politischen Institutionen mit der Frage nach dem Willensbildungs- bzw. Entscheidungsprozess in Sparta zu verbinden. Anthony Andrewes hielt 1966 (dt. in: K. Christ, *Sparta*, 1986) in einer kurzen Studie fest, dass es sich um ein aristokratisches bzw. oligarchisches System handelte, in dem aber auch das Wirken Einzelner und der Volksversammlung für den politischen Entscheidungsprozess wesentlich war. Auch Paul Cartledge, der sich mit den verschiedensten Aspekten der spartanischen Gesellschaft und Politik auseinandersetzt, betont die sozial und politisch elitäre Prägung des Systems (*Agesilaos*, 1987, 116 ff.; *Spartan Reflections*, 2001) und fasst dessen Ausbildung als kontinuierliche Entwicklung auf (*Sparta and Lakonia*, 2. Aufl. 2002, 133 ff. zur Kunst). Stephen Hodkinson befasste sich im Zuge der Forschungstradition von Moses I. Finley eingehend mit den gesellschaftlichen Werten, die zum Erhalt der spartanischen Ordnung dienten. In seinem Buch *Property and Wealth in Classical Sparta* (2000) charakterisiert er die materiellen Verhältnisse im spartanischen Staat und macht die langfristige Konzentration von Landbesitz und Reichtum in den Händen von wenigen für den Untergang Spartas verantwortlich. Paul Cartledge und Antony Spawforth ist es schließlich zu verdanken, dass wir auch einen ausführlichen Abriss des *Hellenistic and Roman Sparta* (1989, 2. Aufl. 2002) besitzen. Seither lieferten die Sammelbände des *International Sparta Seminar* von S. Hodkinson und A. Powell zahlreiche weitere Einzelbeiträge zu den verschiedensten Aspekten der spartanischen Geschichte.

Für die Herausbildung des spartanischen Staates hatte M. I. Finley (1975; dt. in: K. Christ, *Sparta*, 1986) den Begriff der »Revolution des 6. Jahrhunderts« geprägt, so dass seither das militärisch geregelte Sparta für die Frühzeit negiert bzw. in die spätarchaische Zeit heruntergerückt wird. Eine Kritik an diesem Ansatz stellt meine eigene Arbeit *Lakedaimonion politeia. Die Entstehung der spartanischen Verfassung* von 1996 dar, die nachweist, dass die politische Entwicklung im mittleren 6. Jahrhundert nicht zum Abschluss kam und viele vermeintlich frühe Phänomene des spartanischen Staates erst im Zuge des 5. Jahrhunderts herausgebildet wurden. Das vorliegende Buch greift diese Ergebnisse auf und versucht, die politische Entwicklung zeitlich weiterzuverfolgen. Dasselbe gilt auch für die gesellschaftlichen Zustände und die Rolle der Frau, die in hellenistischer Zeit nochmals verstärkt hervortritt. *Die Wirtschaft Spartas* (2014) habe ich unterdessen in einer eigenen, epochenübergreifenden Monographie behandelt. Diese legt dar, dass die spartanischen Bürger mehr in die wirtschaftlichen Belange eingebunden waren, als gemeinhin angenommen wird und die Stadt keineswegs an den Geldgeschäften vorbeigegangen ist, sondern einen durchaus beachtlichen, staatlich organisierten Finanzhaushalt aufwies.

Forscher und Forscherinnen verschiedenster Nationen haben sich in den letzten Jahrzehnten verstärkt mit einzelnen sozialen Phänomenen auseinandergesetzt und insbesondere für den Bereich der Erziehung (N. M. Kennell; J. Ducat), der Besitzverhältnisse (S. Hodkinson; Th. J. Figueira), der Gemeinschaftsmähler (M. Nafissi; S. Link), des Handels (M. Nafissi), des Begräbniswesens (P. Low), der Heloten (J. Ducat; N. Luraghi; K.-W. Welwei), der Periöken (J. Shipley), der Frauengeschichte (S. Pomeroy; E. Millender) und der Religion (N. Richer) wichtige Fortschritte erzielt. Es zeigt sich dabei, dass trotz der dürftigen Quellenlage dank neuen Fragestellungen und methodischen Zugängen immer wieder neue Erkenntnisse zu erreichen sind. Jede Zeit setzt sich bekanntlich aus ihrem eigenen Erfahrungshorizont mit der Antike auseinander. Eine permanente Hauptaufgabe wird es sein, den Sparta-Mythos zu entschlüsseln und sich davor zu hüten, selber bestimmte mit Sparta verbundene Topoi zu reproduzieren. Sparta steht nicht nur als Warnung, sondern bietet nach wie vor die Chance, den Blick für propagandistische Verfärbungen der Vergangenheit zu schärfen.

Topographie Spartas und Lakoniens

Sparta ist rundum weit vom Meer entfernt und ging als Landmacht in die Geschichte ein. Die Stadt gehört zur Landschaft Lakonien (griech. *Lakoniké* bzw. *Lakedaímon*; lat. *Laconia*), die den südöstlichen Teil der Peloponnes einnimmt. Sparta (»Saatboden«) liegt im fruchtbaren Tal des Eurotas, der knapp 40 km weiter südlich ins Meer fließt. Das Eurotastal wird östlich durch das bis 1900 Meter hohe Parnon-Gebirge begrenzt, hinter dem ein gebirgiger Küstenstreifen zum Argivischen Golf anschließt: der ab ca. 550 von den Spartanern kontrollierte Landstrich Kynouria mit seinem nördlichen Teil der Thyreatis, der im Jahre 338 wieder an Argos verlorenging. Im Westen ragt das bis in den Frühsommer schneebedeckte Taygetosmassiv bis 2400 Meter hoch über dem Eurotas auf und trennt Lakonien vom benachbarten Messenien ab. Dieses wurde im späten 8. und 7. Jahrhundert von Sparta vereinnahmt, bis es nach 370/69 wieder frei war. Im nördlichen Teil wird das Eurotastal durch die seichten Hügelzüge der Skiritis eingefasst, die Lakonien gegen Arkadien abschließen. Im unteren Teil verläuft der Eurotas in einer breiten, sonnigen und fruchtbaren Ebene. Diese endet am Lakonischen Golf, der von der Halbinsel Mani als Fortläufer des Taygetos (bis hinunter zum Kap Tainaron) und von der Parnon-Halbinsel flankiert wird. Als wichtigste Hafenstation diente der Periökenort Gytheion. Südöstlich vorgelagert ist die strategisch und handelspolitisch wichtige Insel Kythera, die Sparta ebenfalls um 550 einverleiben konnte.

Die spartanischen Bürger, die als Spartiaten bezeichnet werden, waren in der Regel im Stadtgebiet von Sparta anwesend. Ihre Ländereien, die durch lakonische Heloten als unfreie Bevölkerung bebaut wurden, lagen in unmittelbarer Nähe im Eurotastal. Diese Äcker wurden durch entferntere, von den messenischen Heloten bestellte Felder in Messenien ergänzt. Das bebaubare Land im Eurotastal kann auf ca. 50.000 ha (500 qkm) geschätzt werden. In Messenien kam fast doppelt soviel Anbaufläche dazu (ca. 900 qkm). An den bewaldeten Hängen des Taygetos bot sich den Spartiaten Gelegenheit zur Jagd. In der weiteren Umgebung Lakoniens siedelten die Periöken als freie Bevölkerung. Sie genossen im Innern ihrer Gemeinwesen Autonomie, hatten jedoch im lakedaimonischen Heer zu dienen bzw. Heeresfolge zu leisten. Die Periöken werden üblicherweise mit dem Handel und der Wirtschaft Spartas in Verbindung gebracht, ohne dass hier eine strikte Aufgabenteilung angenommen werden kann. Spartiaten und Periöken sind Bürger des lakedaimonischen Staates, zu dem auch die Heloten zu rechnen sind.

Die Stadt Sparta befand sich am westlichen Ufer des Eurotas und war von Nordosten über eine Brücke zugänglich. Das Stadtgebiet umfasste die sumpfige Gegend am Eurotasufer (Limnai), das nordwestliche Quartier Pitana, die zwischen dem Magoula-Bach und dem Eurotas angesiedelte südliche Erhebung Kynosoura (Hundeschwanz) und die in der Mitte gelegene Mesoa (Mittelhöhe). Die Stadt selber hatte bekanntlich keine feste Mauer, zumindest bis zur Zeit des Kleomenes III. in der zweiten Hälfte des 3. Jahrhunderts – eine Anlage die unter Nabis im frühen 2. Jahrhundert noch erweitert, jedoch von dem Achaier Philopoimen im Jahre 188 zerstört und bald danach neu errichtet wurde; zuvor hatte es seit dem Ende des 4. Jahrhunderts nur provisorische Befestigungen in Notsituationen gegeben.

Das Stadtgebiet wurde großräumig von Heiligtümern markiert und damit auch deutlich vom Umland getrennt: In Therapne, auf einem Hügel südöstlich der Stadt jenseits des Eurotas, liegt das Menelaion, das um 700 für Menelaos, Helena und ihre Brüder (die Dioskuren) eingerichtet worden war und im 5. Jahrhundert mit einem neuen Podium versehen wurde; ca. fünf Kilometer südlich von Sparta auf einer leichten Anhöhe befindet sich im Ort Amyklai, der im 8. Jahrhundert als fünftes ›Dorf‹ (Kome bzw. Obe) dem Stadtgebiet Spartas angeschlossen worden war, das Heiligtum des Apollon und Hyakinthos (Amyklaion), in dem die Hyakinthien als wichtigstes nationales Fest gefeiert wurden; südwestlich von Sparta am Fuße des Taygetos ist das Heiligtum der Demeter (Eleusinion) angesiedelt; ca. vier Kilometer nördlich von Sparta beim Periökenort Sellasia liegt das Heiligtum des Zeus Messapeus. An der Peripherie des eigentlichen Stadt-

Abb. 1: Blick vom Menelaion in Therapne nordwärts über das Eurotas-Tal und das moderne Sparta

Abb. 2: Das Flussbett des Eurotas. Blick von der Eurotas-Brücke in Sparta Richtung Süden mit den Ausläufern des Parnon-Gebirges

gebietes befinden sich zwei Heiligtümer der Artemis, als Hüterin der Grenze: im Osten der Tempel der Artemis Orthia, im Nordwesten der Tempel der Artemis Issoria.

Das seit dem 9. Jahrhundert unterhaltene Heiligtum der Artemis Orthia (die »Aufrechte«?) war für das städtische Leben von zentraler Bedeutung, da in ihm die Initiationsriten für die in die bürgerliche Gemeinschaft aufzunehmenden Jugendlichen vollzogen und der Göttin zahlreiche Gaben dargebracht wurden. Ein erster Tempel der Zeit um 700 wurde um 570/60 durch einen größeren Bau ersetzt. Im 3. Jahrhundert wurde das Heiligtum schließlich mit einem kreisförmigen Theater überbaut, in dem die Zuschauer den zum Spektakel umfunktionierten Initiationsriten folgen konnten.

Im Zentrum der Stadt, auf dem Akropolishügel, liegt das im 8. Jahrhundert gegründete Heiligtum der Athena Poliachos (Stadtbewacherin), so dass Athena auch in Sparta die eigentliche Stadtherrin war. Aufgrund des Neubaus mit bronzener Ausstattung wurde der Tempel nach der Mitte des 6. Jahrhunderts auch Chalkioikos genannt. Sein Grundriss ist heute nur noch an wenigen Steinblöcken zu erkennen.

Unterhalb der Akropolis befand sich wie an allen Orten die Agora, die jedoch noch nicht identifiziert bzw. ergraben ist. Sie dürfte auf dem Plateau des Palaiokastro-Hügels, unmittelbar östlich der Akropolis gelegen haben, wo die Römer eine neue Platzanlage errichteten. Auf der Agora befanden sich seit dem mittleren 6. Jahrhundert auch das sog. Schattendach (Skias) als Versammlungsort der Bürgerschaft (Paus. 3,12,10) sowie die Amtsgebäude der Ephoren als politisches Exekutivorgan (3,11,2. 11), die allerdings weder näher datiert noch lokalisiert sind; benachbart lag ein Rundbau (Tholos), der von dem Kreter Epimenides in der ersten Hälfte des 6. Jahrhunderts erbaute Tempel des Zeus Olympios und der Aphrodite Olympia (3,12,11). Er ist aber kaum mit dem am Aufgang zur Akropolis erhaltenen halbkreisförmigen Fundament (hellenistischer Zeit?) in Verbindung zu bringen, das möglicherweise dem Tanzplatz (Choros) galt. Nördlich davon

Abb. 3: Heiligtum der Artemis Orthia mit Tempel (um 570/60) und davorliegenden Altären innerhalb des römischen Theaterrundbaus (3. Jh. n. Chr.)

werden die Fundamente der Perserhalle vermutet, welche an die Persersiege vom Jahre 480/79 erinnerte (3,11,3).

Gut erschlossen ist das wohl zwischen 30 und 20 neu erbaute Theater am Abhang der Akropolis, das möglicherweise über einem älteren Bau errichtet wurde. Das seit dem 5. Jahrhundert textlich bezeugte »Theater« galt indes dem auf der Agora abgehaltenen Fest der Gymnopaidien (Hdt. 6,67). Als öffentliche Plätze in der Ebene westlich des Theaters dienten die Laufbahn (Dromos) sowie die Platanistas, in denen Ephebenwettkämpfe stattfanden (Paus. 3,14,6 ff.).

Im 5. Jahrhundert sind öffentliche Kult- oder Gedenkmale fassbar, durch die herausragende Bürger und im Kampf gefallene Krieger posthum geehrt wurden. Es handelte sich um Persönlichkeiten, die sich im Krieg in besonderer Weise um das Gemeinwesen verdient gemacht hatten, wie etwa der Regent Pausanias, Leonidas und die Thermopylen-Kämpfer Maron und Alpheios (3,12,9. 14,1) oder der vermeintliche Staatsgründer Lykurg (3,16,6) und der Dichter Alkman (3,15,3), die eine Vorbildfunktion im Hinblick auf die im 5. Jahrhundert neu zu festigende Polis ausüben sollten. Ihren identitätsstiftenden Charakter bewahrten sie bis in die römische Kaiserzeit.

Über die eigentlichen Wohnverhältnisse der Stadt sind wir immer noch relativ schlecht unterrichtet, da Sparta im südlichen Teil 1834 von König Otto I. mit einem neuen Straßenraster überbaut wurde. Gemäß Thukydides (1,10) gab es in Sparta keine kostbaren Tempel und Bauten, so dass sich aus der Bausubstanz keineswegs auf die wirkliche Bedeutung Spartas schließen ließe; die Spartaner hätten gar nicht in einer Stadt zusammengewohnt, sondern dorfweise gesiedelt. Sparta wird damit als typisches Gegenbild zu Athen ausgegeben, dessen politische Landschaft unter Theseus mit einem städtischen Zentrum vereinheitlicht worden sei (Synoikosmos). Eine weitere Eigenheit sind der Begräbnisplatz der Agiaden in Pitana, mit der benachbarten Lesche der Krotanen (Paus. 3,14,2), sowie der Grabbereich der Euypontiden in Kynosoura (?), am Ende der südwärts führenden Straße (Aphetaïs), schon dicht an der späteren Stadtmauer (3,12,8). Trotz der verschiedenen Siedlungen und ihrer spezifischen Aufteilung weist Sparta aber alle Kennzeichen einer griechischen Stadt mit Akropolis, Agora und Tempeln auf. Spuren von archaischen bis spätantiken Häusern und einzelne Urnenbestattungen im Stadtgebiet deuten auf normale städtischen Wohnverhältnisse und handwerkliche Betriebe.

Die Stadt konnte im 5. Jahrhundert freilich nicht mit der Bautätigkeit Athens mithalten. Sie wurde erst im Zuge des hellenistischen Mauerbaus vereinheitlicht und mit Wasserleitungen versehen. Erst in römischer Zeit erhielt sie ein regelmäßiges Rastersystem, das offenbar auf die vom Eurotas einmündende Straße bzw. die südliche Akropolismauer ausgerichtet war. Zahlreiche Bodenmosaike aus hellenistischer und römischer Zeit zeigen, wie in der Spätzeit Luxus im viel besuchten und bewunderten Ort Einzug hielt. Nach Zerstörungen durch die Westgoten im Jahre 396 wurden ab dem 5. Jahrhundert mehrere christliche Basiliken errichtet, bis dann das religiöse Zentrum im 13. Jahrhundert im Rahmen der Kreuzzüge nach Mistras am Hang des Taygetos verlagert wurde.

II. Anfänge

Landnahme

Die mykenische Epoche der späten Bronzezeit (ca. 1600–1200) ist durch die großen Burgen und Paläste in Mykene, Tiryns und Pylos geprägt. Gleichzeitig ist auch in Lakonien eine Zunahme der Siedlungsintensität zu verzeichnen. Herausragend ist das Kuppelgrab (Tholos) von Vaphio mit Funden wie den berühmten Goldbechern und Siegelringen, die Beziehungen zu Kreta bezeugen. Nach dem Zerfall der Burgen gab es in deren Umkreis ein Nachleben bis um 1050, bevor im 1. Jahrtausend ein zivilisatorischer Neuanfang einsetzte, der schließlich die hochentwickelten, autonomen griechischen Städte (*póleis*) hervorbrachte.

In Sparta hatte schon Heinrich Schliemann vergeblich einen mykenischen Palast gesucht, obwohl ein solcher bei Homer überliefert ist: das Königreich Lakedaimon unter Menelaos, dem Bruder von Agamemnon von Mykene, der den Trojazug angeführt hatte. Sparta bildet geradezu den Ausgangspunkt des Trojanischen Krieges: Die schöne Hele-

Abb. 4: Das Menelaion in Therapne (um 700, mit Ergänzungen des Podiums im 5. Jh.) mit Blick auf das Taygetos-Gebirge

na, die Gemahlin des Menelaos, wurde vom trojanischen Königssohn Paris geraubt und nach Troja entführt. Sparta ist in der homerischen Schilderung eine eigene Stadt, wie u. a. auch Amyklai und Helos (sog. Schiffskatalog, Ilias 2,581 ff.). Sie ist Bestandteil der Landschaft Lakedaimon, in der noch kein Staat der Lakedaimonier, sondern eine Reihe von selbständigen Orten vorhanden ist. Homer spiegelt freilich nicht die Zustände um 1200, sondern diejenigen kurz vor der Aufzeichnung Ende des 8. Jahrhunderts. In dieser Zeit gab es ein verstärktes Interesse für die Heroen der Vorzeit, so dass ab ca. 700 im Menelaion, dem südöstlich von Sparta gelegenen Heiligtum in Therapne, Menelaos und Helena mit ihren beiden Brüdern Kastor und Polydeukes verehrt wurden.

Dort gab es schon im späten 15. Jahrhundert ein größeres Haus, das am Ende des 13. Jahrhunderts zerstört wurde. Dieser ›Herrensitz‹ bildete möglicherweise ein kultisches Zentrum, aber kaum einen Palast, also auch nicht denjenigen des Menelaos. Dieser ist eher auf dem Hügel Palaiopyrgos bei Amyklai zu vermuten, in dessen Nähe sich auch das Kuppelgrab von Vaphio befindet. In Sparta selber kamen nur wenige mykenische Funde, aber keine Bauten zutage. Das Menelaion wurde daher eventuell von Amyklai als Kultstätte abgelöst, da dort eine Besiedlung in nachmykenischer Zeit belegt ist. Freilich kennen wir diese nur von den protogeometrischen Scherben des 10. Jahrhunderts, die aber auch mit Neuankömmlingen in Zusammenhang gebracht werden können (Eder 1998).

Die Frage nach dem Ursprung Spartas gibt viele Probleme auf. Sie verbindet sich einerseits mit der sog. Dorischen Wanderung, andererseits mit der Erzählung der Rückkehr der Herakliden. Konkrete Anhaltspunkte gibt – neben den Funden des 10. Jahrhunderts in Amyklai – das seit dem 9. Jahrhundert in Sparta unterhaltene Heiligtum der Artemis Orthia. Nach Thukydides' späterer Schilderung (1,10) fehlte in Sparta ein ›Synoikismos‹ und die Siedlung erfolgte dorfweise. Die Verankerung der beiden Königshäuser der Eurypontiden in Kynosoura und der Agiaden in Pitana könnte aber auf die Vereinigung von zwei Dörfern und Geschlechtern hinweisen, wobei völlig unsicher bleibt, ob etwa die Eurypontiden Limnai, die Agiaden Mesoa ›mitbrachten‹ bzw. ob hier ursprünglich weitere führende Familien angesiedelt waren, die von den beiden dominierenden Königshäusern überschattet wurden. Als fünftes Dorf wurde um 750 in einer ersten Phase der Expansion Amyklai einbezogen, dessen protodorischer Hyakinthos-Kult mit Apollon Amyklaios als neu verehrter Hauptgottheit in den Festkalender integriert wurde.

Die Zerstörung der Burgen am Ende der mykenischen Zeit ist auf vielfältige Faktoren zurückzuführen, steht jedoch kaum mit einer indoeuropäischen Völkerbewegung (sog. Dorische Wanderung) in Verbindung. Zeitlich geht sie vielmehr mit dem Seevölkersturm um 1200 einher. Dieses Vordringen fremder Truppen unbekannter Herkunft ist in Ägypten und der Levante zu fassen und dürfte unter anderem zum Untergang des Hethiterreiches beigetragen haben. Eine Eroberung der stark befestigten griechischen Paläste durch auswärtige Völker oder Einwanderer ist hingegen wenig wahrscheinlich. Auch wenn im Umfeld der mykenischen Burgen ein Nachleben von rund 150 Jahren festzustellen ist, bei dem einige Siedlungen sogar anwuchsen, so ist erst anschließend mit dem Zuziehen nomadisierender Gruppen, vorwiegend aus Nordwest- und Mittelgriechenland bzw. der Landschaft Doris, zu rechnen. Wenig hilfreich ist in diesem Zusammenhang Thukydides (1,12), nach dem die Peloponnes im 80. Jahr nach dem Trojanischen Krieg (also um 1120) durch die Dorier zusammen mit den Söhnen des Herakles erobert wurde. Die Griechen sprachen schon im 7. Jahrhundert von der »Rückkehr der Herakliden« (vgl. Tyrtaios frg. 1a G–P), brachten sie aber erst im späteren 6. Jahrhundert mit den Doriern in Verbindung. In Sparta haben wir keine Anzeichen für eine frühe, umfassende Einwanderung, wie sie Thukydides und andere berichten. Aufgrund sprachlicher und archäologischer Argumente kam es erst in der zweiten Hälfte des 11. Jahrhunderts zu einer eigentlichen Neubesiedlung der Peloponnes durch ›dorische‹ bzw. protodorische Gruppen, die sich im 10. Jahrhundert auch über die Peloponnes hinaus ausbreiteten. Dies würde die geographische Verteilung der Dorier bis nach Kreta, Thera und Rhodos erklären, die seit der zweiten Hälfte des 8. Jahrhunderts durch die Gründung dorischer Kolonien in Süditalien und Sizilien noch erweitert wurde.

Für die Dorier sind drei grundlegende Kennzeichen auszumachen: 1. die politische Organisation nach drei Phylen (Hylleis, Dymanes, Pamphyloi), wie sie Tyrtaios (frg. 10a G–P) im späteren 7. Jahrhundert für Sparta überliefert; 2. die Sprache bzw. der Dialekt mit archaischen Zügen (Inschriften); 3. die Zurückführung der Abstammung auf Herakles, wie sie insbesondere auch für die spartanischen Könige postuliert wurde. Die Dorier sind aber nicht als eigenständige, hoch zivilisierte Gruppe fassbar, so dass ihre Phylen eher als Schöpfung des historischen Polisstaates betrachtet werden können, die sich im Zuge der Neuentstehung der griechischen Siedlungen im frühen 1. Jahrtausend entwickelten. Während die Hylleer und Dymanen eigenständige Volksnamen (Ethnika) nordwestgriechischen Gepräges haben, bezeichnen die Pamphyler eine Art »Allerweltsvolk«, das offenbar herrschaftlich integriert wurde. Die Genese des Doriertums dürfte sich daher erst in der Nachpalast-Zeit in der Peloponnes vollzogen haben. Kreta wurde offenbar seit dem 10. Jahrhundert von der Peloponnes aus ›dorisiert‹, wobei jeweils die drei Phylen vertreten waren (Homer, Odyssee 19,177; Hesiod frg. 191).

Die Griechen hatten dazu einen eigenen Gründungsmythos, der die gegenwärtigen Zustände erklärte sowie religiös und politisch legitimierte: Sparta ist ein Geschenk von Zeus, der die Herakliden in ihr Land führte (Tyrtaios frg. 1a G–P). Tyrtaios kennt zwar die dorischen Phylennamen (frg. 10a G–P), erwähnt aber keine Gruppe der Dorier und sah demnach auch keine Verbindung von Lakedaimonien/Sparta mit den Doriern. Er stellt auch keinen Bezug der Dorier zur Heraklidensage her. Gemäß Herodot (1,56) erfolgte die Rückkehr der Herakliden in die Peloponnes nach anfänglichem Herumwandern in Makedonien und Thessalien. Die Betonung des Doriertums gehört aber erst in spätere Zeit. Trotz des Bewusstseins einer einstigen Einwanderung erfährt die sog. Dorische Wanderung durch Tyrtaios also keine historische Bestätigung.

Die Kolonisationsversion wurde im Laufe der Zeit ausgebaut. Die Herakliden starteten eine Expedition nach Süden, von der verschiedene Varianten existierten. Herakles hatte sich nach seinen 12 Heldentaten im Dienste des Königs Eurystheus von Mykene und Tiryns nach Sparta gewandt; dort restaurierte er die Herrschaft des Tyndareos. Dessen Kinder waren Kastor und Polydeukes, also die Dioskuren bzw. Tyndariden, die Brüder von Helena. Die Söhne des Herakles wurden aber von König Eurystheus von Mykene und Tiryns aus der Peloponnes vertrieben. Sie irrten unter der Führung des Hyllos in Griechenland umher. In Athen fanden sie Aufnahme bei Theseus. Hyllos' Versuch, die Peloponnes zu betreten, wurde am Isthmos durch Atreus an der Spitze der Peloponnesier abgewehrt. Es kam zum Zweikampf zwischen Hyllos und Echemos von Tegea, der siegte. Daraufhin fanden die Herakliden nochmals Aufnahme in Attika bzw. bei Aigimios, dem Sohn des dorischen Stammvaters Doros, König in der thessalischen Hestiaiotis. Herakles soll einst König Aigimios im Kampf gegen das thessalische Volk der Lapithen geholfen haben. Aigimios vermachte Herakles daraufhin einen Drittel seines Königreichs. Herakles verzichtete aber darauf und hinterließ den Anteil für seine Nachfahren. Sein Sohn Hyllos wurde von Aigimios adoptiert. Hyllos wurde dadurch zum Bruder von Aigimios' Söhnen Dymas und Pamphylos; die drei wurden gleichzeitig Eponymen der dorischen Phylen (Hylleer, Dymanen und Pamphyler). Am Anfang des 5. Jahrhunderts wird Aigimios bei Pindar (frg. 1,1–4; Pyth. 5,69–72) erstmals explizit mit den Doriern verbunden.

Ein erneuter Rückkehrversuch der Herakliden in die Peloponnes nach 50 oder 100 Jahren war schließlich erfolgreich. Es kam zum Kampf gegen die Peloponnesier unter Teisamenos, dem Sohn des Orest. Die Einwanderung erfolgte unter den drei Herakliden Temenos, Kresphontes und Aristodemos bzw. dessen Söhnen Eurysthenes und Prokles. Daraufhin kam es zur Aufteilung der Landschaften Messene, Sparta und Argos. Lakedaimonien fiel an Aristodemos bzw. dessen Söhne Eurysthenes und Prokles, die das Doppelkönigtum ins Leben beriefen. Eine Täuschung bei der Zulosung von Messenien lieferte später die Rechtfertigung zur Eroberung Messeniens (Paus. 4,3,3 ff.).

Der Mythos erklärt insgesamt das Ende der Burgen und begründet die Herrschaft der Spartaner mit ihrem Doppelkönigtum. Die Spartaner sind demnach Nachkommen des Hyllos aus dem Geschlecht des Herakles, also nicht von Perseus, wie eine andere griechische Version vorgab (Hdt. 6,53). Perseus wies nämlich nach Argos, mit dem Sparta in Konkurrenz stand. Hyllos hingegen wurde mit Aigimios verbunden, so dass die Heraklidensage im Zuge der Auseinandersetzung mit Argos dorisiert wurde. Die Dorier wurden zu Anführern auf der Peloponnes. Diese Ausgestaltung des Mythos erfolgte im Zuge der Abgrenzung von den Athenern, die seit dem 6. Jahrhundert ihr Ioniertum hervorzustreichen begannen. Erst bei Thukydides (1,107; 3,92) wird die Doris aber zum Ursprungsland der Dorier. Die Dorier-Ionier-Antithese spitzte sich im Peloponnesischen Krieg zu (Ulf 1996; Thommen 2000).

Trotz des Aufkommens des Doriergedankens wurde im 6. Jahrhundert auch die Herrschaft der Atriden wieder betont, gerade in der Auseinandersetzung mit Tegea. Orest erhielt als Sohn des Agamemnon und Erbe der Königreiche von Sparta und Mykene gesteigerte Bedeutung. Die Gebeine des Orest wurden von Tegea nach Sparta geholt. Orest verkörperte nämlich die Vereinigung von zwei Herrschaftsgebieten, und dieser Umstand wurde als ideelle Grundlage für den sog. Peloponnesischen Bund genutzt. Die Atriden Menelaos und Agamemnon wurden auch im Zuge der Auseinandersetzungen mit Athen am Ende des 6. Jahrhunderts und in den Perserkriegen hervorgehoben, da sie panhellenische Führer waren: König Kleomenes erklärte sich auf der Akropolis von Athen als Achaier (Hdt. 5,72). Die mythologischen Geschichten wurden also den wechselnden politischen Verhältnissen und Bedürfnissen angepasst. Sie dienten dabei der Herrschaftslegitimation und Begründung des spartanischen Führungsanspruches. Demzufolge spiegeln sie zeitgenössisches Denken, nicht alte Überlieferung oder Rückerinnerung konkreter historischer Vorkommnisse.

Expansion, Kolonisation und Messenische Kriege

Gemäß Pausanias (3,2,2 f.) hatte Sparta zunächst versucht, seine Macht nach Norden auszuweiten; danach wären schon im 9. oder frühen 8. Jahrhundert militärische Aktionen in die Kynouria und ein Angriff auf Argos unternommen worden. Dabei dürfte es sich aber wohl um Rückprojektionen aus späterer Zeit handeln, als Argos zur Hauptkonkurrentin Spartas auf der Peloponnes wurde.

Unter den Königen Archelaos und Charillos (ca. 2. Viertel 8. Jh.) ist erstmals ein gemeinsames Unternehmen spartanischer Könige überliefert, das zudem von Delphi abgesegnet gewesen sei (Paus. 3,2,5). Sparta dürfte also schon früh Verbindung zu Delphi aufgenommen haben, wie wir auch im Zusammenhang mit der politischen Ordnungsstiftung sehen werden. Möglicherweise etablierte sich damals auch das Doppelkönigtum. Auf der gemeinsamen Kampagne wurde Aigys an der südlichen Grenze von Arkadien erobert; die Bevölkerung wurde angeblich versklavt, wobei aber unklar bleibt, ob sie in den Helotenstatus überführt wurde. In dieser Zeit dürften auch Verbindungen mit der Skiritis aufgenommen worden sein. Die Skiriten bildeten als Periöken später den linken Flügel der lakedaimonischen Armee (Thuk. 5,67,1).

Naheliegender und insgesamt besser belegt als ein Vorstoß nach Norden ist das Vordringen nach Süden Richtung Meer. Unter König Teleklos (ca. 750/40) wurden Amyklai, Pharis und Geronthrai erobert (Paus. 3,2,6). Amyklai wurde in den Hauptort Sparta aufgenommen (als fünftes Dorf/Obe). Über Pharis, das im homerischen Schiffskatalog noch als eigenständiger Ort erwähnt wird, haben wir keine näheren Angaben. Geronthrai wurde gemäß Pausanias (3,22,6) von Sparta aus ›kolonisiert‹ bzw. von Periöken besiedelt. Teleklos war ferner auch nach Messenien vorgedrungen, in das Gebiet des Nedon-Flusses und der Makaria-Ebene; dabei wurde Pherai (Kalamata) als periökische Kolonie gegründet.

Unter König Alkamenes (ca. 740/00) wurde die Ebene von Helos erobert, nachdem diese möglicherweise schon zuvor periökisiert worden und mit Hilfe von Argos wieder abgefallen war. Die antike Etymologie sah in der Eroberung von Helos den Ursprung der Helotie (Hellanikos FGrHist 4 F 188). *Heilótes* bedeutet aber allgemein »Gefangener« und ist kaum geographisch gebunden.

Unter König Nikandros (ca. 750/20) verwüstete Sparta zusammen mit Asine die Argolis. Asine wurde dann seinerseits kurz vor 700 von Argos zerstört, was auch archäologisch belegt ist. Die Einwohner wurden mit Hilfe von Sparta beim Kap Akritas im südlichen Messenien in einem neuen Asine angesiedelt. Im Verlauf des 7. Jahrhunderts sind dann weitere Auseinandersetzungen mit Argos anzunehmen. Gemäß Pausanias (3,7,5) wäre nach dem ersten Messenischen Krieg die Schlacht um die Thyreatis anzusetzen, die eventuell das erste historische Ereignis darstellt. Für das Jahr 669 berichtet Pausanias (2,24,7) von der spartanischen Niederlage von Hysiai, die jedoch ebenfalls historisch umstritten und deren Datum in jedem Fall problematisch ist (Kelly 1970). Einen konkreten Anhaltspunkt für eine Auseinandersetzung mit Argos bietet schließlich Tyrtaios in der zweiten Hälfte des 7. Jahrhunderts (POxy 3316); diese richtete sich eventuell gegen Pheidon, der aber auch früher angesetzt wird und schon um 750 bei Olympia von Sparta und Elis besiegt worden sein soll.

Tyrtaios ist schließlich auch die zeitgenössische Quelle für die Messenischen Kriege. Protagonist des ersten Messenischen Krieges ist König Theopompos (gegen 700). Der Krieg wird bei Pausanias im 4. Buch ausführlich beschrieben und geht dort auf Grenzkonflikte bzw. Raub- und Beutezüge zwischen Lakedaimoniern und Messeniern zurück (4,4,1 ff.). Authentisches können wir im Grunde aber nur von Tyrtaios selber erwarten, der mit seinen Kampfliedern die Spartaner anspornte (frg. 2–4G–P): Nach 20 Jahren sei die Festung Ithome genommen und Messenien (Stenyklaros-Ebene) erobert worden. Trotzdem liegt hier eine dichterisch bearbeitete Information vor, die sich möglicherweise an der zehnjährigen Belagerung Trojas orientiert. Pausanias (4,10,6 ff.) berichtet zusätzlich von Bündnissen: Messenien sei mit Arkadien, Argos und Sikyon verbündet gewesen, Sparta mit Korinth. Dessen Adelsgeschlecht der Bakchiaden, das im mittleren 7. Jahrhundert von Tyrannen vertrieben wurde, soll in Sparta Aufnahme gefunden haben.

Abb. 5: Stenyklaros-Ebene in Messenien

Feste Bündnisse und derart großräumige Ereignisse sind in so früher Zeit jedoch fragwürdig (Zingg 2016). Naheliegender ist ein lokales Geschehen zwischen Sparta und Messenien, das offenbar durch Privatfehden angezettelt wurde und staatliche Dimensionen annahm. Dieses hatte aber weitreichende und ungewöhnliche Folgen, nämlich die Unterjochung der Bevölkerung (Tyrt. frg. 5G–P): Die Messenier wurden zu Heloten degradiert, wie auch gewisse Bevölkerungsteile in Lakonien. Von den messenischen Heloten ging in Zukunft aber auch eine Aufstandsgefahr aus, die zu einem Teil die Geschichte Spartas prägte. Sie bedingte entsprechende Sicherungsmaßnahmen und militärische Bereitschaft der Bevölkerung, was auch der Bewahrung der politischen Strukturen, insbesondere des Königtums, dienlich war.

Andererseits ging von den messenischen Heloten keine existentielle Bedrohung für die Spartaner aus. Die Spartaner verzichteten auf eine permanente Truppenstationierung und setzten wohl helotische Aufseher ein. Die Messenier führten weiterhin ein bäuerliches Leben, wobei das Maß der Abgaben unklar ist. Überliefert ist bei Tyrtaios die Hälfte der Ernte, wobei es sich eventuell um eine Obergrenze handelte, die auch als Schutz vor übertriebener Ausbeutung verstanden werden könnte. Die Unterordnung unter fremde Herren war im gesamtgriechischen Kontext dennoch untragbar und stieß auf entsprechende Kritik. Messenien wurde schließlich im Jahre 370 nach der spartanischen Niederlage von Leuktra befreit und wieder eigenständig.

Problematisch ist die genauere Datierung der Messenischen Kriege. Tyrtaios (frg. 2–4G–P) erwähnt frühere Kämpfe zur Zeit der Vorväter, die 20 Jahre dauerten und mit König Theopomp in Verbindung gebracht wurden. Daher wurde schon in der Antike ein »erster« und »zweiter« Messenischer Krieg angenommen. Pausanias (4,5,10. 15,1. 23,4) überliefert folgende Daten: 743–724 (1. Messenischer Krieg); 685/84–668/67 (2. Messenischer Krieg). Dies beruht auf einer Konstruktion, die möglicherweise auf Sosibios zurückgeht; insbesondere die Daten für den zweiten Krieg wurden in der Forschung aus verschiedenen Gründen, darunter die Wirkungszeit des Tyrtaios, als zu früh verworfen (Parker 1991).

Ebenso problematisch wie Pausanias' Überlieferung ist eine moderne Rekonstruktion, die das Datum des letzten messenischen Olympiasiegers im Jahre 736 zum Ausgangspunkt nimmt und den ersten Messenischen Krieg dementsprechend in die Jahre 735–715 datiert, während der zweite Krieg aufgrund des Abstandes von zwei Generationen etwa in die Jahre 650–620 gesetzt wird. Es ist zu vermuten, dass beide Ereignisse sogar noch etwas später anzusetzen sind, d. h. am Anfang des 7. Jahrhunderts (1. Messenischer Krieg) bzw. am Ende des 7. Jahrhunderts (2. Messenischer Krieg). Dieser Ansatz entspricht insbesondere einer bei Plutarch (mor. 194b) festgehaltenen Aussage des Epaminondas, nach der Messenien 230 Jahre nach der Unterwerfung durch ihn befreit worden sei (370 + 230 = 600). Bei dieser Angabe ist freilich eher mit einer Rekonstruktion als mit einer kontinuierlichen Zählung der Jahre zu rechnen, weshalb ihre Aussagekraft beschränkt bleibt. Sicherheit ist für die Datierung der Messenischen Kriege letztlich nicht zu erreichen, so dass wir sowohl den zweiten Messenischen Krieg als auch die Wirkungszeit des Tyrtaios nur grob in die zweite Hälfte des 7. Jahrhunderts setzen können.

Eine nächste messenische Erhebung fand möglicherweise zur Zeit der Schlacht von Marathon im Jahre 490 statt (Plat. nom. 698d–e). Zu einem eigentlichen dritten Messenischen Krieg kam es schließlich in den 460er Jahren, als Sparta von einem schweren Erdbeben heimgesucht wurde und die Messenier die Gelegenheit zum Aufstand ergriffen, im zehnten Jahr aber wiederum kapitulieren mussten. Die Messenier haben ihre ursprüngliche Identität und das Selbstbewusstsein offenbar nie völlig verloren, aber auch neu konstruiert (Luraghi 2008). Dafür sorgten auch ihre führenden Kreise, die sich z. T. ins Exil abgesetzt hatten und von anderen Orten in Griechenland und Unteritalien aus Propaganda für die messenische Sache betrieben.

Im 8. Jahrhundert hatte in Griechenland eine sprunghafte Bevölkerungsentwicklung eingesetzt, welche die Suche nach neuem Ackerland nötig machte. Neben der Landnahme in den umgebenden Landschaften versuchten verschiedene Poleis, mittels Stadtgründung in entlegeneren, fremden Gebieten neue Siedlungs- und Ackerflächen zu gewinnen. Um 750 begann eine Kolonisationsbewegung, die auf die Überbevölkerung und Hungersnöte im Mutterland reagierte. Als weitere Motive kamen Abenteuerlust, die Erschließung neuer Handelswege und die Auslagerung von adligen Konflikten dazu. Die Auswanderungen fanden unter der Anleitung des Orakels von Delphi statt, das hier als gesamtgriechische Instanz eine führende Rolle übernahm. Das Griechentum breitete sich in der Folge über den ganzen Mittelmeerraum aus. Die Kolonisationszüge standen jeweils unter der Leitung eines oder mehrerer Anführer (*oikistés*). Die Auswanderer wurden z. T., wie um 630 im Falle der Besiedlung Kyrenes von Thera aus, durch Zwang bestimmt. Es ging jeweils um die Besiedlung von Küstengebieten, nicht um Herrschaftsexpansion. Sparta gehört – wohl aufgrund der Eroberung Messeniens – nicht zu den großen Koloniegründern (wie etwa Milet oder Korinth), ist aber an diesem Prozess ebenfalls beteiligt (Malkin 1994).

Eine Binnenkolonisation, wie sie Athen in Attika vorgenommen hatte, war bei Spartas Machtausdehnung im 8. Jahrhundert nicht zustandegekommen. Die Periökenorte wurden z. T. zwar ›kolonisiert‹ und Sparta angegliedert, aber ohne – wie im Falle der attischen Gemeinden – volles Bürgerrecht zu erhalten. Die Kolonisation außerhalb Lakoniens erwies sich als problematisch. Überseeische Koloniegründungen waren nur sehr begrenzt möglich, da Sparta nicht am Meer lag. Trotzdem führten später verschiedene Orte im dorischen Gebiet ihren Ursprung auf Sparta zurück: Thera, Melos,

Knidos, Kythera und einige Städte auf Kreta sowie Kroton und Lokroi (Unteritalien). Daher stellt sich die Frage, ob diese Gebiete um 750 von Sparta aus kolonisiert wurden. Archäologisch ist eine solche Entwicklung nicht zu verifizieren. Es dürfte sich daher eher um Postmigrationen als um gezielte Neuunternehmungen gehandelt haben. Die Gründungsgeschichten enthalten weitgehend spätere Rückprojektionen aus der Zeit, als Sparta Hegemon in Griechenland und Kernpunkt des Doriertums war.

Für Thera überliefert uns Herodot folgende Ursprungsgeschichte (4,145 ff.): Die Minyer als Nachkommen der Argonauten waren von Lemnos nach Lakedaimonien übergesiedelt, wo sie vergeblich Anteil am Königtum verlangten und sich schließlich an der Kolonisation in Triphylien und Thera beteiligten. Als Anführer fungierte Theras, dessen Name gleichzeitig den Namen der Insel erklärt. Seine Nachkommen in Sparta sind die Aigeidai, also die Familie der Aigeiden. Diese sollen nach anderer Erzählung (Pindar, Isthm. 7,12 ff.) bei der Eroberung von Amyklai eine wichtige Rolle gespielt haben. Die Geschichte scheint somit ehemalige Thronansprüche einer spartanischen Familie zu spiegeln, auch wenn ihr historischer Kern nicht zu eruieren ist.

Die einzige spartanische Kolonie, die wirklich gesichert ist, bildet Tarent, das möglicherweise im Anschluss an den ersten Messenischen Krieg gegründet wurde (angeblich 706). Auswanderer waren eine Gruppe von Unzufriedenen, die Parthenier (*partheniai*: »Jungfrauenkinder«). Gemäß Aristoteles (pol. 1306b 30 f.) waren sie den Homoioi, den Vollbürgern, angehörig und bei einer Verschwörung ertappt worden. Wir haben dazu zwei unterschiediche Überlieferungstraditionen.

Die ältere Tradition geht auf Antiochos von Syrakus zurück (Ende 5. Jahrhundert; bei Strabon 6,3,2). Danach waren Kinder von Spartiaten, die nicht am ersten Messenischen Krieg teilnahmen, nicht als vollberechtigt anerkannt, sondern mit dem Beinamen Partheniai von den übrigen unterschieden. Da sie diese Schmach nicht ertragen konnten, planten sie mit ihrem Anführer Phalanthos an den Hyakinthien in Amyklai einen Aufstand, der aber verraten wurde. Daraufhin riet das Orakel von Delphi Phalanthos die Besiedlung Tarents in Unteritalien (Paus. 10,10,6 ff. 13,10).

Die zweite, jüngere Tradition fußt auf Ephoros (4. Jahrhundert; bei Strabon 6,3,3). Als sich die spartanischen Frauen im zehnten Jahr des Krieges (1. Messenischer Krieg) beklagten, dass die Länge des Krieges sie kinderlos mache und die Gefahr bestünde, dass in Sparta ein Mangel an Männern einträte, sandten die Spartaner die Jüngsten und Kräftigsten aus dem Feld zurück und befahlen ihnen, mit allen Jungfrauen zu verkehren. Die Kinder erhielten den Beinamen Partheniai und wurden nicht als vollberechtigt anerkannt sowie bei der Aufteilung von Ackerland benachteiligt. Sie entschlossen sich daraufhin zu einem Aufstand mit den Heloten, der jedoch von diesen verraten wurde. Daraufhin blieb den Partheniai keine andere Wahl als auszuwandern, so dass sie sich an der Kolonisation von Tarent beteiligten. Da die Messenischen Kriege kaum ganzjährig geführt wurden, ist die zweite Version aber noch unglaubhafter als die erste. Zudem ist sie von späteren Erfahrungen des Bürgermangels und der Helotengefahr geprägt.

Die Partheniai werden in der Überlieferung z. T. mit den Epeunaktai (zum [Ehe-]Bett Gehende; Beilagernde) gleichgesetzt (Timaios bei Diodor 8,21). Dabei handelt es sich um Heloten, die in der Not des ersten Messenischen Krieges den spartanischen Frauen als Bettgenossen zur Erzeugung legitimer Kinder zugestellt wurden und später das Bürgerrecht erhielten. Da die Partheniai von Jungfrauen stammten, waren sie offenbar nicht Söhne von Spartiatinnen, die während der Abwesenheit ihrer Männer im Messenischen Krieg illegitime Söhne erhalten hatten. Daher handelte es sich eher um Söhne von Spartiaten und Helotinnen oder Metökinnen. Im Grunde lassen sich aus der Geschichte aber nur soziale Spannungen und Landmangel erschließen. Die Art und der Umfang der Auswanderer bleiben unbekannt. Tarent wurde aber zu einer blühenden Stadt, die gerade auch für ihre Kunstgegenstände aus Bronze Berühmtheit erlangte.

Sparta hat insgesamt mehrere Lösungen für das Landproblem anvisiert, darunter die territoriale Eroberung und Kolonisation, kaum jedoch eine Neuverteilung der Äcker Lakoniens in Form von gleichmäßigen bürgerlichen Landlosen, wie sie für Lykurg berichtet wird (Plut. Lyk. 8). Die Eroberung Messeniens scheint die landwirtschaftlichen Probleme weitgehend gelöst zu haben. Die beschränkte Kolonisationstätigkeit Spartas lässt in der Folge auch die für andere Orte typischen Rückwirkungen vermissen. Der Handel erhielt nur wenig neue Impulse, und die spartanische Präsenz im Mittelmeerraum blieb beschränkt. Das Fehlen von Neugründungen zwang auch nicht zu einem vertieften Nachdenken über politische Ordnungen und ergab daher auch keine verfassungspolitischen Rückwirkungen für die Zentrale.

Zu neuen Kolonisationsversuchen kam es erst wieder unter Dorieus am Ende des 6. Jahrhunderts in Nordafrika und Sizilien. Aber auch in diesem Zusammenhang wurde keine imperiale Politik im Mittelmeerraum betrieben. Es handelte sich vielmehr um Einzelunternehmen, die sich mit persönlichen Differenzen innerhalb des Königshauses verbanden. Eine letzte Koloniegründung wurde während des Peloponnesischen Krieges angestrebt: Herakleia Trachinia im Jahre 426, das einen strategischen Stützpunkt in Mittelgriechenland bilden sollte, aber bald wieder zerstört wurde.

Lykurg

Die Spartaner schrieben ihre politischen und rechtlichen Grundstrukturen nicht einer historischen Entwicklung, sondern – wie andere griechische Staaten – einem einzelnen Gesetzgeber zu. Die spartanische ›Verfassungsgebung‹ wurde mit der Figur des Lykurg verbunden, die historisch freilich äußerst problematisch ist. Datierungen reichen von der Zeit der Herakliden im 11. Jahrhundert bis ins 8. Jahrhundert. Sparta wurde jedenfalls als schon in früher Zeit streng reguliertes Gemeinwesen aufgefasst. Seinem Gesetzgeber wurden nicht nur die Verfassung, sondern auch die wichtigsten militärischen und gesellschaftlichen Institutionen wie die Syssitien und das Erziehungswesen zugeschrieben.

Lykurg war ursprünglich als Gottheit verbreitet, die in der Peloponnes unterschiedliche Ausprägungen hatte. Es ist vermutet worden, dass der Name Lykurg von Lykoorgos, Wolfsmut, herrührt bzw. sich auch auf Zeus Lykaios (Wolfsgott Zeus) oder Apollon Lykeios (Licht-/Sonnengott Apollon) bezieht, der als Beschützer der Ordnung dient. Für die sog. Große Rhetra, das mit Lykurg verbundene Grundlagendokument des spartanischen Staates, waren freilich zwei andere Schutzgottheiten auserkoren worden: Zeus Syllanios und Athena Syllania (Plut. Lyk. 6). Dies deutet darauf hin, dass Lykurg erst späterhin mit diesem Dokument in Verbindung gebracht wurde. Es ist daher auch unwahrscheinlich, dass Lykurg von einem Gott zu einem Menschen umfunktioniert wurde.

Lykurg genoss in Sparta zwar – wie andere griechische Gesetzgeber – kultische Ehren (Hdt. 1,65 f.; Paus. 3,16,6), ist aber in archaischer Zeit weder als Gott noch als Heros belegt. Wie wir aus Herodot ersehen, war offenbar nur ein Orakel über die Verleihung göttlicher Ehren an Lykurg vorhanden, das im Verlaufe der Zeit ausgeschmückt wurde und aus der heroisierten Figur einen Gesetzgeber entstehen ließ. Die Wahl des Lykurg dürfte darin begründet sein, dass es von ihm ein Heiligtum in Sparta gab, für das aber offensichtlich keine eindeutige Erklärung vorhanden war und das sich zur Ausschmückung einer Legende eignete.

Im 5. Jahrhundert wurde die spartanische Verfassung noch nicht einhellig auf Lykurg zurückgeführt. Pindar (Pyth. 1,63 ff.) nannte noch die Gesetze des alten Königs Aigimios, und Hellanikos (FGrHist 4 F 116) schrieb die Verfassung den beiden Urkönigen Eurysthenes und Prokles zu. Erst bei Herodot wird Lykurg zum Gesetzgeber und kann sich forthin in dieser Rolle etablieren. Daraus wird deutlich, dass sich im 5. Jahrhundert die Auffassung einer alt hergebrachten spartanischen Verfassung herausgebildet hatte und nach einem entsprechenden Gesetzgeber verlangte. Lykurg ist also eine konstruierte Figur, über dessen kontroverse und unsichere Überlieferung sich schon Plutarch (Lyk. 1) beklagte.

Die Legendenbildung erforderte zunächst, Lykurg in eine königliche Familie einzureihen. Weil die spartanische Königsliste bereits feststand, bereitete dies jedoch Schwierigkeiten. Man musste sich um Hilfskonstruktionen bemühen, die Lykurg zum Bruder und Onkel bzw. Vormund von Königen machten, wobei diese aus beiden Königshäusern stammten. Die Spartaner selber sollen gemäß Herodot Lykurg als Vormund des königlichen Thronfolgers Leobotes betrachtet haben, womit er in dunkle Vorzeit zurückversetzt wurde. Dieser Versuch, Lykurg in das Königshaus der Agiaden einzubinden, wandte sich gegen eine konkurrierende, bei dem »Dichter« Simonides (frg. 628PMG/355Poltera = Plut. Lyk. 1,8) fassbare Tradition, die sich auf die Euryponditen berief. Die Gestalt Lykurgs hatte also noch keine kanonische Form erreicht und wurde offenbar auch im internen Machtkampf der Königshäuser ins Feld geführt, wie er sich insbesondere am Anfang des 5. Jahrhunderts zwischen Kleomenes und Demaratos zutrug.

Ebenso umstritten war die Herkunft der lykurgischen Gesetze, die entweder aus Delphi stammten bzw. von Delphi sanktioniert oder von Kreta abgeleitet wurden. Gemäß Herodot wurde die gegenwärtige Ordnung (*kósmos*) von den Spartanern nicht auf Delphi, sondern auf Kreta zurückgeführt, das für seine Gesetzgebung berühmt war, einige Ähnlichkeiten mit der spartanischen Verfassung aufwies und diese gleichzeitig zu einer dorischen Einrichtung machte. Die Spartaner versuchten damit, sich als eigenständige dorische Gemeinde gegen das Orakel von Delphi abzugrenzen. Über Lykurg war offenbar zunächst einzig der bei Herodot erwähnte Orakelspruch, in dem Lykurg als Gott angeredet wurde, bekannt.

Weitere solche Orakelsprüche – darunter wohl auch die Große Rhetra – wurden in der Flugschrift des Königs Pausanias überliefert (Strab. 8,5,5), der im Jahre 395 ins Exil gehen musste. Zu seiner Verteidigung berief er sich auf die Verfassung des Lykurg und verunglimpfte dabei das Ephorat als nichtlykurgische Institution. Plutarch, der im 2. Jahrhundert n. Chr. eine Biographie über Lykurg verfasste, überliefert neben dem Hauptorakel der sog. Großen Rhetra drei weitere Sprüche, die sog. Kleinen Rhetren, mit denen die Grundordnung Spartas abgesichert worden sei (Lyk. 13). Diese umfassten das Verbot von schriftlichen Gesetzen, von Luxus beim Hausbau und vom wiederholten Kampf gegen denselben Feind. Diese Verfügungen gehören jedoch offensichtlich in einen anderen Kontext bzw. späteren Zeitraum, sind also nicht vor dem 4. Jahrhundert Lykurg zugeschrieben worden. Auch die Zuweisung des Geldverbotes und der gleichmäßigen Landaufteilung an Lykurg kann erst in dieser Zeit erfolgt sein, da man sich bei der Bekämpfung von Reichtum und Landkonzentration auf den spartanischen Gesetzgeber berufen wollte.

Lykurgs Leben ist erst in hellenistischer Zeit umfassend ausgeschmückt worden und hat dabei sämtliche Charakteristika eines Gesetzgebers nach dem Muster des athenischen Staatsmannes Solon erhalten. Lykurg soll – wie Ephoros erstmals berichtete – verschiedene Auslandsreisen gemacht und neben Kreta zumindest auch Asien und Ägypten besucht haben (Strab. 10,4,19; Plut. Lyk. 4). Die von Lykurg versammelte Gruppe von Verschwörern stieß auf adligen Widerstand, wobei ihm Alkandros ein Auge ausschlug, später aber für die Sache Lykurgs gewonnen werden konnte. Nach der Vollendung der Gesetzgebung wurden die Bürger auf die neue Ordnung verpflichtet, und Lykurg ging ins Exil, wo er den – in mehreren Varianten überlieferten – Tod erlitt.

Unklar war schließlich auch der Zeitpunkt der lykurgischen Ordnungsstiftung. Im Zusammenhang mit den Erkundungen des Lyderkönigs Kroisos (um 550) nach der mächtigsten Stadt Griechenlands kommt Herodot nach der Beschreibung der athenischen Verhältnisse auf Sparta zu sprechen (1,65); in dem dabei eingebrachten Exkurs zur Frühgeschichte Spartas berichtet er von einer anfänglichen Phase der Unordnung (*kakonomía*), die jedoch zu einer unbestimmten Zeit vor den Königen Leon und Hegesikles/Agasikles beendet bzw. in *eunomía* (Wohlordnung) umgewandelt worden sein soll. Daraus geht hervor, dass die Etappe mutmaßlicher ›Verfassungsgebung‹ dem historischen Blickfeld entschwunden war. Da sie in graue Vorzeit zurückverlegt ist, geht sie zeitlich über den Kontext der Messenischen Kriege hinaus. Andererseits wird aber die Ordnung Lykurgs unmittelbare Grundlage für die spartanische Machtexpansion nach Arkadien, wie sie in der ersten Hälfte des 6. Jahrhunderts angestrebt wurde. Die ›Verfassungsgebung‹ nähert sich damit wieder dem Ausgangspunkt von Herodots Erzählungen, nämlich dem Zeitalter des Kroisos, an. Sparta ist also dank seiner Ordnung um 550 stark; stärker als Athen, das vom Tyrannen Peisistratos geknechtet wurde.

Es gab demnach keine alte, einheitliche Tradition über die Ordnung des spartanischen Gemeinwesens. Vielmehr bildeten sich bestimmte Vorstellungen im 5. Jahrhundert erst allmählich heraus. Dies betrifft insbesondere die Auffassung von der weit zurückliegenden und besonders strikten Regelung des spartanischen Staates.

Thukydides (1,18) nimmt am Ende des 5. Jahrhunderts nur in wenigen Sätzen Bezug auf Spartas Frühgeschichte. Sie zeigen aber, wie die bei Herodot fassbare Tradition weiterentwickelt und bestimmte Ansichten über die spartanische ›Verfassungsgebung‹ kanonisiert wurden. Die von Thukydides eingebrachten Ansichten haben – wie bei Herodot – die Aufgabe, Spartas Stärke zu erklären. Thukydides rückt dabei die Konsolidierungsphase der Polisordnung (Eunomia) endgültig in ferne Vergangenheit. Die internen Auseinandersetzungen der archaischen Zeit werden von Thukydides als die längsten Bürgerkriege bezeichnet und unmittelbar an die Epoche der Einwanderung angeschlossen, die er ins 80. Jahr der Heimkehr der Hellenen aus Troja setzt (1,12). Sparta sei dann aber am frühesten zu Gesetz und Ordnung gekommen, tyrannenfrei geblieben und habe bis zur Gegenwart über vierhundert Jahre stets dieselbe Verfassung genossen.

Im Ganzen weicht Thukydides damit zwar nicht grundsätzlich von dem herodoteischen Bild der spartanischen Frühgeschichte ab, verfestigt es aber beträchtlich. Die Gesetzgebung Spartas wird besonders früh angesetzt und die Verfassung als unverändert charakterisiert. Für Lykurg, über den Plutarch später eine ganze Biographie verfassen konnte, lässt sich vermuten, dass dessen Identität zweifelhaft war und daher von Thukydides bewusst ausgeklammert wurde. Die Aussagen des Thukydides dienen somit hauptsächlich als Beleg dafür, wie im ausgehenden 5. Jahrhundert Sparta gegen Athen abgegrenzt wurde: Während Thukydides für Sparta einen Synoikismos bestreitet, wird ein solcher Akt für Athen unter Theseus ausdrücklich erwähnt (2,15).

Die bei Herodot und Thukydides fassbaren Vorstellungen von der Eunomia Spartas sind also insgesamt von dem Erfahrungshorizont der eigenen Zeit geprägt und vielmehr für diese als für die spartanische Frühzeit aufschlussreich. Die Lykurg-Legende nahm damals ihren Anfang und trieb erst in späterer Zeit ihre Blüten.

Die Große Rhetra

Datierung und Überlieferung

Die Große Rhetra (*rhétra*, »Spruch«) ist wohl das umstrittenste Dokument der spartanischen Geschichte überhaupt. Die Datierungen reichen vom 9. Jahrhundert bis zum 4. Jahrhundert, wobei auch schon an eine Fälschung der Zeit um 400 gedacht worden ist (Ed. Meyer). Dennoch ist diese Quelle für die Frage nach den verfassungsmäßigen Zuständen bzw. der ›Verfassungsgebung‹ im archaischen Sparta unverzichtbar.

Erste Anhaltspunkte für die politische Ordnung Spartas besitzen wir in Tyrtaios' Gedicht »Eunomia«, dessen Titel erst bei Aristoteles überliefert ist. *Eunomía* (»gute Ordnung«) kennzeichnet insgesamt noch eine frühe Stufe des politischen Denkens. Damals stellte sich noch nicht die Frage nach der eigentlichen Verfassungsform (Königtum, Aristokratie oder Demokratie), sondern nur allgemein nach einer Ordnung, in der Rechtssicherheit garantiert sein sollte – im Gegensatz zum konträren Zustand der Unordnung (*anomía/dysnomía*). Tyrtaios (frg. 14G–P) berichtet in seinem Werk von den grundlegenden Weisungen des Orakels von Delphi:

> »So hat der Goldgelockte, der Gott mit dem silbernen Bogen,
> Phoibos Apoll in der reich prunkenden Halle verfügt:
> ›Herrschen sollen im Rate die Könige, götterbegnadet,
> Denen am Herzen die Stadt Sparta, die ewige, liegt,
> Herrschen die würdigen Greise, mit ihnen die Bürger des Volkes,
> Wahrend das gültige Recht, wie es der Satzung entspricht;
> Sollen Geziemendes reden und alles Gerechte erwirken,
> Nie unredlichen Rat geben der heimischen Stadt,
> Und die Versammlung soll durch den Sieg der Stimmen entscheiden!‹
> Phoibos selber hat dies also verkündet der Stadt.«
> (Übers. Franyó/Gan)

Der Text ist freilich schwer verständlich und jede Übersetzung bedeutet dementsprechend bereits eine Interpretation, wie wir noch sehen werden. Die mit Tyrtaios verbundene Überlieferung macht aber deutlich, dass die Grundordnung des spartanischen Gemeinwesens – auch in Sparta selber – ursprünglich nicht mit Lykurg, sondern mit dem Orakel von Delphi verknüpft wurde. Durch die Verbindung mit der Gottheit kam ihr besondere Bedeutung zu. Gleichzeitig ist durch den Zusammenhang mit Delphi auch ein *terminus post quem* für die Ordnungsstiftung gegeben, da das Orakel von Delphi erst im Verlaufe des 8. Jahrhunderts Bedeutung erlangte. Wenn Tyrtaios nur allgemein auf die Bestimmungen über die Könige, Geronten und Volksversammlung Bezug nahm, so ist zu beachten, dass es ihm nicht um eine detaillierte Verfassungsschilderung ging. Vielmehr wollte er unter dem Hinweis auf die göttliche Polisordnung in erster Linie die Standhaftigkeit der Bürger im Krieg gegen Messenien festigen.

Die in dem Gedicht wiedergegebenen politischen Konstellationen entsprechen in den

Grundzügen denjenigen der bei Plutarch (Lyk. 6) als Verfassung des Lykurg überlieferten sog. Großen Rhetra. Diese wird ebenfalls als Orakel der Pythia von Delphi ausgegeben; sie ist also weder eine staatliche Urkunde noch ein Gesetzesbeschluss und auch nicht mit einer historisch belegbaren Persönlichkeit zu verbinden. Gegenüber früheren Ansätzen bezeichnet Plutarch Lykurg als Vormund des Eurypontidenkönigs Charilaos, der grob in die erste Hälfte des 8. Jahrhunderts zu datieren ist. Als Lykurg das spartanische Gemeinwesen ordnete und den Rat der Geronten einsetzte, ist nach Plutarch Folgendes eingetreten:

> »So sehr lag Lykurg diese Behörde (d. h. die Gerusia) am Herzen, dass er über sie ein Orakel aus Delphi einholte, welches man Rhetra nennt:
> ›... er soll ein Heiligtum des Zeus Syllanios und der Athana Syllania errichten; Phylen und Oben einrichten; einen Rat von Dreißig einschließlich der Heerführer (d. h. der Könige) konstituieren; von Zeit zu Zeit (d. h. in regelmäßigen Abständen) die Volksversammlung zwischen Babyka und Knakion einberufen; und so (d. h. unter Beachtung der vorangehenden Bestimmung) einbringen und abtreten (d. h. der Versammlung Anträge zur Abstimmung vorlegen und sie durch Abtreten auflösen); ... und Kraft.‹«
> (Plut. Lyk. 6,2; Übers. Bringmann 1975 [1986])

Plutarch überliefert im Weiteren eine Ergänzungsklausel zu der Rhetra: Als später die Menge durch Streichen und Zusetzen die Anträge verdrehte und verfälschte, fügten die Könige Polydoros und Theopompos (1. Hälfte 7. Jahrhundert) folgenden Satz in die Rhetra ein, der ebenfalls von der Stadt angenommen worden sein soll:

> »Wenn das Volk sich für einen schiefen Spruch aussprechen sollte, sollen die Ältesten und die Heerführer (d. h. der Rat) abtreten (d. h. auf diese Weise die Versammlung auflösen).«
> (Plut. Lyk. 6,8; Übers. Bringmann 1975 [1986])

Diese Verfügung dürfte freilich schon zum ursprünglichen Bestand der Rhetra gehört und damit keinen ›Zusatz‹ gebildet haben. Es ist nämlich gut möglich, dass inhaltliche Schwierigkeiten zur Abtrennung dieser Bestimmung führten. Die in der Rhetra proklamierte Macht (*krátos*) des Volkes, die hier zu einem Teil wieder eingeschränkt wird, ist in der Tat auf den ersten Blick suspekt. Darüber hinaus fehlt die Zusatzklausel bei Tyrtaios. Auch die Erklärung Plutarchs für den Zusatz kann nicht befriedigen, nämlich dass das Volk die Anträge verdreht und verfälscht habe; da das Volk (*dámos*) kein Initiativrecht besaß, ist ein »Streichen und Zusetzen« bei den Anträgen von Seiten des Volkes nicht einleuchtend. Es handelt sich hier also um eine spätere Erklärung von Plutarch oder allenfalls schon von seinem Gewährsmann Aristoteles. Aus diesen Gründen ist es möglich, dass Plutarch (bzw. Aristoteles) die einschränkende Verfügung zeitlich von der Großen Rhetra abgetrennt hat. Die Zuweisung an Theopomp war ihrerseits naheliegend, da dieser schon durch Tyrtaios (frg. 2G–P) als bedeutender König zur Zeit der Wirren des Messenischen Krieges überliefert war.

Für die Große Rhetra selber gibt es verschiedene Hinweise, dass es sich um ein authentisches Dokument handelt. Für ihr hohes Alter sprechen schon das ansonsten unbekannte Heiligtum, das der Stiftung von Gemeinschaft und religiöser Legitimation dient. Zudem erscheinen verschiedene archaische Ausdrücke (*phýlas phyláxanta, óbas obáxanta; archagétai*/Führer statt *basileís*/Könige; *skoliós*/krumm), die bereits in der Antike Mühe bereiteten. Schließlich waren auch die topographischen Angaben zur Volksversammlung schon für Aristoteles erklärungsbedürftig; Plutarch sagt darüber: »Nach Aristoteles war der Knakion ein Fluss und die Babyka eine Brücke. Zwischen diesen Örtlichkeiten hielten sie ihre Versammlungen«.

Für die Phylen der Rhetra ist anzunehmen, dass es sich (analog zu der Militärordnung bei Tyrtaios) um die drei hergebrachten dorischen Phylen handelte (Hylleer, Dymanen und Pamphyler). Diese waren Personenverbände mit gewissen verwandtschaftlichen und lokalen Bindungen. Die Phylen implizieren damit aber den ungebrochenen Vorrang einzelner vornehmer Familien. Nach dem späteren Zeugnis Plutarchs (Lyk. 16,1) wurden die Phylen von je einem Presbytas als Vorsteher geleitet, der den Kontakt zur Gemeinde schuf und vermutlich aus einer angesehenen Familie stammte. Den Presbytatoi dürften analog zu anderen griechischen Poleis administrative Aufgaben, etwa auf dem Gebiet des Kultes und des Rechts, zugekommen sein. In den Phylen lebte damit vorerst eine herkömmliche Institution der aristokratischen Gesellschaft weiter. Die aristokratische Führungsschicht wurde durch die Große Rhetra jedenfalls nicht beseitigt.

Die Oben sind entweder als Unterabteilungen der Phylen aufzufassen oder mit den Dorfbezirken Spartas gleichzusetzen. Bei den Oben handelte es sich hier aber kaum um territoriale Einheiten (Dorfabteilungen), sondern um Familiengruppen, die mit Phratrien vergleichbar sind. Jedenfalls kann nicht bewiesen werden, dass im Zusammenhang mit der Rhetra die Phylen durch ein territoriales Prinzip von Oben überlagert werden sollten. Eine grundlegende Neuordnung des Bürger- und Heeresverbandes ist zur Zeit der Rhetra nicht zu belegen. Durch die Neugestaltung der Phylen und Oben erhielt der Bürgerverband insgesamt wohl schärfere Konturen, und der Abstand der politisch berechtigten Bürger zu den Periöken und Heloten wurde verdeutlicht.

Die Überlieferung eines alten Orakels in Verbindung mit der Eunomia erscheint aus den genannten Gründen insgesamt glaubhaft. König Pausanias fügte in seiner politischen Flugschrift am Anfang des 4. Jahrhunderts eine ganze Reihe solcher Orakel der Frühzeit ein (Strab. 8,5,5). Delphi muss aber nicht als eigentliche Verfassungsgeberin fungiert haben. Naheliegender ist, dass die Pythia eine in Sparta entworfene Grundordnung des Gemeinwesens zustimmend wiederholte und damit sanktionierte. Mehrheitlich wird davon ausgegangen, dass Tyrtaios ein Orakel dichterisch bearbeitete, das auch der Großen Rhetra zugrunde lag. Eine Minderheit hält die Tyrtaiosverse für älter als die Rhetra, da sie inhaltlich rudimentärer gestaltet sind und sich noch auf den Gehorsam gegenüber den Königen konzentrieren (van Wees 1999; Nafissi 2010).

Die äußeren Umstände legen es aber nahe, eine grundlegende Ordnung des Gemeinwesens im Anschluss an den ersten Messenischen Krieg zu datieren. Die große Erweiterung des Herrschaftsgebietes Spartas war ein geeigneter Moment, grundsätzlich über die Regelung der Gemeinschaft nachzudenken. Aus dem dazugewonnenen Territorium ergaben sich neue Aufgaben, die sich mit der Kontrolle einer fremden Bevölkerung verbanden. Zudem bestand die Gefahr, dass einzelne führende Persönlichkeiten Gefolgschaften ansammelten und damit ihre Macht erweiterten. Dem konnte nur mit festeren politischen Strukturen wirksam begegnet werden. Das aus der Ordnung sprechende Rechtsempfinden und das Bedürfnis nach einem gewissen Maß an Machtnivellierung, wie es in Athen erst bei Solon fassbar wird, spricht jedoch gegen ein allzu frühes Datum im 7. Jahrhundert. Da Tyrtaios während des zweiten Messenischen Krieges dichtete, muss ein spätes Datum im 7. Jahrhundert ebenfalls entfallen, so dass eine Datierung in die Mitte des Jahrhunderts plausibel ist. In dieser Zeit bildet die Rhetra zudem eine geeignete Voraussetzung für die Expansionsbemühungen Spartas in Arkadien, die auch bei Herodot (1,66 ff.) unmittelbar der Neuordnung nachfolgen. Die bei ihm erwähnte

›spartanische‹ Datierung des Lykurg in die Zeit des Königs Leobotes gehört jedoch ins Reich der Phantasie.

Könige

Aufgrund der bei Tyrtaios geschilderten Ordnung, die sich auch in der Großen Rhetra spiegelt, sollen die Könige, Geronten und Bürger herrschen – freilich nach der dabei mitschwingenden Reihenfolge, die ein Autoritätsgefälle impliziert und insbesondere die religiöse Konnotation der Könige (als Nachfahren der Herakliden) bewahrt; diese beanspruchen demgemäß auch als einzige zwei Zeilen des Gedichts. Grundmerkmal ihrer Herrschaft ist dabei, dass die Könige sich um die Polis kümmern – also nicht nur um das Wohl Einzelner, sondern der Gesamtbürgerschaft. Sie stehen jedoch trotz ihres Vorranges nicht isoliert an der Spitze des Gemeinwesens, sondern werden *a priori* mit dem Rat verbunden Dies ergibt sich auch bei alternativen Übersetzungen der Eunomia-Verse, nach denen die Könige nicht im Rat herrschen, sondern diesem nur vorstehen (M. Meier) oder mit der Beratung beginnen (A. Luther) bzw. durch ihren Rat regieren (M. Dreher). Die Rhetra, die die Könige ausschließlich in der Funktion als Ratsmitglieder erwähnt, bezeichnet diese andererseits als Archagetai, was auf ihre militärische Führungsposition deutet, wie sie ihnen auch bei Herodot zugedacht ist (6,56). Als Mitglieder der Gerusia sind die Könige darüber hinaus als Leiter der Volksversammlung in Betracht zu ziehen, auch wenn diese Eigenschaft nicht eigens erwähnt wird.

Insgesamt wurde für das Königtum ein klarer Bezugsrahmen festgelegt. Dieser war offenbar noch nicht mit dem späteren Staat der Lakedaimonier identisch, sondern bestand in der Polis Sparta. Die Neuordnung mag die Könige zwar in ihrer Handlungsfreiheit eingeschränkt haben, sicherte ihre Existenz aber auch langfristig ab. Das Doppelkönigtum wurde geradezu zementiert und blieb auch in Zukunft den Geschlechtern der Eurypontiden und Agiaden vorbehalten. Das bedeutete wiederum, dass die Könige nicht grundsätzlich von Jahresbeamten ersetzt wurden und die Institution nicht kompetitiv für andere ambitionierte Bürger geöffnet wurde.

Geronten

Die Existenz von Geronten im Sinne eines königlichen Beirates (*gerousía*) ist schon vor der Neuordnung vorauszusetzen. Im Gedicht »Eunomia« des Tyrtaios sind sie durch ihre altehrwürdige Stellung zwischen den Königen und der Volksversammlung gekennzeichnet. Die Könige und Geronten wurden zudem explizit an die Volksversammlung gebunden, die sie unter dem Motiv der Gerechtigkeit mit ihrem guten Ratschlag versehen sollten. Dabei geht es nach alternativen Übersetzungen nicht nur darum, das Recht zu bewahren, sondern einander mit rechtmäßigen, »geraden« Satzungen (*rhétrai*) Antwort zu geben (M. Meier; A. Luther).

Der Rhetra zufolge sollte die Gerusia neu konstituiert werden, und zwar mit 30 Mitgliedern (einschließlich der beiden Könige), so dass damals offenbar die späterhin bekannte Zusammensetzung zustande kam, die die Könige in den Rat eingliederte. Im Anschluss daran folgt die Bestimmung über die Abhaltung der Volksversammlung, so dass die Geronten als Vorsitzende der Volksversammlung in Betracht zu ziehen sind. Wie wir später von Aristoteles (pol. 1273a) erfahren, mussten die Geronten für entsprechende

Vorlagen – anders als in Karthago – untereinander offenbar nicht einig sein. Die Regelung war damit geeignet, Konfliktpotentiale im politischen Führungsgremium durch die Volksversammlung zu beseitigen.

Während der Ältestenrat schon in den homerischen Epen als wichtiges Beratungs- und Entscheidungsgremium entgegentritt, wurde er jetzt in Sparta als dauerhafte und numerisch genau festgelegte Institution verankert. Es ist zu vermuten, dass sich zu dieser Zeit auch das Mindestalter von 60 Jahren sowie die offizielle Wahl der Mitglieder durch die Volksversammlung einbürgerte. Plutarch bzw. seine Quelle (Aristoteles) fasste die Aufwertung der Gerusia insgesamt als Hauptanliegen der Rhetra auf. Gestützt wurde diese Ansicht wohl auch durch den Rhetra-Zusatz. In diesem werden die Geronten im Zusammenhang mit dem Recht, Volksbeschlüsse wieder aufzuheben, an erster Stelle – und damit noch vor den Königen – genannt.

Die Verankerung der Gerusia brachte es schließlich mit sich, dass kein neuer Rat neben den herkömmlichen ›Adelsrat‹ trat, wie dies später in Athen (wohl aufgrund der solonischen Gesetzgebung) und auch in Chios der Fall war. Es etablierte sich auch kein automatischer Aufnahmemodus über die Ausübung eines Amtes. Politische Partizipation bzw. durch Leistung erworbene Qualifikation wurden in diesem Bereich nicht in den Vordergrund gestellt. Daher liegt es nahe anzunehmen, dass die alten Familien ihre Position in diesem zahlenmäßig kleinen Gremium bewahren konnten. Aristoteles (pol. 1294b) bezeichnet die Gerusia als ein dem Volk nicht zugängliches Staatsamt. Auch das später überlieferte Akklamationsverfahren für die Wahl der Geronten (Plut. Lyk. 26), das im Gegensatz zu dem Losverfahren eine Manipulation der Wähler zuließ, dürfte einer über die führenden Familien hinausgehenden Öffnung der Gerusia (im Sinne eines Volksrates) entgegengestanden haben. Damit blieb der Zugang zu dem Rat für die Gesamtbürgerschaft, wie er später in Athen durch Kleisthenes geschaffen wurde, verschlossen. Für Plutarch (Lyk. 7) dürfte dies ein weiterer Anlass gewesen sein, die lykurgische Ordnung als ›oligarchisch‹ zu bezeichnen.

Volksversammlung

In der politischen Grundordnung Spartas war schließlich festgelegt, dass die Volksversammlung (Apella) die letzte Entscheidungsinstanz darstellte, so dass die Bürger jetzt dauerhaft in das politische Geschehen einbezogen wurden. Die in der Rhetra auf die Einrichtung der Gerusia folgende Bestimmung legte fest, von Zeit zu Zeit die Volksversammlung einzuberufen, die offenbar zwischen (der Brücke) Babyka und (dem Fluss) Knakion stattfand (Plut. Lyk. 6,4). Dieser Passus ist sprachlich als Hauptbestimmung der Rhetra gekennzeichnet. Der unmittelbare Anschluss an die Verordnung über die Gerusia legt die Vermutung nahe, dass es die Geronten (inklusive Könige) gewesen sind, die mit der Leitung der Volksversammlung betraut wurden. Denselben kam demnach auch das Vorbringen von Anträgen und das Auflösen der Versammlung zu. Unklar bleibt, ob sich die Kompetenz der Auflösung nur auf das tatsächliche Ende der Sitzung bezog oder als eine Art Vetorecht zu jeder Zeit der Versammlung angewandt werden konnte. Der letzte Satz der Rhetra, der das Volk offenbar zum Subjekt macht, dürfte – im Anschluss an die Bestimmung über die Versammlung – am ehesten den Schlussentscheid für das Volk festgelegt haben. Dies ist auch für die letzte Zeile der Eunomia anzunehmen, auch wenn der »Menge des Volkes« nach getreuerer Übersetzung nur »Sieg und Stärke« erwachsen (M. Dreher), wie es Tyrtaios allgemein im Kampf gegen Messenien herbeiwünscht.

Hinsichtlich der Volksversammlung zeichnet sich ab, dass diese jetzt wohl regelmäßig einberufen wurde. Oft wird in der Forschung aufgrund der späteren Angabe in dem Scholion zu Thukydides 1,67, das besagt, dass die spartanische Versammlung üblicherweise »bei Vollmond« tagte, ein monatlicher Abstand angenommen. Auch wenn dies nicht erhärtet werden kann, so bleibt zumindest klar, dass die Volksversammlung existentiell abgesichert und institutionalisiert wurde, indem ihr bei politischen Entschlüssen im Prinzip die letzte Entscheidung (*krátos* – wie aus der letzten, verderbten Zeile noch zu entnehmen ist) zukam. Zeitpunkt und Ort der Versammlung waren damit nicht mehr – wie bei Homer – allein von dem Willen der Könige abhängig.

Für die Beschlusskraft der Volksversammlung ist freilich eine Vorberatung im Rat vorauszusetzen, so dass der Damos keine eigenen Anträge einreichen konnte. Das fehlende Initiativrecht der Bürger brachte aber eine grundlegende Einschränkung für den Aufgabenbereich der Volksversammlung mit sich. Wie weit die in der Volksversammlung vorgetragenen Themen über die Grundfragen von Krieg und Frieden hinausgingen und allgemeinere Regelungen des Gemeinwesens umfassten, bleibt unklar. Es ist zwar davon auszugehen, dass die Volksversammlung vor der Rhetra gemäß dem homerischen System in wichtigen Sachen konsultiert wurde, um sich deren Zustimmung (durch Zuruf) zu vergewissern; da das Plenum aber nicht grundsätzlich für die Entscheidungen durch Abstimmung zuständig war, ist es zweifelhaft, für die Eunomia einen Volksentscheid vorauszusetzen.

Durch den bei Plutarch wiedergegebenen ›Zusatz‹ zur Rhetra erfuhr die Volksversammlung eine Machtbeschränkung, denn die Geronten und Könige konnten nach dieser Bestimmung Entscheidungen offenbar (wieder) aufheben (sofern das Volk einen »krummen« Beschluss gefasst hatte). Es stellt sich freilich die Frage, wie es überhaupt zu »falschen« Entscheidungen kommen konnte. Da das Volk kein Initiativrecht besaß, kann sich die Bestimmung (Vetorecht) nur auf Differenzen innerhalb der politischen Führung (Könige und Geronten) beziehen. Es wäre denkbar, dass ein einzelner König oder Geront in der Volksversammlung entgegen dem Willen der Ratsmehrheit einen Entschluss durchsetzen konnte. Die Ephoren kommen als Initianten in dieser Zeit freilich kaum in Frage. Da die bei Tyrtaios mitbestimmenden »Bürger des Volkes« (*demótas ándras*) schwerlich die Ephoren bezeichnen, haben diese offensichtlich weder in die Rhetra noch in die »Eunomia« des Tyrtaios Eingang gefunden. Auch wenn von der Existenz der Ephoren zum Zeitpunkt der Eunomia ausgegangen werden kann, muss ihre Stellung noch von untergeordneter Natur gewesen sein, denn sie wurden nicht zu den konstitutiven Pfeilern der Ordnung gerechnet.

In der Rhetra ging es einerseits um die grundsätzliche Verankerung der Volksversammlung; andererseits wurde eine Machtverschränkung von Königtum und Gerusia festgehalten. In der Gerusia waren nach wie vor die führenden Familien vertreten. Da die Könige und Geronten über die Apella dominierten, hatte die Definition der Volksversammlung als regelmäßiges Beschlussorgan ihren Sinn in erster Linie darin, inneraristokratische Auseinandersetzungen aufzufangen bzw. der Kontrolle eines größeren Kreises von Bürgern zu unterstellen. Ein prinzipieller Gegensatz zwischen Damos und Aristokratie ist in Sparta nicht feststellbar, so dass der Damos auch nicht als treibende politische Kraft bezeichnet werden kann. Die politische Grundordnung Spartas erweist sich damit als innerhalb der Führungselite durchgesetzte Regelung. Sie sollte davor schützen, dass einzelne Führungsmitglieder die Volksversammlung für eigene Zwecke missbrauchten. Die Gesamtbürgerschaft wurde nur begrenzt in den eigentlichen Willensbildungsprozess einbezogen. Die Aufwertung des Damos blieb weit entfernt von dem Grundrecht der Redefreiheit (*isegoría*), wie es später in Athen konstituierend werden sollte. Das *krátos* des *dámos* (Kraft bzw. Macht des Volkes) hatte nichts mit einer fest umrissenen Verfassungsform zu tun, wie sie bekanntlich erst in Athen im Verlaufe des 5. Jahrhunderts herausgebildet bzw. als Demokratie begrifflich festgelegt wurde. Die ›kratistische‹ Verfassungsdiskussion, die nach der Machtaufteilung im Staate fragte, ist in diesem Sinne an Sparta vorbeigegangen, auch wenn es späterhin als Musterbeispiel einer gemischten Verfassung galt.

Ordnungsstiftung und Verfassungsentwicklung

In der Rhetra wurde einleitend die Gründung eines Heiligtums für Zeus Syllanios und Athena Syllania postuliert, womit sowohl die Ordnungsstiftung in der Stadt als auch der Schutz im Krieg zum Ausdruck gebracht werden sollten. Die Tempelgründung bildete darüber hinaus eine Ergänzung zu den bis dahin für das Gemeinwesen zentralen Heiligtümern der Athena Poliachos und Artemis Orthia. Das neue Heiligtum diente dazu, den Wert der erstmals fixierten Ordnung zu betonen und zu legitimieren, also eine neue Gemeinschaftsidentität zu stiften.

Die Kodifizierung der Eunomia hatte zwar größeren Grundsatzcharakter als die rechtliche Regelung einzelner Konfliktsituationen, wie sie in anderen griechischen Poleis zu jener Zeit zu verfolgen ist. Gerade die Gesetze aus kretischen Gemeinden setzten aber die politischen Institutionen bereits voraus und befassten sich mit speziellen Regelungen von Streitfällen. Solche rechtspolitischen Beschlüsse sind für Sparta nicht fassbar. Damit ist auch nicht zu sehen, dass die Kompetenzen der spartanischen Volksversammlung oder die vor dem Volk behandelten Geschäfte über das Maß derjenigen von anderen Städten hinausgingen. Auch aus dieser Sicht verbietet es sich also, in Sparta von einer frühen ›Verfassungsgebung‹ oder sogar Demokratisierung zu sprechen. Eine detaillierte Normierung und gesetzliche Regelung der spartanischen Polis ist im 7. Jahrhundert nicht zu verfolgen; dennoch hatte die Ordnungsstiftung weitreichende Folgen.

Die Große Rhetra blieb in der Folge offenbar das einzige Dokument, das sich auf die Grundordnung Spartas bezog und zumindest als Orakel auch schriftlich vorgelegen haben dürfte. Nach Plutarch (Lyk. 13) wurde in einer weiteren Rhetra ein generelles Verbot für schriftliche Gesetze festgelegt. Dabei handelt es sich freilich kaum um eine alte Bestimmung, sondern um eine nachträgliche Rekonstruktion. Angeregt wurde diese wohl durch das in Sparta für Gesetze verwendete Wort *rhétra* (Spruch) und die schon antik spärlich vorhandenen Gesetzesinschriften in Lakonien. Die Überlieferungslage legt insgesamt einen weitgehenden Verzicht auf schriftliche Gesetzgebung nahe, auch wenn ein generelles Verbot fraglich bleiben muss.

Die Mündlichkeit der Gesetze und Normen bildete aber eine spezielle Rahmenbedingung für den weiteren Entwicklungsprozess der Polis. Mit dem Fehlen schriftlicher Gesetze entfiel zugleich ein wichtiger Ausgangspunkt für die Staatswerdung bzw. Vollendung der Verfassung. Die schriftliche Fixierung von Gesetzen brachte in anderen griechischen Poleis den Effekt mit sich, dass über das Bestehende konkret debattiert werden konnte und damit verstärkt neuerliche Veränderungswünsche lebendig wurden. Die Möglichkeiten der Debatte um Regierungsform und Gesetze der Polis haben damit in Sparta schon früh eine Einschränkung erfahren. Da Sparta kaum an Kolonisationsunternehmungen beteiligt war, musste es sich auch nur bedingt mit Stadtneugründungen und abstraktem Verfassungsdenken befassen. Die gesellschaftlichen Normen in Sparta blieben damit weiterhin vorwiegend von der Führungselite geprägt.

Sparta kam anlässlich von Krieg und sozialen Spannungen durch die Rhetra zu einer Absicherung seiner Grundordnung, die die Könige sowie die einflussreichen Familien in die Polis einband. Ausschlaggebend waren dabei nicht von theoretischer Seite vorbereitete Reflexionen über das Gemeinwesen, sondern die äußeren Umstände, die festere Strukturen erforderten. Innerhalb der Führungsschicht entwickelte sich die Einsicht, dass Regeln der Selbstkontrolle vonnöten waren, um im Endeffekt den eigenen Führungsanspruch zu bewahren. Durch die Einbeziehung des Damos wurde in Sparta wie auch andernorts versucht, Intrigen in der Führungsschicht zu überwinden und eine neue Ausrichtung ihres Handelns zu erreichen. Die Festsetzung der politischen Institutionen und Einbindung der führenden Leute in konkrete Organisationsformen erwiesen sich in der Folge auch als geeignet, dem Phänomen der Tyrannis entgegenzuwirken.

Entscheidend ist im innergriechischen Vergleich ferner, dass die Könige nicht zu Beamten degradiert und ihre Stellen nicht kompetitiv für Bürger der Führungsschicht geöffnet wurden, die Errichtung eines neuen Rates neben dem alten ›Adelsrat‹ ausblieb und der Volksversammlung ein allgemeines Antragsrecht verwehrt war. Für Sparta sollte es charakteristisch werden, dass sich – anders als in Athen – keine Öffnung zum Initiativrecht vollzog und die Chancen der politischen Betätigung der Bürger gering blieben. *Isonomía*, in Form von gleicher Teilhabe an der Politik, wie sie in Athen im Verlauf des 6. Jahrhunderts als Parole gegen die Tyrannis formuliert wurde, konnte in Sparta aber offenbar nicht zu einer Forderung werden.

Heeres- und Bürgerverband zur Zeit des Tyrtaios

Über die Zusammensetzung des spartanischen Bürger- und Heeresverbandes sind wir hauptsächlich durch die Gedichte des Tyrtaios unterrichtet, der zur Zeit des zweiten Messenischen Krieges mit seinen Versen (Kampfparänesen) die Wehrkraft der Spartiaten zu steigern versuchte. Aus ihnen geht hervor, dass die Bürger nach den herkömmlichen drei dorischen Phylen in den Wehrverband eingegliedert waren: Hylleer, Dymanen und Pamphyler (frg. 10aG–P v. 16). Die Identität der Krieger wurde aber nicht nur durch die Phylen, sondern grundlegend auch durch die geschlossene militärische Formation festgelegt:

»Wahrlich, die Wackeren, die sich gedrängt in geschlossenen Reihen
Wehren und im Gefecht tapfer den Nahkampf bestehn,
...
Fuß an Fuß mit dem Gegner und Schild zum Schilde sich drängend,
Dass sich der Busch mit dem Busch treffe, der Helm mit dem Helm,
Brust an Brust bezwing' er den Feind im Kampfe, den breiten
Schwertgriff oder den Schaft haltend des ragenden Speeres.«
(frg. 8G–P vv. 11 f. 31–34; Übers. Franyó/Gan)

In diesen Versen wurde meist die Hoplitenphalanx als neue militärische Formation erkannt, die in der Zeit nach dem ersten Messenischen Krieg entstanden sein soll. Lange ging man davon aus, dass das Kampfgeschehen früher, wie es von Homer um 700 geschildert wurde, von aristokratischen Einzelkämpfern (*prómachoi*) dominiert war, während die Schlachtreihen erst in späterer Zeit, im Zuge der Erweiterung des Bürgerverbandes, in Aktion traten. Die bei Tyrtaios zu beobachtende Taktik mit einem Fern- bzw. Wurfkampf und einem Massennahkampf kann im Prinzip aber schon in den homerischen Epen festgestellt werden. Daher ist in Sparta zur Zeit der Messenischen Kriege zwar mit einer Erweiterung, nicht aber mit einer grundlegenden Änderung von Kampftaktik und Kriegerverband zu rechnen.

Auch der von Tyrtaios präsentierte bürgerliche Wertekanon knüpft an denjenigen der herkömmlichen homerischen bzw. aristokratisch-agonalen Gesellschaft an. Bei Tyrtaios figurieren einerseits die traditionellen Werte von *aidós* (Schamhaftigkeit, respektvolles Sich-Zurücknehmen, Respekt), *díke* (Gerechtigkeit) und *timé* (Ehre) (frg. 9G–P v. 37. 40), anderseits jetzt aber insbesondere auch der Ruhm des tapfer gefallenen Kriegers (*kléos esthlón*: v. 31). Während bei Homer der Tod noch als etwas Schlechtes galt, wird nun also der Tod für die Polis aufgewertet. Die Gemeinschaft als Heimstätte und Vaterland (*patrís*) erinnert aber nach wie vor an Homer; der Familienverband (*geneá*) wird als Grundeinheit aufrechterhalten, so dass die Gemeinschaft weiterhin von den traditionell führenden Familien geprägt ist.

Andererseits übt Tyrtaios aber auch Kritik an aristokratischem Verhalten, sofern es sich nur auf sportliche Schnelligkeit oder Stärke im Ringkampf, Schönheit, Reichtum, Macht und Intelligenz konzentriert und dabei den Kampfesmut vernachlässigt (frg. 9G–P vv. 1–9). Nur durch Tapferkeit und sittlichen Willen im Kampf sind späterhin *aidós* und *díke* zu erreichen (vv. 39 f.). Die im Kampf geforderte *areté* (Tugendhaftigkeit) des Einzelnen verbindet sich jetzt mit dem Wohl der Polis, so dass der allen gemeinsame Stolz – also nicht nur der des adligen Helden – hervorgehoben wird (*xynón esthlón*: v. 15), der die erwähnten Inidividualwerte überflügelt. Der Kampfappell richtet sich dementsprechend an alle Bürger der Stadt, die jetzt global auf das Geschlecht des Herakles zurückgeführt werden (frg. 8G–P v. 1). Durch das schöne Verhalten auf dem Schlachtfeld, das der Gemeinschaft dient und vor persönlicher Schande bewahrt, haben nicht nur Angesehene, sondern alle die Chance, zum trefflichen Mann (*anér agathós*) zu werden (frg. 9G–P v. 10. 20, vgl. frg. 6G–P v. 2). Ausführlich geschildert wird das elende Schicksal des Besiegten (frg. 6G–P vv. 3–12) bzw. des Fliehenden (frg. 8G–P vv. 14–24). Nicht nur ihm, sondern auch seinem Geschlecht drohen Schande, Ehrlosigkeit und Verachtung (frg. 6G–P vv. 9 f.: *atimía*).

Es ging bei Tyrtaios also keineswegs um die totale Selbstaufgabe zugunsten der Polis, sondern um eine neue Einschärfung herkömmlicher Wertmaßstäbe, wie sie beispielsweise bei Hektors Kampf für die Polis zum Ausdruck gekommen waren (Hom. Il. 24,500). Diese betrafen zwar insbesondere die führenden Familien, wurden jetzt aber auch auf einen größeren Kreis von Bürgern bzw. Kämpfenden bezogen. Neben den Hopliten figurieren nämlich auch Leichtbewaffnete (*gymnétes*: frg. 8G–P vv. 35–38). Diese dürften aus minderberechtigten Bevölkerungsteilen in Sparta und Lakonien stammen und durch ihren Einsatz anschließend möglicherweise das Bürgerrecht erlangt haben. Durch den langjährigen Dienst für das Gemeinwesen, dessen Existenz es zu sichern galt, wurde allem Anschein nach nicht nur der Bürgerverband erweitert, sondern die Polis für alle Beteiligten als Bezugsrahmen bekräftigt. Dadurch wurde sowohl eigensinnigem Verhalten Einzelner als möglicherweise auch Forderungen im Zusammenhang mit der Neuverteilung des Landes (*gés anadasmós*), die den sozialen Rahmen zu sprengen drohten, entgegengewirkt. Dies sicherte schließlich den vornehmen Familien ihre ungebrochene Führungsrolle.

Auffallend ist darüber hinaus Tyrtaios' Bemühen, die Kampfesflucht der Hopliten zu verhindern. Damit ist der Bürgerverband noch weit entfernt von dem Ideal des 5. Jahrhunderts, das anhand von Leonidas' Tod die bedingungslose Standhaftigkeit im Kampf propagierte. Eine rein militärisch ausgerichtete und entsprechend reglementierte Gesellschaft lässt sich aus dem Befund des 7. Jahrhunderts jedenfalls nicht ableiten. Andere Werte wie Schönheit, Sportlichkeit etc. sind nach wie vor in einem Maße vorhanden, das Tyrtaios einzudämmen versucht.

Der Status der Hopliten kontrastiert einerseits mit dem Schicksal des außerhalb der Polis stehenden Bettlers und Vertriebenen (frg. 6G-P vv. 3-12), andererseits mit der unterjochten Bevölkerung (Heloten), die von den spartanischen Herren abhängig war (frg. 5G-P vv. 1-5). Aufgrund der Betonung des Damos ist zu vermuten, dass die politisch berechtigten Bürger in jener Zeit die in der entsprechenden Hesych-Glosse überlieferte Bezeichnung *damódas* angenommen haben und damit als auf das Wohl der ganzen Gemeinschaft – und nicht nur der Stadt – bezogene Personen gekennzeichnet wurden.

Nicht zu belegen ist hingegen, dass sich in dieser Zeit die später für die spartanischen Bürger typische Bezeichnung *hómoioi* (Gleichgestellte) einbürgerte, wie sie erstmals bei Xenophon zu fassen ist. Der Wehrverband hatte im 7. Jahrhundert durch den gemeinsamen Kampf in der Phalanx an innerem Zusammenhalt gewonnen. Durch den Landgewinn waren alle Vollbürger in den Status von Landbesitzern erhoben. Dadurch wurde ein sozialer Ausgleich erreicht, bei dem aber auch Ungleichheiten im Bürgerverband weiter bestehen konnten. Aufgrund dieses Kompromisses und der dadurch erlangten Stabilität drängte es sich – entgegen anderer Forschungsmeinungen – nicht auf, den Gleichheitsbegriff einzuschärfen, wie sich auch im Kapitel über die Bürgerschaft als Homoioi noch zeigen wird. Erst seit der Zeit der Perserkriege gab es naheliegende Gründe, die mit dem zunehmenden politischen Übergewicht von Einzelnen zusammenhängen, in der spartanischen Polis Gleichheit zu proklamieren. Der Staat der rein militärisch ausgerichteten Homoioi ist für das Sparta des 7. Jahrhunderts nicht zu fassen.

Soziale und kulturelle Verhältnisse zur Zeit des Alkman

Nach dem Urteil der Dichter Terpander und Pindar ragte Sparta nicht nur kriegerisch und rechtlich, sondern auch musikalisch heraus (Plut. Lyk. 21,4-6). Sparta galt noch um 400 als »Stadt der lieblichen Chöre« (Diehl, Anthologia Lyrica I,1,87). Lieder des Terpander und Alkman wurden auch im 4. Jahrhundert in Sparta noch gesungen (Plut. Lyk. 28), und der Lakone Sosibios sammelte im 3./2. Jahrhundert – im Zuge der Wiederbelebung alter Bräuche – die Lieder des Alkman und verfasste eine Schrift über ihn.

Plutarch überliefert die Gründung einer ersten Schule für lyrische Dichtung und zwar durch den eingangs erwähnten Terpander von Lesbos (Ionien) aus der ersten Hälfte des 7. Jahrhunderts (de musica 9 = mor. 1134b-c). Der genaue Sachverhalt ist freilich fraglich und durch spätere Legenden verklärt. Terpander soll die musikalische Dichtung zur Lyra (Leier) entscheidend gefördert haben, indem er die Saitenanzahl von vier auf sieben erhöhte (Terp. frg. 5B = Strab. 13,2,4). Schon in der Antike stellte sich die Frage, warum er nicht gleich auf acht Saiten erhöhte (Oktave), was durch ein Eingreifen der Ephoren erklärt wurde (Plut. mor. 238c). Diese Geschichte wurde jedoch auch für andere Musiker überliefert und spiegelt das spätere Bild des spartanischen Staates, in dem die Ephoren die Oberaufsicht führten. Für das 7. Jahrhundert ist dies nicht zu belegen.

Im Jahre 676 soll Terpander am reorganisierten Karneenfest den ersten Preis gewonnen haben (Hellanikos FGrHist 4 F 85 = Athen. 14,635e). Das genaue Datum ist wiederum fraglich, ein Dichterwettbewerb insgesamt jedoch glaubhaft, da der Verkehr von auswärtigen Dichtern im Sparta des 7. Jahrhunderts geläufig war. Sparta wurde damals neben Korinth, Lesbos und Melos zu einem Kulturzentrum und importierte sowohl Kunstgegenstände als auch Künstler, v. a. Lieddichter. Die Karneen waren ein Apollon geweihtes Fest, das während neun Tagen im Monat Karneios (zwischen Juli und August) stattfand (Athen. 4,141e-f). Sie gehen offenbar auf ein Sühnefest für Erntedämonen zurück und verbanden sich mit sportlichen Anlässen und musischen Agonen, an denen auch Auswärtige teilnahmen.

Eine zweite Schulgründung (Katastasis) soll nach Plutarch von verschiedenen anderen auswärtigen Dichtern durchgeführt worden sein, darunter Thaletas von Gortyn (sowie Xenodamos von Kythera, Xenokrit von Lokroi, Plymnestos von Kolophon, Sakadas von Argos).

Diese Männer sollen zugleich für die Einführung der Gymnopaidien verantwortlich gewesen sein: ein Initiationsfest, an dem Jugendliche zur Aufnahme in die Erwachsenenwelt rituelle Tänze und Wettkämpfe aufführen mussten. Die Gymnopaidien wurden nach einer späteren, antiken Chronik (Eusebios/Hieronymus) im Jahre 668 eingeführt, als die Spartaner eine Niederlage gegen Argos bei Hysisai erlitten hatten, um die Götter zu besänftigen und die Ausdauer der Spartaner zu fördern. Dies ist wiederum eine problematische Rekonstruktion, da schon die Historizität der Schlacht von Hysiai, die auf einer legendenhaften Überlieferung beruht, unklar ist.

Einen Höhepunkt der lyrischen Dichtung in Sparta stellt Alkman dar. Während Tyrtaios Marschgesänge zur Doppelflöte (Aulos) komponierte, verfasste Alkman Lieder zur Lyra, die uns weitere Einblicke in die zeitgenössischen Gesellschaftsverhältnisse gewähren. Alkman war wohl aus Lydien (Sardes) zugewandert und ist in den Dienst der spartanischen Führungsschicht getreten. Er schrieb Chorgesänge für Jugendliche, insbesondere für Mädchenchöre (Parthenien), die im Rahmen eines Initiationszyklus auftraten, in dem sie in die Gemeinschaft der Frauen aufgenommen sowie auf die Hochzeit vorbereitet wurden.

Alkman wurde oft in die Mitte des 7. Jahrhunderts und damit vor den zweiten Messenischen Krieg datiert. Dies ermöglichte, ihn als Vertreter des ›festlichen‹ und offenen Sparta zu vereinnahmen und ihn gegen das im Zuge des zweiten Messenischen Krieges kulturell abgeschottete Sparta abzugrenzen. Alkman dürfte jedoch erst im letzten Viertel des 7. Jahrhunderts – und damit zeitgleich mit Tyrtaios und dem Messenischen Krieg – gewirkt haben. Zudem lassen sich die ›festlichen‹ Aspekte von Alkman und die ›kriegerischen‹ Parolen des Tyrtaios durchaus vereinigen. Schon bei Terpander begegnen in der ersten Hälfte des 7. Jahrhunderts im selben Gedicht sowohl die Speere der Jünglinge als auch die wohlklingende Muse (frg. 6B = Plut. Lyk. 21,5). Das ›farbige‹ Sparta, das uns bei Alkman entgegentritt, muss keinesfalls eine frühere Stufe der spartanischen Gesellschaft markieren, die sich von dem ›militärischeren‹ Umfeld des zweiten Messenischen Krieges unterscheidet. Zu der disziplinierten Gesellschaft, wie sie Tyrtaios im Kampf gegen Messenien proklamierte, gehören nicht nur militärische Begleitmusik im Felde, sondern auch kultische Feste, wie sie auch späterhin als wesentliches Element der spartanischen Gesellschaft beobachtbar sind. Auch auf einzelnen Vasen des 6. Jahrhunderts treten Bewaffnete und Symposiasten gleichzeitig auf.

Das längste erhaltene Fragment des Alkman ist das sog. Große Partheneion (frg. 1PMG = 3C). Darin singt ein Mädchenchor (von 10 oder 11 Mädchen) bei Sonnenaufgang zu Ehren der Artemis Orthia, anlässlich der Übergangsriten bzw. Initiation vom Mädchen- ins Erwachsenenleben. Der Chor hat eine oder zwei Anführerinnen: Hagesi-

Soziale und kulturelle Verhältnisse zur Zeit des Alkman 41

Abb. 6: Bronzespiegel aus Vasilikis (um 550/40), Museum Sparta Inv. 3302

chora (die »Chorführerin«) und Agido (die Lichtbringerin/Priesterin?), die wohl etwas älter sind und zu den Göttern beten (v. 82). Es findet ein Wettstreit der Chöre statt, der mit einem Pferdewettlauf verglichen wird. Nach dem – nicht überlieferten – Anruf der Göttin folgt zunächst ein Lokalmythos: die Restauration der Herrschaft des Tyndareos durch Herakles bzw. die Vertreibung der Hippokoontiden. Hier wird also an die Helden der Vorzeit erinnert, welche die Geschichte der Gemeinschaft prägen und zum Bildungskanon der künftigen Bürgerinnen gehören. Der zweite Teil des Gedichts ist dem Festanlass gewidmet und zeigt sowohl die materielle Seite als auch die sozialen Werte der Frauenwelt, in der sich die Mädchen künftig bewegen werden.

Die Aufmerksamkeit gilt den charakterlichen und materiellen Vorzügen der im vortragenden Chor versammelten Mädchen, die offenbar aus vornehmen Familien stammten (Agido wohl aus der Familie der Agiaden). Diese waren mit edlen Objekten wie Purpur(gewändern), lydischer Kappe, zyprischem Parfum, Elfenbein, Goldschmuck, Dreifuß und Goldkrug vertraut (vv. 64 ff.) und wurden mit Pferden als Symbolen aristokratischer Lebenswelt in Verbindung gebracht (vv. 45 ff. 92 f.). – Archäologische Funde, insbesondere aus dem Artemis Orthia-Heiligtum, stützen dieses Bild von der luxuriösen Ausstattung einer gesellschaftlich gehobenen Schicht. Bei den Bronzespiegeln des 6. Jahrhunderts treten Griffe in Form von Mädchen auf, die durch Stirn-, Halsband und Amulette reich geschmückt sind und als Jungfrauen im priesterlichen Dienst gedeutet werden können.

Abgesehen von dieser sozial exklusiven Mädchen- und Frauenwelt gibt uns Alkman auch Einblick in die Männerwelt. In einem weiteren Lied (frg. 16PMG = 8C) setzt Alkman den Bauern und den Schafhirten von den Männern edler Herkunft ab, was die sozialen Unterschiede in der spartanischen Gesellschaft verdeutlicht. In diesem Sinne werden in einem anderen Fragment (frg. 17PMG = 9C) leckere Bissen mit der gewöhnlichen Speise bzw. dem Erbsenbrei des Damos kontrastiert. Darin wird auch der Gegensatz zwischen einem edlen Objekt der Oberschicht, einem brandneuen Bronzedreifuß, und der einfachen Mahlzeit des Bürgers deutlich gemacht. Es gibt jedoch weder Hinweise auf einheitliche Mahlzeiten noch auf die späterhin berüchtigte Blutsuppe, sondern die Oberschicht genießt immer noch volle Tische, die deutlich von der Mangelsituation der breiteren Bevölkerung abweichen.

Die bei Alkman fassbaren kleinen Speisegemeinschaften (*andreía*) sind noch ganz im Stile adliger Symposia gehalten, so dass die führenden Familien darin weiterhin über die anderen Bürger hinausragten. Dies wird in der Folgezeit auch durch Vasen des 6. Jahrhunderts belegt, auf denen Bankettszenen reicher Gastgeber auftreten, wie wir sie auch von anderen Orten (v. a. Korinth) her kennen. Die spartanischen Syssitien wurden also lange Zeit nicht grundsätzlich von den üblichen griechischen Symposia unterschieden und unterlagen damit einem ähnlichen Selbstverständnis von Gastfreundschaft und Bewirtung wie an anderen Orten. Erst späterhin wurde die herkömmliche Form aristokratisch dominierter Gemeinschaftsmahle in die allen zugänglichen Syssitien mit standardisierten Grundspeisen (und entsprechender Zusatzkost) umgeprägt und damit offiziell auf die Polis bezogen.

Aus Alkman wird insgesamt ersichtlich, dass zumindest während und wohl auch im Anschluss an den zweiten Messenischen Krieg deutliche soziale Ungleichheiten bestanden, ohne aber offene Unruhen hervorzurufen. Nach Aristoteles (pol. 1306b) sollen die aus den Kriegen resultierenden Bedrängnisse zu der Forderung nach Landverteilung geführt haben. Auf welche Ländereien sich diese Forderung bezog bzw. inwieweit das frühere Gebiet Spartas zu dieser Zeit neu aufgeteilt wurde, wissen wir nicht. Plutarch spricht – freilich im Zusammenhang mit Lykurg (8) – von 9000 Landlosen, was oft auch als Bürgerzahl des archaischen Sparta aufgefasst wird. Auch Pausanias erwähnt eine Landaufteilung nach dem zweiten Messenischen Krieg (4,24,4). Wegen des endgültigen Gewinns von Messenien ist zumindest wahrscheinlich, dass Land an eine größere Zahl von Leuten zugeteilt werden konnte und damit eine neue wirtschaftliche Grundlage für den Bürgerverband geschaffen wurde. Dadurch konnte dieser auch von der übrigen Bevölkerung politisch deutlicher abgehoben werden.

Der Landgewinn brachte zwar keinen allgemeinen sozialen Ausgleich, dürfte aber einen Minimalbesitz gesichert und somit die Grundbedürfnisse der ärmeren Bürger befriedigt haben. Daher entfiel eine wichtige Voraussetzung sozialer Dynamik. Auch wenn die Oberschicht weiterhin in deutlicher Vorrangstellung belassen wurde, so konnte dennoch monopolartige Landkonzentration als Folge von Ausbeutung und Machtmissbrauch verhindert werden. Der minimale Ausgleich dürfte darüber hinaus der Gefahr entgegengewirkt haben, dass einzelne herausragende Personen durch neue Anhänger aus dem eroberten Gebiet übermäßig Gefolgschaften um sich scharen konnten.

Dieses Ziel scheint in der Tat erreicht worden zu sein. Grundsätzliche soziale Probleme in der Bürgerschaft waren vorerst beseitigt, und den führenden Familien stand kein Volk gegenüber, das durch wohltätige Handlungen an führende Herren gebunden werden konnte. Persönliche Gefolgschaften in Form von Hetairien, wie sie für die aristokratisch geprägten Gesellschaften Griechenlands typisch waren, sind zwar auch in Sparta anzunehmen, doch haben wir für sie keine direkten Nachrichten überliefert.

Insgesamt sind in Sparta im 7. Jahrhundert weiterhin sozial herausragende Familien zu beobachten. Daraus ergibt sich aber auch ein Hinweis, dass die alte Führungselite nicht beseitigt wurde. Deren Exponenten bildeten zwar keine rechtlich abgehobene Gruppe, genossen aber innerhalb der Bürgerschaft deutliche Vorzüge. Der Vorrang dieser Familien musste nicht durch Zensusklassen gesichert werden, sondern ergab sich nach wie vor durch Herrschaftsmechanismen, die sich sowohl in den politischen Institutionen als auch in den gesellschaftlichen Ausdrucksformen bemerkbar machten.

III. Der Peloponnesische Bund

Konstituierung und Vertragswerk

Sparta setzte im 6. Jahrhundert seine expansiven Bemühungen in der Peloponnes fort, begann dabei aber auch mit dem Aufbau eines neuartigen Bündnissystems. Der sog. Peloponnesische Bund bildete eine Bündnisformation aus zweiseitigen (bilateralen) Verträgen, sog. Symmachieverträgen, bei denen die Vertragspartner einzeln an Sparta gebunden waren. Dies führte zu der gebräuchlichen Bezeichnung »Die Lakedaimonier und ihre Bundesgenossen«, z. T. auch schlicht »Peloponnesier« genannt. Sparta war in diesem Bündnissystem Hegemonialmacht. Für die Bündner bestand die Pflicht zur Heeresfolge. Sie genossen dafür Schutz bei Angriffen von außen.

Aus Herodot (1,65 f.) erfahren wir, dass Sparta in der ersten Hälfte des 6. Jahrhunderts verschiedene Kriege gegen arkadische Städte führte und in allen außer demjenigen gegen Tegea erfolgreich war. Weiter berichtet Herodot, dass die Spartaner gegen die Tegeaten eine schmachvolle Niederlage erlitten, bei der die Überlebenden in tegeatische Gefangenschaft gerieten. Daraufhin habe ihnen das Orakel von Delphi einerseits von Eroberungszügen in Arkadien abgeraten, andererseits jedoch das Gebiet von Tegea zugesprochen. Zur Zeit des Kroisos bzw. unter den Königen Anaxandridas und Ariston (um 550) sollen die Spartaner schließlich auch gegen Tegea siegreich gewesen sein, nachdem sie auf Weisung des Orakels von Delphi die Gebeine des Orestes geholt hatten (1,67 f.). Leiter dieser Mission war Lichas, der das nicht näher bekannte Amt eines Agathoergen ausübte. Dieses soll mit fünf jährlich als Älteste aus den Hippeis (Ritter) ausscheidenden Männern besetzt worden sein, die während eines Jahres Gesandtschaften zu übernehmen hatten.

Sparta war gemäß Herodot also durch die lykurgische Neuordnung und die Unterwerfung Tegeas stark geworden und bot sich daher für den Lyderkönig Kroisos, der nach dem mächtigsten griechischen Staat suchte, als Bündnispartner an. Ein formales Bündnis mit Kroisos ist freilich äußerst zweifelhaft. Die Bereitschaft der Spartaner, im ionischen Raum einzugreifen, erwies sich als nur gering. Der Sturz des Kroisos durch die Perser konnte jedenfalls nicht verhindert werden.

Trotz des Sieges über Tegea ließ sich dieses Gebiet territorial jedoch nicht vereinnahmen; Sparta nahm es daher als Bündnispartner in die Pflicht. Dies war wohl nicht das erste Bündnis dieser Art, da zuvor wahrscheinlich schon mit Elis ein Vertrag geschlossen worden war. Sparta hatte den Eleiern um 570 geholfen, die Pisatis und Triphylien unter ihre Kontrolle zu bringen und damit auch die Aufsicht über Olympia und seine Spiele auszuüben (Strab. 8,3,30. 33). Offenkundig wird dadurch, dass sich Sparta in der nördlichen Peloponnes am Ende seiner expansiven Möglichkeiten sah und eine neue Politik der friedlichen Bündnisbildung suchte.

Dazu wurde auch eine spezielle Propaganda in Gang gesetzt, die an das homerische Sparta und dessen Bedeutung für die Griechen (Achaier) erinnerte: Die Heimholung der Gebeine des Orest aus Tegea. Pausanias (7,1,8) berichtet zudem von einer weiteren Überführung der Gebeine von Teisamenos (Orests Sohn) aus dem achaiischen Helike. Orest und später sein Sohn hatten ja das Erbe der Königtümer von Mykene, Argos und Sparta angetreten und die verschiedenen Herrschaften der Peloponnes unter sich vereinigt. Orest und Teisamenos hatten damit hohen propagandistischen Wert als regionenübergreifende Führerpersönlichkeiten auf der ganzen Peloponnes. Sie waren Symbole für die politische Vereinigung und Herrschaftskonzentration in diesem Gebiet. Die Spartaner stellten sich also als Erben der panhellenischen Fürsten Menelaos und Agamemnon dar und ließen diesen in Sparta auch kultische Ehren zukommen (Paus. 3,19,6. 9).

Dieses achaiische Konzept, das die dorischen Wurzeln in den Hintergrund rückte, markierte einerseits die Abkehr von Eroberungsabsichten und Zuwendung zur friedlichen Koexistenz mit den nördlichen Nachbarlandschaften; andererseits wurde die Stadt aber auch als Führungsmacht in der Peloponnes hervorgehoben. Selbst König Kleomenes, der später in Athen bei der Vertreibung der Peisistratiden mitwirkte und sich auch in die Nachfolgekämpfe einmischte, erklärte sich im Jahre 508/7 anlässlich der Besetzung der Akropolis bei der Athenapriesterin nochmals zum Achaier (Hdt. 5,72).

Weitere Schwierigkeiten ergaben sich in der Mitte des 6. Jahrhunderts auch mit Argos. Als Kroisos die Spartaner um Hilfe anging, lagen diese gemäß Herodot (1,82) mit Argos im Streit um die Thyreatis. Dabei sei ein Kampf von je 300 Hopliten organisiert worden, von denen nur drei überlebten. Da man sich nicht über den Sieg einigen konnte, kam es zu einem weiteren verlustreichen Kampf, aus dem die Spartaner siegreich hervorgingen. Die Spartaner sollen daraufhin ein Gesetz erlassen haben, welches das Tragen von langen Haaren vorschrieb.

Die Geschichte diente also als aitiologische Erklärung einer spartanischen Sitte und lässt die genauen Ereignisse offen. Unklar ist auch der Bezug zu dem Elitekorps der 300, das später an den Thermopylen in Erscheinung trat und zur Zeit des Herodot entsprechend verklärt wurde. Es bleibt daher nur, dass aus einem Sieg über Argos die Kontrolle Spartas über die Thyreatis resultierte. Dabei dürfte es den Spartanern auch gelungen sein, die Insel Kythera den Argivern zu entreißen. Ein Bündnis konnte mit Argos trotz der militärischen Erfolge jedoch nicht geschlossen werden. Das peloponnesische Bündnissystem war vielmehr geeignet, Spartas Macht gegenüber Argos zu festigen.

Im Anschluss an Tegea wurde nach der Mitte des 6. Jahrhunderts eine ganze Reihe anderer peloponnesischer Städte durch Bündnisverträge dauerhaft an Sparta gebunden, darunter Korinth, Sikyon und wohl verschiedene arkadische Städte (Orchomenos, Mantineia) sowie möglicherweise Megara, allenfalls auch Aigina. Sparta dürfte es angesichts seines militärischen Gewichtes gelungen sein, große Teile der Peloponnes in seinen Bann zu ziehen und somit die eigene Position, insbesondere auch gegen die Konkurrenz von Argos, längerfristig abzusichern. Durch das neue System von Verträgen konnte sich die Stadt auch für die Zukunft als dominierende Macht der Halbinsel und gewichtigste Konkurrentin des aufstrebenden Athen etablieren sowie die Heloten kontrollieren (Baltrusch 2001).

Für den Peloponnesischen Bund gab es also keinen einheitlichen Gründungsakt. Vielmehr bildete sich über mehrere Jahrzehnte ein Vertragssystem heraus, bei dem nach und nach neue Mitglieder einzeln an Sparta gebunden wurden. Der Bund war damit nicht Teil eines einmaligen Reformwerkes und kann nicht auf das Wirken einer Einzelpersönlichkeit zurückgeführt werden, wie man sie verschiedentlich in dem Seher und Ephoren Chilon erkennen wollte.

Aristoteles (frg. 592R = Plut. mor. 292b; vgl. 277c) kommentierte eine auf einer Stele beim Alpheios festgehaltene Vereinbarung zwischen Sparta und Tegea, die gerne als ursprünglicher Vertrag zum Zeitpunkt der Gründung des Bundes um 550 bezeichnet wird, in dieser Form aber jünger sein dürfte. Die Tegeaten mussten sich in dem überlieferten Vertrag verpflichten, Messenier aus dem Land zu weisen und nicht »nützlich zu machen« (*chrestoús poieín*), was Aristoteles als Verbot erklärte, jemanden wegen Unterstützung von tegeatischen ›Lakonisten‹ zu töten. Die Tätigkeit von ›Lakonisten‹ ist freilich erst im Zuge der Auseinandersetzungen des 5. Jahrhunderts denkbar. In den 470er Jahren kam es zu einer kriegerischen Konfrontation zwischen Tegea und Sparta, bei der sich Tegea möglicherweise aus dem Peloponnesischen Bund zu befreien versuchte.

Schon zuvor hatte Tegea verschiedentlich als Zufluchtsort für vertriebene Spartiaten gedient (König Leotychidas). Die Stadt bildete daher einen Hort für Widerstand im lakedaimonischen Staat, der zusätzliche militärische Bereitschaft erforderte. Darüber hinaus dürfte der vorliegende Vertrag ein Verbot umschrieben haben, messenischen Flüchtlingen das Bürgerrecht zu verleihen. Dadurch wäre verhindert worden, dass Messenier in Tegea Unterschlupf fanden und von dort aus antispartanische Propaganda betrieben. Wahrscheinlich ist daher, dass der von Aristoteles überlieferte Vertrag erst im Anschluss an das große Erdbeben der 460er Jahre, das sich mit einem Aufstand der Messenier verband, zustande kam. Zur Sicherung des messenischen Untertanengebietes war Sparta generell auf eine möglichst dauerhafte militärische Stärke und außenpolitische Stabilität angewiesen. Das Bündnissystem Spartas dürfte das Kriegspotential der Stadt in dieser Hinsicht wesentlich verstärkt haben.

Als weiteres Dokument für Spartas Bündnispolitik und Hegemonialstellung kann der Vertrag mit den Aitoloi Erxadieis beigezogen werden (SEG XXVI, 461; HGIÜ I, 154). Unsicher sind freilich sowohl die Lokalisierung der Aitoloi als auch die Datierung, für die verschiedene Vorschläge zwischen dem frühen 5. Jahrhundert und dem frühen 4. Jahrhundert gemacht wurden. Das Bündnis umfasste »Freundschaft und Frieden … auf ewig (?)«; ferner sollten die Aitoloi »folgen, wohin auch immer die Lakedaimonier führen, sowohl zu Lande als auch zur See, und denselben Freund und denselben Feind haben wie die Lakedaimonier« – eine wohl ältere Klausel, wie sie für Sparta sonst aber erst am Ende des Peloponnesischen Krieges mit Athen belegt ist (Xen. Hell. 2,2,20). Ausgeschlossen waren ein Sonderfriede ohne Erlaubnis der Lakedaimonier, ein alleiniges Weiterkämpfen sowie die Aufnahme von feindlichen Flüchtlingen. Die Lakedaimonier waren nur bei einem Angriff von außen zur Hilfe an die Bundesgenossen verpflichtet; die Bundesgenossen konnten hingegen auch im Falle eines Angriffskrieges zur Heeresfolge verpflichtet werden. Freilich war es nicht zwingend, dass die Bündnispartner bei jedem Kriegszug Spartas aufgeboten wurden, wie auch aus der späteren Praxis hervorgeht.

Dennoch stellt sich die Frage, inwieweit Spartas Symmachien über das zweiseitige Bündnis hinausgingen bzw. eine eigentliche Bundespolitik zur Folge hatten. Eine Bundesversammlung ist erst gegen 504 belegt. Wir kennen weder eine Bundeskasse noch ein Bundesheiligtum oder einen eigenen Beamtenapparat. Im Peloponnesischen Bund sind jedoch wichtige Voraussetzungen für die Autonomie der Bundespartner erfüllt: die Abgabenfreiheit und selbständige Regelung der inneren Angelegenheiten. Sparta mischte sich – zumindest bis zum Peloponnesischen Krieg – in der Regel nicht in die Verfassungen der Bündner ein. Es verfolgte also keine verfassungspolitischen, sondern rein pragmatische Ziele. Die Selbständigkeit der mit Sparta verbundenen Poleis wurde geradezu als Herrschaftsmittel der Führungsmacht eingesetzt – in gewisser Analogie zu den Periöken. Sparta bildete keinen flächendeckenden Herrschaftsapparat aus, sondern hielt einfach geregelte Abhängigkeitsverhältnisse aufrecht.

Außerpeloponnesische Unternehmungen und Dorieus

Es stellt sich im Weiteren die Frage, ob Sparta im Zusammenhang mit der Formierung des Peloponnesischen Bundes seine Territorial- und Machtpolitik änderte. Eine imperiale Ausdehnung im weiteren Bereich der Ägäis und des Mittelmeerraumes ist in der zweiten Hälfte des 6. Jahrhunderts nicht festzustellen. Im Anschluss an das wenig glaubwürdige »Bündnis« mit Kroisos soll ein – letztlich überflüssiger – Hilfszug bereitgestellt worden sein (Hdt. 1,77. 83), und auch die nach Sparta gelangenden Ionier und Aioler stießen auf taube Ohren; sie wurden (bald darauf?) nur mit einem 50-Ruderer gegen Kyros unterstützt (1,141. 152 f.). Somit ist auch auszuschließen, dass eine imperiale Politik gegen die Perser entwickelt wurde. Als überseeische Schutzmacht war Sparta wenig geeignet, und das Engagement musste dementsprechend auf die Peloponnes beschränkt werden.

Aufgrund eines Hilfegesuchs von vertriebenen Samiern kam es um 525/24 gegen den Tyrannen Polykrates von Samos zu einer größeren, erfolglosen Intervention. An dieser soll sich Korinth bereitwillig beteiligt haben (Hdt. 3,48). Da Samos eine wichtige Handelskonkurrentin darstellte und gleichzeitig Sitz von Piraten war, liegt das Interesse Korinths an dem Kriegszug auf der Hand. Auch aus der Sicht von Sparta bestanden Handelsinteressen, wie die reichen Funde lakonischer Keramik auf der Insel belegen. Darüber hinaus gab es aber Beziehungen zu führenden samischen Familien, wie schon das von samischen Aristokraten gestellte Hilfegesuch zeigt. Der Spartaner Archias, der bei den Kämpfen umkam, erhielt zudem auf Samos ein Staatsgrab. Insgesamt ist also bei dem Zug nach Samos mit einem aristokratisch geprägten Unternehmen zu rechnen, bei dem es befreundete Familien zu unterstützen galt (Cartledge 1982).

Die Mitwirkung Korinths beim Samos-Zug berechtigt nicht dazu, von einem Unternehmen des Peloponnesischen Bundes zu sprechen. Vielmehr war es ein Eingriff in gegenseitigem Interesse, ohne dass daraus ideologische Gründe der Tyrannenbefreiung oder Großmachtpolitik im Kampf gegen die persische Vorherrschaft abgeleitet werden können. Somit ist in diesem Zusammenhang nicht zu erschließen, dass der Peloponnesische Bund zu einem machtpolitischen Unternehmen führte. Gänzlich auszuschließen ist dies *a priori* auch für die Unternehmungen des Dorieus.

Dorieus war der Sohn des Königs Anaxandridas und Halbbruder des Kleomenes. Da ihm Kleomenes vorgezogen wurde, blieb er in der Königsfolge unberücksichtigt und hielt offenbar nach anderen Betätigungen Umschau. Er entfernte sich aus Sparta mit dem Ziel der Stadtgründung und zog zunächst (ca. 514–512) zum Kinyps in Libyen, dann (ca. 511/10–508/7) nach Westsizilien zur Gründung von Herakleia am Eryx, von wo er beide Male durch die Karthager bzw. Phöniker und verbündete Truppen der ortsansässigen Bevölkerung vertrieben wurde. An dem Sizilienzug beteiligten sich neben Dorieus vier weitere spartanische Anführer sowie möglicherweise Philippos aus der Stadt Kroton. Als Dorieus und seine Gefährten auf Sizilien vernichtet worden waren, leitete der allein überlebende Euryleon weitere Expeditionen und besetzte die seluntische Kolonie Minoa (Hdt. 5,42 ff.; 7,158; Diod. 4,23,3; 10,18,6; Paus. 3,3,9 f. 16,4 f.).

Da Dorieus ursprünglich die »Spartiaten« um eine Mannschaft bat und beim Sizilienzug vier zusätzliche Koloniegründer mitführte, scheint das Unternehmen insgesamt von spartanischer Seite gefördert und das Kommando dem Dorieus offiziell zugeteilt worden zu sein. Sein Vordringen in den griechischen Raum und die Konfrontation mit den Phönikern kann jedoch nicht als Bestandteil einer neuen, imperialen Politik gewertet werden. Die Aufforderung des Tyrannen Maiandrios, auf Samos einzugreifen, war kurz zuvor von Kleomenes abgelehnt worden. Nach dem Scheitern des Dorieus wurden dessen Vorhaben nicht mehr weiterverfolgt. Sie mussten auf längere Sicht den Rahmen der spartanischen Möglichkeiten übersteigen. Die Unternehmungen erweisen sich damit letztlich als persönlich motivierte Akte im Rahmen von aristokratischer Machtpolitik, wie dies vergleichbar in Athen von Miltiades praktiziert worden war. Den spartanischen Königen bot der Kolonisationszug eine Möglichkeit, unliebsame Konkurrenten loszuwerden, ohne für die betreffenden Leute einen allzu großen Gewinn an Macht in der Ferne befürchten zu müssen. Die Expedition des Dorieus blieb ohne direkte Auswirkung auf die inneren Verhältnisse und die Position Spartas, da die Anführer in der Ferne verschieden.

Im Jahre 511 sandten die Lakedaimonier gegen die Peisistratiden eine Expedition, die von dem angesehenen Spartiaten Anchimolios angeführt wurde. Nach der Landung der Schiffe bei Phaleron erlitt das Heer eine schwere Niederlage gegen die von den Athenern zu Hilfe gerufene thessalische Reiterei. Nach der Niederlage des Anchimolios wurde ein stärkeres, aber offenbar ausschließlich spartanisches Heer unter König Kleomenes ausgesandt, so dass dem Unternehmen jetzt offensichtlich größeres Gewicht beigemessen wurde. In der Folge gelang es dann auch, den letzten Tyrannen zu vertreiben (Hdt. 5,63 ff.).

Als sich nach dem Tyrannensturz aber Kleisthenes durchsetzte und eine politische Reform einläutete, welche der athenischen Demokratie den Weg ebnete, schritt Kleomenes im Jahre 508/7 abermals ein. Diesmal stieß er jedoch auf Widerstand der Athener und musste wieder abziehen. Daraufhin fasste er ins Auge, Kleisthenes' Gegner Isagoras als Tyrannen einzusetzen. Dazu mobilisierte er ein größeres Heer aus dem Kreis der Bundesgenossen, so dass zum ersten Mal eine Art Bundesunternehmen in Betracht zu ziehen ist. Das Aufgebot erfolgte aber offenbar ohne Rücksprache mit den politischen Gremien der betreffenden Bündner. Als dann unterwegs das Ziel des Kleomenes und die politische Situation Athens klar wurden, verweigerten die Korinther und Demaratos die Gefolgschaft, so dass das Unternehmen abgebrochen werden musste. Bei den nächsten Eingriffsplänen war es daher unvermeidlich, die Bündner zuerst nach ihrer Meinung zu befragen.

Zusammenfassend kann festgehalten werden, dass Sparta am Ende des 6. Jahrhunderts wiederholt außerhalb der Peloponnes auftrat. Das Engagement blieb jedoch in engen Grenzen und zeigt keine weitgespannte imperiale Politik. In den führenden Kreisen sind weiterhin traditionelle politische Verhaltensformen zu erkennen. Die beschränkte Tragweite der militärischen Unternehmen und die im Sand verlaufene kolonisatorische Tätigkeit des Dorieus machten gezielte Reaktionen des Gemeinwesens vorerst nicht nötig. Die Dienste von Peloponnesischen Bündnispartnern sind zunächst nur im gegenseitigen Interesse beigezogen worden. Kleomenes' eigenmächtigem Aufgebot von Bundesgenossen war kein Erfolg beschieden, und in der Folge drängte sich die Einberufung der Bundesversammlung auf. Der Peloponnesische Bund stellte also kein unmittelbares Instrument dar, überseeische Politik zu betreiben, und kam erst allmählich zum Tragen.

Die Bundesversammlung

Im Anschluss an Kleomenes' Scheitern wird um das Jahr 504 eine erste Bundesversammlung fassbar. Es ging jetzt darum, den ursprünglich vertriebenen Hippias wieder als Tyrannen in Athen einzusetzen. Dieses Ansinnen stieß jedoch auf Opposition der Bundesgenossen, insbesondere der Korinther, die ja Erfahrung mit der Tyrannis hatten. Da die Bundesgenossen ihre Zustimmung verweigerten, musste das Unternehmen schließlich aufgegeben werden (Hdt. 5,90 ff.).

Die Versammlung kann als direkte Folge der Intervention des Königs Kleomenes in Athen aufgefasst werden, die zuletzt an der Umkehr der Bundesgenossen gescheitert war. Durch eine gemeinsame Aktion sollte das Blatt in Athen doch noch zugunsten Spartas gewendet werden. Auch wenn hier die erste in den Quellen überlieferte Bundesversammlung vorliegt, so besteht kein Grund, in der Sitzung eine konstitutive Versammlung zu erblicken. Frühere Treffen und Beschlüsse der Bündner können nicht ausgeschlossen werden. Es ist jedoch bezeichnend, dass die erste bekannte Versammlung im Anschluss an das persönlich geprägte und zum Scheitern verurteilte Unternehmen des Königs Kleomenes zustande kam. Die Konsultation der Bundesgenossen stellt daher auch ein Korrektiv gegen königliche Übergriffe und Anmaßungen dar.

Im Zuge der ersten Versammlung wird zugleich eine formale Mitsprache der Bündner bei gemeinsamen Kriegsunternehmungen belegt (Mehrheitsbeschluss). Die Abstimmung war freilich von den Spartanern selber anberaumt worden, und Sparta hatte in jedem Fall das Aufbietungsrecht. Sparta genoss auch weiterhin eine Vorrangstellung. Eine verbindliche Auflage zur Konsultation der Bündner kennen wir nicht.

Über die Leitung der Bundesversammlung erfahren wir nichts Näheres, doch kommen dafür nur die Ephoren in Frage. Mit der Wahrung der vielschichtigen Aufgaben in dem neuen Bündnissystem waren die Könige überfordert, und es musste ein dauernd präsentes Gremium, das die Gesamtgemeinde repräsentierte und daher von der Volksversammlung gewählt war, mobilisiert werden. Auch für die spartanische Volksversammlung ist davon auszugehen, dass ihr durch die Bündnispolitik vermehrt Geschäfte zur Abstimmung vorgelegt wurden. Im Zusammenhang mit den kriegerischen Ereignissen in der zweiten Hälfte des 6. Jahrhunderts wird darüber hinaus erstmals konkret die Rolle der Volksversammlung bei Kriegsbeschlüssen fassbar. Daraus ergaben sich insgesamt wichtige Impulse für die weitere Ausgestaltung des spartanischen Staatswesens und seiner politischen Institutionen.

Nähere Informationen über die Versammlung des Peloponnesischen Bundes erhalten wir erst im Vorfeld des Peloponnesischen Krieges (Thuk. 1,66 ff.). Als das verbündete Korinth von Sparta Hilfe wegen der athenischen Aggression erwartete, wurde im Spätsommer 432 in Sparta eine Versammlung einberufen, auf der die Korinther, Aigineten und Megarer ein militärisches Eingreifen Spartas verlangten, da Athen den Frieden von 446/45 gebrochen habe. Nach der aufrüttelnden Rede der Korinther verlangten die Athener, sich vor dem Volk rechtfertigen zu dürfen. Danach erfolgte eine Beratung der spartanischen Volksversammlung, in der König Archidamos II. zur Ruhe mahnte und sich gegen einen Kriegsbeschluss aussprach, während sich die Mehrheit und der Ephor Sthenelaïdas für den Krieg aussprachen. Schließlich ließ Sthenelaïdas die Spartaner über die Frage eines Vertragsbruches abstimmen, wie er von Athen durch den Angriff auf einen Bündnispartner verursacht worden sei. Er konnte aber nicht erkennen, welches Geschrei das lautere war und veranlasste ein Auseinandertreten (sog. Hammelsprung), wobei die große Mehrheit den Vertrag als gebrochen erachtete. Daraufhin versammelten die Spartaner jetzt alle Verbündeten und ließen sie nach Anhörung ihrer Meinungen Stadt für Stadt abstimmen, wobei eine große Mehrheit für den Krieg stimmte (1,118 ff.).

Nach Thukydides' Bericht hatten die Spartaner die komplette Bundesversammlung erst einberufen, als sie selber zum Krieg entschlossen waren. Ob es sich dabei um eine allgemeine Regel handelt, wissen wir nicht. Sparta musste sich jedenfalls nie durch Mehrheitsbeschluss der Bundesgenossen zu einem Krieg aufbieten lassen. Andererseits konnten starke Bündnispartner, insbesondere Korinth, einen großen informellen Einfluss ausüben. Dennoch gab Sparta seine Vormachtstellung nie aus der Hand, sondern passte diese den sich wandelnden Bedürfnissen an.

Erst nach Spartas Niederlage von Leuktra (371) fiel der Peloponnesische Bund auseinander, so dass Sparta in Griechenland auch keine Hegemonie mehr ausüben konnte. Ein Erneuerungsversuch folgte in frühhellenistischer Zeit unter Areus I. Dessen Nachfolger bis hin zu Nabis versuchten dann auf andere Weise nochmals, Spartas Macht auf der Peloponnes zu stärken.

IV. Entwicklung von Königtum und Ephorat

Chilon

Die ›Gründung‹ des Peloponnesischen Bundes wird oft als Bestandteil einer Reform betrachtet, die zur definitiven Herausbildung des streng geregelten spartanischen Staates und seinen typischen Charakteristika führte. Neben einer außenpolitischen Kursänderung wird auch die Aufwertung des Ephorats zum zentralen politischen Gremium Spartas als entscheidende Neuerung der Jahre um 550 angeführt. Diese Maßnahmen wurden in der modernen Literatur seit V. Ehrenberg (1925/1927) wiederholt mit dem Seher und Ephoren Chilon in Zusammenhang gebracht, der in der Antike unter die Sieben Weisen eingegangen ist. Dabei wird Chilon auch als Förderer der moderaten, vom Ausland abgeschlossenen Lebensweise und Feind der Tyrannis dargestellt. In diesem Sinne gilt er als Initiator einer antityrannischen Politik, wie sie Thukydides (1,18) Sparta allgemein zuschrieb. Schließlich wird Chilon z. T. auch für die Verwirklichung des staatlichen Erziehungssystems (Agoge) verantwortlich gemacht, was insgesamt zu einem kulturellen Zerfall und der Austerität des Gemeinwesens geführt habe.

Chilon begegnet bei Platon (Prot. 343a) als einer der Sieben Weisen, dem später auch der Spruch »nichts zuviel« zugeschrieben wurde (Schol. Eurip. Hipp. 264; Diog. Laert. 1,41). Zuvor ist er erstmals bei Herodot (1,59) fassbar. Er wirkt dort als Seher, der in Olympia den späteren Vater des Peisistratos, Hippokrates, vor einem künftigen Nachfahren warnte. Dieses Geschehen wäre also um 600 bzw. vor der Geburt des Peisistratos anzusetzen. Da die athenische Tyrannis damals noch in weiter Ferne lag, ist der Ausspruch als spätere Rückprojektion zu verstehen und wenig geeignet, eine antityrannische Politik zu belegen. In Bezug auf Chilon ist es daher naheliegend, dass eine Warnung des Sehers an Hippokrates nachträglich erst Anlass dazu gab, Chilon mit einer gegen die Tyrannis gerichteten Haltung in Verbindung zu bringen. Bei der vermeintlich antityrannischen Politik Spartas handelt es sich um einen im 5. Jahrhundert ausgebildeten Topos, der die Vertreibung der Peisistratiden vom Jahre 511/10 zur Grundlage hatte (Bernhardt 1987). Antityrannische Maßnahmen des Chilon gehen dann erstmals aus einem Papyrus des 2. Jahrhunderts v. Chr. hervor, wobei neben Aischines von Sikyon fälschlicherweise auch Hippias zu den konkreten Gegnern gezählt wurde (FGrHist 105 F 1 = Ryland Papyri Nr. 18). Die späte Überlieferung entpuppt sich somit als Konstruktion, die für die Person Chilons keine Glaubwürdigkeit beanspruchen kann.

Im Weiteren ist bei Herodot (7,235) im Rahmen der Unterhaltung des Demaratos mit Xerxes nach der Schlacht an den Thermopylen vom Jahre 480 ein Ausspruch von Chilon über die Insel Kythera erwähnt, die er ins Meer verwünscht haben soll. Den Spartanern war es um 550 gelungen, den Argivern die Herrschaft über Kythera zu entreißen (Hdt. 1,82; Thuk. 4,53), so dass sie durchaus ein Interesse an der Insel hatten. Aussagekräftig ist dagegen der Kontext des Kythera-Diktums im 5. Jahrhundert. Der abgesetzte Spartanerkönig Demaratos riet Xerxes nach der Schlacht bei den Thermopylen, 300 Schiffe nach Kythera zu senden, um die Lakedaimonier von der Eroberung Griechenlands fernzuhalten. In der Demaratos-Episode spiegelt sich schon die Erfahrung von der strategisch heiklen Lage der Insel, die während des ersten und zweiten Peloponnesischen Krieges von den Athenern besetzt und zu einem gefährlichen Ausgangspunkt für Zerstörungen in der Peloponnes wurde. Es ist daher naheliegend, dass in dem Bericht Herodots aktuelle Probleme auf frühere Zeiten zurückprojiziert bzw. neue Legenden um die Insel gewoben wurden.

Da Herodot an anderer Stelle (6,65) einen offenbar jüngeren Chilon als Schwiegervater des Königs Demaratos erwähnt, ist zu vermuten, dass er den Namen Chilon aus aristokratischen Kreisen in Sparta überliefert hatte. Demnach dürfte hier eine Familientradition vorliegen, die sich mit den Taten der Vorfahren ausschmückte. Von einem großen Staatsveränderer war noch keine Rede. Chilon ist damit im 6. Jahrhundert weder als Konstrukteur einer antityrannischen Außenpolitik noch als Moralist, der gegen importierte Luxusgüter ankämpfte, fassbar. Die spartanische Kunstproduktion brach um 550 jedenfalls nicht unvermittelt ab, sondern lebte bis zu den Perserkriegen und in veränderter Ausprägung auch darüber hinaus weiter.

Eine Nachricht bei Diogenes Laertius (1,68), die sich auf hellenistische Autoren beruft, zeigt, dass Chilon damals entweder als erster Ephor oder als Förderer des Ephorats gegenüber dem Königtum aufgefasst wurde. Als Datum wurden sowohl die 55. als auch die 56. Olympiade (= 556/53) genannt. Die Überlieferung zeigt jedoch, dass der genaue Zeitpunkt – wie auch die Bedeutung – des vermeintlichen Ephorats schon in der Antike unklar waren. In anderem Zusammenhang wurde Chilon, wohl gemäß seinem angeblich hohen Alter, schon für die Zeit um die 52. Olympiade (572/69) als Geront bezeichnet (Diog. Laert. 1,72). Ein Ephorat im fortgeschrittenen Alter und in der Funktion eines Geronten erscheint freilich unwahrscheinlich, so dass sich für Chilon auch keine politische Karriere rekonstruieren lässt. Die chronologischen Ungereimtheiten sind vielmehr typisch für die mündliche Tradition über einen Mann, der allmählich zu einem *culture hero* wurde.

Die Annahme, dass Chilon der erste Ephor Spartas gewesen sei, ist freilich ein Missverständnis. Plutarch (Lyk. 7,1) nennt Elatos als ersten Ephoren und datiert ihn in die Regierung des zur Zeit des ersten Messenischen Krieges amtierenden Königs Theopompos, dem im 4. Jahrhundert auch bei anderen Autoren die Einführung des Ephorats zugeschrieben wurde (Aristot. pol. 1313a). Gleichzeitig wurde die Entstehung des Ephorats aber auch weiterhin wie zuvor bei Herodot (1,65) Lykurg zugewiesen. Plutarch (Kleom. 10) schreibt den Aufstieg des Ephorats dem sonst unbekannten Asteropos zu, dessen Name wiederum zu Rückschlüssen auf die ephorische Kompetenz der Himmelsbeobachtung verleitet hat. Auch die möglicherweise 556/55 begonnene Ephorenliste bietet für den Ursprung oder Bedeutungswandel des Ephorats letztlich keinen Anhaltspunkt. Diese wurde wohl seit dem Ende des 5. Jahrhunderts von den Geschichtsschreibern zur Datierung verwendet und daher zu dieser Zeit auch bis ins Jahr 754/53 rekonstruiert. Die Verbindung Chilons mit der Aufwertung des Ephorats erweist sich daher insgesamt als spätes Konstrukt. Zur Beurteilung der Stellung des Ephorats sind wir auf weitere Schilderungen bei Herodot angewiesen, die in die zweite Hälfte des 6. Jahrhunderts führen.

Die Sicherung der Königsfolge

Im Zusammenhang mit der königlichen Thronfolge im fortgeschrittenen 6. Jahrhundert erhalten wir durch die herodoteische Überlieferung erstmals nähere Angaben zu den Ephoren und ihrer Beteiligung an Entscheidungsprozessen in Sparta: König Anaxandridas II. (ca. 560–520) wurde von den Ephoren zur Verstoßung seiner Frau und neuerlichen Heirat aufgefordert, um die königliche Nachkommenschaft zu sichern. Als Anaxandridas dies ausschlug, hielten die Ephoren zusammen mit den Geronten Rat und verlangten von Anaxandridas – zur Vermeidung eines »harten Beschlusses« der Spartiaten –, unter Beibehaltung der ersten Frau eine zweite Frau zu nehmen, die ihm Kinder gebären solle. Auf diese Forderung ging Anaxandridas ein (Hdt. 5,39 ff.).

Die Ephoren arbeiteten in der Frage der Nachkommenschaft des Anaxandridas nach einem missglückten Alleingang offenbar Hand in Hand mit den Geronten. Naheliegend ist, dass es sich dabei um eine Vorberatung handelte, wie wir sie auch später im Vorfeld von Volksversammlungen bezeugt finden. Dementsprechend könnten die Ephoren bei der Zusammenarbeit mit der Gerusia wie in späteren Fällen eine Vorsitzfunktion ausgeübt haben. Die Volksversammlung scheint ihrerseits aufgrund der Möglichkeit eines »harten Beschlusses« bei strittiger Thronfolge letztlich als urteilende Instanz figuriert zu haben, wie es in späterer Zeit ebenfalls zu verfolgen ist (Xen. Hell. 3,3,4). Es drängt sich im Weiteren auf, die Ephoren als allfällige Leiter einer solchen Volksversammlung anzunehmen. Daraus ergibt sich zumindest ein Indiz, in der zweiten Hälfte des 6. Jahrhunderts mit den Ephoren als möglichen Leitern von Volksversammlungen zu rechnen.

Aufgrund der sich im Detail abzeichnenden Unsicherheiten kann letztlich aber nur festgehalten werden, dass hier erstmals in einem konkreten Fall politischer Entscheidung die auch späterhin wichtigsten Organe des Staates gleichzeitig auftreten. Eine feste Kompetenzverteilung innerhalb der politischen Gremien geht daraus nicht hervor. Indem die Könige durch die Ephoren auf die Polis verpflichtet wurden, erfuhren sowohl das Königtum selbst als auch die neben ihm führenden Familien eine weitere Sicherung ihrer Existenz. Die Schwierigkeiten in der Thronfolgeregelung wurden damit ein Bestandteil jener Entwicklung, die die weitere Ausbildung fester staatlicher Gremien förderte, wie auch der nächste Fall zeigt.

Der in zwei Ehen kinderlose König Ariston (ca. 550–515) soll kurze Zeit nach der Heirat mit der Gemahlin seines Freundes (aus reicher Familie) einen Knaben – Demaratos – erhalten haben. Ein Bediensteter meldete Ariston die Geburt, während dieser mit den Ephoren zu Rate saß. Als der König die Vaterschaft dementierte, da er noch keine zehn Monate mit seiner dritten Frau verheiratet war, sollen die Ephoren dies kommentarlos hingenommen haben. Später habe Ariston aber an seine Vaterschaft geglaubt und Demaratos als seinen Sohn betrachtet. Als Demaratos die Krone von Ariston übernommen hatte und sich mit König Kleomenes auf dem Feldzug gegen Athen und anlässlich des Aigina-Unternehmens entzweite, schloss dieser mit Demaratos' Konkurrenten, dem Eurypontiden Leotychidas, ein Übereinkommen. Dieser reichte unter Eid eine Klage gegen die Rechtmäßigkeit von Demaratos' Thronfolge ein und rief die ehemaligen Ephoren als Zeugen vor Gericht. Schließlich wollten die Spartiaten ein Orakel einholen. Auf Veranlassung des Kleomenes wurde das Orakel von Delphi, das er persönlich beeinflusste, konsultiert und Demaratos abgesetzt (Hdt. 6,61 ff.).

Ausgangspunkt der Erzählung war die spätere Klage des Leotychidas gegen Demaratos' Legitimität. Bei dieser Verhandlung wurde offenbar das Zeugnis einstiger Ephoren eingeholt, ohne dass dadurch der Streit um die Vaterschaft beigelegt werden konnte.

Die Funktion der Ephoren als Überwacher der Thronfolge kann damit kaum gestützt werden. Die Meldeszene hinterlässt insgesamt den Eindruck einer später aufgrund der Zeugenbefragung kreierten Ausschmückung der Geschichte. In dieser Hinsicht können auch aus der ›Beratungssituation‹, die zum Zeitpunkt der Geburtsmeldung zwischen Ariston und den Ephoren bestanden hatte, keine weitreichenden Schlüsse gezogen werden. Aufgrund des oben anlässlich von Anaxandridas' Nachkommenschaft beobachteten Charakters der Ephoren, die zwischen Geronten und Königen vermitteln, sind solche Beratungen zwar naheliegend. Ein fest etablierter politischer Mechanismus zwischen Ephoren und Königen kann daraus aber nicht abgeleitet werden.

Um das Jahr 525/24 traten nach Herodot (3,46) von Polykrates vertriebene Samier in Sparta vor die Archonten (*árchontes*), die nach anfänglich abweisender Haltung doch noch Hilfe beschlossen. Da *árchontes* nie eine offizielle Bezeichnung für bestimmte spartanische Amtsträger wurde, können die hier gemeinten Personen nicht genau identifiziert werden. Zu einseitig ist es, ausschließlich an die Ephoren zu denken, da auch die Könige und Geronten zu den Adressaten der Samier gehört haben können. Fest eingespielte Entscheidungsprozesse unter Beteiligung dieser drei Institutionen (mit oder ohne Schlussentscheid in der Volksversammlung) sind jedoch erst in späterer Zeit fassbar. Eine Beteiligung der Ephoren an außenpolitischen Entscheiden oder gar ihre Kompetenz, Gesandte zu empfangen, wie sie in den Perserkriegen erkennbar wird (Hdt. 9,8), kann daher aufgrund des Gesuchs der Samier nur unsicher dokumentiert werden.

Kleomenes und Demaratos

Kleomenes' Anfänge

Trotz der im späteren 6. Jahrhundert festzustellenden ersten Ansätze zu einer breiteren Verteilung der politischen Macht und dem Zusammenspiel mehrerer politischer Gremien sind für König Kleomenes I. mehrheitlich die gegenteiligen Tendenzen persönlicher Machtausübung hervorgehoben worden. Demgegenüber kann aber deutlich gemacht werden, dass sich die leitende Funktion des Ephorats in Volksversammlung und Gericht gerade erst anlässlich der großen Machtfülle des Kleomenes endgültig etablieren konnte (Meier 1999).

Anlässlich der Schlacht von Plataiai (479) berichtet Herodot (6,108) von einer früheren Begebenheit in dieser Gegend, die nach Thukydides (3,55. 68) ins Jahr 519/18 zu datieren wäre. Dabei sollen die von Theben bedrängten Plataier zunächst dem Kleomenes und den Lakedaimoniern, die in der Nähe weilten, ihre Unterwerfung angeboten haben, von diesen aber an Athen verwiesen worden sein. Da der König – und nicht die politischen Behörden in Sparta – als Verhandlungspartner aufgesucht wurde, wollte die Forschung darin eine eigenmächtige Aktion des Kleomenes erblicken. Bei der Geschichte handelt es sich aber um ein späteres Konstrukt im Zusammenhang mit der Zerstörung von Plataiai im Jahre 427, das auf Elemente der Auseinandersetzungen zwischen Athen und Sparta am Ende des 6. Jahrhunderts zurückgriff, so dass daraus nichts Näheres für die Stellung des Königs gefolgert werden kann (Hennig 1992). Es zeigt sich nur, dass der König in der späteren Perspektive als dominierender Faktor in der spartanischen Politik aufgefasst wurde.

Bei einer weiteren von Herodot (3,148) überlieferten Begebenheit, die wohl ins Jahr

517 gehört, wies König Kleomenes die Ephoren an, den aus Samos nach Sparta geflohenen Tyrannen Maiandrios aus der Peloponnes zu vertreiben, damit dieser mit seinen Reichtümern niemanden ins Unglück stürze. Die Ephoren gehorchten und ließen Maiandrios ausweisen.

Der König zeigte sich in dieser Angelegenheit in einer den Ephoren übergeordneten, für die Politik bestimmenden Position; die Ephoren übten eine exekutive Funktion aus, wie sie auch in späterer Zeit kennzeichnend sein wird. Ideelle Motive sind als Anlass für die Ausweisung des Maiandrios freilich fragwürdig. Aus der Szene spricht nicht gesellschaftliche Selbstbeschränkung, sondern vielmehr prinzipielle Empfänglichkeit für die angebotenen materiellen Güter, wie sie den Spartanern gerne unterstellt wurde. Es ist naheliegend, dass der Emporkömmling Maiandrios, dem niedrige Abkunft und politische Umwälzungen nachgesagt wurden, nicht als Garant für die alten Familienbeziehungen zu Samos betrachtet wurde und eine weitreichende Auseinandersetzung mit Persien nach der Niederlage von ca. 525/24 wenig ratsam schien.

Die Ephoren erscheinen damit zwar zu Beginn der Herrschaft des Kleomenes in einer bereits wichtigen, koordinierenden Position, aber eindeutig festgelegte politische Kompetenzen lassen sich in den Quellen nicht fassen. Die Ephoren übten einerseits bei der Thronfolge eine Kontrolle über die Könige aus, wurden andererseits bei politischen Handlungen jedoch vom Einfluss des Königs überflügelt.

Aufgrund einer weiteren Erzählung bei Herodot (6,84) soll Kleomenes intensiv mit skythischen Gesandtschaften, die Rache an dem (ca. 514/13) in ihr Land eingebrochenen Dareios planten, verkehrt haben, so dass es zu einem Bündnisschluss gekommen sei. Die Geschichte gehört in eine Reihe von mehreren Gelegenheiten, bei denen es die Spartaner unterließen, griechische Unabhängigkeit zu verteidigen. Sie dient in erster Linie zur Erklärung für Kleomenes' angebliche Gewohnheit, ungemischten Wein zu trinken, die ihn nach der Meinung der Spartaner zum Wahnsinn und damit in den Tod getrieben habe. Auch aus dieser Erzählung können daher keine konkreten Schlüsse für das politische Wirken des Kleomenes gezogen werden.

Einfälle in Athen

Im Anschluss an den Kriegszug des Anchimolios (Hdt. 5,63) schickten die Spartaner auf dem Landweg ein größeres Heer gegen Athen, das jetzt von Kleomenes geleitet wurde; nach dem Sieg über die thessalische Reiterei und der angeblich nur zufällig geglückten Belagerung der Akropolis kam es zur Vertreibung der Peisistratiden (5,64 f.). Königliche Eigeninitiative ist für diese Kriegszüge des Jahres 511/10 nicht festzustellen, so dass in beiden Fällen die Volksversammlung, wohl unter der Leitung der Ephoren, für die Entscheidung ausschlaggebend gewesen sein dürfte.

Auch aus den Angaben zu dem im Jahre 508/7 unternommenen zweiten Einfall des Kleomenes in Athen (5,70. 72) geht nichts Sicheres hervor. Da der König jedoch nur ein kleines Heer mitführte und von Isagoras, dem er seit dem ersten Einfall von 511/10 gastfreundlich verpflichtet war, zu Hilfe gerufen wurde, könnte der König selbst für den Kriegsentscheid verantwortlich gewesen sein.

Bei dem zweiten Einfall in Athen versuchte Kleomenes nach der Vertreibung der Alkmeoniden schließlich auch den dortigen Rat aufzulösen und eine Oligarchie von 300 Anhängern des Isagoras einzurichten; dies scheiterte jedoch am Widerstand der Athener, die Kleomenes und Isagoras auf der Akropolis belagerten, so dass der spartanische König die Stadt wieder verlassen musste. Es bleibt offen, inwieweit diese Aktion von Sparta abgedeckt war. Eingriffe in die inneren Verhältnisse von anderen Poleis sowie Verfassungsänderungen zur Aufnahme einer Stadt in den Peloponnesischen Bund entsprechen jedenfalls nicht dem üblichen Verhalten Spartas; ferner kann die Zugehörigkeit Athens zum Peloponnesischen Bund in den folgenden Jahren ausgeschlossen werden. Da der auf Basis von Gastfreundschaft und möglicherweise persönlicher Rekrutierung der Truppen unternommene Vorstoß nach Athen dem Schema gegenseitiger aristokratischer Hilfe entspricht, dürfte auch die Einrichtung einer Oligarchie in erster Linie durch aristokratische Freundschaft und nicht durch übergeordnete Verfassungskonzepte motiviert gewesen sein.

Beim dritten Einfall im Jahre 506 sammelte Kleomenes ein Heer aus der ganzen Peloponnes. Dabei verschwieg er den Zweck des Unternehmens, bei dem er sich am athenischen Volk rächen und Isagoras als Tyrannen einsetzen wollte. Nach dem Einfall bei Eleusis sollen die Korinther sowie der mitkommandierende König Demaratos die Heeresfolge vor der Schlacht verweigerten haben, so dass auch die übrigen Bundesgenossen umkehrten und das Unternehmen scheiterte (Hdt. 5,74 f.). Unklar bleibt, ob dieser Kriegszug als Eigeninitiative des Kleomenes oder als von den Spartanern beschlossenes Unternehmen gedeutet werden muss. Unglaubhaft scheint jedoch, dass die Korinther erst nach der Landung in Eleusis das Ziel des Feldzuges erkannt hätten. Plausibler ist, dass der Abzug auf den zwischenzeitlich vorgenommenen Anschluss Athens an Persien hin erfolgte (Zahrnt 1992).

Aus der herodoteischen Geschichte lassen sich letztlich zwei wichtige Schlüsse ziehen: Es ist das erste Mal, dass ein Bundesunternehmen offensichtlich wird, wobei dessen Scheitern bei der nächsten Kriegsplanung wiederum zu der ersten für uns fassbaren Bundesversammlung führte. Im Weiteren wird deutlich, dass die Uneinigkeit der Könige den Feldzug zum Scheitern brachte. Dies ist schließlich auch der Anlass für eine gesetzliche Regelung, die festlegte, dass jeweils nur einer der beiden Könige in den Krieg ziehen durfte (5,75). Damit scheint das Verhalten der Könige erstmals zu einem übergeordneten Regelungsversuch Anstoß gegeben zu haben.

Das Kommandogesetz

Es wird allgemein angenommen, dass der kommandierende König nach diesem Gesetz vom Jahre 506 (oder kurz danach) von der Volksversammlung auf Antrag der Ephoren ernannt wurde. Durch das Gesetz wurde allem Anschein nach zwar die Beteiligung der Ephoren an Kriegsbeschlüssen institutionalisiert, in letzter Instanz aber die Volksversammlung als Beschlussorgan etabliert. Damit war auch die Entscheidung über Krieg und Frieden von dem alleinigen Willen der Könige abgetrennt worden. Ziel war also, willkürliche und für die Stadt nachteilige Entscheide zu vermeiden. Dies dürfte auch für die peloponnesischen Bündnispartner eine Garantie gegen ein militärisches Aufgebot zu persönlichen Zwecken bzw. gegen Missbrauch aristokratischer Politik dargestellt haben.

Die Könige wurden durch das Gesetz aber nicht etwa nur einseitig in ihren Kompetenzen beschnitten, da durch die ungeteilte Führerschaft im Felde dem Heerführer ein größerer Entscheidungsspielraum zukam. Die Verordnung garantierte bis zu einem gewissen Grade auch die Präsenz der Könige in Sparta und damit den regelmäßigen Einbezug eines königlichen Urteils in die politischen Entscheidungen. Das Königsamt behielt also seine führende Stellung und sollte den veränderten Bedingungen der Polis neu angepasst werden. Die Regelung beabsichtigte, Konfliktsituationen im militärischen Kommando zu vermeiden und entsprechenden Schaden abzuwenden. Entzweite bzw. allzu selbständig agierende Könige sollten verstärkt in die politische Gemeinschaft Spartas eingebunden werden. Nach den Misserfolgen in Athen ging es darum, eigensinnigen aristokratischen Unternehmungen einen Riegel zu schieben bzw. ausgeglichenere Verhältnisse zu schaffen, um damit die Machtposition auf der Peloponnes zu sichern. Es sollte sich jedoch bald ergeben, dass durch das als ausgleichend gedachte Gesetz die im Verlaufe von Feldzügen gewonnene Macht einzelner Könige kaum unter Kontrolle gebracht werden konnte. Es bedurfte daher künftig des verschärften Mittels der gerichtlichen Verfolgung, um gegen eigensinnige Machthaber vorzugehen.

Im Zusammenhang mit den erneuten militärischen Unternehmungen gegen Ende des 6. Jahrhunderts hatte sich die Frage der Kompetenzverteilung bei Kriegsbeschlüssen neu gestellt. Ausschlaggebend für die Entscheidungen sollten jetzt die Volksversammlung und die sie leitenden Ephoren werden, die dadurch eine grundsätzliche Bedeutungssteigerung erfuhren. Die Ephoren garantierten durch ihre dauernde Präsenz und jährliche Neuwahl eine Intensivierung der Politik und Bewältigung der sich in und außerhalb der Peloponnes ergebenden Aufgaben. Es lag daher nahe, die ursprünglich bei den Königen bzw. Geronten liegende Leitung und Antragstellung in der Volksversammlung auf die Ephoren zu übertragen. Im Anschluss an das königliche Debakel vor Athen war nicht nur ein Gesetz für die Vergabe von Militärkommandos zustande gekommen, sondern es folgte auch die erste für uns fassbare Versammlung des Peloponnesischen Bundes, durch die die Volksversammlung und Ephoren ebenfalls neues Gewicht erhielten. Indem die Ephoren sowohl die Versammlungen der Bündner als auch die vorbereitenden bzw. begleitenden spartanischen Volksversammlungen leiteten, wurde ihre Führungsaufgabe sichtlich ausgebaut.

Gorgo

Im Jahre 499 erschien Aristagoras von Milet als Gesandter in Sparta, das gemäß Herodot (5,38. 49 ff.) nach wie vor als führende Macht Griechenlands erachtet wurde. Dabei richtete er sein Hilfegesuch gegen die Perser direkt an König Kleomenes, dem er große Beute und die Herrschaft in Asien in Aussicht stellte. Nach drei Tagen Bedenkzeit lehnte Kleomenes einen Feldzug ab, da ihm der Weg nach Susa als ungangbar erschien, und verwies Aristagoras aus Sparta. Als Aristagoras nun versuchte, als Schutzflehender Kleomenes zu bestechen, blieb dieser aufgrund der Warnungen seiner Tochter Gorgo standhaft.

Reizvoll war bei dieser Begegnung zwischen den beiden Regenten, dass Kleomenes – wie schon bei Maiandrios' Bestechungsversuch im Jahre 517 (3,148) – moralisch korrektes Verhalten bewies, zu dem ihn jetzt freilich seine Tochter Gorgo ermuntern musste. Der König figuriert zudem als eine Art verfassungsmäßiges Gegenbild zu Athen, wo Aristagoras im Anschluss an seinen Besuch in Sparta das entsprechende Gesuch an den Demos richtete (5,97). Der Blick auf die möglichen weiteren politischen Gremien, die hinter dem als rein persönlich charakterisierten Entscheid standen, bleibt dadurch verwehrt. Die eventuell zur Beratung ausbedungene Bedenkzeit könnte geradezu als Hinweis auf weitere Beteiligte aufgefasst werden. Aufgrund der Unsicherheit, die sich durch das Debakel in Athen sowie die nach wie vor schwelenden Auseinandersetzungen in der Peloponnes ergab (vgl. 5,49) und Sparta *de facto* gegenüber Athen in Nachteil versetzte, war es von allgemeinem Interesse, auf ein überseeisches Abenteuer zu verzichten – abgesehen davon, dass ein Eroberungsversuch von Susa in dieser Zeit anachronistisch ist.

Gorgo begegnet später als Frau des Königs Leonidas und soll eine verdeckte Warnung vor den Persern, die der abgesetzte König Demaratos von Susa aus nach Sparta sandte, entschlüsselt haben. Ihr Scharfsinn erwies sich in diesem Fall nicht nur für Sparta, sondern auch für die übrigen Griechen als nützlich (Hdt. 7,205. 239).

Eingriffe in Argos und Aigina

Um das Jahr 494 unternahm Kleomenes einen Feldzug gegen Argos. Aus dem Bericht von Herodot ergeben sich Anzeichen, dass der König wiederum selbst die Initiative ergriffen hatte (6,76) und auch allein den Verlauf des Krieges bestimmte. Nachdem Kleomenes unterwegs am Erasinos schlechte Vorzeichen erhalten hatte, bemächtigte er sich aiginetischer Schiffe und überquerte – unterstützt von sikyonischen Schiffstruppen (6,92) – den Golf nach Tiryns und Nauplia; ferner entschloss er sich aufgrund eines angeblich ihm zugeteilten Orakels von Delphi nach dem Feldsieg und der Vernichtung der geflohenen Soldaten im Hain des Argos zur Schonung der Stadt (6,82).

In diesem Fall erwies sich das Gesetz über das Kriegskommando offenbar als wirkungslos. Dennoch blieb Kleomenes' Verhalten nicht ohne Folgen. Im Anschluss an sein Unternehmen ist erstmals erkenntlich, dass eine königliche Handlung gerichtlich verfolgt wurde. Herodot berichtet in dem betreffenden Abschnitt, dass Kleomenes wegen der angeblich durch Bestechung motivierten Schonung von Argos von seinen Feinden bei den Ephoren angeklagt, von den »Spartiaten« letztlich aber mit großer Mehrheit freigesprochen wurde (6,82).

Da die Volksversammlung auch späterhin nie als Gerichtshof fungierte, ist es unwahrscheinlich, dass dieses Gremium gemeint ist; vielmehr dürfte es sich hier um den kurz darauf im Prozess gegen Leotychidas belegten gerichtlichen Ausschuss des Dikasterions gehandelt haben. Für die Ephoren ergäbe sich daraus, dass sie bei dieser Gelegenheit – wie oftmals später – als Berufer und Mitglieder des höchsten Gerichtes fungierten. Auch wenn ihre genaue verfassungspolitische Rolle nicht ablesbar ist, so kam den Ephoren durch die königliche Verfehlung wiederum eine wichtige Bedeutung zu.

Kleomenes hatte trotz seiner Fehlgriffe zumindest vorübergehend die Neutralisierung von Argos erreicht, was für Sparta von grundsätzlichem Interesse war. Dementsprechend konnte er sich auch gegen die Anklage verteidigen und seine Position unbestraft behaupten. Die Geschichte dokumentiert somit die ungebrochene Verankerung des Königs in der Polis.

Im Jahre 491 ging Kleomenes nach Aigina, das von Athen in Sparta wegen der Übergabe von Erde und Wasser an die persischen Herolde angeklagt worden war, und wollte die Hauptschuldigen verhaften. Der bedrohte Krios, der angeblich im Auftrag des Demaratos handelte, bezichtigte ihn des Vorgehens ohne gemeinsamen Beschluss der Spartiaten sowie der Bestechung durch Athen, da er ansonsten mit dem zweiten König gekommen wäre (Hdt. 6,49 f.).

Aufgrund der Prinzipienreiterei der Aigineten wirkt die Szene reichlich konstruiert und stellt geradezu einen Nachklang auf das Gesetz über die alleinige Kriegführung der Könige dar. Im Falle der Geiselnahme ging es zwar nicht um einen Kriegszug, sondern um eine ›gerichtliche‹ Strafaktion bzw. eine Schutzmaßnahme für das von den Persern bedrohte Athen, bei der der König als Vollzugsperson auftrat. Dennoch entsprach die

Szene der auch durch das Kommandogesetz herbeigeführten Trennung der Tyndariden und war geeignet, die Eigenwilligkeit des Kleomenes, der ohne Beschluss der Volksversammlung handelte, zu belegen. Trotz dieser Einschränkungen figuriert der König aber nach wie vor als Repräsentant staatlicher Autorität. Für eine außerhalb Spartas bzw. des Bundesgebietes ablaufende Aktion, wie sie in der Geiselnahme vorlag, scheinen die Ephoren nicht zuständig gewesen zu sein.

Demaratos' Absetzung

Kleomenes gelang es daraufhin, im Hinblick auf ein neues Unternehmen, seinen ihm schon im Jahre 508/7 bei Eleusis hinderlich gewordenen Kollegen Demaratos abzusetzen und Leotychidas ins Königsamt zu erheben; dieser hatte unter Eid eine Klage gegen die Rechtmäßigkeit von Demaratos' Königsfolge erhoben und ehemalige Ephoren als Zeugen angerufen. Da keine Einigkeit erzielt werden konnte, wollten die »Spartiaten« das Orakel von Delphi konsultieren, das Kleomenes jedoch bestochen haben soll. Demaratos soll nach seiner Absetzung nochmals ein Amt bekleidet haben, entwich dann aber auf eine Schmähung des Kleomenes hin zuerst nach Elis und Zakynthos, dann nach Persien zu Dareios, der ihm Land und Städte zuteilte (Hdt. 6,61 ff.). Dort wurde er in der Folge geradezu zum ›Königsmacher‹ für Xerxes (7,3), den er auf seinem Zug nach Griechenland beriet (7,101 ff. 209. 234 f.), wobei er aber zuvor die Lakedaimonier vor dem Pereinfall gewarnt haben soll (7,239).

Mit Demaratos wurde der Dualismus im Königtum endgültig offenkundig. Demaratos gehört mit seinem Abgang nach Persien in die Reihe etlicher weiterer griechischer Aristokraten, die aus ihrer Heimat entweichen mussten. Sein Verhalten entspricht insbesondere demjenigen des aus Athen vertriebenen Hippias, der auf persischer Seite als Berater bei Marathon fungierte (Thuk. 6,59). Dennoch kann im Falle des Demaratos kein potentieller Anwärter auf eine von Persien gestützte Tyrannis gesehen werden. Demaratos war zwar Opfer des Kleomenes, jedoch nicht auf Rache oder gewaltsamen Rückgewinn der Macht gesonnen. Falls die Erwähnung des von ihm im Anschluss an das Königtum ausgeübten Amtes historisch ist, so hat er sich vorerst explizit weiter in den Dienst des Staates gestellt und an die Gesetze gehalten. Demaratos' Verhalten ist damit eher als eine Alternative zur offiziellen Betätigung als Oikist zu sehen, wie sie für Dorieus zu erschließen ist.

Was aus der Geschichte nicht hervorgeht, ist die Konstitution des Gerichts und die Art und Weise, in der die Absetzung erfolgte. Bei dem Gericht ist wiederum an den Ausschuss des Dikasterions und damit an die Beteiligung der Ephoren zu denken. Dieses Gericht wurde hier wohl erstmals als politisches Mittel im Kampf um die Führungsspitze eingesetzt. Für die Amtsenthebung selber ist wiederholt an die Kompetenz der Himmelsbeobachtung gedacht worden, die den Ephoren nach dem späteren Zeugnis Plutarchs (Agis 11) alle neun Jahre zukam und bei ungünstigem Ausgang und ohne Widerspruch des Orakels von Delphi oder Olympia zur Suspendierung der Könige führte; dies ist im Falle des Demaratos jedoch nicht bezeugt. Falls die Amtsenthebung auf anderem Wege vorgenommen wurde, dürfte sie kaum durch Kleomenes alleine zustande gekommen sein, so dass mit der Unterstützung von Ephoren und Geronten sowie mit einem Beschluss der Volksversammlung zu rechnen ist. Kleomenes bewegte sich zwar nach wie vor im Rahmen der Polis, aktivierte aber die staatlichen Institutionen geradezu zur Entfaltung ihrer machtpolitischen Möglichkeiten.

Kleomenes' Ende

Nach der Absetzung des Demaratos schloss sich Kleomenes mit Leotychidas zusammen und erreichte jetzt die beabsichtigte Geiselnahme in Aigina. Als aufgedeckt wurde, dass er anlässlich der Absetzung des Demaratos das Orakel von Delphi bestochen hatte, erfasste ihn offenbar die Furcht vor einem Gerichtsverfahren, so dass er sich zunächst nach Thessalien, dann zu den Arkadern absetzte; diese versuchte er gegen die Spartaner aufzuwiegeln und ließ die führenden Persönlichkeiten bei dem Wasser der Styx einen Eid leisten, ihm zu folgen, wohin er sie führe. Die Spartaner beriefen Kleomenes aus Furcht vor dessen Machenschaften ins Königsamt zurück. Zuhause soll Kleomenes dann dem Wahnsinn verfallen und schließlich von seinen Angehörigen gefangengesetzt worden sein (Hdt. 6,73 ff.).

Kleomenes knüpfte in seinem Exil – wie aus der Versammlung der arkadischen Anführer hervorgeht – offenbar an aristokratische Familienbeziehungen an und machte auch außerhalb seiner königlichen Position einen Bündnispartner Spartas für sich dienstbar. Bei seinem Aufenthalt in Arkadien werden zudem erstmals ›Aufstandspläne‹ bzw. Schritte zur Verselbständigung eines spartanischen Machthabers fassbar. Es führt jedoch zu weit, unter Kleomenes die Gründung eines arkadischen Bundes gegen Sparta sowie die Koordination mit dem von Platon (nom. 698d–e) für das Jahr 490 berichteten Messenischen Aufstand anzunehmen. Strafmaßnahmen gegen die Arkader, die in einem solchen Fall zu erwarten wären, sind jedenfalls nicht bekannt. Die Rückberufung des Kleomenes nach Sparta ist nicht nur als Beleg für die Gefährlichkeit seines Unternehmens zu verstehen, sondern spricht auch für die beiderseitige Absicht der Wiederherstellung des Status quo. Kleomenes zeigte sich letztlich schnell zu einer Harmonisierung der Situation bereit.

Die Rückberufung kam wohl wiederum auf Beschluss der Volksversammlung zustande, in der die Entscheide vorübergehend ohne den ›ersten Mann‹ getroffen werden mussten. Dies deutet einerseits darauf hin, dass die Volksversammlung durch die königlichen Verfehlungen eine Bedeutungssteigerung erfuhr. Andererseits geht daraus auch hervor, wie konsequent am Konzept des Doppelkönigtums festgehalten wurde. Die Gefangensetzung des Kleomenes erfolgte nach Herodot nicht durch die Ephoren, sondern durch Angehörige. Es ist nicht zu verfolgen, dass Kleomenes nach seiner Rückkehr aus Arkadien über die politischen Institutionen Spartas bekämpft wurde. Das Ziel, das Doppelkönigtum wieder herzustellen, war ja erreicht. Das Ende des Kleomenes kann daher nicht auf einen grundsätzlichen Bruch mit den Ephoren zurückgeführt oder als Sieg des Ephorats bezeichnet werden.

Etwa im Jahre 488/87 beschloss das von den Lakedaimoniern berufene Gericht (Dikasterion) nach einer Anklage durch die Aigineten, Leotychidas wegen der in Athen festgehaltenen Geiseln auszuliefern. Auf die Rede des angesehenen Spartiaten Theasides hin verzichteten sie aber auf eine schmachvolle Abführung des Königs und bedingten sich nur dessen Begleitung nach Athen aus, um durch ihn die dortigen Geiseln zu befreien. Die Athener lehnten die Freigabe jedoch mit dem Argument ab, dass sie die Geiseln von beiden Königen erhalten hatten (Hdt. 6,85 f.).

Durch die Argumentation der Athener und des Leotychidas, der die Verfehlung des einst für seine Gerechtigkeit bekannten Glaukos aufführt, erfährt die Geschichte wiederum eine anekdotische Ausschmückung im Hinblick auf das entzweite Königtum. Trotzdem geht aus der Schilderung hervor, dass auch Leotychidas, der ehemalige Kollege des Kleomenes, nicht grundsätzlich ausgeschaltet, sondern nur auf die Behebung der negativen Auswirkungen einer früheren Entscheidung verpflichtet werden sollte. Die Ungeheuerlichkeit der Auslieferung eines spartanischen Königs wurde jedenfalls vermieden. Auch wenn die Zusammensetzung des aufgrund der aiginetischen Anklage von den Lakedaimoniern konstituierten Gerichts nicht näher umschrieben ist, wird dennoch erstmals deutlich, dass ein fester Ausschuss am Werk war. Aufgrund späterer Belege ist mit der Aufnahme der Anklage durch die Ephoren zu rechnen, die sie in die Gerusia weitertrugen, in der sie sowohl Vorsitz als auch Stimmrecht hatten.

Fazit

Zusammenfassend zeigt sich, dass die Einbindung der Könige vorerst durch ein als ausgleichend gedachtes Kommandogesetz angestrebt werden sollte. Der weitere Verlauf der Geschichte macht deutlich, dass das Gesetz über das königlich Kommando wenig Wirkung zeigte. Kleomenes traf offenbar trotz der Bestimmung nach wie vor selbständige Entscheide über kriegerische Unternehmungen und baute seine Stellung im Anschluss an die militärisch-politischen Niederlagen nochmals aus. Als neues Mittel, ihn und seinen Kollegen Leotychidas auf die Interessen der Polis zu verpflichten, kam daher die gerichtliche Verfolgung zur Anwendung. Dabei ist zu vermuten, dass die Ephoren analog zur Leitung der Volksversammlung auch in gerichtlichen Belangen eine Koordinierungsfunktion übernahmen, die freilich erst aufgrund von Zeugnissen zum frühen 5. Jahrhundert direkt belegt werden kann. Die Ephoren erlangten in diesem Bereich durch die Reaktion führender Spartiaten-Kreise auf die Anmaßung der Könige neue Kompetenzen.

Die Verfehlungen und der Dualismus im Königtum haben zwar dazu beigetragen, die Volksversammlung vermehrt in Entscheidungen einzubeziehen und damit deren Geschäftsbereich zu verbreitern, jedoch ohne die Öffnung zu einem Initiativorgan zu vollziehen. Sparta hatte im Gegensatz zu Athen keine Phase der Tyrannis durchlaufen, so dass ihm in dieser Hinsicht eine weitere Vorbedingung für die Entstehung breit gelagerter bürgerlicher Verantwortung für das Gemeinwesen gefehlt haben dürfte. Die Politik wurde daher nach wie vor von den führenden Persönlichkeiten aus den einflussreichen Familien bestimmt. Diese vertraten jedoch keine unterschiedlichen politischen Konzepte und bildeten dementsprechend auch keine festen Blöcke.

Im Ganzen haben die Ephoren im Zuge der kriegerischen Auseinandersetzungen bis zum Ausgang der archaischen Zeit als politische Entscheidungsträger deutliche Konturen angenommen. Dabei begann sich offensichtlich auch das in klassischer Zeit übliche Zusammenwirken von Ephoren und Volksversammlung, aber auch von Ephoren, Gerusia und Königen einzuspielen. Ausschlaggebend war dabei die Notwendigkeit, die im Zuge von militärischen Unternehmungen eigenmächtig agierenden bzw. entzweiten Könige neu einzubinden. Die Beschränkung der Könige resultierte also nicht aus einem grundsätzlichen Konflikt zwischen Königtum und Ephorat. Vielmehr sollten die Könige aufgrund von Machtmissbrauch im allgemeinen Interesse verstärkt der Kontrolle der Gesamtgemeinde unterstellt werden, ohne ihre Position als Ganzes anzutasten. Die Könige wurden nicht grundsätzlich daran gehindert, selbständige Entscheide zu treffen, doch wurden ihre Taten leichter bestrafbar. Königtum und Ephorat standen damit in einem Spannungsfeld von Konkurrenz und Zusammenarbeit, das Spartas Macht lange Zeit zugutekommen sollte. Erst die Machtsteigerung einzelner Befehlshaber anlässlich der Perserkriege machte neue Kontrollmechanismen nötig und ließ die Kompetenzen der Ephoren sich endgültig entfalten.

V. Die Perserkriege

Entscheidungssituationen

Im Zuge der Perserkriege ergaben sich für das spartanische Gemeinwesen weitreichende Entscheidungssituationen, die sich insbesondere mit neuen militärischen Aufgaben verbanden. Die von den Ephoren geleitete Volksversammlung musste existentielle Beschlüsse mittragen, so dass die politischen Institutionen Spartas weiter gestärkt wurden. Die vielfältigen militärischen Unternehmungen erforderten eine zentrale Koordination sowie eine dauerhafte Überwachung der außerhalb des eigenen Territoriums operierenden Amtsträger. Da die Feldherren durch die Feldzüge im griechischen Raum zu gesteigerter Macht gelangten, drängten sich neue Einbindungs- und Kontrollmechanismen auf. Das Ephorat als permanente Kollegialbehörde war prädestiniert, in diesem Zusammenhang eine entscheidende Rolle zu übernehmen und für die Integration der Führungskräfte zu sorgen. Die bedrohliche Kriegssituation bewirkte schließlich eine vertiefte Besinnung auf die Polis und schuf die Voraussetzungen für die weitere Ausprägung gesellschaftlicher Normen.

Eine erste Entscheidungssituation entstand im Zusammenhang mit dem Vordringen der Perser nach Griechenland im Jahre 490. Ein athenischer Schnellläufer (Pheidippides bzw. Philippides), der vor dem Aufbruch des Heeres in Richtung Marathon nach Sparta gelangte, trat mit der Bitte um Beistand vor die Amtsträger (*árchontes*) – womit neben den Ephoren möglicherweise auch die Geronten oder ein königlicher Vertreter gemeint sein können. Darauf beschlossen die Spartaner, den Athenern zu helfen, aufgrund einer Satzung jedoch erst bei Vollmond, also offenbar nach dem Karneenfest (Hdt. 6,105 f.). Das Kontingent traf schließlich einen Tag zu spät in Marathon ein (6,120). Da sich Kleomenes nach Arkadien abgesetzt hatte, ergab sich in dieser Situation die Notwendigkeit, Entscheidungen ohne den einflussreichsten Mann Spartas vorzunehmen. Es ist davon auszugehen, dass die Volksversammlung unter der Leitung der Ephoren als Schlussinstanz für den Kriegsentscheid zuständig war.

Bedeutungsvoll ist in diesem Zusammenhang das Motiv der religiös bedingten Verspätung, das sich bei Herodot (7,206; 9,7) anlässlich der Auseinandersetzungen an den Thermopylen und bei Plataiai wiederholt. Zu beachten ist, dass in dieser Zeit zu den Problemen des Königtums möglicherweise auch Unruhen der Messenier traten. Platon (nom. 698d–e), der den Aufstand unter anderem als Erklärung für das Fernbleiben der Spartaner bei Marathon in Erwägung zieht, räumt gleichzeitig ein, dass der Hinderungsgrund unbekannt sei, so dass aus dieser Sicht die Rekonstruktion eines dritten Messenischen Krieges problematisch bleibt. Demgegenüber machen verschiedene andere Indizien, insbesondere die Ansiedlung von Messeniern in Zankle durch den Tyrannen von Rhegion, Anaxilas (Paus. 4,23,6), und ein spartanisches Weihgeschenk (Zeus-Statue) in

Olympia (Meiggs-Lewis Nr. 22), das Pausanias (5,24,3) wohl fälschlich auf den zweiten Messenischen Krieg bezog, einen Aufstandsversuch in dieser Zeit durchaus plausibel. Es ist daher erklärlich, wenn sich ein Großteil der spartanischen Bürger aufgrund der inneren Schwierigkeiten nur mit Unmut auf ein außerpeloponnesisches Engagement, das zudem einer vorerst nur Eretria und Athen drohenden Gefahr galt, einlassen wollte.

Nach einer Erzählung von Herodot (7,133 ff.) hatten persische Gesandte im Jahre 491 zur Anerkennung der Oberhoheit des Perserkönigs von den griechischen Städten Erde und Wasser gefordert, was von Athen und Sparta jedoch zurückgewiesen worden sei. Nach dem Frevel an den Gesandten, die in einen Brunnen geworfen worden sein sollen, ergaben sich in Sparta anhaltend ungünstige Opfer; daraufhin seien viele Volksversammlungen abgehalten worden, und schließlich wurden Freiwillige für den Opfertod gesucht, wobei die zwei zu Dareios gesandten Spartiaten (Sperthies und Boulis, die aus reichen Familien stammten) von diesem freigelassen worden sein sollen.

Die Episode ist historisch fragwürdig und könnte erst nach 480 ausgeschmückt worden sein. Falls es in Sparta zu einer Gesandtenmisshandlung gekommen war, dürfte diese in die Zeit vor dem Xerxeszug gehören, für die Herodot (7,32) eine weitere Gesandtschaft erwähnt. Denn erst dieser Kriegszug verfolgte Ziele über Athen und Eretria hinaus und veranlasste die spartanische Volksversammlung zur Einwilligung in ein hellenisches Bündnis. Die Episode weist jedoch darauf hin, dass es mit den Perserkriegen zu vertieften Auseinandersetzungen vor der Volksversammlung kam. Hier sind das einzige Mal in der Geschichte Spartas mehrere Volksversammlungen belegt, die sich mit dem gleichen Thema befassen. Inwieweit dabei mit längeren Diskussionen gerechnet werden kann, muss offenbleiben, da eigentliche Debatten aufgrund des fehlenden freien Rederechts auch in Zukunft stets beschränkt blieben.

Dass die Volksversammlung vermehrt in Aktion treten musste, verdeutlicht sich auch bei den Kriegsbeschlüssen der Jahre 480 und 479. Im Jahre 481 war Sparta in Anbetracht der drohenden, groß angelegten Perserinvasion (Hdt. 7,157) von Anfang an zur gemeinsamen Abwehr der Perser gerüstet und erhielt auf der in Sparta (Paus. 3,12,6) oder am Isthmos einberufenen Versammlung im Bündnis der Hellenen die Hegemonie (Hdt. 7,132. 145). Aus der Führerschaft im Hellenischen Bund folgte, dass die spartanischen Feldherren in einen größeren Bezugsrahmen diplomatischen und militärischen Handelns gestellt wurden.

Im Hinblick auf den Bündnisschluss mit den Hellenen kann für die Spartaner wiederum von einem entsprechenden Entscheid der Volksversammlung ausgegangen werden. Sparta dürfte insofern eine politische Vorreiterrolle gespielt haben, als es seine Bündnispartner für eine zweiseitige Symmachie gegen die Perser mobilisierte, so dass der Hellenenbund nicht auf Zeit und multilateral geschlossen worden wäre (Baltrusch 1994). Für die Bündnisanfragen bei den Argivern sowie bei Gelon (Hdt. 7,148 ff. 157 ff.) ist freilich in Rechnung zu stellen, dass sie in auffälliger Weise einem identischen Grundschema literarischer Gestaltung unterliegen. Das Angebot der Spartaner, den argivischen König gegenüber den spartanischen Königen mit gleichem Stimmrecht (*homópsephos*) zu akzeptieren, wird weniger mit der Realität als mit der Selbstdarstellung spartanischer Fairness oder argivischem Machtanspruch zu tun haben. Das Vorgehen der spartanischen Boten, die den Wunsch der Argiver nach einem 30-jährigen Frieden der Volksversammlung vorlegen wollten (7,149), steht darüber hinaus in enger Verbindung mit dem später im Jahre 451 paraphierten Friedensvertrag zwischen den beiden Staaten, so dass die Geschichten wiederum von nachträglicher Gestaltung geprägt sind.

Als erstes ging im Jahre 480 ein spartanisches Kontingent unter Euainetos, der aus dem Offizierskorps der Polemarchen für das Kommando ausgewählt worden war, zusammen mit einer athenischen Abteilung unter Themistokles nach Thessalien, um den Tempe-Pass zu besetzen und damit den Übergang der Perser nach Mittelgriechenland zu verhindern. Angesichts der persischen Übermacht und der Erfolglosigkeit der Gesandtschaften, die an die medisierenden Städte jener Gegend gerichtet wurden, kehrten die Feldherren bald wieder unverrichteter Dinge zurück (Hdt. 7,173).

Für diesen ersten präventiven Schritt, der in entlegenem nördlichem Gebiet gegen die Perser unternommen wurde, war kein König erkoren worden, sondern ein offenbar gewählter und auf ein Jahr befristeter Amtsträger. Es handelt sich hier um die erste Stelle, die das Führungsamt des Polemarchen belegt, der normalerweise als Befehlshaber der obersten taktischen Verbände unter dem königlichen Kommando agierte. Aufgrund der begrenzten Aufgabe und des Misserfolgs des Euainetos, von dem wir anschließend nichts mehr erfahren, sind vorerst keine direkten Auswirkungen des Feldzuges auf die inneren Verhältnisse zu verfolgen. Dennoch erfuhr das Polemarchenamt durch das Engagement in entfernteren Gebieten des hellenischen Raumes und die Verbindung mit anderen griechischen Truppen eine grundsätzliche Aufwertung. Ferner zeigte sich wiederum, dass die höchste Führungsaufgabe zumindest teilweise von einem Amtsträger übernommen werden konnte, so dass das königliche Monopol in Frage gestellt wurde. Angesichts der gesteigerten Bedrohungssituation wurden später freilich wieder die Könige mit der Abriegelung des Landweges nach Athen und dem Mauerbau auf dem Isthmos beauftragt.

Eurybiades

Im Rahmen der Perserkriege ergab es sich, dass die Flotte zu einem wichtigen militärischen Instrument wurde. Auch für diese hatten die Spartaner – angeblich auf Druck der Bundesgenossen – trotz der Überzahl der athenischen Schiffe die Führerschaft erhalten und stellten die entsprechenden Kommandanten. Der Spartaner Eurybiades übernahm im Jahre 480 in der Funktion des Nauarchen das Kommando über die ganze hellenische Flotte, die sich zunächst mit 271 Schiffen beim Kap Artemision an der Nordspitze Euboias aufstellte (Hdt. 8,2. 42).

Eine entscheidende Rolle kann nach einhelligem Zeugnis der Überlieferung aber auch dem athenischen Strategen Themistokles zu, wobei sein konkretes Verhalten freilich unterschiedlich dargestellt wird. Als beim Kap Artemision die Euboier gemäß Herodot (8,4 f.) vergeblich versucht hatten, Eurybiades zum Verbleiben der Flotte aufzufordern, wandten sie sich erfolgreich an Themistokles; dieser soll daraufhin Eurybiades und der ebenfalls zum Rückzug an den Isthmos bereiten korinthischen Führer Adeimantos angeblich durch Bestechung zum Verbleib bewogen haben. Diodor (11,12,5) nimmt demgegenüber wohl sachlicher an, dass sich Themistokles in einer Beratung der Flottenführer durchgesetzt habe. Die Seeschlacht mit den Persern verlief indes unentschieden, und auf die Kunde von der Niederlage des Landheeres bei den benachbarten Thermopylen hin zog sich die griechische Flotte auf die Insel Salamis vor Athen zurück (8,21).

Auch bei Salamis soll sich Eurybiades laut Herodot (8,49. 56) nach einem anfänglichen Beschluss der Flottenführer zum Rückzug an den Isthmos – auf einer dreimal erwähnten weiteren Beratung – von Themistokles umstimmen lassen haben. Bei zwei Erwähnungen (8,58 ff. 78 ff.) erfolgte im Anschluss an die Versammlung die Rüstung zum Kampf, während im dritten Fall (8,74 f.) der von den Peloponnesiern überstimmte

Themistokles einen Boten zu den bei Phaleron ankernden Persern schickte, um diese zur Kampfaufnahme zu bewegen. Gemäß Diodor (11,16,1 ff.) soll Eurybiades nach einem Kriegsbeschluss der Führer Schwierigkeiten mit den Besatzungen bekundet haben, so dass Themistokles den die Schlacht auslösenden Kontakt mit Xerxes aufgenommen habe. Im engen Sund vor Salamis verlor die persische Flotte in der Folge ca. einen Drittel ihrer 600–700 Schiffe (Diod. 11,19,3).

Im Anschluss an das Kampfgeschehen setzten die Griechen zunächst der sich zurückziehenden Perserflotte nach. Gemäß Herodot (8,108) soll sich Eurybiades auf Andros im Rat der Griechen jedoch gegen Themistokles durchgesetzt haben, so dass die Verfolgung der außer Sicht geratenen Flotte und damit auch die Zerstörung der Hellespontbrücken aufgegeben wurden, um den Rückzug der Perser zu ermöglichen und die Situation in Griechenland zu bereinigen. In der bei Plutarch (Arist. 9; Them. 16) eingegangenen Überlieferung wurde diese Debatte schon auf Salamis abgehalten und Eurybiades in der Rolle des Themistokles-Kontrahenten durch Aristeides ersetzt, was jedoch den Verdacht auf spätere Gestaltung erweckt.

Es ist müßig abzuschätzen, wieviel seemännische Erfahrung Eurybiades für das – jetzt ebenfalls erstmals fassbare – Amt des Nauarchen mitbrachte und wie sich das Zusammenspiel mit Themistokles im Einzelnen gestaltete. Die Bestechung ist bei Herodot wiederum als Topos königlicher Verfehlung in Sparta zu sehen und verdient daher nur wenig Vertrauen. Trotz des schlechten Lichtes, das dadurch auf Eurybiades geworfen wird, ging dieser auch bei Herodot letztlich als positives Beispiel eines führenden Bürgers in die Geschichte ein und erhielt in seiner Heimat den Preis der Tapferkeit zugesprochen, während Themistokles für seine Klugheit und Gewandtheit ausgezeichnet wurde (Hdt. 8,124). Eurybiades' Zustimmung zu der Taktik des Themistokles dürfte daher im Sinne der politischen Behörden Spartas gewesen sein. Entscheidend ist schließlich, dass Eurybiades seine militärische Führungsposition nicht für eigene Interessen ausnützte und sich in die spartanische Politik integrierte.

Im Zuge des persischen Aufmarsches waren mit dem Amt des Polemarchen und Nauarchen wichtige Posten etabliert worden, welche die Heerführung erweiterten und in die Hände von nichtköniglichen Vertretern bringen konnten. Obwohl entsprechende oder zumindest ähnlich ausgestattete Befehlshaber schon bei den Auseinandersetzungen des späteren 6. Jahrhunderts operiert hatten, erlangten sie erst jetzt eine entscheidendere und von Sparta bzw. durch den Hellenenbund breiter abgestützte Stellung, die mit den traditionellen Kräften in Konkurrenz treten musste. Jetzt handelte es sich nicht mehr um Unternehmen, die im vorwiegenden Interesse einzelner führender Familien zum Erhalt auswärtiger Freundschaften geführt wurden, sondern um gemeinsame Verteidigungsaufgaben mit existentiellem Hintergrund.

Der Hellenenbund bewirkte zudem, dass die Wahl der neu operierenden Amtsträger zunächst wohl außerhalb des spartanischen Kalenderjahres erfolgen musste und das herkömmliche Beamtenwesen eine deutliche Erweiterung erfuhr. Die neue Dimension der kriegerischen Aufgabe dürfte viel dazu beigetragen haben, dass sich die neuen Machtträger vorerst loyal verhielten. Dies sollte sich erst nach den großen Siegen des Regenten Pausanias ändern.

Leonidas

Nach der Rückkehr des Euainetos aus Thessalien wurde in Sparta ein Aufgebot für die Abwehr der Perser an den Thermopylen erlassen. Als Feldherr wurde Leonidas erkoren, der den Oberbefehl über das griechische Heer übernahm (Hdt. 7,202 ff.). Nach dem Zeugnis Herodots (7,205) soll Leonidas das übliche Kontingent der 300 (Hippeis) als Begleitgarde aufgestellt haben, wobei er darauf gesehen habe, dass die Auserwählten männliche Nachkommenschaft besaßen. Folgt man dem Zeugnis Diodors (11,4,2 f.), so traten die Ephoren bei der weiteren Rekrutierung erstmals in der Funktion einer koordinierenden Mobilmachungsbehörde in Erscheinung, indem sie Leonidas die Größe des mitzunehmenden Soldatenkontingentes vorzuschreiben versuchten, da sie die von ihm (als Vorhut) aufgebotenen 1000 Lakedaimonier für zu wenig hielten. Das volle Aufgebot sollte grundsätzlich erst nach der Beendigung des Karneefestes erfolgen (Hdt. 7,206).

Gleichzeitig könnte man die Ephoren aufgrund von Plutarch (mor. 225e) auch erstmals als Koordinationsstelle während der Kriegsführung in Erwägung ziehen: Als Leonidas Junggesellen zu ihrer Rettung aus dem Felde als Boten nach Sparta sandte, sollten sich diese an die Ephoren werden. Schließlich ist noch für eine andere legendenhafte Episode aus dem Kampf um die Thermopylen die Beteiligung der Ephoren zu vermuten: Ein Mann edler Abkunft, den Leonidas zu den Behörden (*téle*) senden wollte, soll diesen Auftrag aus Edelmut abgelehnt haben (Plut. mor. 866c).

Diese Schilderungen sind alle durch die spätere heroische Verklärung des von Leonidas angeführten Feldzuges geprägt und daher im Detail kaum aufschlussreich. Dennoch ist unabhängig von den Einzelheiten zu vermuten, dass die Ephoren angesichts des jetzt erstmals in größerem Rahmen außerhalb der Peloponnes erfolgten Aufgebotes zu Wasser und zu Land koordinierende Aufgaben übernahmen sowie die Funktion einer Mobilmachungsbehörde ausübten, wie dies dann vor der Schlacht von Plataiai (Hdt. 9,10) und auch später zu fassen ist.

Der Begriff der Tele, für den die Thermopylen-Schlacht – freilich erst bei Plutarch – den frühesten zeitlichen Kontext darstellt, muss sich jedoch nicht ausschließlich auf die Ephoren erstrecken, sondern kann insbesondere auch die Geronten eingeschlossen haben. Da der eine König im Felde stand, erhielten sowohl die Ephoren als auch die Geronten, die die Stimmen des Königs zusätzlich übernahmen (Hdt. 6,57), größeres Gewicht. An der Thermopylen-Episode lässt sich daher weder eine traditionsbewusste Auflehnung des Leonidas gegen eine andersartige taktische Entscheidung der Regierung noch der endgültige Sieg des Ephorats innerhalb der spartanischen Politik aufzeigen. Die Rolle der Ephoren war nicht das Ergebnis eines inneren Machtkampfes zwischen verschiedenen Institutionen, sondern entwickelte sich aus den Gegebenheiten der außenpolitischen Situation, wie auch bei Pausanias deutlich werden wird.

Die Gründe für das konsequente Ausharren des Leonidas mit seinen 300 Spartiaten, 700 Thespiern und 400 Thebanern bleiben weiterhin umstritten. Das Vorhaben, die Abwehr der Perser bei den Thermopylen und beim Kap Artemision zu Wasser und zu Land zu koordinieren, war durch den nach zweitägigem Gefecht erfolgten Umgehungsmarsch der persischen Elitetruppe über das Kallidromon-Gebirge (Anopaia-Pfad) gescheitert. Die phokische Mannschaft hatte sich von ihrem Wachposten entfernt (Hdt. 7,217 f.), und Nachschub für das höchstens 8000 Mann umfassende griechische Bundesheer war ausgeblieben. Leonidas blieb möglicherweise nur noch, mit dem lakedaimonischen und boiotischen Kontingent den geordneten Rückzug der übrigen Truppen zu decken (7,220). Nach seinem Tod im Kampf wurde die verbliebene Mannschaft vollständig

V. Die Perserkriege

Abb. 7: Sog. Leonidas, gefunden in der Nähe des Athena Chalkioikos-Heiligtums (um 490/80), Museum Sparta Inv. 3365

eingekesselt und niedergemacht. Dies muss jedoch weder einer freiwilligen noch einer indoktrinierten Selbstaufopferung entsprechen, wie dies später immer wieder aus dem am Grab der Gefallenen angebrachten Epigramm (7,228) erschlossen wurde.

Nach der Thermopylen-Schlacht konnte der persische Tross – möglicherweise über den Dema-Pass, den die Griechen von den Thermopylen aus mitüberwacht hatten – nach Athen vorrücken (Szemler–Cherf–Kraft 1996). Leonidas' Bruder Kleombrotos wurde als Vormund von dessen unmündigem Sohn Pleistarchos Befehlshaber am Isthmos, wo Verschanzungen angelegt wurden. Wie aus Herodot (8,71; 9,10) hervorgeht, handelte es sich um ein Unternehmen, das im Interesse aller Peloponnesier lag. Die Befestigung war dementsprechend nach Diodor (11,16,3) durch einen Beschluss des Synhedrions (Bundesversammlung) angeordnet und ging damit über die Entscheidung der spartanischen Führungszentrale hinaus.

Pausanias und Leotychidas

Im nächsten Jahr (479) wollte der Makedone Alexandros in Athen einen Vergleich mit den Persern erwirken, was Boten aus Sparta jedoch verhinderten (Hdt. 8,141). Nach der erneuten Besetzung Athens trafen athenische Gesandte mit einem Hilfegesuch bei den

Ephoren ein, die durch eine lange Verschiebungstaktik den Entscheid bis zur Fertigstellung der Mauer am Isthmos hinauszögerten. Schließlich weihten sie den tegeatischen Führer Chileos als Verbündeten in den Sachverhalt ein. Auf dessen Anraten übertrugen sie dann aus Furcht vor einem Bündnis der Athener mit den Persern noch in der Nacht den Oberbefehl für den Kriegszug an den Regenten Pausanias, der seinem zwischenzeitlich verstorbenen Vater Kleombrotos in der Vormundschaft für Pleistarchos nachgefolgt war, und legten die Größe des Heeres fest. Euryanax, der Sohn des Dorieus, wurde von Pausanias als stellvertretender Begleiter ausgewählt (9,6 ff.).

Die Geschichte mit Chileos passt wiederum in das Bild der untätigen Spartaner, die zum Krieg gedrängt werden müssen, so dass sie als tendenziös zu werten ist. Möglicherweise wurde durch den Beizug von Chileos symbolisch die Kontaktnahme mit den peloponnesischen Bündnispartnern dokumentiert, um aus der Sicht der Hegemonialmacht dem Vorwurf des eigenmächtigen Handelns entgegenzuwirken. Die Ephoren bildeten in dieser Angelegenheit jedenfalls die entscheidende Koordinationsstelle und haben zuletzt offenbar ohne offiziellen Beschluss der Volksversammlung Anordnungen getroffen. Dennoch dürften die Truppenaussendung und Kommandoübertragung an Pausanias kaum gegen den Willen der Mehrheit in der Volksversammlung erfolgt sein. Vielmehr verhinderte sie Willkür des Königs, wie sie angeblich bei Leonidas noch vorgekommen war.

Aufgrund der spartanischen Prostasie im Hellenenbund kam dem neuen Regenten Pausanias auch die oberste Führung der griechischen Verbündeten zu (Diod. 11,29,4). Aus der Wahl des Pausanias folgt, dass nicht der König selbst, sondern ein Vertreter des offiziellen Thronfolgers in einer amtsähnlichen Stellung das Oberkommando führte. Dieser Umstand und die große Tragweite des Unternehmens, bei dem die unterschiedlichsten griechischen Verbände kommandiert werden mussten, führte zu zwei Neuerungen: Zum einen sah sich Pausanias offenbar genötigt, mit Euryanax einen offiziellen Stellvertreter an seiner Seite zu führen, der eine gewisse Kontrollfunktion ausübte; zum anderen wurde Pausanias zum ersten Mal eine Delegation der Ephoren zur Überwachung im Felde mitgegeben.

In der Schlacht von Plataiai bewies Pausanias sein militärisches Geschick. Am Flusse Asopos, wo sich das persische und das griechische Heer gegenüberlagen, ordnete er einen taktischen Rückzug in die dahinterliegenden Hügelzüge an, den er insbesondere mit dem athenischen Feldherrn Aristeides abgesprochen hatte. Herodot (9,53 ff.) erwähnt dabei die Anekdote des Leiters des Pitanatischen Trupps (Lochage), Amompharetos, der diesen Rückzug anfänglich nicht mitmachen wollte, da es dem indoktrinierten Standhalten der Spartaner in der Schlachtreihe nicht entsprochen hätte. Amompharetos' Verdienst lag aber wohl nicht in seinem Gesetzesgehorsam, sondern war eher darin begründet, dass er den Rückzug mit seiner Mannschaft offiziell deckte. Über die nachdrängenden Perser erreichten sowohl die Athener wie auch die Spartaner je einen entscheidenden taktischen Sieg, so dass die Griechen noch an demselben Abend das Lager der Perser stürmen und damit die Gegner schlagen konnten.

Der Oberbefehl über die griechische Flotte war im Jahre 479 an König Leotychidas gegangen. 110 Schiffe fuhren im Sommer von Aigina aus in die Ägäis, um die Ionier zum Aufstand zu bewegen; die bei Samos stehende Flotte der Perser zog sich in den Schutz des Südufers der Mykale-Halbinsel zurück. Etwa zur gleichen Zeit wie die Schlacht von Plataiai gingen die Griechen bei Mykale an Land und verbrannten das Lager und die Schiffe der Perser. Nach dem Sieg bei Mykale zogen sich die Griechen nach Samos zur Beratung zurück (Hdt. 9,106). Der Vorschlag, die Ionier aufs Mutterland umzusiedeln, scheiterte am Widerstand Athens. Gleichzeitig erfolgte die Aufnahme der Samier, Chier und Lesbier in den Hellenenbund. Die von Leotychidas und seinem Führungsstab vertretenen Spartaner zeigten sich demgegenüber in unterlegener Position und traten den Rückzug an. Leotychidas scheint seine Aufgabe als erfüllt betrachtet zu haben und kehrte mit den Peloponnesiern von Abydos nach Hause zurück, nachdem er sich vergewissert hatte, dass die Hellespontbrücken abgebrochen waren (9,114). Damit wurde das östliche Operationsgebiet für den ambitionierten Pausanias frei, der im nächsten Jahr (478) den Oberbefehl über die hellenische Flotte übernahm. Dieser sollte sich in der Folge freilich über die Auffassung einer befristeten Amtstätigkeit hinwegsetzen.

Der Regent Pausanias verbuchte im Jahre 478 als Nauarch bei den strategisch wichtigen Außenposten Zypern und Byzanz weitere militärische Erfolge gegen die Perser (Thuk. 1,94). Von seiner Stellung in Byzanz aus unterbreitete Pausanias den Persern angeblich das Angebot, Hellas zu unterwerfen. Xerxes habe ihm jedoch keine konkrete Unterstützung versprochen, sondern nur eine allgemein gehaltene Zusage gemacht (1,128). Darüber hinaus fiel der Regent aufgrund seines eigenmächtigen Vorgehens und angeblich orientalischen Gebarens mit medischer Tracht und Leibwache bei den Griechen in Ungnade (1,130). Pausanias hatte sich wohl bereits zuvor auf der Schlangensäule des nach Delphi geweihten Dreifußes als Führer der Hellenen (*Hellénon archegós*) und Sieger über die Perser verehren lassen. Dies wurde jedoch nicht lange geduldet bzw. von den Plataiern im Amphiktyonenrat eingeklagt, so dass (jetzt oder anlässlich von Pausanias' zweiter Abberufung) die Inschrift durch die Namen der beteiligten Poleis ersetzt werden musste (1,132). Es kam zu einer Revolte der am Flottenunternehmen beteiligten Bündner, die mit Aristeides, dem Führer des athenischen Kontingentes, verhandelten. Ihr Anschluss an die Athener führte zur Gründung des Delisch-Attischen Seebundes. Daraufhin wurde Pausanias wohl durch die Ephoren zur gerichtlichen Untersuchung nach Sparta abberufen. Dabei wurde er wegen einzelner persönlicher Vergehen für schuldig befunden, in der Hauptanklage (Verbindungen mit den Persern) jedoch freigesprochen (1,95. 128. 131).

Falls Pausanias wirklich verräterische Verhandlungen mit den Persern führte, gehören diese wahrscheinlich erst in die Zeit von Pausanias' zweitem Aufenthalt am Hellespont, den er bald darauf antrat. Sparta konnte von Pausanias durchaus noch profitieren. Über ihn war es möglich, Spartas Position gegenüber Athen zu verteidigen. Der Freispruch Pausanias' erfolgte daher nicht gegen die Interessen Spartas. Die militärischen Verdienste des Feldherrn wurden nicht in Frage gestellt, sondern nur einzelne Aspekte seines unkonformen, den Polisrahmen sprengenden Verhaltens. Wichtig ist auch, dass sowohl für die Abberufung als auch für die Gerichtsverhandlung wiederum mit dem Wirken der Ephoren zu rechnen ist. Diese gelangten durch die in der Ferne ablaufenden militärischen Operationen bzw. die Verfehlungen der Machthaber zu zentraler Bedeutung.

Das Engagement in Ionien wurde nach der Abberufung des Pausanias nicht gänzlich abgebrochen, sondern es erfolgte nochmals ein offizielles Aufgebot. Dem Nachfolger Dorkis, der offenbar auch die Stellung eines Nauarchen einnahm, wurden aber weitere Kommandanten beigegeben. Ein wesentlicher Grund für diese Begleitung dürfte darin gelegen haben, die Errichtung einer persönlichen Machtposition zu verhindern. Das Unternehmen blieb allerdings aufgrund militärischer Schwäche ohne Erfolg und bedeutete den Verlust der Führung im Hellenenbund bzw. dessen Zerfall und das vorläufige Ende des spartanischen Engagements im Osten (Thuk. 1,95).

In der gleichen Zeit oder kurz danach erfolgte der Thessalien-Feldzug des Königs Leotychidas. Der Zug sollte nicht nur den Übertritt der Thessaler zu den Persern, sondern auch deren athenische Gesinnung bestrafen. Er verdeutlicht damit nochmals die Konkurrenzsituation zwischen Sparta und Athen um die Führerschaft in Griechenland. Der Feldzug kann jedoch auch im Zusammenhang mit Spartas Bemühungen gesehen werden, in der delphischen Amphiktyonie größeren Einfluss zu gewinnen, denn die Thessaler hatten darin eine Vorrangstellung. Da Leotychidas die Expedition wegen Bestechung vorzeitig abbrach, wurde er vor das Dikasterion (Gericht) gestellt und verurteilt, worauf seine Häuser eingerissen wurden und er selber bis zu seinem Tode (ca. 469) nach Tegea in die Verbannung ging (Hdt. 6,72).

Aus Herodot geht hervor, dass im Falle des Leotychidas die Bestechung offensichtlich war, da Geld bei ihm im Lager entdeckt wurde. Es ging also darum, ein gravierendes Fehlverhalten im königlichen Oberkommando zu bestrafen. Erstmals wurde ein Fall von persönlicher Bereicherung, der zudem das Ansehen der Polis schädigte, manifest und führte zu entsprechenden Sanktionen. Bei dem von Herodot erwähnten Gericht (Dikasterion) dürfte es sich wiederum um den aus den Ephoren und Geronten bestehenden Ausschuss gehandelt haben.

Im Ganzen zeigt sich, dass die Ephoren in den Perserkriegen eine zentrale, koordinierende politische Rolle einnahmen. Ihr Einfluss dehnte sich auch auf die militärischen Unternehmungen selbst aus, so dass sie ihre Stellung weiter institutionalisieren konnten. Bei den Entscheiden waren aber auch die Gerusia (inklusive der königlichen Vertreter) und die Volksversammlung beteiligt, so dass sich die kollektive Beschlussfassung weiter einspielte. Zudem schwächte die ephorische Kontrolle das militärische Kommando bzw. die königliche Stellung nicht grundsätzlich, auch wenn sich die Befehlshaber (dem Mythos entsprechend insbesondere Leonidas) vorerst nach den über die Ephoren vermittelten Entscheiden richteten und durch die Stellung des Polemarchen und Nauarchen auch nichtkönigliche Vertreter zu einer einflussreichen, prestigeträchtigen Position gelangen konnten. Pausanias, der erstmals das Konzept eines panhellenischen Führers propagiert hatte, ließ seine politische Karriere nach der Abberufung jedenfalls nicht abbrechen, sondern kehrte »auf eigene Faust« nach Byzanz zurück (Thuk. 1,128) und sollte in der Folge eine verschärfte Auseinandersetzung bewirken.

Als Grund für den Rückzug der Spartaner aus der Führung des Hellenenbundes macht Thukydides (1,95, vgl. 1,77) die Sorge geltend, dass die Fremde ihre Leute verdürbe und zu dieser Zeit ein Einvernehmen mit Athen bestanden hätte, dessen Vormacht zur Sicherung Ioniens als genügend erachtet worden sei. Er geht dabei aber von dem zur Zeit des Peloponnesischen Krieges verbreiteten rigorosen Spartabild aus und vernachlässigt den – schon seit der Gründung des Hellenenbundes bestehenden – Kampf um die Vorherrschaft im griechischen Raum. Moralische Verderbnis war nicht der primäre Grund für die Abberufung des Pausanias, da dieser immer noch ein Gegengewicht zur athenischen Präsenz am Hellespont verkörperte. Problematischer war auf die Länge vielmehr die Kontrolle von Pausanias' Verhalten. Diese von den Ephoren übernommene Aufgabe war auf Dauer aus der Ferne kaum zu bewerkstelligen. Ausschlaggebend für die Abberufung dürfte schließlich auch die Tatsache gewesen sein, dass die Beschützung des ionischen Raumes insgesamt eines neuen, langfristigen Bündnis- und Herrschaftskonzeptes mit geregelter Abgabe- und Finanzpolitik bedurfte, für das die auf die Peloponnes gerichtete Landmacht Sparta wenig vorbereitet war. Daraus ergab sich für Athen die Gelegenheit, mit der Gründung des Delisch-Attischen Seebundes in die machtpolitische Lücke zu springen und Sparta als Großmacht zu überflügeln.

Nachdem die Spartaner ihre Position auf der Peloponnes gegenüber den Arkadern gesichert hatten, war der Moment gekommen, gegen den selbstherrlichen Regenten Pausanias vorzugehen. Dieser war wohl im Winter 478/77 an den Hellespont zurückgekehrt und hatte eine Neugründung des von den Persern zerstörten Byzanz veranlasst. Wohl Ende der 70er Jahre war er durch Kimon aus Byzanz vertrieben worden, worauf er sich in Kolonai (Troas) niederließ und neuerdings mit den Persern verhandelte. Spätestens im Jahre 469/68 erhielt Pausanias von den Ephoren – unter Androhung einer Kriegserklärung – den Befehl zur Rückkehr aus Kleinasien.

Bei seiner Rückkehr wurde Pausanias von den Ephoren ins Gefängnis geführt. Der Regent erreichte jedoch, dass er den Kerker verlassen konnte und stellte sich dem Gericht. Während der offensichtlich von den Ephoren geleiteten Verhandlung durfte ihn angeblich jedermann befragen. Bei den Untersuchungen wurde der Vorwurf erhoben, dass Pausanias den Heloten die Befreiung und das Bürgerrecht angeboten habe, falls diese sich an einem Umsturz beteiligten. Seine Feinde und die ganze Stadt sollen jedoch zunächst ohne Beweise gewesen sein, bis ein von Pausanias zu Artabazos gesandter Bote bei den Ephoren Belastungsmaterial ablieferte. Als anhand von abgefangenen Briefen endlich der Beweis über Pausanias' Verbindung zu den Persern erbracht werden konnte, wollten die Ephoren nach einer Belauschung des Regenten erneut zur Verhaftung schreiten. Pausanias entzog sich dieser jedoch durch Flucht in das Heiligtum der Athena Chalkioikos. Die Verfolger hoben das Dach ab, mauerten Pausanias ein und ließen ihn zu Tode hungern (Thuk. 1,131 ff.; Diod. 11,44,3 ff.; Corn. Nep. Paus. 3 ff.).

Aus diesen Ereignissen ergibt sich ein Hinweis, dass die Verhandlung zumindest phasenweise in der Öffentlichkeit geführt wurde. Da Beweise noch fehlten, dürfte es sich hier aber erst um das Beweisaufnahmeverfahren gehandelt haben. Ein Volksgericht ist hingegen auszuschließen, so dass wie üblich mit dem Dikasterion als Urteilsinstanz gerechnet werden muss, in dem die Ephoren gemeinsam mit den Geronten vertreten waren.

Die Abberufung des Regenten ist der einzige bekannte Fall in der Geschichte Spartas, in dem ein königlicher Vertreter mit einer Kriegserklärung bedroht wurde. Gleichzeitig sehen wir zum ersten Mal, dass die Ephoren zu einer Verhaftung schritten. Die Ephoren scheinen in diesem Zusammenhang zudem erstmals gewalttätig geworden zu sein – freilich unter scheinbarer Wahrung des Asyls. Die eigenmächtige Abwesenheit und Politik des Regenten, dessen Gebaren den Polisrahmen überschritt und den Verdacht auf Alleinherrschaft bzw. Tyrannis erweckte (Hdt. 5,32; Thuk. 1,128), riefen ein neues Maß an Gegenreaktion hervor. Pausanias' Verweilen im Osten hatte in Sparta auf längere Sicht geradezu die Kontinuität des Doppelkönigtums in Frage gestellt. Eine klare Lösung war erforderlich. Die Ephoren scheinen dabei durchaus im Sinne der Mehrheit der Bürger gehandelt zu haben. Die Verfolgung des Pausanias sollte insgesamt ein neues Exempel für eigenmächtige Kommandanten statuieren. Die von den Ephoren vorgenommenen Eingriffe brachten es gleichzeitig mit sich, dass die Stellung des Ephorats weiter gestärkt wurde.

Freilich kann in der Abberufung des Pausanias auch eine Konzession an Athen gesehen werden, um die Lage in der Peloponnes nicht neu zu gefährden. Der Athener Themistokles war unterdessen aus Athen verbannt worden und betrieb auf der Peloponnes eigenmächtige Agitation. Pausanias soll von Sparta aus mit Themistokles Kontakt aufgenommen haben, um ihn in die Verhandlungen mit dem Perserkönig einzubeziehen; in dem Nachlass des Pausanias wurden diesbezügliche Beweisdokumente gefunden. Daraufhin erhoben die Spartaner in Athen gegen Themistokles Klage wegen Verrats der griechischen Sache an die Perser, so dass dieser offiziell verurteilt wurde (Thuk. 1,135; Diod. 11,54 f.; Plut. Them. 23). Die vorausgegangene Beseitigung des Pausanias, der einst für die Griechen so erfolgreich gewesen war, stieß im übrigen Griechenland jedoch auf wenig Verständnis und wurde als Skandal aufgefasst. Im Vorfeld des Peloponnesischen Krieges erhoben die Athener dementsprechend die Forderung nach Fluchbannung; der Vorfall bildete daher auch einen Vorwand, um gegen Sparta vorzugehen.

Im Falle der Abberufung des Pausanias ging es auch um einen politischen Grundsatzentscheid über das spartanische Engagement im griechischen Raum, der entsprechende Konsequenzen sowohl für die Bündnispolitik als auch die inneren Verhältnisse nach sich zog. Die von Pausanias ins Auge gefasste Helotenbefreiung resultierte möglicherweise nicht nur aus seiner persönlichen Bedrohungssituation, sondern könnte in einem größeren Rahmen von Staatspolitik gestanden haben, die eine markante Erweiterung und Öffnung der Bürgerschaft bedingte. Dafür ließ sich in der spartanischen Politik jedoch keine Mehrheit finden. Helotenbefreiung wurde vielmehr als Angriff auf die Grundfeste des spartanischen Staates aufgefasst und damit als Hochverrat geahndet. In diesem Fall bildete sie sogar den Anlass für Gewaltmaßnahmen. Die Vertreter der Polis hatten sich gegenüber dem Einzelakteur durchgesetzt und damit einen Beitrag zur Stärkung der spartanischen Institutionen und ihrem Zusammenspiel geleistet.

VI. Die Pentekontaetie

In den 50 Jahren zwischen den Perserkriegen und dem Peloponnesischen Krieg (sog. Pentekontaetie) übernahm Athen durch die Gründung des Delisch-Attischen Seebundes (477) die Hegemonie im ägäischen Raum, aus dem sich Sparta vorübergehend zurückzog. Sparta war in den 460er Jahren v. a. mit den Problemen eines verheerenden Erdbebens konfrontiert, die sich mit einem Aufstand der Messenier verbanden. Trotzdem wurde kurz darauf im sog. ersten Peloponnesischen Krieg (460/57–446) das Kräftemessen mit Athen wieder aufgenommen und versucht, die eigene Position durch die Neuordnung des Heeresverbandes zu stärken.

In der Zeit der Pentekontaetie ist aber auch verfolgbar, wie sich die spartanische Verfassung durch fest eingespielte kollektive Entscheidungsmechanismen der politischen Behörden (*téle*), bestehend aus den Ephoren, Geronten und Königen, konsolidierte und die Volksversammlung zum Fassen von Schlussentscheiden beigezogen wurde. Die Politik wurde damit zu einem Zeitpunkt kollegial abgestützt und verstärkt mit Interorgankontrollen versehen, als einzelne Spartiaten bzw. die Könige gesteigerte Machtpositionen erhalten hatten und von den Regierungsgremien gemeinschaftlich zurückgebunden werden mussten. Das Königtum büßte durch eigensinniges Verhalten seiner Exponenten, verbunden mit der längeren Abwesenheit des Pausanias und dem durch die Verbannung des Leotychidas entstandenen Bruch in der Führungsspitze, vorübergehend im Entscheidungsprozess an Gewicht ein und musste durch die restlichen Gremien geradezu ersetzt werden. Die Bürgerschaft wurde dadurch in ein größeres Feld von Entscheiden einbezogen.

Nach Plataiai wurde das Verhältnis zwischen Sparta und Athen durch den Bau einer athenischen Mauer, den Sparta verhindern wollte, belastet. Gesandtschaften gingen hin und her. Der athenische Stratege Themistokles verhandelte mit den Ephoren und verteidigte auf Aufforderung der Behörden vor dem spartanischen Volk den Mauerbau. Zum Bruch mit ihm kam es, als er in Delphi gegen Sparta agierte. Sparta versuchte, in der Amphiktyonie mehr Einfluss zu gewinnen. Themistokles verhinderte aber den spartanischen Vorschlag, alle nicht an den Perserkriegen beteiligten Mitglieder auszuschließen (Thuk. 1,90 f.; Diod. 11,39 f.; Plut. Them. 19 f.).

Im Jahre 475/74 stand in Sparta offenbar ein militärisches Vorgehen gegen Athen zur Diskussion, was aber schließlich abgelehnt wurde. Diodor (11,50) berichtet in doppelter Fassung, wie zuerst in der Gerusia und dann in der Volksversammlung die Frage nach einem Krieg aufgeworfen wurde, wobei es dem Geronten Hetoimaridas schließlich gelang, sowohl die Gerusia als auch den Damos gegen den Krieg umzustimmen. Die inhaltlich problematische Episode deutet darauf hin, dass die Gerusia probouleutische Funktion besaß und in der Vorberatung das Stimmungsbild der Bürgerschaft berücksichtigt wurde. In dieser soll insbesondere bei den aufstrebenden, jugendlichen Vertretern – neben der Vorherrschaft in Griechenland – auch der Aspekt der Bereicherung eine entscheidende Rolle gespielt haben. Ihnen gegenüber behielt aber der aus ›heraklidischem‹ Geschlecht stammende Geront Hetoimaridas die Oberhand, was letztlich auf den ungebrochenen Vorrang der einflussreichen Familien in der Gerusia weist.

Zudem kam es gegen 470 zu neuen Problemen auf der Peloponnes, insbesondere dem Aufstand der Tegeaten, die sich mit den Argivern verbündet hatten. Die Spartaner errangen einen Sieg, und bald darauf fügten sie auch den vereinigten Arkadern (mit Ausnahme der Mantineier) in der Schlacht von Dipaia eine Niederlage zu, so dass die Zugehörigkeit zum Peloponnesischen Bund – insbesondere Tegeas – wieder gesichert war (Hdt. 9,35; Paus. 3,11,7; 8,8,6. 45,2).

Grundlegende Schwierigkeiten ergaben sich in den 460er Jahren im Zusammenhang mit dem zerstörerischen Erdbeben, das von einem Aufstand der Messenier begleitet wurde. Sparta musste die geplante Unterstützung für das im Jahre 465 von Athen abgefallene Thasos aufgeben (Thuk. 1,101), so dass es in seiner außenpolitischen Aktivität und Auseinandersetzung mit Athen vorübergehend eingeschränkt wurde. Anlässlich der Erhebung der messenischen Rebellen, die sich (wohl 463/62) auf Ithome verschanzten, kam es sogar zu einem Hilfegesuch an Athen, bei dem sich Kimon für ein, möglicherweise sogar zwei, von ihm geleitete Hilfskontingente durchsetzen konnte. Schließlich wurden die neben den Bundesgenossen mobilisierten Athener aber angeblich aus Furcht vor einer Verbindung mit den Aufständischen wieder zurückgeschickt, was zum endgültigen Bruch mit Athen führte. Die Stadt kündigte das Bündnis mit Sparta auf und verband sich mit Argos und Thessalien (Thuk. 1,102; Diod. 11,64; Plut. Kim. 16 f.; Paus. 4,24,6 f.).

In diesem Zusammenhang dürfte es zu der von Pausanias (1,15,1; 10,10,4) erwähnten, in der athenischen Stoa Poikile abgebildeten Schlacht bei Oinoë gekommen sein, in der die zur Unterwerfung von Mykene und Tiryns entschlossenen Argiver (Diod. 11,65) mit Unterstützung der Athener den Spartanern eine Niederlage zufügten. Erfolgreicher war etwa zur gleichen Zeit der Spartaner Aneristos, der in einem Handstreich Halieis in der Argolis eroberte (Hdt. 7,137).

Sparta hatte in der Folge des Erdbebens nicht nur einen grundlegenden Bündniswechsel Athens, sondern auch neue Schwierigkeiten auf der Peloponnes in Kauf nehmen müssen, wobei Tegea die Expansionsbemühungen von Argos unterstützt haben soll (Strab. 8,6,19). Megara trat aus dem Peloponnesischen Bund aus, und die Korinther und Epidaurer hatten um das Jahr 458 bei Halieis einen Angriff der Athener abzuwehren. Nach der Seeniederlage bei Kekryphaleia kam es schließlich zu einer Invasion der Peloponnesier in die Megaris, die von den Athenern zurückgeschlagen wurde (Thuk. 1,103 ff.; Diod. 11,78 f.). Sparta zeigte im Anschluss an den Messenischen Aufstand trotz des Bestechungsversuches des Persers Megabazos kein Interesse, gegen Athen vorzugehen (Thuk. 1,109), und hatte offenbar auch den Abfall Megaras nicht auf eigenes Betreiben zu ahnden gesucht.

Eine direkte Konfrontation von Athen und Sparta im Rahmen des sog. ersten Peloponnesischen Krieges ergab sich im Jahre 457, als Sparta den Doriern mit einem großen Heer von Bürgern und Bundesgenossen gegen die Phoker zu Hilfe kam. Das Heer stand unter der Führung des Regenten Nikomedes, der als Vormund des neu zum König bestimmten, unmündigen Pleistoanax amtierte. Auf dem Rückzug wurden die Spartaner von den Athenern überfallen und errangen zusammen mit den Boiotern bei Tanagra einen Sieg. Dieser war aber insofern bedeutungslos, als die Boioter bald darauf geschlagen wurden und unter athenische Kontrolle kamen (Thuk. 1,107 f.; Diod. 11,79,5 f.; Plut. Kim. 17).

Anlässlich des Flottenunternehmens des Tolmides vom Jahre 456/55 wurden der spartanische Hafen Gytheion zerstört sowie die von Ithome verbannten Messenier in dem neuen athenischen Besitz Naupaktos angesiedelt (Thuk. 1,108,5 f.; Diod. 11,84,6 f.; Paus. 1,27,5; 4,24,7; 10,38,10) und im Jahre 453 oder kurz davor kam es zu einem weiteren Flottenunternehmen des Perikles um die Peloponnes (Diod. 11,88,1 f.). In der Zwischenzeit musste Athen in Ägypten aber gegen die Perser eine vernichtende Niederlage hinnehmen (454), so dass im Jahre 451 ein fünfjähriger Friedensschluss mit Sparta vereinbart wurde (Thuk. 1,109 ff.; Diod. 11,86,1). Gleichzeitig wurde zwischen Sparta und Argos ein 30-jähriger Frieden geschlossen. Durch diese Friedensschlüsse, an denen sowohl die Behörden unter der Leitung der Ephoren als auch die Volksversammlung beteiligt waren, wurde das Spektrum der politischen Aktivitäten nochmals erweitert.

Die Interessen Spartas konzentrierten sich zunächst noch auf Mittelgriechenland. Wohl im Jahre 449 unternahmen die Spartaner einen Zug nach Phokis, um Delphi zur Autonomie zu verhelfen (sog. zweiter Heiliger Krieg), was aber kurz darauf von Perikles wieder rückgängig gemacht wurde (Thuk. 1,112; Plut. Per. 21). Dennoch erlitt Athen in dieser Zeit eine neue Schwächung durch die Niederlage gegen die Boioter bei Koroneia, den Abfall Euboias und die Rückkehr Megaras in den Peloponnesischen Bund. Sparta ergriff daraufhin die Gelegenheit zu einem militärischen Schlag.

Im Sommer 446 sandten die Ephoren König Pleistoanax zusammen mit einer Schar von Beratern (Symbouloi) auf einen Feldzug nach Attika. Dabei soll Perikles den Symboulos Kleandridas, der mit Pleistoanax in besonderer Beziehung stand, sowie den König selbst bestochen haben. Darüber hinaus habe er in dieser Zeit jährlich 10 Talente an die Mitglieder der Tele in Sparta gezahlt, um den Krieg hinauszuzögern. Nach Abbruch des Feldzuges wurden sowohl Pleistoanax als auch Kleandridas in Sparta angeklagt. Pleistoanax, der eine hohe Geldstrafe erhielt, musste ins arkadische Lykaion in die Verbannung, da er die Strafsumme nicht aufbringen konnte. Kleandridas, der sich dem Gericht durch Flucht entzog, wurde zum Tode verurteilt (Thuk. 2,21; Diod. 13,106,10; Plut. Per. 22 f.).

Die Nachricht über die Bestechung der Behörden bzw. Ephoren, die für die Organisation des Feldzuges eine wichtige Rolle spielten, ist freilich fragwürdig, da die Ephoren auch bei der Verurteilung der beiden fehlbaren Feldherren beteiligt gewesen sein müssen. Zudem markiert die Rekrutierung von Symbouloi durch die Ephoren geradezu eine neue Etappe in der Überwachung der Heerführer, wobei zumindest Kleandridas als Berater ein gewichtiger strategischer Einfluss zukam. Gemäß Xenophon (Hell. 2,4,36) sollen auf Feldzügen zwei Ephoren als Begleiter üblich gewesen sein, was jedoch nicht als feste Regel gelten darf. Die Ephoren hatten zu Hause zentrale Geschäfte zu führen und waren nur schwer abkömmlich. Dies dürfte auch ein Grund dafür gewesen sein, ein spezielles Beratergremium zu bestimmen.

Ausschlaggebend für die Begleitschar dürfte nicht nur das möglicherweise noch jugendliche Alter des Pleistoanax gewesen sein. Frühere schlechte Erfahrungen mit der Führungsspitze sowie einzelne Schwierigkeiten mit peloponnesischen Bündnispartnern machten neue Kontrollmechanismen nötig. Es lag daher nahe, die Mitgabe einer Begleitschar aus der Bürgerschaft zu institutionalisieren. Die Symbouloi waren gegenüber dem herkömmlichen, gefolgschaftsähnlichen Umkreis von offizieller Seite bestimmt, so dass sie der Institutionalisierung einer Begleitschar aus der Bürgerschaft gleichkamen. Im Peloponnesischen Krieg wurden den Befehlshabern, insbesondere den Nauarchen, dann mehrfach Symbouloi mitgegeben.

Im Anschluss an den Kriegszug kam es zum 30-jährigen Frieden zwischen Athen und dem Peloponnesischen Bund (Thuk. 1,114 f.). In ihm verzichtete Athen auf seine Ansprüche in Mittelgriechenland, und Sparta anerkannte erstmals faktisch den Seebund. Die Gegnerschaft der beiden Städte war dadurch aber nicht beigelegt. Schon im Jahre

440 war Sparta offenbar wieder bereit, bei einem Bündnispartner Athens einzugreifen bzw. die Oligarchen von Samos zu unterstützen, was die Korinther in der dafür einberufenen Bundesversammlung aber verhinderten (1,40 ff.).

In der Zeit der Pentekontaetie kamen – nach dem kurzen Einsatz des Dorkis als Nachfolger in der Nauarchie des Pausanias – wieder ausschließlich die Könige bzw. ihre Vertreter als Anführer der militärischen Unternehmungen zum Zuge; die Bemühungen zielten darauf, größere Konflikte zu vermeiden, um damit den Machtgewinn einzelner Feldherren abzuwenden (Thuk. 1,95. 118). Das Königtum, das seit den Perserkriegen durch mangelnde Kontinuität bzw. Absenzen und Flucht ins Exil Erschütterungen erlitt, war als Institution nach wie vor unumstritten und wurde trotz Verfehlungen und Gefahren der Möglichkeit vorgezogen, Macht an andere Führer zu delegieren. Schwierigkeiten bei der Thronfolge, die Vertretern der eigentlichen Throninhaber zur Führungsposition verhalfen, haben aber auch dazu geführt, dem Königtum amtsähnlichen Charakter zu verleihen und es entsprechend zu reglementieren. Gleichzeitig wurde die Überwachung der Feldzüge zunehmend institutionalisiert, um die Kommandanten an die Polis zu binden. Die Verfassung hatte jetzt insgesamt jene Formen angenommen, für die Sparta forthin bewundert wurde.

Während der Pentekontaetie zeichnete sich aber auch ab, dass die spartanische Verfassung für ambitionierte Herren nur beschränkte Wirkungsfelder zuließ, so dass hohe politische Ansprüche in Sparta kaum zu verwirklichen waren. Wie seinerzeit für Dorieus, zeigt sich auch bei dem Symboulos Kleandridas, der nach Polyaen (2,10,3) in den 470er Jahren schon gegen Tegea gekämpft hatte, dass das Bemühen um eine politische Karriere zur Betätigung im Ausland führte. Im Anschluss an den Kriegszug nach Attika operierte er in Thurioi als Feldherr, wo er möglicherweise zuvor schon als Oikist in Erscheinung getreten war. Damit entsprach er dem traditionellen Verhalten eines Vertreters aus der Führungsschicht. Erst im Peloponnesischen Krieg sollten mit der Harmostie wieder gewichtige Führungspositionen entstehen, die für den spartanischen Staat neue Gefahren der Machtverlagerung mit sich brachten und die Wirksamkeit der Kontrollmechanismen erneut in Frage stellten.

VII. Verfassung

Das politische System

Die spartanische Verfassung wurde schon bei den ersten Verfassungsdiskussionen, die in Griechenland im 5. Jahrhundert aufkamen, für ihre Stabilität bewundert. Bereits der daran anschließenden Staatstheorie bereitete es aber Schwierigkeiten, die spartanische Ordnung zu charakterisieren. Platon sprach von einer Art Timokratie, die er zwischen der Aristokratie und der Oligarchie ansiedelte (pol. 543c–548d); andernorts hob er den Aspekt der gemäßigten Königsherrschaft (*basileía sýmmeiktos*) hervor (nom. 692a).

Der Grund für die Dauerhaftigkeit der spartanischen Verfassung wurde allgemein in deren Mischung erkannt. Als im 4. Jahrhundert das Konzept der Mischverfassung aufkam, gab Sparta dafür ein geeignetes Beispiel ab. Platon sah darin Elemente der Monarchie, der Aristokratie und der Demokratie – aber auch der Tyrannis – verbunden (nom. 712d). Aristoteles zog Sparta im Rahmen seiner Überlegungen zum Idealstaat – neben Kreta und Karthago – als eine der drei besten bestehenden Verfassungen bei. Auch er erachtete das spartanische Modell als gemischte Verfassung, das die richtige Mischung zwischen Demokratie und Oligarchie aufweist (pol. 1294b), obwohl einzelne Elemente in sich nicht optimal gestaltet seien (pol. 1265b). Kritisiert werden die Tyrannei der Ephoren, die den Königen angenäherte Position der Nauarchen und die Stellung der Frauen. Sparta sei daher eine zur Demokratie verkommene Aristokratie (pol. 1270b).

Der Redner Demosthenes bezeichnete Sparta zur gleichen Zeit als Oligarchie, in der Gleichheit der Herrschenden bestehe (20,108). Sein Konkurrent Isokrates erkannte in Sparta die schönste Ordnung, da dort am meisten Demokratie und Gleichheit herrsche (Areop. 61). Polybios griff dann nochmals die Sicht von der gemischten Verfassung auf, die auch für die römische Ordnung ein grundlegendes und ideales Kennzeichen darstellte (6,3,7 f.).

Die Schwierigkeiten, das spartanische System zu umschreiben, hängen auch damit zusammen, dass die verfassungspolitischen Diskussionen bis zu einem gewissen Grade an Sparta vorbeigingen. Eine grundsätzliche staatliche Regulierung hatte mit der Großen Rhetra auf der Stufe der Eunomia stattgefunden, in der Rechtssicherheit und eine allgemein ›gute‹ Ordnung im Vordergrund standen. Als sich Athen zur Demokratie entwickelte, wurde in Sparta die damit verbundene Frage nach der Macht im Staate nicht mehr grundsätzlich neu gestellt, so dass auch eine entsprechende begriffliche Auseinandersetzung fehlte und keine neue Machtzuordnung getroffen wurde. Erst kurz nach 400 kamen sowohl das Ephorat als auch das Königtum ins Gerede, als sich der von den Ephoren ins Exil getriebene König Pausanias grundsätzlich gegen das Ephorat wandte (Strab. 8,5,5) und andererseits der Nauarch Lysander als Sieger von Aigospotamoi das Wahlkönigtum forderte (Diod. 14,13,2 ff.; Plut. Lys. 24). Beide Vorstöße sind jedoch im Sand verlaufen.

Auch aus moderner Sicht ist für die spartanische Verfassung keine eindeutige Etikettierung, sondern nur eine differenzierende Umschreibung möglich. Grundsätzlich kann von einem aristokratischen bzw. oligarchischen System gesprochen werden, bei dem aber auch das Wirken Einzelner und der Volksversammlung für den politischen Entscheidungsprozess wesentlich war (eine Art ›direkte Oligarchie‹). In Sparta hatte sich ein Zusammenspiel von Königen, Geronten, Ephoren und Volksversammlung herausgebildet, bei dem die führenden Leute eingebunden waren, aber im Ganzen auch tonangebend wirken konnten. S. Link (2008) hält dies für eine unausgereifte politische Organisation, welche die Entscheidungsfindung erschwere, deren geringer Regulierungsgrad aber auch zur Stabilität beigetragen habe.

Könige

Ursprung und Besetzung

Während im übrigen Griechenland die Herrschaft von einzelnen herausragenden Männern, den sog. *basileís* (»Könige«), im Zuge des Aufstieges breiterer adliger Schichten hinfällig wurde, sicherte Sparta in der Großen Rhetra (Plut. Lyk. 6) die Existenz zweier Führer und spannte sie in das Ratsgremium der Gerusia ein. Diese konnten sich in der Folge nicht mehr als unabhängige Herrscher entwickeln, sondern nahmen – wie Aristoteles (pol. 1285a–b) dies später ausdrückte – ein lebenslängliches, vererbbares Feldherrenamt mit kultischen Befugnissen wahr. Zudem verpflichteten sie monatlich zu leistende Eide auf die Gesetze, während die Ephoren die Königsherrschaft beschworen und so zu deren Absicherung beitrugen (Xen. Lak. pol. 15,7) – eine Regelung, die wohl anlässlich der Bedeutungssteigerung des Ephorats im Verlaufe des 6. Jahrhunderts getroffen wurde.

Der Fortbestand der spartanischen Könige sowie deren Zweizahl bildeten ein Kuriosum in der Geschichte der griechischen Poleis. Erklärungsbedürftig war schon in der Antike insbesondere der Ursprung dieser offenbar ältesten politischen Institution. Bei Herodot (6,52) wird sie auf die Zwillinge Eurysthenes und Prokles zurückgeführt, bei denen man angeblich nicht wusste, wer als der ältere die Herrschaft übernehmen sollte, so dass auf Weisung des Orakels von Delphi beide zum Zuge kamen. Die in der Großen Rhetra zu fassende Bezeichnung der Könige als *archagétai* zeigt, dass sie eine militärische Führungsrolle einnahmen. Dies weist auf die Zeit der Eroberung bzw. Landnahme zurück, wobei unklar ist, ob die beiden Könige zunächst Phylenvorsteher waren oder sich aus lokal ansässigen adligen Gruppierungen, etwa im Zuge eines Synoikismos, herauskristallisiert hatten. Im Felde bildeten die Könige zumindest späterhin mit den Polemarchen und drei bediensteten Spartiaten eine Zeltgemeinschaft, aus der – in veränderter Zusammensetzung – möglicherweise auch die königliche Speisegemeinschaft in einem »öffentlichen Zelt« zu Hause abgeleitet wurde (Xen. Lak. pol. 13,1; 15,4).

Wenig hilfreich bei der Frage nach dem Ursprung und Alter des Doppelkönigtums ist die spartanische Königsliste, die in abweichender Form bei Herodot (7,204; 8,131) und Pausanias (3,2–3. 7–10) überliefert ist. Sie umfasst die Vorfahren der beiden Königshäuser der Agiaden und Eurypontiden, die jeweils einen Thronfolger stellten. Dabei handelt es sich aber nicht um eine von Anfang an geführte Liste, sondern um eine erst später erstellte Genealogie. Diese führte – wie in Griechenland seit dem Ende des 6. Jahrhunderts üblich – auf den Trojanischen Krieg zurück, um die Lücke von der heroischen Vorzeit bis zur Gegenwart zu füllen und die spartanischen Könige gleichzeitig von Herakles abzuleiten. Herodot konnte also nicht auf eine alte, kanonische Vorlage zurückgreifen, sondern benützte ein wohl erst von seinen Zeitgenossen Hellanikos von Lesbos oder Pherekydes von Athen in der ersten Hälfte des 5. Jahrhunderts erstelltes Dokument. In seiner Liste figurierte Eurypon als eponymer Urkönig der Eurypontiden. Verdächtig sind auch die in die Liste aufgenommenen frühen eurypontidischen Könige Eunomos (»Gute Ordnung«) und Prytanis (»Ratsherr«). Sie weisen auf die Phase der Verfassungsgebung, die man Lykurg zuschrieb. Dieser wurde dementsprechend von dem »Dichter« Simonides im 5. Jahrhundert noch den Eurypontiden zugerechnet (frg. 628PMG/355Poltera = Plut. Lyk. 1,8), während ihn Herodot (1,65) bereits als Agiade bezeichnet, so dass schon damals Meinungsverschiedenheiten über seine Zugehörigkeit herrschten.

Die Position der beiden spartanischen Könige war erblich und wurde stets von je einem Vertreter der beiden bedeutendsten Familien, den Agiaden und Eurypontiden, auf Lebenszeit eingenommen. Das Amt wurde im Prinzip jeweils dem während der Königsherrschaft erstgeborenen Sohn weitergegeben (Hdt. 7,3) – falls kein Sohn vorhanden war, dem nächsten männlichen Agnaten, der bei Minderjährigkeit des regulären Thronfolgers auch als dessen Vormund (Prodikos) fungierte (Corn. Nep. Ages. 1). Bei mehreren Söhnen konnte die Nachfolge offenbar auch aufgrund des Charakters festgelegt werden (Xen. Ages. 1,4; Plut. Pyrrh. 26). Im Streitfalle entschied die Volksversammlung über die Vergabe des Thrones (Xen. Hell. 3,3,4; Polyb. 4,35,9), was in der Praxis aber kaum zum Tragen kam.

In der Volksversammlung war es im Prinzip auch möglich, die Könige auf Antrag der Ephoren wieder abzusetzen. Eine Amtsenthebung konnte zudem nach der alle neun Jahre stattfindenden Himmelsbeobachtung der Ephoren eintreten, was jedoch nur in einem Fall, Leonidas II. im Jahre 243/42, konkret belegt ist (Plut. Agis 11). Die Könige waren im Weiteren anklagbar, wobei sie jedoch erst nach dreimaliger Vorladung vor Gericht erscheinen mussten (Plut. Kleom. 10).

Vorrechte und Aufgaben

Das Königtum erhielt bei Herodot (6,56 ff.) als einziges Regierungsgremium Spartas eine eigene Abhandlung über die mit ihm verbundenen, von der Gemeinschaft zugeteilten Vorrechte (*gérea*). Diese beziehen sich neben den Priesterämtern des Zeus Lakedaimonios und Uranios, die auf den überfamiliären Stammvater der Herakliden und die Verbindung der weltlichen Ordnung mit dem Universum verweisen, sowohl auf den Krieg als auch den Frieden sowie auf die zehntägigen Trauerfeierlichkeiten nach dem Tod. Beim Amtsantritt eines neuen Königs erfolgte jeweils ein Erlass von Schulden gegenüber der Gemeinde und dem Königshaus.

Im militärischen Bereich soll den Königen, die mit einer Schutzgarde von 100 Männern ausgestatteten waren, die Kompetenz zugestanden haben, gegen jedes beliebige Land Krieg zu führen; als Strafe für Behinderung in diesem Recht drohte die Ächtung. Auf dem Gebiet der Rechtsprechung kam den Königen die Vergabe von unverlobten Erbtöchtern sowie die Verfügung über die öffentlichen Wege zu; ferner musste die Adoption von Kindern vor ihnen vollzogen werden. Als weiteres Recht stand den Königen die Vergabe bestimmter Proxenien (»Staatsgastfreundschaften«), die Wahl von je zwei Gesandten nach Delphi (Pythier) sowie die Aufbewahrung der Orakel zu. Schließlich werden die Könige (wie schon in der Rhetra) als Angehörige der Gerusia – jetzt allerdings im Falle von Abwesenheit auch mit Vertretungsstimmrecht durch den am nächsten stehenden Geronten – bezeichnet.

Aus dem herodoteischen Bericht wurde insgesamt geschlossen, dass die spartanischen Könige zwar hohe gesellschaftliche Ehren, aber im Grunde geringe politische Möglichkeiten besaßen (Link 2004). Herodots Aufzählung macht in der Tat deutlich, dass die Könige nur noch wenige Teile der zivilen Rechtsprechung innehatten, diese also weitgehend in die Hände der Ephoren gelangt war. Für die verbliebenen Rechte in Sachen Erbtöchter und Adoption ist zu vermuten, dass es dabei um den Erhalt der bürgerlichen Landlose ging und diesbezügliche Erbschafts- und Familienstreitigkeiten verhindert werden sollten. In Bezug auf das Urteil über öffentliche Straßen ist ein militärischer Zusammenhang zu erwägen, doch könnten darüber hinaus auch die Klerosgrenzen eine Rolle gespielt haben. Königliche Eingriffe in diesem Bereich bleiben jedoch fraglich, denn zur Zeit des Aristoteles erfolgte die Vergabe unverlobter Erbtöchter innerhalb der eigenen Familie (pol. 1270a 26–29). Strittig ist zudem, inwieweit den Königen mittels Proxenoi und Pythier Instrumente für die Gestaltung der Außenpolitik zur Verfügung standen.

Aus der Aufstellung Herodots geht hervor, dass das Königtum auch im Verlaufe des 5. Jahrhunderts als fest verankerte, für das Gemeinwesen konstitutive Institution galt und mit einer besonderen Aura umgeben war. Demaratos bestätigt an anderer Stelle (7,209), dass Sparta über das beste Königtum verfüge. Die lange Tradition des Königtums setzt jedoch auch voraus, dass es im Laufe der Zeit politischen Wandlungen unterlag.

Die Könige, die trotz des höheren Ansehens der Agiaden (6,52) die gleichen Befugnisse hatten, nahmen grundsätzlich eine führende militärische Position ein. Die zentrale Funktion der Könige bei Feldzügen wurde auch späterhin festgehalten (Xen. Lak. pol. 13); beim Auszug in den Krieg opferten sie Zeus Agetor und Athena und nahmen im Felde weitere Opfer vor. Die überlieferte Praxis zeigt jedoch, dass Könige nicht selbständig einen Krieg erklären konnten, so dass das von Herodot erwähnte Vorrecht nur die unumschränkte Befehlsgewalt auf dem Feldzug, die auch ein Kapitalstrafrecht beinhaltete, umschrieben haben kann. Spätestens seit dem Kommandogesetz von ca. 506 wurden die Feldherren von der Volksversammlung bestimmt. Dabei wurde auch festgelegt, dass nur einer der beiden Könige in den Krieg ziehen durfte. Die Freiheit im Felde wurde dadurch nicht eingeschränkt. Trotz dieser Verordnung blieb die Möglichkeit einer gemeinsamen königlichen Unternehmung aber auch in klassischer Zeit erhalten. Dem König winkte zudem stets ein besonderer Anteil an der Beute (Hdt. 9,81; Polyb. 2,62).

Eine weitere Neuerung der klassischen Zeit war die Beigabe eines Beirates von Spartiaten für den in den Krieg ziehenden König. Ein solches Gremium aus 10 Symbouloi ist erstmals im Jahre 418 erwähnt (Thuk. 5,63) und umfasste später in den Jahren 396/95 und 381 je 30 Vertreter (Xen. Hell. 3,4,2. 20; 5,3,8 f.). Diese stellten zumindest in den beiden letzten Fällen eher eine nützliche Begleitung als eine Beschränkung für den Anführer dar. Schon vorher, erstmals im Jahre 479 (Hdt. 9,76), sind Ephoren bzw. Vertreter der Tele im Felde zu beobachten, so dass aufgrund der entsprechenden Aussage bei Xenophon (Lak. pol. 13,5; Hell. 2,4,36) für die Zeit nach den Perserkriegen auf eine regelmäßige Begleitung von zwei Ephoren für den König geschlossen wurde. Die Vertreter des Ephorats, der Tele und der Bürgerschaft hatten jedenfalls nur beratende Funktion, durch die die Entscheidungen des Königs nicht behindert werden konnten. Zwar spielte das Moment der Kontrolle eine wichtige Rolle, denn bezeugte Fehlentscheide von Königen konnten später zu Hause eher geahndet werden; aber auch im Felde dürfte wiederum der Gedanke der korporativen Regentschaft der verschiedenen Gremien entscheidend gewesen sein, ohne dabei die Stellung der Könige grundsätzlich herabzumindern. In diesem Sinne diente auch das gemeinsame Speisen der Könige und Polemarchen der Beratung finanzielle Angelegenheiten wurden über die mitgeführten Tamiai (Schatzmeister), gerichtliche Fälle über die Hellanodikai (Griechenrichter) abgewickelt (Xen. Lak. pol. 13,1. 11).

Nach dem Jahre 360 haben wir keine Nachrichten über Symbouloi mehr. Die Könige behielten weiterhin ihre angestammten militärischen Kompetenzen und setzten diese in spätklassischer und hellenistischer Zeit nicht zuletzt auch auf Söldnerzügen für fremde Potentaten ein.

Auch im zivilen bzw. kultischen Bereich genossen die Könige immer noch verschiedene Vorrechte. Sie waren im Kindesalter von der öffentlichen Erziehung ausgenommen. In ihrem Amt waren sie stets für die Durchführung von staatlichen Opfern zuständig und empfingen Ehrenabgaben von Opfergegenständen; beim Gemeinschaftsmahl erhielten sie einen Ehrenplatz und doppelte Portionen, die sie weiterreichen konnten; in Abweichung von dem üblichen Gemeinschaftsmahl der Männer hatten sie aber auch das – offenbar umstrittene – Recht, Speisen zu Hause in Empfang zu nehmen (Hdt. 6,57; Xen. Lak. pol. 15,2. 4). Außer den Ephoren mussten sich alle vor ihnen erheben (15,6). Die Könige verfügten ferner über reiche Ländereien, auch im Periökengebiet (15,3), von denen sie Abgaben bezogen (Ephoros FGrHist 70 F 117), so dass sie auch eine eigene Kasse besaßen (Hdt. 6,59). Die Könige empfingen zudem ein aufwendiges Leichenbegräbnis, nach dem die öffentlichen Geschäfte zehn Tage lang ruhten. Tote Könige wurden schließlich heroisiert (Xen. Lak. pol. 15,9).

Einbindung

Entscheidend für die Charakterisierung des Königtums ist zunächst dessen Einbindung in die anderen staatlichen Gremien. Die Könige nahmen an der Gerusia teil und fungierten dort auch als Richter, insbesondere im Strafverfahren gegen Beamte. Gemäß Herodot (6,57) durften bei Abwesenheit der Könige die sie vertretenden Geronten neben der eigenen Stimme je zwei weitere abgeben. Daraus darf nach Auffassung des Thukydides (1,20) aber nicht geschlossen werden, dass die Könige selber auch zwei Stimmen besaßen. Die Leitung der Gerusia, die ursprünglich bei den Königen gelegen haben muss, ist in klassischer und hellenistischer Zeit für die Könige nicht mehr nachzuweisen und scheint im 6. Jahrhundert allmählich an die Ephoren übergegangen zu sein. Zudem fehlen uns – außer im Zusammenhang mit gerichtlichen Anklagen – auch Fälle, in denen die Könige in der Gerusia Verhandlungen führten, woraus jedoch nicht abgeleitet werden kann, dass das Verhandlungsrecht der Könige allmählich eingeschlafen ist.

In Bezug auf die Volksversammlung ist ebenfalls zu vermuten, dass deren Berufung und Leitung in spätarchaischer Zeit an die Ephoren überging. Die Berufung einer Volksversammlung durch einen König ist erst wieder für das Jahr 227 belegt, als die Ephoren bereits vertrieben waren (Plut. Kleom. 10), so dass uns auch Zeugnisse über einen regulären Vorsitz der Könige in der Volksversammlung fehlen. Die Könige hatten aber zumindest das Recht, in der Volksversammlung zu sprechen, wodurch sie ihren Standpunkt öffentlich propagieren konnten (Thuk. 1,79 ff.; Xen. Hell. 3,4,2; Plut. Agis 10). Selbständige Verhandlungen konnten die Könige mit auswärtigen Gesandten führen, wobei sie aber auch in diesem Bereich in der Regel im Verband mit den anderen politischen Gremien, also im Rahmen der Tele, agierten.

Insgesamt zeigt sich, dass die Könige ihren Einfluss im politischen Bereich auch aufrechterhalten konnten, als die Gerontensitzungen und Volksversammlungen von den Ephoren geleitet wurden. Sie waren nämlich regelmäßig an den Vorberatungen vertreten und durften in den beschließenden Versammlungen das Wort ergreifen. Die Könige konnten trotz Kompetenzverlusten bei persönlichem Einsatz immer wieder höchste Autorität ausüben, wie etwa der Sphodrias-Prozess des Jahres 378 zeigt (Plut. Ages. 24 ff.).

Der Versuch Lysanders, am Ende des Peloponnesischen Krieges das Königtum für alle Bürger zu öffnen bzw. das Wahlkönigtum einzuführen, scheiterte (Diod. 14,13,2 ff.; Plut. Lys. 24). Dennoch blieben die Könige trotz ihrer Kompetenzen und Ehrenstellung eine Art *primi inter pares* und konnten nur bei entsprechender persönlicher Neigung im Verband mit politischen Freunden eigene Politik verfolgen. Hinderlich konnten dabei nicht nur der zweite König, sondern auch die Ephoren und Geronten werden. Ihr Amt als Feldherren barg zudem die Gefahr, nach den Feldzügen zur Rechenschaft und damit aus dem Verkehr gezogen zu werden. Die Könige waren somit auf verschiedene Weisen kontrollierbar, womit auch lange Zeit die Gefahr einer Alleinherrschaft gebannt werden konnte. Trotz ihrer Vorrechte blieben sie grundlegend in die Bürgerschaft und den politischen Apparat eingebunden. Sie kannten keine besonderen Insignien und Palastgebäude, sondern wohnten nach offizieller Darstellung wie die anderen Bürger in einfachen Holzhäusern (Xen. Ages. 8,7; Paus. 3,12,3).

Die Möglichkeiten der spartanischen Könige offenbarten sich erst unter den veränderten Bedingungen der hellenistischen Zeit, als sich Agis und Kleomenes in neuer Weise über die anderen politischen Gremien hinwegsetzten und die Regierung neu gestalteten. Damit wurde das Königtum zum Ausgangspunkt für monarchisch bzw. dynastisch geprägte Politik, wie sie dann im späteren Hellenismus und frühen Prinzipat praktiziert wurde.

Gerusia

Der spartanische Rat der Ältesten geht wohl auf einen alten Königsrat zurück, dessen Konstellation wir aber nicht kennen. Durch die Große Rhetra (Plut. Lyk. 6) wurde die Gerusia im mittleren 7. Jahrhundert zu einem dauerhaften und zentralen Staatsorgan aufgewertet. Spätestens jetzt umfasste die Gerusia neben den beiden Königen 28 Mitglieder, die über 60 Jahre alt sein mussten. Darin kam die Wertschätzung alt gedienter, als weise geltender spartanischer Bürger zum Ausdruck, die ihre Militärzeit erfolgreich hinter sich gebracht hatten und ihre Erfahrung in die Staatsleitung einbringen sollten (David 1991).

Die Geronten wurden von der Volksversammlung durch Akklamation auf Lebenszeit gewählt. Dabei kam ein Verfahren zur Anwendung, das den Kandidaten mit den lautesten Zurufen erkürte, was Aristoteles als kindisch bezeichnete (Arist. pol. 1270b. 1294b; Plut. Lyk. 26). Entscheidend war jedoch, dass die Wahl einen gruppendynamischen Charakter hatte, bei dem die Artikulationen der einzelnen Bürger kontrolliert bzw. durch einflussreiche Leute manipuliert werden konnten.

Gemäß Aristoteles waren die »Schönen und Guten« (*kaloí kagathoí*) existentiell mit der Gerusia verbunden, wonach diese einen dem Volk nicht zugänglichen Adelsrat bildete. Obwohl außer dem Alter keine offiziellen Zugangsbeschränkungen vorhanden waren, blieb die Gerusia jedenfalls ein exklusives Gremium und war somit nie für alle Spartiaten erreichbar. Im Ältestenrat konnten die einflussreichen Familien ihre hergebrachte Position bewahren und mit den Königen in unmittelbarem Kontakt bleiben. Herodot (6,57) berichtet, dass das Ehrenrecht der Könige bei deren Abwesenheit in der Gerusia »den ihnen am nächsten vewandten Geronten« zufiel und diese neben der eigenen Stimmen je zwei weitere hatten.

Pindar (frg. 166) bezeichnet die Ratschläge der Alten neben den Speeren der Jünglinge und Festen als konstitutiven Bestandteil des spartanischen Gemeinwesens. Gemäß dem späteren Zeugnis des Polybios (6,10,9. 45,5) sorgte die Gerusia als Vertreterin von Recht und Sitte für das Gleichgewicht im Staat und hatte zusammen mit den Königen die Leitung des Staates inne. Für Dionysios von Halikarnassos (2,14,2) hatte die Gerusia sogar alle Macht im Staate.

Die Gerusia bildete den höchsten Gerichtshof Spartas und war für Kapitalfälle wie Mord und Hochverrat zuständig, die mit der Todesstrafe, Verbannung oder dem Verlust des Bürgerrechts (Atimie/*atimía*) geahndet wurden (Xen. Lak. pol. 10,2; Aristot. pol. 1275b 10; Plut. Lyk. 26; mor. 217b). In den überlieferten Fällen lief das Verfahren jeweils in Zusammenarbeit mit den Ephoren ab, die offenbar auch den Vorsitz führten. Dies ist schon bei den Anklagen gegen König Kleomenes I. sowie gegen König Leotychidas im frühen 5. Jahrhundert zu vermuten, bei denen Herodot das oberste Gericht als *dikastérion* bezeichnet (6,72. 82. 85 f.).

Einen konkreten Fall der Kapitalklage unter Beteiligung der Gerusia haben wir in dem Verfahren gegen König Pausanias vom Jahre 403 belegt. Feinde des Pausanias, die offensichtlich von König Agis angestiftet waren, hatten eine Anklage bei den Ephoren eingereicht, die sie dann der Gerusia vortrugen (Paus. 3,5,2). Die Zusammensetzung des obersten Gerichts aus den Ephoren, Geronten und Königen dürfte daher mit den Tele als korporatives Regierungsorgan weitgehend identisch sein. Einen Anhaltspunkt dafür haben wir in einem weiteren Verfahren des Jahres 403, als der aus Byzanz abberufene spartanische Heerführer Klearchos von den Tele zum Tode verurteilt wurde (Xen. Anab. 2,6,3 ff.). Die für die Geronten zu belegenden Gerichtsfälle fanden demnach immer in Zusammenarbeit mit den Ephoren statt, so dass in kapitalen Gerichtsfällen gegen offizielle Personen jeweils Könige, Geronten und Ephoren gemeinsam beteiligt waren (Schulz 2011).

Eine zweite wesentliche Aufgabe der Geronten war die Vorberatung von Volksbeschlüssen (Pind. frg. 166), so dass die Gerusia an allen staatstragenden Geschäften mit bindenden Beschlüssen beteiligt war. Volksabstimmungen wurden in klassischer Zeit in der Regel von den Ephoren geleitet, welche die entsprechenden Geschäfte auch der Gerusia unterbreitet haben dürften. Während das Antragsrecht im Ältestenrat ursprünglich wohl nur den Königen zugekommen war, dürfte es nun weitgehend auf die Ephoren übergegangen sein.

Direkte Zusammenarbeit von Ephoren und Geronten in Form einer Vorberatung ist schon bei einer von Herodot (5,40) überlieferten Geschichte aus dem späteren 6. Jahrhundert anzunehmen, bei der es um die Kinderlosigkeit von Kleomenes I. ging. Nach einer erfolglosen Intervention bei Kleomenes hielten die Ephoren zusammen mit den Geronten Rat und wiesen dann den König an, eine zweite Frau zu nehmen, um einen »unerfreulichen Beschluss« der Spartiaten zu verhindern. Ein konkreter Fall der Vorberatung begegnet im Zusammenhang mit dem Kriegsbeschluss gegen Athen im Jahre 475/74 (Diod. 11,50), der von dem Geronten Hetoimaridas in der Vorberatung verhindert wurde. Später erfahren wir anlässlich der Reformen des Jahres 243, dass der Ephor

Lysandros im Auftrag des Königs Agis einen Antrag über Schuldenerlass und Landaufteilung vor die Geronten brachte, wo er jedoch trotz der Bejahung durch die Volksversammlung (also wohl in einer Vorverhandlung) verworfen wurde (Plut. Agis 8 ff.).

Das Vorberatungsverfahren bedingte, dass die Geronten in der Volksversammlung offizielles Rede- oder Antragsrecht besaßen, wozu auch die von Diodor überlieferte Kriegsverhandlung einen Hinweis gibt. In einem von Aischines (1,180) für das Jahr 345 berichteten Vorfall wird hingegen ein hinterhältiger Spartaner von einem Geronten daran gehindert, in der Volksversammlung über einen Antrag zu sprechen; der Geront soll in der Folge einen respektierteren, aber weniger kompetenten Redner zur selben Stellungnahme bewogen haben. Erst gemäß eines von Plutarch (mor. 801c) überlieferten Berichtes sollen die Ephoren nach dem Scheitern eines – angeblich von Demosthenes vertretenen – Antrages einen Geronten ausgelost haben, der denselben Antrag stellte und diesem auch zur Annahme durch das Volk verhalf. In späterer Zeit erfahren wir für das Jahr 272, dass sich der Geront Derkylidas in der Volksversammlung über König Pyrrhos von Epirus äußerte, nachdem dieser in die Peloponnes eingefallen und Dekylidas zu ihm gesandt worden war (Plut. mor. 219f; Stob. Floril. 7,60).

Die Geronten konnten also in der Volksversammlung Stimmung gegen eine Vorlage machen und diese in der Vorberatung zum Scheitern bringen. Darüber hinaus verankerte der sog. Zusatz zur Großen Rhetra (Plut. Lyk. 6,8) die Möglichkeit, dass die Könige und Geronten »krumme« Beschlüsse der Volksversammlung widerrufen bzw. verhindern konnten. Widerrufungen von Volksbeschlüssen sind jedoch nicht bekannt, so dass ein eigentliches Vetorecht nicht konkret belegt werden kann. Die Möglichkeit der Nomophylakie der Geronten hatte wohl eher präventive Wirkung, indem Könige und Ephoren von eigensinnigen, nicht kollegial abgestützten Vorstößen abgehalten werden konnten. Eine Vorlage ohne die Zustimmung der Geronten durchzubringen, scheint kaum möglich gewesen zu sein.

Das Aufsichtsrecht und die Überwachungsfunktion, die dem Ältestenrat zukamen (Isokr. Panath. 153 f.), werden durch einige weitere konkrete Fälle anschaulich. Als König Agesilaos eine Rede gegen Lysander veröffentlichen wollte, trat einer der Geronten erfolgreich dagegen auf (Plut. Ages. 20; mor. 212c-d). Ferner sollen die Geronten um 309 entschieden haben, dass Areus, dem Sohn des Akrotatos, und nicht Kleonymos die Königswürde gebühre; die Ephoren versuchten, letzteren mit Ehrenämtern zu besänftigen (Paus. 3,6,2). Es ist jedoch zu vermuten, dass es sich hier nur um einen Vorbeschluss handelte, da die Königswürde in strittigen Fällen von der Volksversammlung zugeteilt werden konnte.

Mit ihren Vorberatungs- und Verhinderungskompetenzen bildeten die Geronten eine wichtige Schnittstelle im spartanischen Staat. Wie die Ephoren besaßen sie auf der Agora ein eigenes Rathaus (Paus. 3,11,2). Im Gegensatz zum Ephorat war die Gerusia aber eine nur auf Einberufung hin agierende Körperschaft, welche Anliegen befürwortete oder verwarf, die von außen an sie herangetragen wurden.

Die Position der Geronten als generelle Vertreter der spartanischen Politik spiegelt sich darin, dass sie zusammen mit den Ephoren als Eidesleister von Verträgen figurierten, wobei in den Fällen des Jahres 422/21 jeweils 15 Vertreter, also die Mehrheit der 28, auftraten (Thuk. 5,19. 24). Anzunehmen ist auch, dass die Geronten wie die Ephoren an Vorverhandlungen mit Vertretern fremder Staaten beteiligt sein konnten, wozu aber konkrete Beispiele fehlen. Einschlägig ist erst ein Fall des mittleren 2. Jahrhunderts, bei dem es aber um eine Anhörung in einem Gerichtsverfahren ging: Die Geronten fragten den achaiischen Strategen Diaios, wieviele Spartaner Verrat am Achaiischen Bund geübt hätten, worauf Agasisthenes einen Vermittlungsvorschlag einbrachte, nach dem 24 Bürger freiwillig ins Exil gehen sollten, um einen Krieg zu vermeiden (Paus. 7,12,7).

Im Zuge der Unterhöhlung der spartanischen Verfassung soll die Gerusia nach Pausanias (2,9,1) unter Kleomenes III. ganz aufgelöst und die Funktion der Gesetzesüberwachung von Patronomoi übernommen worden sein. Die Geronten dürften jedoch nur in ihren Befugnissen eingeschränkt worden sein, womit sie trotz ihrer über Jahrhunderte wichtigen Stellung letztlich vom monarchischen Gedanken überflügelt wurden. Dennoch amtierten sie forthin als gewählte Jahresbeamte bis in römische Zeit weiter.

Ephoren

Ursprung

Die Entstehung des Ephorats liegt weitgehend im Dunkeln. Seine Urheberschaft war schon in der Antike zwischen dem vermeintlichen Gesetzgeber Lykurg und dem König Theopomp, der gemäß Tyrtaios (frg. 2G-P) zur Zeit des ersten Messenischen Krieges gelebt hatte, umstritten. Die Theopomp-Version scheint erst später entstanden zu sein und mit der wohl am Ende des 5. Jahrhunderts konstruierten Ephorenliste in Verbindung zu stehen, die bis ins Jahr 754/53 zurückreichte. Diese Spätdatierung ermöglichte es, das Ephorat als nichtlykurgisch zu diskreditieren und im Zuge der Machtkämpfe zwischen Königen und Ephoren eine Entmachtung des Ephorats zu proklamieren. Die Flugschrift, die König Pausanias in seinem Exil Anfang des 4. Jahrhunderts verfasste (Strab. 8,5,5), und die sich mit den lykurgischen Gesetzen beschäftigte, muss sich ausdrücklich gegen das Ephorat gewandt haben (Aristot. pol. 1301b)(David 1979). Schließlich verunglimpfte auch König Kleomenes III. nach der Mitte des 3. Jahrhunderts das Ephorat als nicht zur ursprünglichen Verfassung gehörend (Plut. Kleom. 10). Aufs Ganze gesehen hat die antike Tradition die Entstehung des Ephorats aber primär Lykurg zugeschrieben und damit das Bild des legendären Gesetzgebers abgerundet.

Aus der Ephorenliste ergeben sich also keine konkreten zeitlichen Anhaltspunkte für die Anfänge der Institution. Möglich ist, dass die Fünfzahl der Ephoren im Zusammenhang mit den fünf Dorfabteilungen (Komen bzw. Oben) steht, deren Organisation nach der Vereinnahmung von Amyklai im mittleren 8. Jahrhundert die drei ursprünglichen dorischen Phylen ergänzte und überlagerte. Für die anfängliche Bedeutung des Ephorats besagt dies jedoch nichts. Der Name der Ephoren charakterisiert diese zwar als »Aufseher«, aber unklar welcher Art, etwa über Markt und Verkehr. Plutarch (Kleom. 10) stellt die Ephoren als Stellvertreter der durch die Messenischen Kriege absorbierten Könige dar. Dabei ist vor allem an eine Delegation der Zivilgerichtsbarkeit an die Ephoren gedacht worden, die sie auch später innehatten.

In der für den spartanischen Staat konstitutiven Großen Rhetra (Plut. Lyk. 6) fehlt der Begriff der Ephoren offenbar gänzlich, so dass diese damals noch keine zentrale Bedeutung gehabt haben dürften. Demnach ist mit einer allmählichen Entwicklung der Kompetenzen der Ephoren zu rechnen. Sowohl die antike als auch die moderne Literatur erklärt die Ephoren grundsätzlich als ein Gegengewicht zu den Königen (Plat. nom. 692a; Aristot. pol. 1313a 27-29). Dies kommt darin zum Ausdruck, dass die Ephoren späterhin als einzige bei der Begrüßung der Könige sitzenblieben; ein weiteres Indiz stellt der monatliche Eid zwischen den beiden Institutionen dar, der von Seiten der Ephoren eine Anerkennung der königlichen Stellung mit sich brachte und die Könige zur Einhaltung der Gesetze zwang (Xen. Lak. pol. 15,6 f.). Dieser Eid dürfte jedoch nicht hinter das mittlere 6. Jahrhundert zurückgehen.

Wesentlich für den Ursprung des Ephorats ist, dass es in Sparta keinen eigentlichen Ständekampf bzw. Aufstand des Damos gegen die Aristokratie oder sogar »Sieg« des Damos über seine Gegner gegeben hatte. Eine rechtliche Abgrenzung zwischen der Führungsschicht und den einfachen Bürgern existierte nicht. Die Ephoren haben für die Bürger nie eine Schutzfunktion gegenüber den Königen ausgeübt. Ein Verhaftungs- und Anklagerecht zum Zwecke der Verfolgung von politischen Vergehen ist in archaischer Zeit nicht auszumachen. Die Einsetzung bzw. Aufwertung des Ephorats ist daher nicht auf Druck des Damos im Kampf gegen die Aristokratie zustandegekommen, sondern als eine Art Selbstregulierungsprozess der Oberschicht hinsichtlich allzu mächtiger Positionen von Einzelpersonen aufzufassen, der sich insbesondere aufgrund der von den unterworfenen Messeniern drohenden Gefahren aufdrängte. Durch die Eroberung Lakoniens und Messeniens stand genügend Land zur Verfügung, um den Bürgern ein Auskommen zu sichern, so dass der Druck auf die Führungsschicht verringert wurde und diese sich selbst im Rahmen der Polis arrangierte.

Aufstieg

Das Wirken der Ephoren ist erst für das 6. Jahrhundert belegt, in dem auch der politische Aufstieg des Ephorats anzusetzen ist. Die Ephoren übten kontrollierende Tätigkeiten aus und übernahmen neue Aufgaben, mit deren Bewältigung die angestammten Gremien (Königtum und Gerusia) überfordert waren. Solche ergaben sich insbesondere im Kontext der Bündnispolitik, die Sparta seit dem mittleren 6. Jahrhundert auf der Peloponnes betrieb (sog. Peloponnesischer Bund). Die Bedeutungssteigerung des Ephorats erfolgte im Zusammenhang mit dem Bemühen der Oberschicht um ihren Machterhalt in der Polis, die in einem vergrößerten Gebiet neue Aufgaben zu bewältigen hatte. Dabei drängte sich insbesondere auch eine regelmäßige Kontrolle der militärischen Amtsträger auf. Die Ephoren wurden für die Regelung außenpolitischer und militärischer Fragen zuständig und hatten das Gemeinwesen zudem im Innern zu kontrollieren. Dabei galt es auch, die Nachfolge der – mit den Ephoren eidlich verbundenen – Könige zu sichern.

Neben den beiden Königen und den Geronten gehörten die fünf Ephoren, die von der Volksversammlung auf ein Jahr gewählt wurden, zu den entscheidenden Regierungsorganen in Sparta. Cicero (rep. 2,58; leg. 3,16) bezeichnet sie als notwendige und unumgängliche Ergänzung für die Verfassung und stilisiert sie damit zu Volksvertretern, die als demokratisches Element zusammen mit dem monarchischen und aristokratischen Teil zur Vollendung der gemischten Verfassung als höchstes Ideal beitragen (Thommen 2003). Eingang in die Verfassungstheorie hatte das Ephorat schon im 4. Jahrhundert gefunden. Während für Aristoteles (pol. 1270b 17–25) die Funktion des Ephorats darin lag, das Volk ruhig zu halten, bildete es nach der Auffassung »einiger« Leute das demokratische Element in der gemischten Verfassung (1265b 34–39). Dennoch verglich Aristoteles die Ephoren mit Tyrannen. Entsprechend hoch gewichtet wurde das Ephorat auch in der modernen Forschung. Die Ephoren sollen entweder den Königen unmittelbar nachgestanden haben bzw. deren Konkurrenten gewesen sein oder sogar die mächtigste Institution Spartas in klassischer Zeit dargestellt haben.

Demgegenüber lässt sich das Ephorat nach den Perserkriegen aber als Teil einer korporativen Regierung erkennen, die sich aus den Königen, Geronten und Ephoren zusammensetzte und verschiedentlich auch die Volksversammlung einbezog. Politische Entscheidungen hatten sich unter der Koordination der Ephoren fest eingespielt. Die politischen Behörden, die gemeinsame Entscheidungsmechanismen ausübten, wurden dementsprechend jetzt unter dem Begriff der *téle* (Regierung/Behörden) subsumiert. Der zum ersten Mal bei Thukydides auftauchende Terminus dürfte in erster Linie die fest besetzten Institutionen zusammengefasst haben, so dass bei den Tele jeweils an die Beteiligung von Ephoren, Geronten und Königen – und zwar in unterschiedlicher Kombination und Vertretung – zu denken ist.

Die gesteigerte Bedeutung der Ephoren schlug sich seit dem mittleren 5. Jahrhundert auch darin nieder, dass ihre Namen eponym für die Bezeichnung des Amtsjahres verwendet wurden (SEG XIV, 330; Thuk. 5,19. 25; 8,58), wobei der erste Ephor (*prótos éphoros*) vielleicht den offiziellen Vorsitz bei Verhandlungen führte, aber grundsätzlich keine höheren Rechte als die anderen Ephoren besaß. Auf Urkunden wurden seit dem Ende des 5. Jahrhunderts nach den Königen auch die fünf Ephoren aufgeführt. Die wichtige staatliche Funktion der Ephoren kommt zudem durch ihr Geschäftslokal auf der Agora zum Ausdruck. Gemäß Pausanias (3,11,2. 11) befanden sich neben dem Amtsgebäude der Ephoren auch die »sogenannten alten Ephorenhäuser«, die möglicherweise das Speiselokal (Syssition) der Ephoren beherbergten sowie als Aufbewahrungsort der Staatskasse und als Archiv dienten.

Besetzung

Das Ephorat scheint vorwiegend von jüngeren Spartiaten übernommen worden zu sein, wobei das Mindestalter bei 30 Jahren gelegen haben dürfte (Plut. Lyk. 25). Die Ephoren waren nach Aristoteles oft arm und stammten aus dem ganzen Volk (pol. 1265b 39 f.; 1270b 9 f.). Die niedrige Herkunft der Ephoren wird z. T. auch in der modernen Forschung betont (Richer 1998). Dementsprechend wurde das Ephorat als Institution gedeutet, welche die Interessen des Damos vertrat und sich gegen die Aristokratie zur Wehr setzte. Demgegenüber ist aber mit dem Einfluss der sozial höher gestellten Familien auf die Besetzung des Ephorats zu rechnen. Zu berücksichtigen ist, dass die Ephoren im Besitz des vollen Bürgerrechts sein mussten, der an einen Landanteil bzw. an ein Mindesteinkommen (in Form von Syssitienbeiträgen) geknüpft war, so dass prinzipiell keine Verarmten in Frage kamen. Entscheidend war auch das Wahlverfahren, das wohl analog zur Gerontenwahl in der Volksversammlung nur die lautstarke Willenskundgebung zu festgesetzten Kandidaten zuließ und damit die Unterstützung unkonventioneller Bewerber erschwerte. Schließlich blieb die Zahl der zu besetzenden Stellen auf fünf beschränkt.

Verschiedene überlieferte Ephoren wie Chilon (Mitte 6. Jh.), Brasidas (431/30), Leon (419/18), Endios (413/12) und Antalkidas (370/69) zeigen, dass die Amtsträger aus führenden Kreisen stammten. Anders als das Königtum war das Ephorat freilich nicht an bestimmte Familien gebunden und bot auch für ambitionierte Aufsteiger die Chance zu politischer Betätigung. Bis ins 4. Jahrhundert, als die Bürgerzahl rapide abnahm, ist nur mit einer geringen Erweiterung des Personenkreises zu rechnen, der an der politischen Leitung beteiligt war. Die Position der Führungselite wurde dadurch nicht in Frage gestellt. Das Prinzip der Kollegialität sorgte für eine weitere Neutralisierung unerwünschter Vorstöße. Da die Wiederwahl ausgeschlossen war, konnte ein einzelner Ephor keine längerfristige Politik umsetzen. Die während eines Amtsjahres erworbenen Verdienste konnten anschließend kaum adäquat weiterverfolgt werden; es bestand also kein politischer *cursus honorum* (Ämterlaufbahn). Auch das Ephorat blieb daher insgesamt ein Instrument der Oberschicht.

Aufgaben

In Sparta kam den Ephoren in klassischer Zeit eine zentrale Position in der Verwaltung des Staates zu. Die Ephoren übten jetzt die allgemeine Sittenaufsicht aus, die sowohl die Erziehung als auch die bürgerliche Lebensführung umfasste. Ihr Buß-, Verhaftungs- und Anklagerecht (Xen. Lak. pol. 8, 4) bot Möglichkeiten, Handlungen unbotmäßiger Privatleute und Amtsträger zu unterbinden bzw. zu bestrafen. Ihrer Funktion als »Gesetzeshüter« gaben sie bei Amtsantritt durch den Befehl an die Bürger Ausdruck, den Schnurrbart zu rasieren und den Gesetzen zu gehorchen (Plut. Kleom. 9; mor. 550b). Die Ephoren kontrollierten darüber hinaus Fremde, Periöken und Heloten, wobei gegenüber den beiden letzteren ein Kapitalstrafrecht bestand (Isokr. 12,189). An die Heloten richteten die Ephoren zum Zeichen der Unterwerfung jährlich eine Kriegserklärung (Plut. Lyk. 28).

Den Ephoren unterstand einerseits die Zivilgerichtsbarkeit, wobei sie die einzelnen Vertragssachen unter sich aufgeteilt hatten (Aristot. pol. 1275b 9–11; Plut. mor. 221b). Andererseits waren die Ephoren federführend bei Strafprozessen, die gegen politische Vergehen gerichtet waren und die sich sowohl gegen Private als auch gegen Beamte – einschließlich der Könige – wenden konnten. Kapitalprozesse sind jeweils in Zusammenarbeit mit den Geronten und Königen geführt worden, wobei die Ephoren die Leitung übernommen haben dürften (Xen. Hell. 3,3,8; Plut. Agis 19). Falls es um eine Todesstrafe ging, wurde mehrtägig verhandelt, und im Falle der Anklage von Königen war eine dreimalige Vorladung nötig (Plut. Kleom. 10).

Trotzdem fehlte dem System eine demokratische Kontrolle, und willkürliche Akte waren nicht auszuschließen. Im Falle der gerichtlichen Verfolgung des Königs Pausanias im Jahre 403 ist zu vermuten, dass das Verfahren im Sinne seines Konkurrenten Agis eröffnet wurde. Als bei den Ephoren Anklage eingereicht worden war, trat ein Gericht der Geronten und Ephoren sowie des zweiten Königs zusammen. Da die Stimmen der Geronten sich exakt die Waage hielten, gaben schließlich die Stimmen der Ephoren, die geschlossen für einen Freispruch votierten, den Ausschlag. Acht Jahre später (395), nach der Schlacht von Haliartos, wurde Pausanias nach erneuter Anklage verurteilt (Xen. Hell. 3,5,25; Paus. 3,5,2. 6).

Die Ephoren waren grundsätzlich an allen wesentlichen Entscheidungen des Staates beteiligt und sorgten für die Durchführung der Beschlüsse, so dass sie verschiedentlich als Exekutive bezeichnet wurden. In der uns fassbaren Zeit sind die Ephoren wesentlich damit betraut, die Volksversammlung einzuberufen bzw. zu leiten und ihr Anträge vorzulegen – wie erstmals aus der von Sthenelaïdas im Jahre 432 herbeigeführten Abstimmung hervorgeht (Thuk. 1,67 ff.). In der Volksversammlung hatten sie auch die Wahlen durchzuführen. Die Ephoren hatten hier also die einstige Rolle der Könige übernommen, ohne deren Rechte grundsätzlich zu beschneiden.

Über die Volksversammlung spielten die Ephoren eine wichtige Rolle in der Gesetzgebung. Offizielle Gesetzgebung durch die Volksversammlung ist in Sparta freilich nur ansatzweise festzustellen. Gesetze wurden gemäß Plutarch (Lyk. 13) zudem nicht schriftlich festgehalten. Daneben trugen aber auch andere Beschlüsse in der Volksversammlung

– etwa hinsichtlich des Bürgerrechts oder auch auswärtiger Angelegenheiten – zur Regulierung und Ausrichtung des Gemeinwesens bei, auch wenn sich dies nicht in Form von Gesetzen niederschlug. Die Ephoren hatten über das Beschlussverfahren in der Volksversammlung also eine zentrale Lenkungsfunktion. Obwohl die Geronten vorberatende Funktion hatten, lief das eigentliche Antragsverfahren in der Volksversammlung über die Ephoren ab, die hier als Sitzungsleiter und Antragsteller fungierten. Damit übten die Ephoren eine grundlegende staatliche Aufgabe aus. Inwiefern sie bei ihrer Tätigkeit die Meinung des Damos in die Vorbereitung einbezogen, bleibt unklar. Eingespielte Kommunikationsformen mit den Bürgern, wie sie bei römischen Verhandlungen (*contiones*) im Vorfeld einer Abstimmung festzustellen sind, gab es jedenfalls nicht.

Im militärischen Bereich oblag den Ephoren vor der Volksversammlung die Entscheidung über Krieg und Frieden sowie die Wahl der Befehlshaber. Nach dem Kriegsbeschluss in der Volksversammlung – wie er erstmals im Jahre 432 bezeugt ist (Thuk. 1,86 f.) – veranlassten die Ephoren die Mobilmachung, die auch die Festlegung der Heeresgröße umfasste (Xen. Lak. pol. 11,2). Aufgebote konnten ausnahmsweise freilich auch ohne Volksbeschluss rekrutiert werden (Hell. 2,4,28 f.; vgl. Hdt. 9,10; Thuk. 5,54,1). Die Ephoren waren zudem generell damit betraut, das Korps der 300 Hippeis und derer Führer aufzustellen (Xen. Lak. pol. 4,3). Das Gesetz von ca. 506, das nur noch einer König im Felde zuließ, dürfte gleichzeitig die Zuständigkeit der Volksversammlung unter dem Vorsitz der Ephoren für die Zuteilung des Oberbefehls festgelegt haben, wobei diese Gremien aber wohl schon früher an diesbezüglichen Entscheiden beteiligt gewesen waren.

Neben diese Tätigkeiten trat die militärische Beratung der Befehlshaber, die sich in Form einer Begleitung der Ephoren im Felde äußerte. Diese Funktion kann erstmals im Jahre 479 festgestellt werden. Nach Xenophon (Lak. pol. 13,5) sollen bei solchen Unternehmungen jeweils zwei Ephoren beteiligt gewesen sein. Die Begleitung im Felde wurde jedoch bald auch anderen Personen (Symbouloi) übertragen, die wir ab der Mitte des 5. Jahrhunderts feststellen können (Thuk. 5,60. 63; Plut. Per. 22). Die Funktion der Begleiter im Felde war aber stets nur eine beratende, so dass die Könige im Felde keinesfalls machtlos waren. Die Ephoren agierten mit der Zeit vornehmlich als Hauptvertreter der gesamten politischen Führung (Tele), bei der die Rückmeldungen aus dem Felde eingingen und neue Anweisungen erlassen wurden.

In der Außenpolitik spielten die Ephoren auf verschiedenen Ebenen eine wichtige Rolle. Dies zeigt sich neben ihren Aktivitäten im militärischen Bereich auch beim Empfang von Gesandten, mit denen sie Vorverhandlungen führten, in den Beratungen über Friedensschlüsse in der Volksversammlung oder bei der Beschwörung eines Waffenstillstandes. Die Ephoren dürften im Kontext von Spartas Bündnissystem auch als Leiter der Bundesversammlung agiert und somit weitreichende Entscheide bezüglich der spartanischen Herrschaft herbeigeführt haben (Thuk. 1,87; Xen. Hell. 5,2,11).

In den Aufgabenbereich der Ephoren fiel zudem die Finanzverwaltung, die sich nicht zuletzt auch mit der Frage der Lebensführung verband. So nahmen die Ephoren am Ende des Peloponnesischen Krieges die Beute in Empfang und bewirkten ein Verbot von Silber und Gold als Zahlungsmittel in Lakedaimonien (Diod. 13,106,6; Plut. Lys. 16 f.). Agesilaos erhob unter Agis IV. Steuern und trieb sie ein (Plut. Agis 16).

Schließlich hatten die Ephoren auch religiöse Aufgaben wahrzunehmen, die zeitlich möglicherweise weit zurückreichten. Bezeugt ist ihre Funktion als Leiter der im 7. Jahrhundert begründeten Gymnopaidien (Xen. Hell. 6,4,16; Plut. Ages. 29) und der Staatsopfer bei der Prozession der Jünglinge für Athena Chalkioikos (Polyb. 4,35,2). In einem

Fall griff ein Ephor zur Zeit des Agis IV. auch ins Kalenderwesen ein, indem er einen 13. Monat einschaltete (Plut. Agis 16), was möglicherweise eine alle drei Jahre wiederkehrende Aufgabe darstellte. Die Ephoren verfügten grundsätzlich über das Traumorakel der Pasiphaë von Thalamai (Plut. Agis 9; Kleom. 7), womit sie sich vom Orakel von Delphi, das in Kontakt mit den Königen stand, abgenzen konnten. Alle neun Jahre führten die Ephoren eine Himmelsbeobachtung durch, die bei ungünstigem Ausgang zur Absetzung der Könige führen konnte. Eine solche ist jedoch nur in einem einzigen konkreten Fall bekannt: Leonidas im Jahre 242 (Plut. Agis 11). Im Normalfall scheint diese ephorische Kompetenz den Königen kaum zum Verhängnis geworden zu sein.

Durch die kollegiale Bindung und die zentrale Stellung im Staat waren oppositionelle Handlungen und Aktionen des Verhinderns für die Ephoren kaum zu erwarten. Gegenaktionen zur Mehrheit der Gerusia oder zu den beiden Königen sind in Sparta nicht konkret zu fassen. Ein König konnte sich freilich auch der Ephoren bedienen, um Entscheidungen in seinem Sinne durchzusetzen. Dies war etwa im Jahre 403 der Fall, als König Pausanias drei Ephoren auf seine Seite zog, um in Athen gegen den von Sparta gesandten Harmosten Lysander, der die Herrschaft der 30 unterstützte, anzutreten; allerdings wurde er bei diesem Unternehmen zur Kontrolle von zwei Ephoren begleitet, und der von ihm herbeigeführte Friede war schließlich im Sinne der Mehrheit der Spartaner (Xen. Hell. 2,4,29 f. 35 f.). Grundsätzliche Opposition gegen das bestehende System entwickelte sich in den Reihen der Ephoren nie. Die Kinadon-Verschwörung zu Beginn des 4. Jahrhunderts wurde bei den Ephoren angezeigt und von diesen erfolgreich niedergeschlagen (Xen. Hell. 3,3,4 ff.). Dennoch besaßen die Ephoren stets Möglichkeiten, gegen die Intentionen der Geronten oder Könige anzugehen und nach eigenem Willen zu agieren. Erst in hellenistischer Zeit gelangten sie verstärkt unter den Einfluss einzelner Könige, was – nach den früheren Abschaffungsplänen unter Pausanias (Strab. 8,5,5) – unter Kleomenes III. erstmals zur vorübergehenden Auflösung der Institution führte (Plut. Kleom. 8 ff.).

Eine eigenständige Politik der Ephoren, die sich von derjenigen der anderen staatlichen Funktionsträger und Gremien unterschied, ist nicht zu beobachten. Das Ephorat war eine kollegial ausgerichtete Behörde, die nach Mehrheitsbeschluss handelte (Xen. Hell. 2,3,34) und – trotz gegenseitigen Spannungen – mit den Königen und Geronten zusammenarbeitete. Die eidliche Vereinbarung mit den Königen und die Einbindung in das politische System verhinderte »tyrannische« Machtentfaltung. Der Wille der Ephoren konnte in der Volksversammlung überstimmt werden (Thuk. 6,88. 93). Zudem waren die Ephoren rechenschaftspflichtig (Aristot. rhet. 1419a; Plut. Agis 12). Obwohl das Ephorat die einzige permanent tagende Körperschaft Spartas war, ist keine Kontinuität in seiner Politik zu verfolgen. Die Ephoren konnten wegen der Beschränkung der Amtszeit auf ein Jahr keine längerfristige bzw. einheitliche politische Linie entwickeln.

Apella

Die Versammlung der über 30 Jahre alten spartanischen Büger (Plut. Lyk. 25) wird meist als Apella bezeichnet. Dies wurde aus dem Verb *apellázein*, das in der Großen Rhetra die Einberufung der Bürgerversammlung umschreibt (Plut. Lyk. 6), sowie aus zwei frühen römischen Inschriften aus Gytheion und Labyadai (IG V 1,1144. 1146) geschlossen. Bei den Apellai dürfte es sich um ein Apollon-Fest handeln, an dem jährlich auch eine wichtige Volksversammlung – etwa zur Wahl der Beamten – stattfand (Luther 2006).

Thukydides und Xenophon, später auch Plutarch, reden dennoch durchweg von *ekklesía*, wie dies für griechische Volksversammlungen üblich ist (Welwei 1997).

Historisch gesehen erfuhr die Volksversammlung durch die Große Rhetra in der Mitte des 7. Jahrhunderts eine Aufwertung, indem sie jetzt regelmäßig einberufen werden sollte. Aus dem Text wurde meist geschlossen, dass es sich um eine Sitzung im Monat handelte (Schol. Thuk. 1,67: bei Vollmond), sofern keine außerordentlichen Einberufungen nötig waren. Der ›Zusatz‹ zur Rhetra verfügte freilich auch eine Einschränkung, indem die Geronten und Könige Beschlüsse der Volksversammlung wieder annullieren (bzw. verhindern) durften (Plut. Lyk. 6,8). Dieses Recht kam in der uns überlieferten Praxis jedoch nicht zum Tragen. Die Volksversammlung war in erster Linie ein Instrument der sie leitenden Männer, zunächst der Könige (und Geronten), dann der Ephoren.

Die Bürgerschaft wurde seit der Bildung des Peloponnesischen Bundes und den Perserkriegen in ein größeres Feld von Entscheidungen einbezogen. Dadurch erhielt die Volksversammlung zwar größeres Gewicht, aber keine grundsätzlich erweiterten Kompetenzen. Prozesse gegen fehlbare Machthaber, die sich in dieser Zeit häuften, wurden zumindest teilweise in der Öffentlichkeit durchgeführt, das Urteil aber nicht vor der Volksversammlung gefällt. Die in klassischer und hellenistischer Zeit zu beobachtenden Aktivitäten der Volksversammlung zeigen in der Folge, dass die Apella bei politischen Beschlüssen stets ein wichtiger Ort der Meinungsbildung und weitreichender Entscheidungen war, auch wenn die Volksversammlung im Grunde nur die in den Regierungsgremien (Tele) geleistete Vorarbeit ergänzte.

Die Volksversammlung gilt einerseits als souverän, da für Gesetzesbeschlüsse und andere wichtige Entscheidungen ihre Zustimmung nötig war, also auch Grundsatzentscheide über Krieg und Frieden gefasst wurden. Ferner wählte sie alle Beamten und konnte auch deren Absetzung verfügen. In strittigen Fällen konnte die Volksversammlung sogar über die Thronfolge entscheiden (Xen. Hell. 3,3,4; Ages. 1,5; Plut. Ages. 3 f.; Polyb. 4,35,9). Andererseits fehlte den Bürgern in der Volksversammlung ein Antragsrecht, so dass diese gemäß Aristoteles nur Entschlüsse der Geronten bestätigen konnten (pol. 1272a 10–12). Bei Wahlen wurden nur vorbestimmte Kandidaten zugelassen, so dass keine freie Auswahl zustande kam. Aristoteles behauptet im Weiteren, dass es nur in Kreta jedem beliebigen Bürger erlaubt war, Anträgen (der Könige und Geronten) zu widersprechen (pol. 1273a 2–13). Private durften in Sparta demnach nur mit Bewilligung der Ephoren das Wort ergreifen.

Dennoch sind schon im Vorfeld der Perserkriege sowie des Peloponnesischen Krieges Hinweise auf Debatten in der Volksversammlung vorhanden (Hdt. 7,133 ff.; Thuk. 1,79). Gemäß einer Nachricht des Aischines (1,180 f.) zum Jahr 345 verhinderte einst ein Geront, dass nach der Rede eines niederträchtigen Spartaners abgestimmt wurde und bewog einen tugendhafteren, aber weniger begnadeten Redner dazu, gleichlautende Vorschläge zu machen.

Demgegenüber zeigen die überlieferten Diskussionen aber, dass sich diese in der Regel auf die Könige, Geronten, Ephoren oder Vertreter auswärtiger Staaten beschränkten. Nachdem die Spartaner im Jahre 432 die Reden der Verbündeten und der Athener angehört hatten, ließen sie diese wieder beiseite treten und berieten sich untereinander; Archidamos und der Ephor Sthenelaïdas hielten eine Rede und letzterer führte in der Abstimmung den Entscheid herbei, dass Athen den Friedensvertrag gebrochen habe (Thuk. 1,79).

Im Jahre 415/14 überredeten Korinther, Syrakusaner und Alkibiades die Spartaner in einer Volksversammlung für einen Hilfszug nach Sizilien. Die Ephoren und die Tele wollten jedoch nur eine Gesandtschaft zulassen, die einen Friedensschluss mit Athen verhindern sollte (Thuk. 6,88); nach der Rede des Alkibiades wurden schließlich die Befestigung Dekeleias und ein Hilfszug nach Sizilien unter Gylippos beschlossen (Thuk. 6,93).

Im Jahre 382 waren die Ephoren und die Menge der Stadt sehr verstimmt über den Strategen Phoibidas, weil er ohne Auftrag der Stadt Theben eingenommen hatte; die Lakedaimonier auferlegten trotz der Verteidigung durch Agesilaos eine Buße von 100.000 Drachmen. Leontiades hielt eine Rede vor den Versammelten, mit der er die Beibehaltung der Besatzung erreichte (Xen. Hell. 5,2,32 f.; Diod. 15,20,1 ff.). Als im Jahre 371 Kleombrotos, der mit seinem Heer in Phokis stand, die Tele (bzw. die Ephoren) um Rat bat, bestand der Spartaner (Ephor?) Prothoos gemäß den Eiden auf der Auflösung des Heeres; die Volksversammlung war aber dagegen, und Kleombrotos erhielt den Befehl, gegen die Thebaner zu ziehen, falls sie die boiotischen Städte nicht freiließen, was dann auch eintraf (Xen. Hell. 6,4,2 f.; Plut. Ages. 28).

Insgesamt wird aus den Zeugnissen deutlich, dass vor der spartanischen Volksversammlung durchaus kontroverse Diskussionen geführt wurden. In verschiedenen Fällen liegt es nahe, dass sich nicht nur Magistrate, sondern auch normale spartanische Bürger zu Wort melden konnten. Die Möglichkeiten der Meinungsäußerung müssen dennoch sehr beschränkt gewesen sein und beinhalteten insbesondere kein Recht zu Alternativvorschlägen. Vorberatungen in der Volksversammlung boten daher nur ein allgemeines Stimmungsbild. In diesem Punkt ergibt sich ein fundamentaler Unterschied zu den athenischen Verhältnissen.

Auch die Abstimmung in der Volksversammlung, die durch Zuruf (Akklamation) und nicht durch Handerheben stattfand, unterschied sich deutlich von der demokratischen Stimmenauszählung in Athen. In Zweifelsfällen und – wie Thukydides (1,87) anlässlich der Verhandlungen vor dem Peloponnesischen Krieg nahelegt – zugleich zur Bekräftigung der Wirksamkeit des Ergebnisses fand die Abstimmung durch Auseinandertreten in zwei Gruppen (sog. Hammelsprung) statt.

Das Einberufungsrecht für die Volksversammlung lag offenbar ursprünglich bei den Königen, möglicherweise auch bei den Geronten. Aus der Großen Rhetra ist zu entnehmen, dass die Könige in jener Zeit auch Antragsteller waren und die Versammlung wieder entließen. Die Ephoren dürften erst im 6. Jahrhundert zu Berufern der Volksversammlung geworden sein, als sich für sie sowohl im außen- als auch im innenpolitischen Umfeld neue Handlungsaufgaben stellten. Die Leitung der Volksversammlung lag ab jetzt regelmäßig bei den Ephoren.

Im Jahre 432 führte der Ephor Sthenelaïdas in der Volksversammlung eine Abstimmung im Hinblick auf den Krieg mit Athen herbei (Thuk. 1,87), so dass er zusammen mit seinen anderen Kollegen im Ephorat wohl auch zur Sitzungsleitung gehörte. Ein weiterer Beleg könnte der im Jahre 345 erwähnte Fall darstellen, als die Ephoren einen Geronten auslosten, der den Antrag eines anderen (wohl nichtbeamteten) Spartiaten wiederholen sollte, worauf er von der Volksversammlung angenommen wurde (Aisch. 1,180 f.; Plut. mor. 801c). Ein letzter Fall ephorischer Versammlungsleitung ist schließlich für Lysandros im Jahre 243/42 belegt (Plut. Agis 9).

Die Könige sind in klassischer und hellenistischer Zeit nicht mehr als Versammlungsleiter fassbar. Sie traten außer in den Fällen des Jahres 432 und 243/42 nur noch in wenigen überlieferten Beispielen argumentierend in der Volksversammlung auf. Zugleich wandten sie sich aber bei politischen und militärischen Anliegen im Vorfeld öfters an die Ephoren, um über sie zu den gewünschten Maßnahmen zu gelangen. Die Ephoren wurden auch sonst und vor allem von Auswärtigen als politische Anlaufstelle kontaktiert, von der aus die Anliegen in die Volksversammlung getragen wurden (Hdt. 9,7 f.; Thuk. 5,36; Xen. Hell. 2,2,13 ff.).

Obwohl die Volksversammlung als gesetzgebendes Organ fungierte, haben wir dazu erst im Jahre 243/42 einen konkreten Fall belegt (Plut. Agis 8 ff.). Dieser betraf die Frage der Ackerverteilung und Schuldentilgung, die bis dahin nie öffentlich zur Diskussion gestanden hatten, sofern wir das vermeintliche Gesetz des Epitadeus aus dem frühen 4. Jahrhundert ausschließen. In der Zeit des 5. und 4. Jahrhunderts erscheint die Beratung über Krieg und Frieden in den Quellen als häufigste Tätigkeit der Volksversammlung. Oft verband sich die Kriegsfrage jedoch mit übergeordneten außenpolitischen Grundsatzentscheiden. Auch Probleme, die sich aus dem Handeln der Feldherren ergaben und innenpolitische Rückwirkungen mit sich brachten, standen wiederholt zur Debatte. Jedoch nur in einem Falle ist in dieser Beziehung ein normatives Gesetz der Volksversammlung zu fassen, nämlich bei der Bestimmung aus der Zeit um 506, dass jeweils immer nur ein König ins Feld ziehen durfte (Hdt. 5,75). Ein weiteres Gesetz des Jahres 418 über zehn Begleiter im Felde (Thuk. 5,63) dürfte nur für König Agis gegolten haben. Insgesamt gab es also ein breites Spektrum an Regulationen, die den Staat immer wieder den veränderten Bedingungen anpassten und entsprechend absicherten.

Mikra Ekklesia

Xenophon (Hell. 3,3,8) berichtet im Zusammenhang mit der Kinadon-Verschwörung um das Jahr 399/98, dass die Ephoren, als sie von den Aufstandsplänen erfuhren, nicht einmal die Kleine Versammlung (*mikrá ekklesía*) einberiefen, sondern die Mitglieder der Gerusia einzeln an verschiedenen Orten versammelten und einen Beschluss über Kinadon fassten. Dies impliziert ein Verfahren, bei dem die Ephoren eine grundsätzliche Entscheidung mit Hilfe von Geronten dezentral trafen. Die genaue Zusammensetzung und Bedeutung der dabei übergangenen Kleinen Versammlung bleibt aber unklar.

Wenig plausibel ist eine Gleichsetzung der Mikra Ekklesia mit der Gerusia oder den Tele, die in der Regel die leitenden Gremien Spartas (Ephoren, Geronten und Könige) umfassen und von der Volksversammlung (*ekklesía*) losgelöst sind. Problematisch ist auch die Annahme einer spontan einberufenen und damit inkompletten Volksversammlung, da in Sparta für willkürliche Berufungen des Volkes keine Anzeichen bestehen; einzelne Regierungsgremien handelten im Bedarfsfalle – wie auch die vorliegende Aktion zeigt – vielmehr auch ohne Volksversammlung. Naheliegender ist daher, dass die Kleine Versammlung aus einem engen Kreis maßgeblicher Leute, also nicht der Gesamtheit der Spartiaten, bestand und von den Ephoren für rasche Entscheidungen zusammengerufen wurde. Auch wenn es sich bei diesen Leuten offenbar vorwiegend um Geronten handelte, so dürfte die Kleine Versammlung dennoch eine *ad hoc* einberufene Versammlung aller im Moment verfügbaren angesehenen Bürger verkörpert haben. Im Falle der Kinadon-Verschwörung musste der Kreis noch enger gezogen und auf offizielle Würdenträger beschränkt werden, um die Sache unter Verschluss zu halten und die verdeckt vorzunehmende Amtshandlung dennoch zu sanktionieren. Insgesamt gibt die Mikra Ekklesia jedenfalls einen weiteren Hinweis auf die oligarchische Prägung der spartanischen Politik.

VIII. Gesellschaft

Die spartanische Gesellschaft kannte hauptsächlich drei Bevölkerungsgruppen, nämlich die als Spartiaten bezeichneter Vollbürger, die außerhalb von Sparta siedelnden freien Periöken und die unterworfenen rechtlosen Heloten, welche die Felder der Spartiaten in Lakonien und Messenien bewirtschafteten. Dazu kamen verschiedene Gruppen von Minderberechtigten und persönliche Dienstleute bzw. Sklaven. Durch die Arbeit der Heloten wurden die Bürger entlastet und konnten sich um militärische und staatliche Aufgaben kümmern.

Heloten

Die Heloten (*heilótes/heilótai*, »Gefangene«) bildeten den unfreien, aber größten Bevölkerungsteil des lakedaimonischen Staates und zählten wohl über 100.000 Angehörige. In Lakonien gingen die Heloten offenbar auf die vordorische Bevölkerung zurück, die von den Spartanern unterworfen worden war. Einen möglichen Hinweis darauf gibt die Kulttradition im Poseidontempel vom Kap Tainaron, wo die Heloten Asylrecht genossen. Die antike Etymologie leitete ihren Namen von Helos bzw. der Helos-Ebene ab (Paus. 3,20,6), in der viele Heloten als Ackerbauern angesiedelt waren. Die Heloten waren an den bewirtschafteten Boden gebunden und zu Abgaben an ihre Herren verpflichtet. Damit bildeten sie eine entscheidende wirtschaftliche Grundlage des spartiatischen Bürgerverbandes (Ducat 1990).

Das in Lakonien entwickelte Abhängigkeitsmodell kam auch bei der Eroberung Messeniens zur Anwendung und fand jetzt nach wohl unsystematischen Anfängen seine Vereinheitlichung (Welwei 2006). Aus Tyrtaios (frg. 5G–P) wird deutlich, dass zumindest Teile Messeniens nach der Zeit des ersten Messenischen Krieges unterjocht waren und die Bewohner die Hälfte ihrer Erträge den spartanischen Herren (*despótai*) abliefern und beim Tod ihres Gebieters um diesen klagen mussten. Für diese Personengruppe ist also anzunehmen, dass sie im Zusammenhang mit den Messenischen Kriegen zu Heloten degradiert und wie die lakedaimonischen Heloten als Zulieferer für spartanische Bürger eingesetzt wurde.

Trotz der persönlichen Bindung an ihre Gebieter waren die Heloten nur bedingt Eigentum des einzelnen Bürgers, denn sie blieben auch bei einem Besitzerwechsel grundsätzlich mit ihrem Boden verbunden. Freigelassen werden konnten sie nur von der spartanischen Gemeinschaft und blieben damit offiziell unter deren Obhut (Strab. 8,5,4; Paus. 3,20,6). Die Bindung an die Gemeinde kommt ferner darin zum Ausdruck, dass die Heloten an den Begräbnissen der Könige teilnehmen mussten (Hdt. 6,58). Durch das gemeinschaftliche Prinzip wurde die Möglichkeit, mit Heloten Sklavengeschäfte zu betreiben und für persönlichen Machtzuwachs zu sorgen, eingeschränkt. Die Dienstbarkeit des unterdrückten Bevölkerungsteils sollte sich auf das Interesse der ganzen

Bürgerschaft beziehen. Auch die Profilierungsmöglichkeiten durch Begünstigung oder Befreiungsangebote waren nur sehr beschränkt. Der Regent Pausanias, der im Anschluss an die Perserkriege entsprechende Verhandlungen mit den Heloten führte, um sich dadurch eine starke Anhängerschaft zu verschaffen, wurde als Staatsfeind betrachtet und war dem Tode geweiht (Thuk. 1,132 ff.).

Heloten waren grundsätzlich rechtlos und wurden als potentielle Feinde behandelt. In diesem Sinne ging an sie auch eine jährliche Kriegserklärung der Ephoren (Plut. Lyk. 28). Dadurch wurden allfällige Tötungen von Heloten, etwa im Rahmen der Krypteia, gerechtfertigt. Dennoch besaßen die Heloten einen gewissen informellen Schutz, wie schon ihr Asylort zeigt. Falls ein Spartiat bei der Einforderung der Abgaben die festgelegte Grenze überschritt, soll er der Verfluchung anheimgefallen sein (Plut. mor. 239e). Die Heloten genossen demzufolge eine regelmäßige Selbstbeteiligung an der Ernte, hatten also Besitz und konnten ein reguläres Familienleben führen. Pollux (3,83) siedelt die Heloten dementsprechend »zwischen Freien und Sklaven« an. Dennoch bezeichnen andere Quellen die Helotie als die drückendste Form der Sklaverei (Kritias 88b 37; Plut. Lyk. 28,11). Thukydides (4,80) erachtet die Furcht vor den Heloten als dauerhafte Triebkraft bei staatlichen Handlungen und berichtet, dass die Spartiaten in der Notsituation nach der Niederlage auf Sphakteria (425/24) 2000 Heloten aus Furcht vor einem Aufstand umbringen ließen. Dies erscheint jedoch als einmalige Aktion, deren Ausmaß zudem unklar bleibt.

Ein grundsätzlicher Unterschied ist zwischen den lakonischen und den messenischen Heloten in Rechnung zu stellen. Während die Heloten in Lakonien in verstreuten Gehöften lebten, bestanden in Messenien agglomerierte Siedlungen mit eigenen Dorfvorstehern als Kontrollorgan (Luraghi–Alcock 2003 [Hodkinson]; Schmitz 2014). Gefahr ging in erster Linie von den messenischen Heloten aus, die als ehemalige Freie eine nationale Identität bewahrten. Gegen sie versuchten sich die Spartaner schon durch die Verträge mit anderen Gemeinden im Rahmen des sog. Peloponnesischen Bundes zu schützen (Baltrusch 2001). Die Messenier zettelten in den 460er Jahren einen Aufstand an (sog. dritter Messenischer Krieg), an dem sich offenbar auch einige lakedaimonische Heloten und zwei Periökengemeinden (das messenische Thouria und Aithaia) beteiligten (Thuk. 1,101,2). Zu einem übergeordneten Plan der Heloten und Periöken, Sparta anzugreifen, dürfte es jedoch nicht gekommen sein. Vielmehr kann davon ausgegangen werden, dass sich nur eine Minderheit der lakedaimonischen Heloten an dem Aufstand beteiligte und sich die Erhebung auf Messenien konzentrierte.

Aufgrund dieses lange währenden Aufstandes der Messenier kann vermutet werden, dass die Unterdrückung der Heloten weiter institutionalisiert wurde. Plutarch (Lyk. 28) ist der Meinung, dass erst jetzt der Zeitpunkt gegeben war, das Ritual der jährlichen Kriegserklärung an die Heloten sowie die Krypteia einzuführen – womit er freilich Lykurg von diesen Institutionen entlasten wollte. Plutarch berichtet auch von den Auftritten, die die Heloten in betrunkenem Zustand zur Unterhaltung an den Syssitien der Spartiaten machen mussten. Ein anderes Zeugnis erwähnt die degradierende Lederkleidung, welche die Heloten zu tragen hatten (Athen. 14,657c–d). Über das Alter und den Verbreitungsgrad dieser Gebräuche wissen wir allerdings nichts.

Demgegenüber ist speziell in Lakonien auch mit einem engen Vertrauensverhältnis zwischen den Heloten und ihren Herren zu rechnen. Dieses ergab sich nicht nur aus dem gemeinsamen Haushalt, in dem neben den Heloten in geringerem Maße offenbar auch andere bedienstete Sklaven (Kriegs- oder Kaufsklaven) tätig waren (Plat. Alk. 1,122d; Plut. Comp. Lyk. Num. 24,7). Die Heloten dienten ihren Herren nämlich auch auf Feldzügen als Waffenträger oder agierten selber als Leichtbewaffnete. Heloten sind zum ersten Mal im Jahre 494 unter Kleomenes im Felde fassbar (Hdt. 6,81) und fungierten in den Perserkriegen nicht nur als persönliche Begleiter der Spartiaten, sondern auch als leichtbewaffnete Mitkämpfer (9,10. 28 f.); dabei dürfte die Zahl von sieben Heloten pro Spartiate – also insgesamt 35 000 – aber stark übertrieben sein. In Form einer solchen Hilfsmannschaft waren sie möglicherweise schon für den frühen Hoplitenverband tätig. Im Peloponnesischen Krieg wurde unter Brasidas erstmals eine Truppe von 700 Heloten mitgeführt, die anschließend freigelassen wurden. Seither wurden die Heloten zunehmend als Soldaten eingesetzt und als Neodamoden (Neubürger) in die Freiheit entlassen. Als Vorsichtsmaßnahme erwähnt Xenophon (Lak. pol. 12,4), dass im Kriegslager die Waffen von den »Sklaven« getrennt blieben.

Als nach der spartanischen Niederlage bei Leuktra (371) eine Invasion des feindlichen Heeres unter Epaminondas nach Lakonien und Sparta drohte, erging ein Aufruf an die Heloten, sich – unter dem Versprechen auf Freiheit – als Soldaten einzuschreiben, dem angeblich über 6000 gefolgt sind (Xen. Hell. 6,5,28 f.). Die Rekrutierten scheinen sich in der Folge aber nicht bewährt bzw. zu den Gegnern abgesetzt zu haben (Plut. Ages. 32). Messenien ging im Jahre 369 durch eine Erhebung verloren. In Lakonien blieben die Helotengebiete bis ins 2. Jahrhundert erhalten, ohne dass wir von weiteren Aufständen erfahren.

Die Helotie dürfte im 3. Jahrhundert auch in die Reformpläne von Agis und Kleomenes einbezogen gewesen sein, wie eine Angabe bei Plutarch (Lyk. 8,7) vermuten lässt. Dieser berichtet entgegen Tyrtaios, dass die Heloten von den Erträgen ihres Landloses 82 Medimnen Getreide und eine entsprechende Menge an »flüssigen Früchten« (wohl Wein, Käse und Feigen, vgl. Lyk. 12) abliefern mussten. Ein solches System ist freilich bei den wechselnden Besitzverhältnissen und Erntererträgen kaum praktikabel und dürfte auf die in hellenistischer Zeit entwickelte Vorstellung zurückzuführen sein, dass Lykurg einst gleichmäßige Ackerlose auf die Bürger verteilt hatte. Die Institution der Helotie blieb trotz zahlreicher Freilassungen in hellenistischer Zeit bis zur römischen Herrschaft bestehen, wurde aber zunehmend durch die auch anderenorts üblichen Formen der Sklaverei ersetzt.

Periöken

Die Periöken (*períoikoi*), die um Sparta »Herumwohnenden«, waren hauptsächlich an den Randzonen der lakonischen Ebene angesiedelt. Ihre Zahl dürfte sich auf mehrere zehntausend belaufen haben. Die Periöken hatten zwar kein spartanisches Bürgerrecht, waren aber frei und zugleich vollwertige Mitglieder des lakedaimonischen Staates. Die Entstehung dieses Staates ist auf unterschiedliche Weise vorstellbar, muss aber in der alten Landschaft Lakonien einen entscheidenden identitätsstiftenden Rahmen gefunden haben. Bei den Periöken dürfte es sich hauptsächlich um vordorische Gemeinden handeln, die von Sparta als neuem Machtzentrum entweder erobert oder auf andere Weise vereinnahmt wurden. Denkbar sind auch dorisch infiltrierte oder sogar rein dorische Orte, die im lakedaimonischen Staatswesen aufgingen. Darüber hinaus gab es offenbar auch Neuansiedlungen von Sparta aus, wobei aber kaum mit der Auslagerung von spartiatischen Bürgern zu rechnen ist. Vielmehr dürfte es sich um auswärtige Zuzügler gehandelt haben, wie dies in der Frühzeit für Leute aus der Argolis im messenischen Asine und Methone (Paus. 4,8,3. 14,3. 35,2) oder im Jahre 431 für die Aigineten in Thyrea (Thuk. 2,27; 4,56) überliefert ist.

Strabon (8,4,11) berichtet für die Frühzeit vom hundertstädtigen Lakonien, wobei in archaischer und klassischer Zeit aber nur 17 lakonische und fünf messenische »Poleis« überliefert sind (Shipley 1997). Erst in späterer Zeit sind für die beiden Landschaften insgesamt weit über hundert Ortsnamen tradiert. Als »Poleis« genossen die Periökenorte gewisse lokale Autonomie, konnten ihre inneren Angelegenheiten also weitgehend selbständig regeln. Außenpolitisch waren die Periöken jedoch unselbständig und hatten sich den Entscheiden Spartas zu fügen. Während sich die Heloten hauptsächlich mit Ackerbau beschäftigten, waren die Periöken nach traditioneller Ansicht vorwiegend für das Handwerk und den Handel zuständig, wozu gerade in Gytheion und Kythera auch die geeignete Lage am Meer bestand. Trotz solcher Geschäfte waren die Periöken aber von Hause aus ebenfalls Bauern bzw. Landbesitzer und kannten sowohl eigene Sklaven als auch eine gebildete Oberschicht (Xen. Hell. 5,3,9), die sich u. a. an den Olympischen Spielen beteiligte (Hampl 1937).

Die Könige besaßen im Periökengebiet Ländereien (Xen. Lak. pol. 15,3) und erhielten von den Bewohnern teilweise Steuern. Die Abgaben bezogen sich offenbar aber nur auf spezielle Ländereien, die verpachtet waren. Eine allgemeine Abgabe der Periöken ist nicht bekannt. Im Weiteren hatten die Periöken zumindest teilweise an den Begräbnissen der Könige teilzunehmen (Hdt. 6,58). Dies spiegelt wiederum ihre Integration als Bürger des lakedaimonischen Staates, die nach außen hin rechtlich keinen Unterschied zu den Vollbürgern erkennen ließ. Dennoch besaßen die Periöken kein volles Bürgerrecht wie die Spartiaten. Damit war weder die Übernahme von politischen Ämtern noch die Teilnahme an der Volksversammlung in Sparta möglich. Die Integration in den lake-

Abb. 8: Der Hafen von Gytheion

daimonischen Staatsverband basierte einerseits auf der wirtschaftlichen Bedeutung der Periöken, andererseits auf deren Teilnahme an militärischen Unternehmungen.

Trotz der Autonomie der Periöken konnten die Spartaner aber offenbar jederzeit ordnend in ihre Gemeinwesen eingreifen (Xen. Hell. 3,3,8). In klassischer Zeit hatten die Ephoren angeblich auch das Recht, Periöken ohne Gerichtsverfahren hinrichten zu lassen (Isokr. 12,181). Möglicherweise bezogen sich die richterlichen Eingriffe der Ephoren aber nur auf Streitfälle zwischen Spartiaten und Periöken, so dass wohl auch mit einer autonomen lokalen Gerichtsbarkeit in den Periökenorten zu rechnen ist.

Auf die Insel Kythera entsandten die Spartaner nach Thukydides (4,53,2 f.) bis zum Überfall der Athener im Jahre 424 jährlich einen Richter (*kytherodíkes*) und unterhielten eine ständige Besatzung. Es bleibt unbekannt, ob dieser Richter generell für die Rechtsprechung auf der Insel zuständig war oder etwa nur für Streitfälle zwischen Spartanern und Inselbewohnern. Auf einer Inschrift wohl des früheren 4. Jahrhunderts von Kythera (IG V 1,937) wird ein »Harmost« (also ein spezieller Verwaltungsbeamter) genannt, wobei aber unklar ist, ob er von Sparta aus delegiert wurde. Die Scholien zu Pindar (Ol. 6,154) erwähnen im Weiteren sogar »20 Harmosten der Lakedaimonier«. Es ist jedoch fraglich, ob diese Beamten wirklich auf die Periöken zu beziehen sind. Harmosten kennen wir insbesondere als militärische Befehlshaber im Peloponnesischen Krieg. Dies legt nahe, dass solche Befehlshaber von Besatzungstruppen nur bei besonderer militärischer Notwendigkeit abkommandiert wurden. Als allgemein verbreitetes Herrschaftsinstrument im lakedaimonischen Staat sind sie nicht nachzuweisen.

Selbst bei 20 Vertretern wäre nicht in jeder Periökengemeinde ein Harmost stationiert gewesen. Die Periöken waren vielmehr ohne Beraubung ihrer inneren Autonomie an den spartanischen Staatsverband angegliedert worden und stellten einen untrennbaren Teil dieses Staates dar. Trotz der frühen Machtexpansion Spartas in Lakonien ist der »Staat der Lakedaimonier« begrifflich jedoch erst in der zweiten Hälfte des 6. Jahrhunderts auszumachen (Inschriften in Olympia). In dieser Zeit dürfte den Periöken eine besondere Bedeutung zugekommen sein, da Sparta kriegerische Aktionen über das Meer unternahm (etwa nach Samos um 525/24) und dabei auf die Häfen und Schiffe der Periöken angewiesen war. Der Staat der Lakedaimonier ist damit insgesamt erst allmählich gewachsen und hat sich den wandelnden Bedürfnissen angepasst. Spezielle Verwaltungsorgane oder eine permanente militärische Überwachung der Periöken sind nicht bekannt. Allerdings handelte es sich um ein klar definiertes Abhängigkeitsverhältnis, das die Zugehörigkeit der Periöken langfristig absicherte.

Die Periöken waren grundsätzlich zur Heeresfolge verpflichtet und stellten schon bei Plataiai im Jahre 479 die Hälfte des 10.000 Mann umfassenden Heeres der Lakedaimonier (Hdt. 9,11). Im Verlaufe des 5. Jahrhunderts wurden die Periöken dann voll in die spartanische Phalanx integriert, konnten also auch Führungsämter übernehmen. Die periökischen Skiriten bildeten eine eigene Einheit, die traditionell auf dem linken Flügel stand (Thuk. 5,67,1). Der vermehrte Einsatz der Periöken während des Peloponnesischen Krieges und der anschließenden Phase der Hegemonie führte indes zu einem Problem. Durch die wachsenden Strapazen wurde bei den Periöken – trotz ihrer loyalen Grundhaltung – die Tendenz zum Widerstand gefördert (Xen. Hell. 3,3,6; 6,5,32; 7,2,2; Plut. Ages. 32). Im Jahre 369 erlangten die Periöken in Messenien gemeinsam mit den Heloten die Unabhängigkeit, während die lakonischen Periöken erst im 2. Jahrhundert selbständig wurden.

Die Bürgerschaft als Homoioi

Die Spartiaten (*Spartiátai*), die im Besitz des vollen Bürgerrechts waren, bildeten mit wenig tausend Mitgliedern die eigentliche Elite des spartanischen Staates und bestimmten das militärische und politische Geschehen. Sie mussten eine öffentliche Erziehung durchlaufen und Land besitzen, das die Abgabe von monatlichen Beiträgen an die institutionalisierten Gemeinschaftsmähler der Männer (Syssitien) ermöglichte (Plut. Lyk. 12). Im Mannesalter durften sie zudem an den Volksversammlungen teilnehmen und staatliche Ämter übernehmen, waren im Alter von 20–60 Jahren aber auch militärdienstpflichtig. Für die Bürger hat sich auch die Bezeichnung der »Gleichen« (*hómoioi*) herausgebildet, wofür meist schon die Zeit der Messenischen Kriegen namhaft gemacht wurde (Link 2000; Meier 2006). Dass sich die spartanische Bürgerschaft erst allmählich bzw. in einem späteren Kontext zu einer verschworenen Gemeinschaft von offiziell Gleichgestellten konstituierte, soll im Folgenden dargelegt werden.

Mit den Perserkriegen war Sparta erstmals von außen grundlegend bedroht und der Gefahr einer Fremdherrschaft ausgesetzt. Durch die neuen Führungsaufgaben bot sich für einzelne Persönlichkeiten die Chance, bedeutendes Ansehen zu gewinnen, so dass auch verstärkte Kontrollmechanismen eingeführt werden mussten. Dies bildete die Grundlage für ein neues Ideal der Unterordnung und ideologische Appelle, die sich jetzt mit der Gleichheit der Bürger als Homoioi verbanden. Als sich zur Zeit der Pentekontaetie neue Gefahrensituationen und verschärfte Auseinandersetzungen mit militärischen Führern ergaben, war Sparta darauf vorbereitet, sowohl die Kontrollmechanismen als auch den Unterordnungsgedanken auszubauen und die Bürger propagandistisch an die Polis zu binden.

Da die Perserkriege Ansätze zu einer neuen Polarisierung an der Spitze der Bürgerschaft geführt hatten, drängten sich auch aus der Sicht der Oberschicht weitere politische Ausgleichsmechanismen auf. Die durch die militärischen Führungsaufgaben erlangten Machtpositionen sollten einerseits durch gezielte Kontrollmaßnahmen, andererseits durch eine längerfristige Proklamierung des Gehorsams wieder neutralisiert werden. Dies war die Voraussetzung dafür, sich auf die Stellung in der Peloponnes zurückzubesinnen und eine Ideologie zu verbreiten, die sich an dem gemeinschaftlichen Leben orientierte. Da sich die Betätigungsmöglichkeiten der nach oben drängenden Leute insgesamt nach wie vor in engen Grenzen bewegten, war das entstehende Propagandainstrumentarium auch geeignet, die auf diesem Gebiet anstehenden Ansprüche zu kompensieren. Die Epoche der Perserkriege schuf damit die Grundlagen für die Abschlusstendenzen der spartanischen Polis nach außen, wie sie uns Thukydides (1,68 ff.) im Vorfeld des Peloponnesischen Krieges schildert.

Sparta hatte in den Perserkriegen erstmals seit der Niederlage des Anchimolios bei Phaleron im Jahre 511 wieder größere Bürgerverluste in Kauf nehmen müssen. Herodot berichtet für die Thermopylen von 299 bzw. 298 Toten (7,229. 232), für Plataiai von 91 Toten (9,70). Die Gefahrensituation brachte es mit sich, dass die Bürger enger zusammenstanden und sich vertieft auf die Grundwerte der Polis und ihre Unabhängigkeit besannen. Nach der Schlacht von Plataiai erfolgte dementsprechend die Einrichtung eines Kultes für Zeus Eleutherios (Thuk. 2,71; Plut. Arist. 19 ff.). Der erreichte Sieg förderte die Tendenz, die bestehenden politischen Strukturen zu bewahren und gezielt an den Ursprung des Gemeinwesens zu erinnern. In diesem Zusammenhang bildete sich eine Tradition heraus, welche die staatliche Ordnung nicht mehr auf die Urkönige, sondern auf das Vorbild Lykurg zurückführte und um diesen eine Legende bildete. Gleichzeitig wurde auch außerhalb der Peloponnes ein neues Idealbild des in seinen Grundzügen unerschütterten spartanischen Gemeinwesens entwickelt.

Die Grabepigramme für die Thermopylen-Kämpfer (Hdt. 7,228) waren geeignet, die Spartaner in Zukunft als besonders gesetzestreu und mannhaft zu charakterisieren. Plataiai wurde bei Aischylos (Pers. 816 f.) als Sieg der »dorischen Lanze« bezeichnet, und auch bei Pindar kommt Bewunderung für die Dorier zum Ausdruck. Gleichzeitig diente der Mythos des Leonidas und der Standhaftigkeit der Spartaner dazu, den Bürgerverband unter eine gemeinsame Ideologie zu stellen und sich gegen die übrigen griechischen Poleis abzugrenzen. Die Hervorhebung von Leonidas' Tod sollte nicht nur die Unterordnung des Bürgers unter den Staat proklamieren, sondern auch führende Einzelpersönlichkeiten einbinden.

Demgegenüber figurierten Aristodemos und Pantites, welche die Thermopylen-Schlacht überlebt hatten, als negative Beispiele; sie mussten sich als »Zitterer« (*trésantes*) in Sparta schwerer Entehrung unterziehen (Hdt. 7,229 ff.; 9,71). Im Anschluss an die Perserkriege ist generell mit einer verschärften Bestrafung von Tresantes zu rechnen, da diese zur Zeit der Pentekontaetie nicht mehr zum Kriegsdienst zugelassen wurden.

Im Zuge des großen Erdbebens der 460er Jahre, das sich mit einem Aufstand der messenischen Heloten verband, erlitt Sparta weitere Rückschläge. Diodor (11,63) beziffert die durch das Erdbeben bewirkten Bevölkerungsverluste auf über 20.000 Lakedaimonier. Eckpfeiler für die Ermittlung der Bürgerzahlen im 5. Jahrhundert sind die Heere der Schlachten von Plataiai (479) und Mantineia (418). Für Plataiai nennt Herodot (9,10) 5000 Spartiaten – während er die Bürgerzahl insgesamt auf 8000 veranschlagt (7,234). Für die Schlacht von Mantineia kann aufgrund von Thukydides (5,64. 67 f.) mit ca. 1500 Spartiaten im Aufgebot (bzw. 1600–1900 im vollen Aufgebot) gerechnet werden. Diese Zahlen sind jedoch äußerst unzuverlässig und erlauben keine sicheren Berechnungen der Bevölkerung. Andererseits ist es unbestritten, dass das Erdbeben temporär zu großen Bevölkerungsverlusten führte, auch wenn dies nicht als zentraler Faktor der spartanischen Oliganthropia (»Menschenmangel«) gelten kann.

Die Verluste im Zuge des Erdbebens konnten insgesamt nicht ohne Auswirkungen bleiben. Die Reihen der überlebenden Bürger wurden nochmals enger geschlossen und die Leitideologie in Verbindung mit dem Lykurg- und Leonidas-Mythos zusätzlich gefördert. Die verstärkten politischen und sozialen Probleme zur Zeit der Pentekontaetie führten dazu, dass bürgerliche Normen und gesellschaftliche Regeln neu eingeschärft wurden. Dies legt es nahe, dass verschiedene gesetzliche Regelungen bzw. soziale Konventionen, die zeitlich nicht genau datiert werden können, in dieser Zeit zustandegekommen sind. Das Erdbeben dürfte demnach zu einem eigentlichen Schub in der Verfestigung gesellschaftlicher Normen geführt haben, wodurch auch die Strafkompetenzen der Ephoren verstärkt gefordert wurden. Die betreffenden Regelungen lagen insbesondere auch im Interesse der einzelnen Familien und sollten zum Erhalt des Erbes beitragen.

Darunter fallen zunächst die Vergünstigungen für Väter mit mehr als zwei Söhnen, die bei drei Söhnen die Entlassung aus dem Militärdienst, bei vier Söhnen die Befreiung von Abgaben vorsahen (Aristot. pol. 1270b). Institutionalisiert wurden möglicherweise auch Ehen mit Helotinnen, aus denen die sog. Mothakes entsprossen, sowie die »Polyandrie« bzw. die von Xenophon (Lak. pol. 1) angedeuteten Möglichkeiten, außereheliche Kinder zu erzeugen. Die Spartaner mussten in der Tat ein Interesse daran haben, ihre Reihen möglichst bald wieder aufzufüllen. Es wäre daher auch gut denkbar, dass die von Plutarch (Lyk. 15) genannten Maßnahmen gegen Junggesellen in diese Zeit fallen, die eine Bloßstellung und Herabwürdigung durch die Behörden vor der Bürgerschaft vorsahen, darunter das nackte Herumgehen auf dem Markt und Absingen von Spottliedern auf sich selbst.

Eine weitere Maßnahme, die Plutarch (Lyk. 13) Lykurg zuschreibt bzw. zu den neben der Großen Rhetra erwähnten ›Kleinen Rhetren‹ rechnet, könnte ebenfalls erst in die Zeit nach dem Erdbeben gehören. Gemeint ist die Verordnung, welche die Herstellung des Hausdaches nur mit dem Beil und diejenige der Türen nur mit der Säge erlaubte. Diese Maßnahme ist im Rahmen der reichen materiellen Kultur der archaischen Zeit wenig glaubhaft und passt eher zu den Bemühungen um eine Einbindung und Nivellierung der Elite, wie sie im 5. Jahrhundert angestrebt wurde. Im Anschluss an die großen Zerstörungen des Erdbebens wäre eine strengere Norm im Bauwesen insofern erklärlich, als sie einen schnellen Wiederaufbau der Häuser erlaubt hätte, ohne dass auf einzelne Bauten reicher Bauherren unnötig viel Zeit verschwendet worden wäre. Das vom einfachen Hausbau geprägte neue Erscheinungsbild Spartas dürfte Thukydides schließlich in seiner Auffassung bestärkt haben, dass die Unterschiede zwischen Arm und Reich in Sparta praktisch aufgehoben seien (1,6). Dabei hat er freilich übergangen, dass sich der Reichtum jetzt vielmehr ins Innere der Häuser verlagerte bzw. neue Formen der Repräsentation annahm.

Die genannten Disziplinierungsmaßnahmen für die Bürger werfen auch die Frage auf, inwieweit sich jetzt die staatliche Erziehung, mit deren umfassender Ausbildung üblicherweise schon im mittleren 6. Jahrhundert gerechnet wird, zu einer festen Institution etablierte. Die Agoge ist erst bei Plutarch (Lyk. 16 ff.) ausführlich beschrieben, ohne dass dabei konkrete Anhaltspunkte über ihren Ursprung geliefert werden. Plutarchs Schilderungen entsprechen jedoch dem römischen Zustand, der auf einem System aufbaute, das anlässlich der Reformen des 3. Jahrhunderts eingeführt worden war. Bei Xenophon (Lak. pol. 3,3) tritt die öffentliche Schulung erstmals implizit als Bedingung für den Bürgerstatus in Erscheinung. Öffentliche Erziehung bildete damit zu Beginn des 4. Jahrhunderts einen festen Bestandteil des spartanischen Staates, so dass die Aufwertung des Erziehungswesens zu einem umfassenden Instrument gesellschaftlicher Integration jedenfalls vor dem Ende des 5. Jahrhunderts stattgefunden haben muss.

Nach Plutarch (Arist. 17) soll in Reminiszenz an die duldsamen und tapferen Spartaner von Plataiai das Schlagen von Jünglingen im Bezirk der Artemis Orthia eingeführt worden sein. Damit hätte sich im 5. Jahrhundert ein weiterer Bestandteil des Initiationsrituals im Rahmen der Jugenderziehung etabliert. Dabei handelte es sich aber noch nicht um die erst in späthellenistischer Zeit bezeugte rituelle Geißelung (*diamastígosis*), die später von den Römern geschätzt und bewundert wurde. Vielmehr haben wir es hier mit dem auch von Xenophon (Lak. pol. 2,9) erwähnten Initiationsritual zu tun, bei dem die Knaben unter Hieben von Altersgenossen Käse vom Altar stehlen mussten. Ob nach den Perserkriegen eine Verschärfung eines älteren Zeremoniells eingetreten ist, muss aber offenbleiben.

Schließlich kam es in der Zeit nach dem großen Erdbeben im Rahmen einer Heeresreform zur Neugliederung der militärischen Verbände und damit auch zu einer Neuformation der Bürgerschaft. In diesem Zusammenhang ist es einleuchtend, die strikte Zurückweisung des Handwerks als Beschäftigung für Bürger, wie sie erstmals bei Herodot (2,167) begegnet, ebenfalls in diesen Kontext der bürgerlichen Neuorientierung einzuordnen. Anzeichen für gezielte Maßnahmen zur Beseitigung des Handwerks als bürgerlicher Tätigkeit gibt es im 6. Jahrhundert nicht. Der entscheidende Wandel im Verhältnis zu manuellen Tätigkeiten kann daher in dieser Zeit nicht gesichert werden und führt eher ins 5. Jahrhundert. Mit einem ausdrücklichen Verbot ist dabei spätestens im frühen 4. Jahrhundert zu rechnen (Cartledge 1976).

Durch die Heeresreform wurde die nach Phylen und Oben der Hauptstadt gegliederte Armee in Moren und Lochen umformiert, die aus Spartiaten und Periöken gemischt waren. Dadurch gelang es, die Abhängigkeit der Verbände von den spartanischen Phylen zu überwinden und die Periöken in das spartiatische Aufgebot zu integrieren. Eine Folge dieser Neuorganisation war aber auch, dass der Bürgerverband seine alte Identität wesentlich einbüßte. Es ist wohl mehr als ein Zufall, dass die dorischen Phylen als herkömmliche Gliederungseinheiten bei Pindar (Pyth. 1,61 ff.) zum letzten Mal begegnen und somit offenbar im 5. Jahrhundert an Bedeutung verloren. Dadurch wurde eine ursprünglich grundlegende Institution der Polis ausgehöhlt und musste durch neue gesellschaftliche Mechanismen ersetzt werden. Daher war im Anschluss an die Eingliederung der Periöken in den Hoplitenverband ein entscheidender Moment gegeben, den Status der Spartiaten als Homoioi zu bekräftigen.

Wie aus dem Wortgebrauch bei Herodot und Thukydides hervorgeht, hat die Bezeichnung *Spartiátai* offenbar nie die spezifische Bedeutung der am politischen Entscheidungsprozess Beteiligten angenommen; vielmehr war in diesem Zusammenhang – wie auch in Vertragsformularen – des öftern von *Lakedaimónioi* die Rede. Die *Spartiátai* stellten somit eher eine Art oberste Klasse im lakedaimonischen Staat dar, die sich von den übrigen Bevölkerungsgruppen abhob (Hdt. 6,58).

Die Bezeichnung der Spartaner als Homoioi ist erstmals bei Xenophon (Lak. pol. 10,7; 13,1. 7) überliefert. Bei Herodot und Thukydides gibt es demgegenüber implizit Hinweise darauf, dass der Begriff Homoioi in Bezug auf Sparta im 5. Jahrhundert schon in Gebrauch war (Shimron 1979). Herodot (3, 55) berichtet etwa, dass sich die Lakedaimonier auf Samos (um 525/24) im Vergleich mit den zwei im Kampf gefallenen Gefährten »nicht *hómoioi*« an Tapferkeit erwiesen hätten. Ähnliche Anspielungen können auch bei Thukydides festgestellt werden. Mit *hómoioi* wird bei Herodot und Thukydides sowohl die Tapferkeit als auch die charakterliche Beständigkeit und Grundsatztreue der Spartaner umschrieben, ohne die Spartaner explizit oder idealtypisch als Homoioi zu bezeichnen. Es ist daher zu vermuten, dass sich die Bezeichnung der Spartiaten als Homoioi im 5. Jahrhundert erst allmählich durchzusetzen begann.

Die Semantik zeigt, dass *hómoios* nur die Gleichheit der Art oder des Seins, also nicht Maßgleichheit bezeichnet. Mit dem Begriff wird demnach nicht Gleichheit des Besitzes, sondern Gleichheit in der bürgerlichen Mentalität gefordert. Durch die Proklamation von Gleichstellung konnte somit einerseits versucht werden, der Gefahr des Ausscherens einzelner Führungsspitzen aus dem Gemeinwesen entgegenzuwirken. Andererseits war es den Spartiaten möglich, sich durch die Bezeichnung Homoioi von den in den eigenen Reihen kämpfenden Periöken abzuheben. Da nicht die soziale Gleichheit der Bürger angestrebt wurde, muss die Abgrenzung von Ungleichen im Zusammenhang mit der Heeresreform im mittleren 5. Jahrhundert also in erster Linie gegenüber den Periöken erfolgt sein.

Das Aufkommen des Homoioi-Begriffs als spartanisches Wesensmerkmal geht aus dieser Sicht mit dem Bedeutungsverlust der Phyle als gesellschaftlicher Orientierungseinheit einher und verbindet sich mit gezielten Integrationsbemühungen, durch die führende Spartiaten mit übermäßigen Machtansprüchen neu eingebunden werden sollten. Durch die Bürgerverluste anlässlich des Erdbebens und die anschließende Aufnahme der Periöken ins Aufgebot der Spartiaten ergab sich der entscheidende Moment, die Bürgerschaft als Ganzes neu festzulegen.

Staat und Gesellschaft Spartas waren demnach auch im 5. Jahrhundert im Wandel begriffen geblieben und erhielten erst im Zuge persönlicher Machtbereicherung und gleichzeitiger Dezimierung der Bürger neue Kontrollmechanismen und ideologische Fundamente, die den Einzelnen bedingungslos unter die Gemeinschaft stellen sollten. Die führende Schicht war jetzt bereit, die Gleichheit offiziell auf den ganzen, in sich schon kleinen Bürgerverband auszubreiten. Im Zuge der gesteigerten Ansprüche einzelner herausragender Spartiaten sollte die ursprüngliche Gleichheit der Aristokraten, wie sie einst bei Homer vertreten worden war, neu gesichert werden. Ein anfänglich gemeingriechisches Prinzip, für das in Sparta freilich bis ins 5. Jahrhundert ein Beleg fehlt, erhielt dadurch seine spezifische spartanische Ausformung. Die Ähnlichkeit der Spartiaten erfuhr in der Folge besondere Hervorhebung, da sie aristokratisch geprägt war und damit auch das Fehlen wirklicher Gleichheit und Isonomia kaschierte.

Olympiasiege

An den Olympischen Spielen waren die athletischen Siege von Spartanern schon nach der Mitte des 6. Jahrhunderts augenfällig zurückgegangen, doch zeichnete sich seit dieser Zeit eine beachtliche Zahl von Siegern im Wagenrennen ab. Wagensiege konnten durchaus der ganzen Polis Prestige bringen, blieben aber dennoch stets mit dem Gespanninhaber verbunden, der über beträchtliche Ressourcen verfügen musste. Es ist naheliegend, dass die spartanische Führungsschicht auf diesem Gebiet eine neue Art des Vorrangs und internationalen Vergleichs suchte.

Wir haben zwei Spartiaten belegt, Lykinos und Anaxandros, die im mittleren 5. Jahrhundert zunächst noch einen athletischen Sieg errungen hatten, um das Jahr 430 dann aber im Wagenrennen erfolgreich waren (Moretti Nr. 324. 327). Da ab der Mitte des 5. Jahrhunderts athletische Siege fast gänzlich ausblieben, dürfte sich in dieser Zeit der entscheidende Wandel im Verhältnis zu den olympischen Disziplinen vollzogen haben. Dieser ging mit einer verstärkten Einbindung der Bürgerschaft in den Gemeinschaftsdienst einher und dokumentiert gleichzeitig das Bestreben der Oberschicht, auch unter den neuen Bedingungen ihre Exklusivität zu bewahren. Damit zeigt sich, dass offenbar erst zur Zeit der Pentekontaetie das sportliche Training des Einzelbürgers an Wert einbüßte, da man sich jetzt auf die militärischen Probleme im Heeresverband konzentrieren musste.

Durch den Wegfall athletischer Siege reduzierte sich andererseits der Umfang der Repräsentation mittels Siegerlisten, Gedenkstelen und Athletenweihungen. An deren Stelle wurden jetzt verschiedentlich Statuen und Stelen früherer Sieger errichtet (Paus. 3,13,9. 14,3), die sich zu den Denkmälern der gegenwärtigen Wagensieger gesellten. Dabei wurden zumindest in zwei Fällen auch Frauen als siegreiche Gespannbesitzerinnen ausgezeichnet, nämlich Kyniska, die Schwester von König Agesilaos, und Euryleonis (Paus. 3,8,1 f. 15,1. 17,6; Plut. Ages. 20,1; Anthologia Graeca 13,16).

Auch wenn die Siege im Wagenrennen dem Ansehen der ganzen Polis zuträglich sein konnten, unterstrichen sie dennoch das individuelle Verdienst der auf eine kleine Oberschicht konzentrierten Gespannbesitzer. Auch in dem Bereich der Siegerrepräsentation wurde also versucht, an die im Rahmen der Polis erreichten Erfolge zu erinnern, ohne aber künftig die materiellen Möglichkeiten der Oberschicht gänzlich zu durchkreuzen oder deren sozialen Vorrang in Frage zu stellen.

Gedenkstätten

Auffällig ist, dass nach den Perserkriegen die Kunstproduktion Spartas verflachte und damit zumindest teilweise aristokratischer Prunksucht den Boden entzog. Den letzten fassbaren Großbau stellt im 5. Jahrhundert die Persische Stoa dar, die im Anschluss an die Perserkriege die militärischen Siege in Erinnerung bewahren sollte (Paus. 3,11,3). Sie verkörperte – wohl im Gegensatz zu dem Thron von Amyklai aus dem 6. Jahrhundert, der an die Aigeiden erinnerte – nicht ein familienbezogenes, sondern ein mit der ganzen Bürgerschaft verbundenes Bauwerk. Dies entspricht der auch auf anderen Gebieten zu verfolgenden Tendenz, kollektive bürgerliche Werte zu propagieren. Die Verminderung der Kunstproduktion ging in der Folge mit der Einführung einer neuen Gemeinschaftsideologie einher. Die Schaffung eines urbanistischen Zentrums, verbunden mit Repräsentationsmöglichkeiten durch Kunst und Architektur, wie sie in Athen im Anschluss an die Perserkriege erfolgte, blieb in Sparta dementsprechend aus. Auch der Wiederaufbau nach dem Erdbeben sollte nicht für eindrucksvolle Neugestaltungen genutzt werden. Dies dürfte auch das Bild bei Thukydides (1,10) geprägt haben, wonach in Sparta keine kostbaren Tempel und Bauten vorhanden waren und dorfweise gesiedelt wurde.

Abgesehen von den sportlichen Auszeichnungen war es erst nach dem Tod möglich, dass herausragende Bürger durch Kultmale oder Gedenkmonumente geehrt wurden. Eine wichtige Rolle spielten dabei die für herausragende Thermopylen-Kämpfer geschaffenen Stätten. Der von Xerxes enthauptete und gepfählte Leonidas war zunächst mit den anderen Gefallenen am Schlachtort begraben worden (Hdt. 7,228. 238). Dies hatte dazu geführt, dass bei den Trauerfeierlichkeiten in Sparta anstelle der leiblichen Überreste eine Statue mit porträthaften Zügen (*eídolon*) mitgeführt wurde. Aus dieser Episode bei Herodot (6,58,3) wurde offenbar ein allgemeiner spartanischer Brauch abgeleitet: Fiel ein König im Krieg, so wurde ein Bild des Toten angefertigt und auf einer reichgeschmückten Bahre zu Grabe getragen. Die Ereignisse um Leonidas hatten also auch in diesem Zusammenhang normative Wirkung (Schaefer 1957; Toher 1999).

Im Jahre 440 sollen laut Pausanias (3,14,1) die Gebeine des Leonidas nach Sparta überführt und zusammen mit dem Regenten Pausanias durch einen jährlichen Wettkampf (Agon) und eine Gefallenenrede (Logos Epitaphios) kultisch verehrt worden sein. An dem Wettkampf durften ausschließlich Spartiaten teilnehmen, so dass hier offensichtlich die Identität der Bürger gefördert werden sollte. Die Heimholung und kultische Verehrung des Leonidas fielen demnach in eine Zeit, in der Gesetzesgehorsam endgültig eingeschliffen und eine neue bürgerliche Verankerung gesucht wurde. Propagandistische Wirkung behielt das Ereignis aber auch in Zukunft, denn es ist anzunehmen, dass das gemeinsame Fest für Pausanias und Leonidas erst in späterer Zeit eingerichtet wurde.

Neben Leonidas erhielten im Verlaufe der Pentekontaetie auch andere Kämpfer der Perserkriege heroische Verehrung. Den Thermopylen-Kämpfern Maron und Alpheios, die sich für das Gemeinwesen in besonderer Weise aufgeopfert hatten (Hdt. 7,227), wurden Heiligtümer errichtet (Paus. 3,12,9). Eurybiades, dessen Todesjahr unbekannt ist, erhielt ein heroisches Grab (3,16,6), und schließlich wurde auch Pausanias nach anfänglichem Widerstand diese Ehre zuteil (3,14,1). Diese Erinnerungs- und Kultstätten befanden sich in unmittelbarer Nähe der Gedenkstätten des Gesetzgebers Lykurg, des Dichters Alkman oder des Sehers Chilon (3,15,2 ff.). Im Sparta des 5. Jahrhunderts siedelte sich damit offenbar eine große Zahl von Heroa an, die vorwiegend mythisch verklärte Gestalten verehrten und diese mit herausragenden Vertretern der Perserkriege in Verbindung brachten. Der spartanische Staat sollte durch die Idealisierung des heldenhaften Einsatzes für die Polis neue Verankerung erfahren.

Nach Plutarch (Lyk. 27; mor. 238d) soll schon der Gesetzgeber (Lykurg), der Bestattungen innerhalb der Stadt zuließ, Grabbeigaben verboten und namentliche Inschriften auf Gräbern nur im Falle des Todes auf dem Kampffeld bzw. (nach einer allgemein akzeptierten Emendation von K. Latte) im Wochenbett erlaubt haben. Das »Beigabenverbot« scheint sich seit dem 6. Jahrhundert im archäologischen Befund zwar weitgehend zu bestätigen, doch kann daraus nicht auf eine gezielte Reform geschlossen werden. Individuell gekennzeichnete Stelen für im Felde gefallene – und wohl auch dort bestattete – Bürger, die mit dem Beiwort *en polémo* (»im Krieg«) ausgezeichnet wurden, sind erst im 5. Jahrhundert fassbar und konzentrieren sich nicht nur auf das Stadtgebiet (Low 2006). Eine allgemeine Regel, die Bürger großteils ohne individuelle Kennzeichnung in der Stadt zu begraben, kann aus der Plutarchstelle nicht abgeleitet werden.

Die einfachen Gräber oder Stelen einzelner Krieger in der Nachbarschaft der städtischen Heroa hatten wohl eher exemplarischen Charakter. Spartanische Krieger wurden nämlich zur Hauptsache auf dem Schlachtfeld bzw. außerhalb Lakoniens begraben. Im Gegensatz zu Athen ist Individualismus im Begräbnisbereich Spartas freilich nur in sehr beschränkter Form fassbar; ferner fehlen auch Hinweise auf einen allgemeinen staatlichen Totenkult. Dennoch deuten die individuell gekennzeichneten Kriegermonumente darauf hin, dass der Tod im Kampf – in Reminiszenz an Tyrtaios – im Verlaufe des 5. Jahrhunderts wieder vermehrt ins tägliche Leben der Bewohner einbezogen wurde und eine Aufwertung erfuhr.

Im Ganzen ergeben sich im Anschluss an die Perserkriege Indizien für einen kulturellen Wandel, der sich mit Beschränkungen der individuellen Lebensweise verbindet und auf einen verstärkten Abschluss des spartanischen Gemeinwesens nach außen deutet. Die Maßnahmen im Bereich der Repräsentation sind wiederum als Selbstdisziplinierung der Bürgerschaft aufzufassen, die ihre Mitglieder im Zuge der personellen Probleme und Zurückbindung einzelner Exponenten konsequenter auf die Polis zu verpflichten versucht. Die Oberschicht erfuhr dadurch zwar Einschränkungen, konnte aber auch in diesem Bereich nach wie vor einen Vorsprung behaupten. Erst im Zusammenhang mit dem Peloponnesischen Krieg kam es zu einer neuen Steigerung individueller Ansprüche und Repräsentationsbestrebungen, wie insbesondere bei Lysander (Paus. 3,17,4) deutlich wird.

Xenelasia

Im Zusammenhang mit der Frage der Austerität des spartanischen Gemeinwesens ist schließlich noch das Problem der Fremdenvertreibung (*xenelasía*) aufzugreifen, die gemäß einer verbreiteten Ansicht in Sparta periodisch durchgeführt worden sei. Mit ihr gemeinsam erwähnen die Quellen zudem ein Verbot für individuelle Auslandsreisen bzw. -aufenthalte, das angeblich der Gefahr von Verweichlichung durch fremde Sitten vorbeugen sollte (Aristot. frg. 543R; vgl. Xen. Lak. pol. 14,4; Plut. Agis 11,2).

Bei dem Auslandsverbot dürfte es sich wiederum um eine Notmaßnahme des 5. Jahrhunderts gehandelt haben, bei der es angesichts der Bevölkerungsverluste und sinkenden Bürgerzahlen wohl in erster Linie um die Verfügbarkeit von Soldaten ging. Kontakte ins Ausland konnten jedenfalls damit nicht unterbunden werden, zumal sich diese schon durch die vielfältigen politischen und militärischen Missionen ergaben.

Auch die spartanische Fremdenvertreibung, die bei Plutarch (Lyk. 27,7) bis auf Lykurg zurückgeführt wird, ist nicht als traditionelles spartanisches Charakteristikum zu werten, sondern erst im Verlaufe des 5. Jahrhunderts und nur anhand von Einzelfällen nachzuweisen. Damit gehört sie ebenfalls in den Bereich der von außen konstruierten Überhöhung spartanischer Sitten, wie sie vorwiegend von athenischer Seite – in diesem Falle im Zuge der kritischen Auseinandersetzung mit Sparta – vorgenommen wurde (Rebenich 1998).

Der früheste Beleg für die Ausweisung eines Fremden stellt die Vertreibung des nach Sparta geflohenen samischen Tyrannen Maiandrios (517) dar (Hdt. 3,148). Diese hatte jedoch nichts mit einem generellen Aufenthaltsverbot für Fremde zu tun, sondern war ein rein politischer Akt. Erst die Reden des Perikles bei Thukydides (1,144; 2,39) nehmen Bezug auf gezielte spartanische Fremdenvertreibungen, wobei es vor allem darum gegangen sei, dass die Gegner keine Lehren aus dem Aufenthalt in der Stadt ziehen konnten. Im Weiteren bezieht sich auch Aristophanes in seiner Komödie *Die Vögel* (1012 f.) im Jahre 414 auf spartanische Fremdenausweisungen, und später berichtet Theopomp infolge einer Hungersnot nach Leuktra (371) von entsprechenden Maßnahmen (Schol. Aristoph. Av. 1013). Fremdenvertreibungen wurden aber in der Folge von Xenophon (Lak. pol. 14,4) ausdrücklich als ein zeitlich zurückliegendes Phänomen geschildert, das die Abwehr von schlechten Einflüssen beabsichtigt haben soll (vgl. Plut. Lyk. 27). Platon (Prot. 342c) berichtet schließlich von der Ausweisung von Lakonisierenden und anderen Fremden aus Sparta, bezieht sich dabei jedoch ebenfalls auf das 5. Jahrhundert. Ziel sei gewesen, unbeobachtet mit den im Verborgenen wirkenden Sophisten verkehren zu können.

Der Verkehr mit Ausländern war in Sparta andererseits ganz geläufig. Die Aufnahme von auswärtigen Vertretern der Oberschicht an den Gymnopaidien zeigt, wie Kontakte bewusst gefördert, freilich auch in geregelten Bahnen abgewickelt wurden (Xen. Mem. 1,2,61; Plut. Kim. 10; Ages. 29). Bei Herodot (1,65) wurde ausdrücklich die Zeit vor der Eunomia als eine Phase der Kontaktlosigkeit zu Fremden geschildert. Fremdenvertreibungen hatten damit im Verlaufe des 5. Jahrhunderts eine gewisse Brisanz, waren jedoch nur punktuelle Ereignisse. Themistokles konnte noch ungehindert in Sparta verkehren, und Perikles hatte König Archidamos zum Gastfreund (xénos; Thuk. 2,13,1). Die von athenischer Seite angeführten Ausweisungen gehören offensichtlich erst in die Zeit des zunehmenden Konfliktes mit Athen im Anschluss an das große Erdbeben. Als regelmäßiges Phänomen der spartanischen Politik entpuppen sie sich jedoch ähnlich wie die Tyrannenfeindlichkeit als reiner Topos des 5. Jahrhunderts.

Sparta hatte somit im mittleren 5. Jahrhundert auf verschiedenen Ebenen Mechanismen zur Einbindung seiner Bürger ausgebildet. Dabei wurde versucht, überhöhten Ansprüchen der Oberschicht und Machtmissbrauch entgegenzuwirken. Die in diesem Kontext entwickelten Disziplinierungsmaßnahmen, verbunden mit der Stabilität der Verfassung, wurden insgesamt zum Anlass, das spartanische Gemeinwesen als Idealstaat zu charakterisieren und ihm überspitzte Bilder von gesellschaftlichen und politischen Regelungen anzudichten. In Wirklichkeit bildeten sich in der spartanischen Bürgerschaft aufgrund verschiedener Bedrohungsmomente im 5. Jahrhundert Konventionen zur Verpflichtung des Individuums auf den Staat heraus. Diese ließen den führenden Familien nach wie vor den Vorrang, sollten sie aber vor übermäßigen Machtansprüchen bewahren. Die Sicht von der totalen Abschließung des Gemeinwesens gehört letztlich in den Bereich des Sparta-Mythos.

Erziehung/Agoge

Das streng regulierte Erziehungswesen wurde seit der Antike immer wieder als zentraler Bestandteil des spartanischen Staates erachtet. Die altertümlich wirkenden Formen und Rituale, insbesondere der vorübergehende Rückzug der Jünglinge in die Wildnis (Krypteia) und deren Geißelung am Altar der Artemis Orthia, haben immer wieder dazu geführt, ethnologische Quervergleiche anzustellen und ein hohes Alter der Einrichtungen oder zumindest Relikte primitiver Zivilisationsformen anzunehmen. Widersprüche in den vorwiegend hellenistischen und römischen Quellen bereiteten aber auch beträchtliche Schwierigkeiten bei der Erfassung der verschiedenen Altersstufen (»age grades«), welche die Jünglinge bei der Erziehung durchliefen.

Die Anfänge der staatlichen und damit auch verbindlichen Erziehung bleiben weitgehend im Dunkeln. Auch der von Plutarch (Lyk. 16) berichtete Brauch, dass die Phylenältesten nach der Geburt über das Leben und damit die Aufnahme der Erziehung bzw. die Aussetzung in einer Taygetos-Schlucht (Apothetai) entschieden, gibt keine zeitlichen Anhaltspunkte. Dabei muss es sich nicht um eine ›eugenische‹ Maßnahme gehandelt haben, da auch der Schutz der Neugeborenen vor willkürlicher Aussetzung beabsichtigt gewesen sein kann (Link 1998). Im Orthia-Heiligtum, in dem Initiationsfeiern stattfanden und Artemis als Fruchtbarkeitsgöttin verehrt wurde, zeichnen sich im früheren 6. Jahrhundert zwar bauliche Veränderungen und zunehmende Stiftungen von Weihgaben ab, was aber kaum als Hinweis auf ein neu formiertes Erziehungssystem zu deuten ist. Erste konkrete Informationen haben wir erst mit Xenophons *Verfassung der Spartaner*, die nicht bis in archaische Zeit zurücktransportiert werden können.

Anhand von Xenophon (Lak. pol. 2 ff.) erfahren wir für die klassische Zeit von drei Altersstufen: Paides, Paidiskoi und Hebontes. Die Erziehung dürfte – wie in späterer Zeit – zunächst die Knaben im Alter von sieben bis wohl 14 Jahren (Plut. Lyk. 16: 12 Jahre) zusammengefasst haben (Kennell 1995). Diese Paides standen gemäß Xenophon unter der Aufsicht eines Paidonomos, der – vergleichbar mit anderen Amtsträgern – aus den angesehensten Männern ausgewählt war. Diesem war eine Zahl von Peitschenträgern (*mastigophóroi*) beigegeben, die für die Bestrafung von Kindern beigezogen werden konnten. Ferner soll es auch jedem Bürger erlaubt gewesen sein, den Knaben Vorschriften zu machen und sie zu bestrafen, wenn sie sich etwas zuschulden kommen ließen. Die Paides waren in verschiedene – wohl nach Oben ausgerichtete – Gruppen (*íle/ílai*) eingeteilt, über die bei Abwesenheit des Paidonomos die Eirenes – begabte junge Männer, die offenbar der Gruppe der 20-Jährigen angehörten – wachten. Sie waren barfuß und sollen das ganze Jahr über das gleiche Gewand (Himation) – also kein Untergewand – getragen und nur kärgliche Nahrung bezogen haben. Zum Ausgleich soll Stehlen erlaubt gewesen sein, wobei man sich jedoch nicht erwischen lassen durfte, da ansonsten eine Bestrafung erfolgte.

Hier ging es aber kaum um militärische Abhärtung und regelmäßige Diebeszüge (Isokr. 12,211 ff.), sondern um ein gewählt einfaches Erscheinungsbild und gezielte Aufgaben mit rituellem Hintergrund, auf den Xenophon nicht eingeht. Dies zeigt sich auch für das Käsestehlen vom Altar der Artemis Orthia, das Xenophon zu den Aktivitäten der Knaben rechnet. Wer unter den Peitschenhieben von anderen Kindern am meisten Käse ergattern konnte, soll lange anhaltenden Ruhm erlangt haben. Dieses Ritual dürfte – wie in späterer Zeit – erst am Ende der zweiten Altersstufe, als die Erziehung im jugendlichen Alter abgeschlossen wurde, zur Anwendung gekommen sein.

Für die Erziehung der Paides war nach Xenophon auch die Knabenliebe von Bedeutung, die in Sparta weit verbreitet war und langfristige Bindungen zwischen dem älteren Liebhaber (*erástes*) und dem umsorgten Knaben (*erómenos*) bewirkte. Die päderastischen Beziehungen dürften sich jedoch wiederum erst auf die nächste Altergruppe der Paidiskoi bezogen haben, die mit der späterhin fassbaren Altersgruppe von 14–20 Jahren identisch sein dürfte. Über die Paidiskoi erfahren wir nur gerade, dass für sie die Teilnahme an den Syssitien erlaubt gewesen sei, womit sie wiederum erste gesellschaftliche Bindungen mit den Erwachsenen eingehen konnten.

Über die Gruppe der Hebontes berichtet Xenophon, dass die Ephoren aus ihr drei Hippagreten (*hippagrétai*) bestimmten, von denen jeder 100 Männer auswählte, die offensichtlich in die Gruppe der Hippeis eingewiesen wurden. Ferner sollen die Hebontes nach wie vor choregische und athletische Wettkämpfe, insbesondere Boxen, betrieben und weiterhin unter erzieherischer Aufsicht gestanden haben. Die Bestrafung erfolgte jetzt jedoch nicht mehr durch den Paidonomos, sondern die Hebontes wurden von diesem zu den Ephoren geführt. Eine letzte Phase der Erziehung spielte sich demnach auch nach dem Eintritt ins Erwachsenenleben im Alter von 20–30 Jahren ab, in dem die jungen Männer auch feste Aufnahme in eine Zeltgemeinschaft fanden. Erst danach konnten die Männer Ämter übernehmen und sich an der Jagd beteiligen (Xen. Lak. pol. 3,7).

Mit 30 Jahren waren die Spartiaten endgültig vom gemeinsamen Übernachten befreit und konnten sich regelmäßig zu ihren Familien begeben. Sie waren nun mit einem Beziehungsnetz und zahlreichen Fähigkeiten ausgestattet, die für die Bewährung in dem kompetitiv ausgerichteten zivilen und militärischen Leben in der spartanischen Bürgerschaft nötig waren.

Die Agoge (*agogé*, »Aufzucht«) im eigentlichen Sinne existierte in klassischer Zeit also noch nicht. Diese wurde vielmehr erst im Jahre 226 nach dem Niedergang der öffentlichen Erziehung im mittleren 3. Jahrhundert von Kleomenes III. bzw. dem von ihm beauftragten stoischen Philosophen Sphairos von Borysthenes eingerichtet (Kennell 1995). In der neu eingeführten Agoge sind jetzt sieben Altersklassen (von 14–20 Jahren) zu fassen (*rhobídas, promikizómenos, mikizómenos, própais, pais, melleíren, eíren*). Auch der Ausdauertest der Peitschung (*diamastígosis*) am Altar der Artemis Orthia (im 19. Jahr), dem später römische Touristen in der blühenden Provinzstadt beiwohnten, kann auf Sphairos zurückgeführt werden. Die Geißelung löste das vormalige Ritual des Käsestehlens ab, war also kein Ersatz für ehemalige Menschenopfer, wie dies Pausanias (3,16,10) glauben machen möchte.

Unter römischer Herrschaft wurde die Agoge im Jahre 146 unter veränderten Vorzeichen weitergeführt. Die sieben Altersklassen wurden – unter lakonisierender Veränderung der Namen – auf die letzten fünf Jahre reduziert (*mikichizómenos, pratopámpais, hatropámpais, melleíren, eíren*). Sie wiesen nun eine Untergliederung in jeweils fünf Herden (*boúai*) auf, die nach den fünf spartanischen Oben gebildet wurden und unter der Führung eines Bouagos (*bouagós*) kämpften, während die Agoge jetzt insgesamt von einem Patronomos und sechs Bidyoi als Aufseher überwacht wurde. Die Ballspiele der Sphaires im Theater markierten in römischer Zeit den Abschluss der Agoge und die symbolische Eingliederung der Jünglinge in den bürgerlichen Bereich.

Dadurch wird deutlich, dass die spartanische Erziehung – außer bezüglich der Dauer des Entzuges von der Gemeinschaft – lange Zeit nicht groß von derjenigen in anderen Poleis differierte und nicht rein militärisch ausgerichtet war. Das System unterlag keinem Verfall von ursprünglich strengen Sitten, sondern befand sich in einem dauernden

Wandel. Dabei trug auch die private Erziehung in den Familien stets zur Ausbildung eines elitären, kompetitiv ausgerichteten Bürgertums bei (Ducat 2006).

Krypteia

Die Krypteia bildete einen wesentlichen Bestandteil bei der Aufnahme der Jugendlichen ins Erwachsenenleben. Als Initiationsritus beinhaltete sie den Rückzug aus der Zivilisation und vorübergehenden Aufenthalt in der Wildnis. Dort hatten die jungen Männer mit 20 Jahren nach Abschluss der Jugenderziehung Überlebens- und Bewährungsproben zu bestehen, die sich teilweise auch mit der Tötung von Heloten verbinden konnten.

Dem frühesten Zeugnis bei Platon (nom. 633b–c) zufolge war die Krypteia eine Art Abhärtungstraining, das Barfußlaufen im Winter, Schlafen auf nacktem Boden sowie spezielle Tätigkeiten umfasste, für die rund um die Uhr das ganze Land zu durchstreifen war. Gemäß Plutarch (Lyk. 28), der auf Aristoteles (frg. 538R) beruht, wurden von Zeit zu Zeit die verständigsten unter den jungen Spartanern (*néoi*) nur mit Schwert und wenigen Lebensmitteln ausgestattet in verschiedene Teile des Landes ausgesandt. Während sie sich tagsüber verbargen, gingen sie nachts auf die Straßen und töteten alle ihnen begegnenden Heloten, zudem oft auch Landarbeiter auf den Feldern. Nach Aristoteles (frg. 611,10R) wurden aber nur diejenigen Heloten getötet, für die dies ratsam schien.

In welchem Zusammenhang die Tötung von Heloten während der Rückzugs- und Probezeit der jungen Männer eingeführt wurde, wissen wir nicht. Die jährliche Kriegserklärung der Ephoren an die Heloten, die geeignet war, solches Tun abzudecken, bietet dazu keinen Anhaltspunkt. Aufgrund der Brutalität der Krypteia will sie Plutarch entgegen Aristoteles nicht Lykurg zuschreiben, sondern führt sie in die Zeit nach dem Helotenaufstand der 460er Jahre zurück. Eine Verschärfung der Kontrollen ist in diesem Zusammenhang durchaus denkbar, da auch spartanische Bürger verstärkt aufgefordert waren, ihre Heloten in geordneten Verhältnissen zu halten. Nach neuerer Ansicht wurde die Krypteia sogar erst nach 370/69 zu einer bewaffneten Institution erhoben (Link 2006; Nafissi 2016) bzw. sogar erst eingeführt, als nach dem Verlust von Messenien die Grenzen neu gesichert und die verbliebenen Heloten vermehrt überwacht werden mussten (Christien 1997/2006).

Unabhängig davon muss das Ausmaß der Helotentötung jedenfalls fraglich bleiben, da sie in der Manier eines Opfertodes und offenbar nur von einem speziell ausgewählten Detachement von Jünglingen – also nicht von allen – vorgenommen wurde. Die betreffende (Elite-)Gruppe konnte im Zusammenhang mit einem Initiationsritual einerseits eine militärische Bewährungsprobe bestehen, andererseits möglicherweise auch bestimmte Ordnungsaufgaben auf dem Land übernehmen. In späterer Zeit finden wir die Kryptoi, die als 20-Jährige zugleich den Militärdienst aufnahmen, als eigene militärische Einheit (Plut. Kleom. 28).

Insgesamt dürfte die Krypteia demnach sowohl zur Sicherung des Grenzterritoriums als auch zur Disziplinierung der Heloten beigetragen haben, deren Status als Unterworfene bekräftigt wurde. Die jährliche Kriegserklärung und die Tötung von Heloten versinnbildlichten die Konsequenzen eines Helotenaufstandes. Die jungen Spartiaten wurden während ihrer Probezeit auf die Heloten als potentielle Gegner außerhalb der Gemeinschaft eingeschworen und traten danach in den Kreis der erwachsenen Spartiaten ein.

Syssitien

Ein Syssition bildete ursprünglich sowohl eine militärische Basiseinheit als auch eine Essgemeinschaft. Die Integration in einen solchen Verband, in dem die Männer täglich ihre Nahrung zu sich nahmen, bildete eines der Grundelemente des bürgerlichen Daseins in Sparta. Die Leistung eines bestimmten Beitrages zu den Syssitien war für den einzelnen Spartiaten zugleich Bedingung zum Erhalt seines Bürgerstatus (Aristot. pol. 1271a).

Die Hauptinformationen zu den spartanischen Syssitien stammen freilich erst von Plutarch (Lyk. 12). Ihm gemäß umfasste eine Mahlgemeinschaft ca. 15 Männer. Jeder Tischgenosse hatte monatlich einen Scheffel (Medimnos) Gerstengraupen, acht Maß (Choen) Wein, fünf Minen Käse, zweieinhalb Minen Feigen und für die »Zukost« eine geringe Summe Geldes abzuliefern. Wer opferte oder spät von der Jagd zurückkehrte, durfte zu Hause essen, musste der Tischgenossenschaft aber einen Anteil liefern. Für die anderen war die Teilnahme obligatorisch. Ein Scheffel ergibt ca. 74,5 Liter Gerste, acht Maß Wein ca. 37,2 Liter, fünf Minen Käse ca. drei Kilogramm, pro Tag also fast 2,5 Liter Gerste und 1,25 Liter Wein. Daraus kann zwar ein üppiges Tagestotal von wohl über 6000 Kalorien abgeleitet werden, über dessen Zuteilung wir allerdings nichts wissen.

Im Weiteren erfahren wir von Plutarch, dass Agis II. bestraft wurde, als er nach der Bezwingung Athens im Jahre 404 bei seiner Frau essen wollte, wonach der König also zum regelmäßigen Besuch der Syssitien angehalten gewesen wäre. Gastweise konnten darüber hinaus auch Jünglinge teilnehmen, die hier mit spartanischen Weisheiten, Scherz und Spott vertraut gemacht wurden. Sie waren wie alle Teilnehmer zu Verschwiegenheit angehalten. Über die Aufnahme eines Neumitgliedes stimmte die jeweilige Gemeinschaft mittels Brotkrumen als Stimmsteine in geheimer Wahl ab; die Entscheidung musste einstimmig sein. Das beliebteste Gericht sei die Schwarze Suppe gewesen, für die die Älteren sogar auf das Fleisch verzichtet hätten.

Wie sich ebenfalls aus Plutarch erschließen lässt, erfolgte die Aufnahme in ein Syssition nach dem 20. Lebensjahr, also mit dem Eintritt in den Kriegsdienst. Mitglieder, die das 30. Altersjahr noch nicht erreicht hatten, scheinen in der Regel nicht nur gemeinschaftlich gespiesen, sondern auch zusammen übernachtet zu haben (Plut. Lyk. 15); die anderen kehrten in der Dunkelheit nach Hause zurück.

Plutarchs Vorlage dürfte freilich aus der Zeit stammen, als die Syssitien von Agis IV. (244–241) wieder neu eingerichtet werden mussten. Inwiefern die von Plutarch berichteten Verhältnisse schon für die archaische und klassische Zeit zutrafen, ist schwer zu beurteilen. Dikaiarch nennt in der Zeit um 300 jedenfalls vergleichbare Abgaben, wenn auch in attischen statt in lakonisch-aiginetischen Maßeinheiten (Athen. 4,141c). Das Syssition als militärische Einheit von ca. 15 Mitgliedern ist schon bei Herodot (1,65) angedeutet. Ihm gemäß waren die Könige nicht zur Teilnahme an den Syssitien verpflichtet; bei Abwesenheit wurde ihnen allerdings nur die Hälfte des in der Gemeinschaft zustehenden (doppelten) Speiseanteils zugestellt (6,57).

Dass bei spartanischen Mahlzeiten nicht die Blutsuppe im Zentrum stand, wird schon bei Alkman deutlich, der von Erbsenbrei, Honig und Kuchen berichtet. Eine zur Grundnahrung verabreichte Zusatzkost wird auch von Xenophon (Lak. pol. 5,3) bestätigt, der von den Sonderrationen aus der Jagdbeute und von Weizenbroten der Reichen berichtet. Weitere Autoren bestätigen, dass es in klassischer Zeit vielfältige Speisen (Fleisch, Früchte, Gemüse, Brot) über die Grundnahrung hinaus gab, die als zweite Speise bzw. Dessert (*epáikla*) deklariert und deren Lieferanten namentlich ausgerufen wurden

(Athen. 4,139c–141f). Insbesondere wer auf der Jagd erfolgreich war, konnte die Beute in die Speisegemeinschaft einbringen und seine überdurchschnittlichen Erträge zur Schau stellen. Trotz der sozialen Durchmischung und den einheitlichen Grundbeiträgen konnte damit ein gewisser Vorrang der Mitglieder herausragender Familien gewahrt werden.

Dementsprechend gab es auch verschiedene Abhängigkeitsverhältnisse innerhalb der Gruppe, insbesondere der Jungen von den Älteren, die sich auch mit erotischen Kontakten verbanden. Diesem Kreis kam also generell erzieherische Funktion zu, bei der die gesellschaftlichen Normen eingeübt wurden. Komische Vorführungen und Tänze von Heloten, die unter Alkoholeinfluss standen (Plut. Lyk. 28), verdeutlichten den Abstand zwischen Herrschenden und Unterworfenen. Die Syssitien wurden damit zu einer Keimzelle der Männergesellschaft und staatlichen Gemeinschaft.

Über die Lokalität der Syssitien herrscht Unklarheit. Trotz der fehlenden Details über die Ess- und Schlafunterkünfte ist es immer wieder unternommen worden, aus der Bezeichnung der »Syskenien«, die auf Gemeinschaftsmahle in Zelten hinweist, ein allgemeingültiges Charakteristikum des spartanischen Lebens abzuleiten. Bisweilen wurde eine ›Zeltgröße‹ von 15 Mann angenommen, so dass man bei einer Zahl von 9000 Bürgern für das ›lykurgische‹ Sparta (Plut. Lyk. 8,3) auf 600 Unterkünfte kommt. Da Demetrios von Skepsis (Athen. 4,173f) und Polemon (Athen. 2,39c) am Anfang des 2. Jahrhunderts an der Hyakinthischen Straße nach Amyklai Phiditia-Gebäude erwähnen (vgl. Paus. 7,1,8), rechneten andere Untersuchungen für das klassische Sparta nicht mit mobilen Zelten, sondern mit festen Unterkünften. Über die genaue Form der Syssitien-Unterkunft bleiben wir freilich weiterhin im Ungewissen, da die literarischen Quellen dazu nicht genügend Aufschlüsse geben.

Die Vorstellung von Gemeinschaftsmahlen in Zelten stützt sich hauptsächlich auf Xenophon. Dieser sagt, dass die Syskenien von Lykurg ins Freie verlegt worden sind (Lak. pol. 5,2); ferner sollen die Könige in Sparta gemeinsam in einem eigenen Syskenion gespiesen haben (Hell. 5,3,20). Ein spezielles Zelt wurde ihnen schließlich von der Öffentlichkeit für die Feldzüge zur Verfügung gestellt (Lak. pol. 13,7; 15,4). Für die Situation in Sparta selbst ergibt sich daraus wenig, so dass wir hier wiederum auf Plutarch angewiesen sind.

Das dafür einschlägige Kapitel der Lykurg-Biographie (24), in dem Plutarch die Sicht von Sparta als ›Feldlager‹ wiedergibt, dürfte direkt oder indirekt von Sphairos von Borysthenes abhängig sein, der sich nach der Mitte des 3. Jahrhunderts an den Reformbemühungen des Kleomenes beteiligte. Dabei ging es u. a. um die Wiedereinsetzung der Syssitien, für die jetzt möglicherweise auch hinsichtlich der Unterkünfte einfache Formen geltend gemacht wurden. Inwieweit nun wieder urtümliche Konstruktionen von Syssitien-Gebäuden eingerichtet wurden, muss aber offen bleiben.

Plutarch (Agis 8) berichtet in diesem Zusammenhang, dass König Agis die Bürgerschaft in 15 Phiditia (zu je 400 und 200 Mitgliedern) teilte, was also weit über der ursprünglichen Größe der Speisegemeinschaften liegen würde. Gemäß einer allzu kühnen Emendation wären im Schnitt je 300 Mann in 15 Phiditien zugeteilt worden, so dass man auf die von Plutarch an gleicher Stelle genannte Zahl von insgesamt 4500 Spartiaten käme. Naheliegender ist, dass diese 15 Phiditien mit der vermeintlich ›lykurgischen‹ Zahl der Mahlmitglieder korrelieren, wobei die Summe von 600 Teilnehmern pro Speisegemeinschaft bei Plutarch die mit Lykurg verbundenen 9000 Spartiaten ergäbe (Plut. Lyk. 8). Da ebenfalls erst unter Agis und Kleomenes die Forderung nach gleichmäßigen Landlosen aufkam, könnte in diesem Kontext auch die von Plutarch berichtete einheitliche Lebensmittelabgabe ins Leben gerufen worden sein.

Spartanische Frauen

Antike und moderne Bilder

Die Frauen Spartas sind immer wieder als ungewöhnlich frei sowie als wirtschaftlich, teilweise sogar als politisch besonders einflussreich bezeichnet worden. Da die Männer mit militärischen Aufgaben betraut waren, sei es an den Frauen gewesen, Haus und Hof zu verwalten. Im Weiteren ist auch die Meinung verbreitet, dass die Erziehung und sportliche Ausbildung der Frauen derjenigen der Männer entsprochen habe. Die spartanischen Mädchen hätten also als Teil des Gemeinwesens eine öffentliche Erziehung durchlaufen (Pomeroy 1985/2002).

Diese Einschätzungen spartanischer Frauen reproduzieren hauptsächlich die in den antiken Quellen vorgegebenen Bilder. Die Überlieferung ist freilich auch hier stark von dem Mythos Sparta geprägt. Danach bilden die spartanischen Frauen eine Ergänzung zum Bild der Männergesellschaft, die angeblich rein militärisch ausgerichtet war und das Familienleben weitgehend ausgeblendet habe. Zudem wird ein programmatischer Gegensatz zu Athen aufgebaut, wo die Frau auf den häuslichen Bereich beschränkt gewesen sein soll. Entsprechende Bilder begegnen schon bei den attischen Komödiendichtern des 5. Jahrhunderts.

Xenophon geht erstmals davon aus, dass das weibliche Geschlecht in Sparta von Wollarbeit befreit und einem sportlichen Training (Rennen und Ausdauertest) unterstellt ist (Lak. pol. 1,3 f.). Zur Erzeugung eines starken Nachwuchses sei auch der sexuelle Verkehr am Anfang der Ehe eingeschränkt worden (1,5). Andererseits sollen aber bestimmte Formen außerehelicher Geschlechtskontakte zur Kinderzeugung erlaubt gewesen sein. Schließlich behauptet Xenophon auch, dass die Frauen an zwei Haushalten interessiert seien (1,9). Seine Aussagen erweisen sich daher als geeignet, die Vorstellung von der Polyandrie sowie von der wirtschaftlichen Unabhängigkeit und Freiheit der spartanischen Frauen zu fördern. Da die Frauen für die Nachkommenschaft eine zentrale Rolle spielen, misst Xenophon ihnen eine würdige Stellung im spartanischen Staat zu, ohne aber näher auf die weibliche Lebenswelt einzugehen.

Aristoteles erhebt den Vorwurf, Lykurg habe die Frauen bei der Regelung des spartanischen Gemeinwesens nicht berücksichtigt, so dass sich die Hälfte des Staates in Unordnung (*anomía*) befände (pol. 1269b 13 ff.). Er greift damit eine Kritik auf, die schon bei Platon zu fassen ist (nom. 806c). Die Zügellosigkeit (*ánesis*), die Platon (nom. 637c) den spartanischen Frauen unterstellt, führt Aristoteles auf die ständige Abwesenheit der Männer in den Kriegen der Frühzeit zurück. Er moniert, dass die Frauen hemmungslos und ausschweifend seien; Reichtum werde hochgeschätzt. Aristoteles macht ferner den weiblichen Einfluss im Staat geltend, auch wenn die Frauen selber keine politische Teilnahmeberechtigung hatten; vieles werde von Frauen bestimmt, da sie die Regierenden beherrschen. Insbesondere führen die Ungleichheit im Landbesitz, an dem auch die Frauen beteiligt waren, sowie der Bürgermangel zum Untergang des Staates (pol. 1270a 15 ff.).

Die Absence der Männer in Sparta bezieht sich aber ausdrücklich auf die früheren Kriege, denn in klassischer Zeit hatten die Spartaner schwerlich mehr Kriege zu bestreiten als etwa die Athener. Es ist daher nicht zulässig, aus Aristoteles pauschal eine herausragende Position der spartanischen Frauen abzuleiten. Sparta wird von Aristoteles auch nicht direkt als Gynaikokratie bezeichnet; der Vorwurf der Frauenherrschaft klingt vielmehr nur in allgemeiner Form an und gilt auch für andere kriegerische Völker (pol. 1269b 24 ff.).

Auch Plutarch misst in seiner Lykurg-Biographie (14 ff.) der Erziehung einen besonderen Stellenwert bei. Gleichzeitig kritisiert er Aristoteles und behauptet, Lykurg habe den Frauen genügend Aufmerksamkeit geschenkt. Plutarch geht für die Frauen von einer Erziehung aus, die diese angeblich nach Tapferkeit und Ruhm streben ließ. Im Weiteren erweckt Plutarch den Eindruck, dass die spartanischen Frauen dank der erworbenen Fähigkeiten auch die Männer beherrschen. Als einziger Autor verwendet er an dieser Stelle den Begriff *gynaikokratía* (14,2). Nach Plutarchs Fazit regierten die Frauen im Haus, wirkten bei öffentlichen Angelegenheiten und Beschlussfassungen mit und genossen freie Mitsprache in den wichtigsten staatlichen Belangen (Comp. Lyk. Num. 25,9). Trotzdem ergeben sich für Plutarch aus der ›lykurgischen‹ Erziehung auch für die Frauen positive Tugenden und damit ein insgesamt vorbildlich geregelter Staat.

Aufgrund der von Plutarch überlieferten Aussprüche spartanischer Frauen (*Apophthégmata Lacaenarum*) wurde stets auch betont, dass die Frauen ihre Mutterrolle ganz im Sinne des Staates wahrgenommen haben. Die spartanische Frau wurde dadurch allgemein zum Prototyp einer antiken Frau. Ihre Aufgabe bestand darin, Söhne zu gebären, die bereit sind, für den Staat zu sterben. Die spartanische Frau wird als kaltblütige Mutter im staatlichen Dienst charakterisiert. Exemplarisch ist die Mahnung an den ausziehenden Sohn, entweder mit dem Schild oder auf dem Schild zurückzukehren (mor. 241f). Als ferner eine Mutter von dem Tod ihres Sohnes auf dem ihm zugewiesenen Platz im Kampf erfuhr, sagte sie: »Legt ihn zur Seite und lasst seinen Bruder den Platz einnehmen« (mor. 242a). Als schließlich Gorgo, die Gemahlin des Leonidas, von einer Frau aus Attika gefragt wurde, warum die spartanischen Frauen als einzige über ihre Männer herrschten, gab sie zur Antwort, dass sie die einzigen Frauen seien, die Mütter von Männern sind (mor. 240e).

Erziehung und Bildung

Erziehung und Bildung werden in der Literatur als besonderes Kennzeichen der spartanischen Frauen betrachtet. Die Verse des Chorlyrikers Alkman zeigen uns gewisse Erziehungs- und Bildungsideale, die sich einerseits an der ruhmreichen Vergangenheit (Tyndareos, Herakles und die Herakliden) orientieren und andererseits auf die strahlende Erscheinung der Chorleiterin mit ihren gesanglichen Fähigkeiten verweisen (frg. 1PMG = 3C). Insgesamt dient die Ausbildung im Chor der Vorbereitung auf die Hochzeit, aber auch allgemein auf die Rolle als Frau in der Gesellschaft. Freilich wird nur ein geringer Prozentsatz der Bevölkerung in den Genuss einer solchen Ausbildung im Chor gekommen sein. Der Chor des Großen Partheneion, der im Wettstreit mit einem anderen Chor lag, umfasste 11 oder 12 Mädchen. In Theokrits Epithalamios für Helena (Eid. 18) führen 12 Mädchen für die Braut einen Reigen auf; 4 x 60 Mädchen singen, tanzen und wetteifern im Laufen, was jedoch kaum wörtlich genommen werden kann. Pausanias erwähnt später das Rennen von 11 Jungfrauen (Dionysiades) am Fest für Dionysos Kolonatas (3,13,7).

Hinter den weiteren Quellen stehen wiederum antike Idealvorstellungen. Platon hält Frauenerziehung für nötig und zählt auch die Gymnastik dazu (nom. 804d–e; pol. 452a). Eine entsprechende Einrichtung erkannte er in Sparta: Junge Mädchen nehmen an gymnastischer und musischer Ausbildung teil; Frauen erledigten keine Wollarbeiten, hätten aber ein arbeitsreiches und erfülltes Leben; sie kümmerten sich um die Verwaltung des Hauses sowie um die Kindererziehung. Insgesamt gilt Sparta aber nicht als Extremfall, sondern als »Mittelweg« zwischen häuslichem und außerhäuslichem Dasein (nom. 805e–806b).

Nach Plutarch (Lyk. 14 f.) wurden die Mädchen Spartas wie Knaben aufgezogen. Nackte Aufzüge und Tänze fanden in Anwesenheit der jungen Männer statt. Die Mädchen sangen dabei Loblieder und Spottverse auf die Jünglinge. Dadurch werde das Selbstgefühl der Jungfrauen gestärkt, und diese würden (wie die Männer) reden und denken lernen. Diese Einschätzung hängt freilich eng mit den von Plutarch überlieferten Apophthegmata zusammen. Die in der Lykurg-Vita erwähnten Aufzüge dienten nach Plutarchs eigenem Urteil letztlich dazu, die Heirat zu fördern (15,1). Bei der Bestrafung von Junggesellen sind die Mädchen zudem in einen Regulationsprozess eingeschaltet, bei dem sie nur als Norminstanz der männlichen Gesellschaft dienen und nicht aus eigenen Stücken handeln.

Eine allgemeine öffentliche Erziehung wie bei den Knaben ist für die Mädchen daher auch in späterer Zeit nicht zu verfolgen. Zur Hauptsache erfolgte die Erziehung der Mädchen stets zu Hause. Die Ausbildung im Mädchenchor betraf offensichtlich nur eine reiche Oberschicht. Dabei umfasste die Erziehung der Mädchen in Sparta nicht nur die musische und literarische Bildung, sondern enthielt offenbar auch eine sportlich-gymnastische Komponente.

Sport und Nacktheit

Spartanische Frauen waren für ihre sportliche Erscheinung bekannt und wurden – zumal von athenischer Seite – dafür auch bewundert (Aristoph. Lys. 78 ff.). Die Schönheit der Spartanerinnen war seit Homer ein Topos (Od. 13,412), wobei ihre körperliche Erscheinung späterhin wesentlich vom Image der sportlichen Betätigung abhing.

Für die spartanischen Frauen werden aber erst im Verlaufe der Zeit verschiedene Sportarten überliefert. Diese werden zudem vorwiegend auf die Jungfrauen bezogen und gehören zunächst zu rituellen Handlungen und Initiationsriten im Heiligtum: Neben dem Rennen gibt es in der Überlieferung der klassischen Zeit nur noch den von Xenophon erwähnten Ausdauer- bzw. Stärketest (Lak. pol. 1,4). Bei Plutarch treten dann Diskus- und Speerwerfen sowie Ringen hinzu (Lyk. 14,3). Dabei handelt es sich weitgehend um Disziplinen, die schon bei Platon auch für Mädchen gefordert worden waren (nom. 794c–d). Es lässt sich daher vermuten, dass solche philosophische Vorgaben später in die Praxis umgesetzt wurden. Zu denken ist dabei insbesondere an Kleomenes III., der im fortgeschritteneren 3. Jahrhundert mit Hilfe des stoischen Philosophen Sphairos von Borysthenes die vermeintlich frühere, strenge Ordnung des spartanischen Gemeinwesens wieder einschärfen wollte. Da die Wettkämpfe bei Plutarch (Lyk. 15,1) vor Zuschauern stattfanden, liegt es auf der Hand, dass spätestens in römischer Zeit aus ursprünglich rituellen Wettspielen im Heiligtum sportliche Schaukämpfe zur Unterhaltung eines breiteren Publikums entwickelt wurden.

Eine weitere Pauschalvorstellung verbindet sich mit der leichten Bekleidung bzw. Nacktheit der Spartanerinnen. Als Schenkelzeigerinnen (*phairomerídas*) sind sie schon im 6. Jahrhundert bei Ibykos erwähnt (frg. 58). Euripides berichtet von nackten Schenkeln und offenen Kleidern in der Lauf- und Ringbahn (Androm. 595 ff.). In der Regel trugen die Mädchen bei sportlichen Wettkämpfen offenbar einen kurzen, allenfalls geschlitzten Chiton, der zum Ausdruck »Phainomeriden« geführt hat (Pollux, Onomast. 7,54). Plutarch berichtet für Sparta dennoch von nackten Aufzügen der Jungen und Mädchen, bei denen getanzt und gesungen wurde (Lyk. 14,4). Gleichzeitig geht aus Plutarch hervor, dass nur die Unverheirateten unverhüllt erschienen, während die Verheirateten verhüllt waren (mor. 232c). Gänzliche Nacktheit von Mädchen ist allenfalls für rituelle Rennen und Initiationsrituale zu vermuten. Das Außergewöhnliche an Sparta war nicht der Wettlauf als solcher, sondern der Grad der Entkleidung, der möglicherweise eine Stufe höher war als anderswo bzw. dass der Lauf in der Öffentlichkeit vor versammelter Gemeinde (und wohl auch auswärtigen Gästen) stattfand. Dies bot einen hinreichenden Grund für ein Skandalon, obwohl gemäß Properz (3,14,1–4) und Athenaios (13,566e) die spartanische Entkleidung von Jungfrauen vor Fremden (*xénoi*) geschätzt wurde.

Kleidung

In Bezug auf die Kleidung der spartanischen Frauen sind verschiedene Restriktionen überliefert, so dass die Ausstattung besonders bescheiden gewesen sei. Xenophon geht davon aus, dass die Kleidung in Sparta allgemein einfach gewesen sei, da der Körper im Vordergrund stand (Lak. pol. 7, 3). Dabei handelt es sich wiederum um ein Konzept, das seit dem Ende des 5. Jahrhunderts in philosophischen Kreisen propagiert wurde.

Spartanische Restriktionen umfassten angeblich ein Verbot von Schmuck, Gold und langen Haaren (Herakleides Lembos, Exc. polit. 2,8 = frg. 13 Dilts); ein Verbot von Parfümherstellung und Wollfärbung (Plut. mor. 228b; Athen. 15,686 f–687a); nur Hetären war es erlaubt, blumige Kleider und goldenen Schmuck zu tragen (Clemens v. Alexandria, Paid. 2,10,105). Diese Restriktionen sind jedoch erst in zeitlich spätem Kontext bezeugt und zweifelhaft – zumal im Artemis Orthia-Heiligtum etliche Schmuckobjekte zutage gekommen sind. Ein Schmuck- und Parfümverbot ist eventuell erst im 3. Jahrhundert im Zusammenhang mit den Restaurationsbemühungen formuliert worden und dürfte nur kurze Zeit zum Tragen gekommen sein. Spartanische Kriegergewänder waren ihrerseits rot (Xen. Lak. pol. 11,3), so dass Wollfärbung grundsätzlich durchaus gebräuchlich war.

Auch für die Haartracht der Spartanerinnen können wir keine eindeutigen Eigenheiten feststellen. Die angeblich kurzen Haare der Frauen bildeten einen Gegenpol zu der langen Haartracht der Männer (Hdt. 1,82,8). Möglicherweise wurde die Vorstellung auch aus dem von Plutarch (Lyk. 15,5) geschilderten Hochzeitsritual, bei dem das Haar der Braut abgeschnitten wird, abgeleitet. Naheliegenderweise bestand – wie auch anderswo – der Brauch, die Haare hinaufzubinden, wie Lukian im 2. Jahrhundert n. Chr. berichtet (Fugitivi 27). Weibliche Bronzestatuetten weisen wiederholt Haarbänder in Verbindung mit Langhaarfrisuren auf und lassen auch für die erwachsenen Frauen lange Haare vermuten.

Aufgrund von Herodot (5,87 f.) gilt der Peplos – eine auf der Schulter mit Fibeln geheftete Stoffröhre mit Überschlag – als dorisches Gewand. Die seitlich nicht zugenähte Form des Peplos wird im Weiteren als lakonisch bezeichnet. Da diese je nach Bewegung das Bein frei lässt, wird darin auch eine Erklärung für den Ausdruck der »Schenkelzeigerinnen« gesehen. Der offene Peplos ist jedoch auch außerhalb Lakoniens anzutreffen. Zudem zeigt die statuarische Überlieferung Lakoniens durchwegs geschlossene Peploi. Es ist daher naheliegender, die Bezeichnung Phainomeriden aufgrund von Pollux (7,54 f.) auf den kurzen, geschlitzten Chiton zurückzuführen. Dieses – für Laufende geeignete –

Gewand ist aber wiederum auch anderenorts festzustellen. Insgesamt können wir somit für Sparta aus den schriftlichen und bildlichen Quellen ein normales Repertoire an griechischen Frauengewändern erschließen. Dabei lassen sich sowohl der Chiton als auch das Himation (Übergewand) und der Peplos feststellen.

Eheschließung

In Bezug auf die Eheschließung in Sparta beruft sich die moderne Literatur gerne auf Plutarch, der von der sog. Raubehe berichtet (Lyk. 15,4–8). Danach wurden erwachsene Mädchen von einer Brautbedienerin geschoren, mit einem Männergewand und Schuhen versehen und im Dunkeln auf Stroh gelegt, bis der Bräutigam vom Gemeinschaftsmahl der Männer kam, die Braut aufs Bett legte, mit ihr verkehrte und danach für das Nachtlager zu seinen Kameraden zurückkehrte, was er auch in der Folgezeit so handhabte.

Für Plutarch dient das Ganze der Übung von Enthaltsamkeit und Förderung von zeugungskräftigen Körpern. Dabei lässt er freilich außer Acht, dass wir es hier mit einem sinnfälligen Ritual zu tun haben. Die Haarrasur markiert den Übergang vom Status des Mädchens zu demjenigen der Frau. Dies hat nichts mit der künftigen (angeblich kurzen) Haartracht zu tun. Vielmehr umfasst das Ritual einen apotropäischen Rollentausch, bei dem die Geschlechterdifferenz überwunden wird. Durch die Überlagerung kommt es zur Vervollkommnung der beiden Geschlechter. Androgynität ist damit ein Zeichen von Ganzheitlichkeit, Vollkommenheit und Macht, die einst durch die Spaltung der Geschlechter auseinandergebrochen war. Damit erweist sich auch die Vorstellung als falsch, dass durch den Rollentausch die Homosexualität überwunden werden sollte, also eine Art schonungsvolle Heranführung an die Heterosexualität stattgefunden habe.

Es wird hingegen deutlich, dass bei der Eheschließung kein willkürlicher Raub stattfand, sondern eine vorherige Absprache getroffen wurde. Die Vergabe von Jungfrauen erfolgte also durch den Vater. Die junge Frau war bei dem Ritual zur Passivität verurteilt. Der Sinn der von Plutarch geschilderten Institution war keine »Ehe auf Probe«, die im Falle von Kinderlosigkeit aufgekündigt werden konnte. Zwar scheint die Ehe am Anfang ohne gemeinsamen Haushalt gegründet worden zu sein; nach dem Ableisten der ersten zehn Dienstjahre (zwischen dem 20. und dem 30. Lebensjahr) fand dann aber durchaus ein geregeltes Familienleben statt.

Das Alter des beschriebenen Hochzeitsrituals bleibt freilich unbekannt, auch wenn es für die ›Raubehe‹ in Griechenland eine gewisse Tradition gibt. Grundsätzlich anzufügen ist ferner, dass die Ehe in Sparta wie auch sonst im antiken Griechenland eher als pragmatisches, bilaterales Verhältnis zu sehen ist. Es handelte sich um ein gegenseitiges Abhängigkeitsverhältnis unter der Führung des Mannes, bei dem durchaus gegenseitiger Respekt und freilich auch wirkliche Liebe zum Zuge kommen konnten – wofür in Sparta konkrete Beispiele zumindest überliefert sind (Plut. Agis 20; Kleom. 37 f.). Im Vergleich zu anderen Orten scheint die Heirat der Mädchen gemäß verschiedener Quellen in der Regel aber relativ spät, nämlich mit ca. 18–20 statt mit 14 Jahren, stattgefunden zu haben (Xen. Lak. pol. 1,6; Plut. Lyk. 15,4; Comp. Lyk. Num. 26,1). Dies lässt zunächst auch größere Selbständigkeit, allenfalls verbunden mit Verfügungsgewalt über bestimmte Güter, vermuten. Über die Position der Frau in der Ehe ist daraus aber nichts abzuleiten.

Partnerschaft und Nachkommen

Für die Partnerbeziehung berichtet Xenophon von zwei besonderen Praktiken, die – neben der körperlichen Ertüchtigung – auf den ersten Blick ebenfalls eine gewisse Bewegungsfreiheit für die spartanischen Frauen vermuten lassen: 1. Es gibt eine Art ›Erzeugerleihe‹. Ein alter Mann mit einer jungen Frau nimmt sich einen musterhaften Mann zum Erzeuger von Kindern (Lak. pol. 1,7). 2. Ein Junggeselle holt sich eine verheiratete Frau (aus der Oberschicht!) zur Erzeugung von Kindern (1,8). Freilich ist für solche Tauschgeschäfte das Einverständnis des Gatten nötig, mit dem eine Vereinbarung getroffen wird. Die Bewegungsfreiheit der Frau bleibt damit nur vordergründig. Da über die Frauen grundsätzlich von männlicher Seite verfügt wird, kann nicht von sexueller Freizügigkeit geredet werden.

Andererseits könnte man aufgrund von Xenophon vermuten, dass für den Mann der Besitz von Söhnen insgesamt wichtiger war als die Ehe. Sanktionen gegen Unverheiratete sind erst bei Plutarch überliefert (Lyk. 15). Daraus folgt aber nicht, dass in Sparta die Legitimität von Kindern weniger strikt beurteilt wurde als an anderen Orten. Die Legitimität der Nachkommenschaft war gerade für die Erbfrage entscheidend: Männer haben gemäß Xenophon ein Interesse an Söhnen, die nichts erben (Lak. pol. 1,9). Dies dürfte jene Söhne betroffen haben, die nicht von den Ehemännern selber gezeugt worden waren. Aufgrund von Xenophon zeigt sich zumindest, dass die Kinder entweder zum natürlichen Vater (6,1) oder aber zum Gatten ihrer natürlichen Mutter gehören (1,7); nicht jedoch der Allgemeinheit, wie Polybios (12,6b,8) und Plutarch (Lyk. 15,14) später vorgeben.

Wie bereits erwähnt, dürften die Schilderungen Xenophons auch die Vorstellung von der spartanischen Polyandrie gefördert haben. Jedoch erst Polybios berichtet von gewohnheitsmäßiger Polyandrie (»Vielmännerei«) der Spartanerinnen (12,6b,8). Diese verfolgte in hellenistischer Zeit möglicherweise den Zweck, dass sich mehrere Brüder die Mitgift einer Frau teilen konnten. Insgesamt zeigt sich anhand von Xenophon nur, dass die bürgerliche Ehe in gewissen Momenten überschritten werden konnte. Der Partnertausch ist aber wohl eher als eine Art Notmaßnahme gegen Bürgermangel (Oliganthropia) zu betrachten, die eventuell ans Ende des Peloponnesischen Krieges gehört; für eine alte ›lykurgische‹ Verordnung gibt es jedenfalls keine Anhaltspunkte. Polygamie war nach Herodot gegen Spartanerart (5,40,2).

Erbe und Landbesitz

Aristoteles zufolge ist den Frauen als Erbträgerinnen offenbar auch eine beachtliche Menge Land in die Hände gelangt; zwei Fünftel des Landes gehöre Frauen (pol. 1270a 15 ff.). Grundsätzlich sind es für ihn aber die Ungleichheit des Besitzes und der Bürgermangel, die zum Untergang des Staates führten. In diesem Zusammenhang erachtet Aristoteles auch das Gesetz über die Kindererzeugung als schlecht: Männer, die drei Söhne haben, werden vom Militärdienst befreit; bei vier Söhnen erfolgt die Befreiung von allen Abgaben.

Somit treffen wir im Bereich der Nachkommen auf eine andere Regelung als bei Xenophon, obschon sich beide auf Lykurg berufen. Die zeitliche Gültigkeit und Auswirkungen der Bestimmung bleiben wiederum unklar. Ein Anreiz zur Beseitigung der Oliganthropia war im Grunde berechtigt. Die Befreiung vom Militärdienst verstieß aber gegen die mit Sparta verbundene Lebensweise. Nachwuchs nützte in den Augen von Aristoteles nichts, wenn das Land schlecht verteilt war.

Aristoteles spricht im Zusammenhang mit der Bodenfrage von Erbtöchtern (*epíkleroi*), die ansonsten für Sparta nicht belegt sind. Daher ist in Sparta mit einer Regelung zu rechnen, die derjenigen des kretischen Gortyn entspricht: Frauen können demnach aus eigenem Recht Land besitzen (1/2 der Brüder bzw. alles). Entgegen Aristoteles gab es zwar keine offizielle Mitgift, jedoch waren materielle Geschenke und Landabtretungen im Umfang des dereinst zustehenden Erbes denkbar, wie dies auch in Kreta gehandhabt wurde. Ein generelles Verbot von Mitgift, wie es Aelian (Var. hist. 6,6) für Sparta überliefert, erscheint daher als literarische Konstruktion, die sich bis auf Ephoros (Iust. 3,3,8) zurückverfolgen lässt.

Für das Bodenrecht Spartas ist also von einer normalen privaten Erbfolge auszugehen, bei der auch Frauen in Besitz von Boden gelangen können (Hodkinson 2000/2004) – während daneben für die Männer z. T. immer noch mit staatlich zugeteilten Parzellen gerechnet wird (Schmitz 2002; Figueira 2004). Demnach kann durchaus ein Verfügungsrecht der grundbesitzenden Frauen angenommen werden, das aber nicht pauschal auf Unabhängigkeit schließen lässt. Aristoteles zufolge waren reiche Frauen heiratspolitisch interessant, wobei die Reichen durch entsprechende Heirat noch reicher geworden seien (pol. 1307a 34 ff.).

Haushaltführung

Nach antiker Auffassung war die Frau für die Führung des Haushalts verantwortlich, während sich der Mann außerhalb des Hauses politisch und militärisch für das Gemeinwesen betätigte und die Versorgung seiner Familie garantierte. Für Sparta wurde demgegenüber immer wieder angenommen, dass der wirtschaftliche Bestand des Haushalts ganz in den Händen der Frau lag, die hier entsprechende Freiheit genoss (Dettenhofer 1993/1995).

Was die häusliche Beschäftigung anbelangt, so besteht das Außergewöhnliche der spartanischen Frauen gemäß den antiken Quellen einzig darin, dass sie keine Wollarbeiten verrichten (Plat. nom. 806a; vgl. Xen. Lak. pol. 1,3 f.). Die betreffende Arbeit sei von Helotinnen übernommen worden. Dies ist wiederum schwerlich als Zeichen für Freiheit zu werten. Sklavinnen dürften auch anderenorts für die Textilproduktion eingesetzt worden sein. Zudem war die Weberei ein äußerst wichtiger Bereich, da die Stoffe nicht zuletzt für den männlichen Gabentausch dienten. Für Sparta ist aufgrund von Pausanias (3,16,2) im Weiteren überliefert, dass dem Apollon von Amyklai jedes Jahr in einem dafür bestimmten Gebäude ein Chiton gewoben wurde. Diese Tätigkeit dürfte wohl ausschließlich Bürgerinnen zugefallen sein. Ihnen wurde in dem Hochzeitslied von Theokrit schließlich auch Helena als vorbildliche Weberin vorgeführt (Eid. 18,32–34). Es ist daher anzunehmen, dass Weberei im Kreise der spartanischen Bürgerinnen durchaus vertraut war. Die Wichtigkeit dieser Beschäftigung kommt zumindest in den zahlreichen Weihobjekten mit Webereimotiven im Artemis Orthia-Heiligtum zum Ausdruck.

Schon Platon und Aristoteles haben (nicht nur für Sparta) erkannt, dass die Frauen die Hälfte des Staates darstellten. Die spartanischen Männer waren auf Einkünfte aus ihrem Landgut angewiesen, um ihren Beitrag zu den Syssitien zu leisten; anderenfalls drohte der Verlust des Bürgerrechts. Die Männer waren nach einer anfänglichen Übergangsphase im Anschluss an die Eheschließung im eigenen Haushalt wohnhaft. Sie mussten ein Interesse an einem geregelten und einträglichen Haushalt haben. Es scheint daher unwahrscheinlich, dass sie ihre Existenz gänzlich in die Hände ihrer Frauen gelegt haben. Vielmehr dürften sie auch selber für die Verwaltung, den Anbau, die Betreuung der Heloten etc. die Verantwortung übernommen haben, auch wenn ihr landwirtschaftliches Engagement nicht gerne gesehen war (Aristot. pol. 1264a 10). Der wirtschaftliche Einfluss der spartanischen Frauen – sofern man diesen überhaupt pauschal fassen kann – ging daher kaum über denjenigen der Athenerinnen hinaus.

Auch die spätere Entwicklung deutet nicht grundsätzlich in eine andere Richtung. Die Mutter von Agis IV. hatte gemäß Plutarch viele Klienten, Freunde und Schuldner; angeblich übte sie auch im Gemeinwesen großen Einfluss aus (Agis 6,7). Darüber hinaus verfügte sie über beträchtlichen Besitz, nämlich die »größten Vermögen Lakoniens« (4,1), was sich aber nicht unbedingt auf Landbesitz erstrecken muss. Ihre politische Rolle war letztlich jedenfalls nur untergeordneter Natur. Die politischen Programme zur Rettung des spartanischen Bürger- und Heeresverbandes stammten von Männern (6).

Fazit

Insgesamt haben wir es in den Quellen also mit überzeichneten Bildern zu tun, die zudem im Verlaufe der Zeit ausgeschmückt und in der modernen Forschung weitertradiert wurden. Die Auffassung von der freien und einflussreichen Stellung der spartanischen Frau gehört dabei in den Bereich des Mythos. Auch wenn das Erbrecht in Sparta die Frauen offensichtlich in einem höheren Maße berücksichtigte als in Athen, kann daraus nicht wirtschaftliche Macht abgeleitet werden. Sportliche Betätigung (in leichter Bekleidung) erfolgte bis in hellenistische Zeit wohl nur im Rahmen der Ausbildung in einem Mädchenchor, die einer wohlhabenden Bürgerschicht vorbehalten war.

Die tatsächlichen Verhältnisse und zeitgenössischen Zustände sind freilich nur ansatzweise zu erfassen. Es gab auch in Sparta eine gebildete weibliche Oberschicht, die in der Öffentlichkeit bestimmte Plätze einnahm. Entsprechende Auftritte sind (wie anderenorts) primär im Zusammenhang mit Initiationsriten und religiösen Festen überliefert. Das Alltagsleben der unteren Schichten – und auch der Periökinnen – ist weitgehend unbekannt; über einfache Marktfrauen, mit denen auch in Sparta zu rechnen ist, schweigen sich die Quellen aus. Sie passen eben nicht in das Bild der dominanten Hausverwalterin.

Auch die spartanische Frau war grundsätzlich über ihre Beziehung zum Mann definiert und zur Erhaltung des männlichen Bürger- und Staatsverbandes interessant. Die Männer waren wie in allen griechischen Poleis auf vielen Ebenen dominierend. Die spartanischen Frauen waren nur insofern den Männern gleichgestellt, als die offizielle Ideologie von beiden die Unterordnung ihrer Interessen unter den Staat verlangte. Sowohl die Frau als auch der Mann mussten eine Rolle erfüllen, welche die individuelle Sphäre erheblich einschränkte. Beiden Geschlechtern war ein Platz zugewiesen, auf dem sie auch Verdienste und Respekt erwerben konnten. Die Spartanerinnen verkörperten jedenfalls mehr als ein – entweder bewunderungswürdiges oder abzulehnendes – Gegenmodell zu den Athenerinnen und Sonderfall der griechischen Geschichte (Thommen 1999).

Geld

Sparta als Inbegriff eines Kriegerstaates galt als monetär rückständig; seine Staatskasse, die von den Ephoren verwaltet wurde, sei schlecht organisiert bzw. leer gewesen (Thuk. 1,141,3; Aristot. pol. 1271b 11–13). Dementsprechend wurde für den Untergang Spartas in der Antike u. a. das Eindringen von Geld im Anschluss an den Sieg im Peloponnesischen Krieg verantwortlich gemacht (Plut. Lyk. 30,1; Agis 3,1. 5,1). Plutarch (Lys. 16 f.) berichtet ausführlich, wie Gylippos, der vormalige Sieger von Sizilien (413), von Lysander beauftragt wurde, das erbeutete Geld von Athen nach Sparta zu schaffen und sich dabei einen Teil für seinen eigenen Besitz abzweigte. Als er aufflog, musste er Sparta verlassen, und es wurden Stimmen laut, alles Gold und Silber aus Sparta zu entfernen. Schließlich einigte man sich darauf, geprägtes Edelmetall für den Staat zu erlauben, für den Privatbesitz aber zu verbieten.

Plutarch berichtet zudem, dass Lykurg seinerzeit Gold und Silber außer Kurs gesetzt hatte und nur Eisen als Geld erlaubte (Lyk. 9; mor. 226c–d. 239d–e). Ein entsprechendes lykurgisches Verbot für Gold- und Silberbesitz ist auch schon bei Xenophon zu fassen; dieses sei allerdings nicht mehr beachtet worden (Lak. pol. 7,5; 14,3). Es ist daher vermutet worden, dass im Jahre 404 ein altes Gesetz erneuert wurde. Jedenfalls wurde Thorax, der in diesem Jahr als Harmost auf Samos amtierte (Diod. 14,3,5), mit dem Tod bestraft, weil er im Besitz von privatem Geld angetroffen wurde (Plut. Lys. 19).

An einer vermeintlich alten Verordnung gibt es aber erhebliche Zweifel. Eisengeld in Form von Spießen (*oboloí/obelískoi*) oder Gewichten – nicht etwa in Form der erst ab dem 4. Jahrhundert auftauchenden Sicheln, die als Kultgegenstände dienten – ist in archaischer Zeit zwar verbreitet, doch wurde seit dem 6. Jahrhundert auch in Sparta mit geprägtem Geld gewirtschaftet, wie einzelne Fälle von Bestechungen führender Leute bzw. die ihnen abverlangten Geldstrafen, die Bezahlung von Söldnern (Thuk. 4,55) oder die Zuwendungen im Peloponnesischen Krieg (IG V 1,1) zeigen. Im Jahre 479 ist das von den Persern erbeutete Gold und Silber individuell verteilt worden (Hdt. 9,81). Zumindest späterhin wurden von den Bürgern sogar regelmäßige Geldbeiträge an die Syssitien verlangt (Plut. Lyk. 12,2; Athen. 4,141c). Gemäß Pseudo-Platon soll es in Sparta schließlich mehr Gold und Silber in Privathänden als an anderen Orten in Griechenland gegeben haben (Alkibiades I, 122e–123a).

Zurschaustellung privaten Reichtums war freilich verpönt. Ein gewisser Xouthias hinterlegte im mittleren 5. Jahrhundert beim Tempel in Tegea eine Summe von insgesamt 400 Minen (= ca. 6,5 Talente), die möglicherweise aus Sparta stammte (IG V 2,159; HGIÜ I 73; IPArk 1; Athen. 6,233f). Sparta verzichtete zudem weiterhin auf eine eigene Münzprägung, die erst in den 260er Jahren unter Areus I. begonnen wurde und vorwiegend der Bezahlung von Söldnern diente (Grunauer-von Hoerschelmann 1978). Bei der Diskussion um das Eindringen von Geld am Ende des Peloponnesischen Krieges war es daher naheliegend, eine frühere Verordnung des Lykurg zu proklamieren.

Im gleichen Kontext dürfte auch die Idealvorstellung des Eisengeldes als alleiniges Zahlungsmittel konstruiert worden sein, was auch in Platons Gesetzesentwurf seinen Niederschlag fand (nom. 742a–b). Nach Theopomp soll sogar schon Herakles den Spartanern geraten haben, Gold und Silber zu verachten (FGrHist 115 F 71 = Diog. Laert. 1,117). Die Versuche, das für Sparta angenommene Eisengeld rational – als Transportschikane und unverwertbare Rohmasse – zu erklären (Xen. Lak. pol. 7,5; Plut. Lys. 17), gingen bezeichnenderweise schief und lassen die moralische Ebene der Diskussion erkennen.

Ein Verbot von privatem Besitz von Gold und Silber ist demnach wohl erst im Jahre 404 zustande gekommen, als ungewöhnlich hohe Summen nach Sparta flossen und für einzelne Leute neuer Reichtum winkte. Die Bestimmung kam – wie erneute Geldstrafen in den Jahren 382 und 362 zeigen (Plut. Pelop. 6,1; Ages. 34,8) – freilich schnell wieder außer Gebrauch und konnte somit auch keine Verbesserung für die spartanische Gesellschaft bewirken. Es ist daher nicht zulässig, aufgrund dieses zweifelhaften Kompromisses im Jahre 404 ein eigentliches Epochendatum zu sehen. Sparta kannte sowohl davor als auch danach eine staatlich geregelte Geldwirtschaft, welche durchaus zum Erhalt des Gemeinwesens beitragen konnte (Thommen 2014; Rohde 2017).

Kinadon und die minderberechtigten Gesellschaftsgruppen

Verschwörungen

Das Eindringen von Geld nach Sparta am Ende des Peloponnesischen Krieges stellte nicht nur eine Bedrohung für die disziplinierte bürgerliche Lebensweise dar, sondern führte auch zu einer weiteren sozialen Polarisierung. Die Zahl der Spartiaten war durch die Kriegsverluste bis in die Zeit um 400 auf ca. 2500 zurückgegangen. Verarmte Spartiaten verloren damals zusehends ihren Landbesitz und fielen damit in den Stand der politisch nicht berechtigten Hypomeiones (Mindere) ab. Zusammen mit anderen unzufriedenen Bevölkerungsteilen erscheinen sie in der Folge im Zusammenhang mit dem von Kinadon geplanten Aufstand von ca. 399/98 (Xen. Hell. 3,3,4 ff.; Plut. Ages. 4,4 f.).

König Agesilaos, der noch kein Jahr im Amt war, erfuhr anlässlich eines staatlichen Opfers offenbar als erster von der Verschwörung, spielte im weiteren Verlauf der Ereignisse aber keine erkennbare Rolle. Bei der Zerschlagung der Aufstandspläne nahmen wiederum die Ephoren eine zentrale Funktion ein. Die Ephoren waren also nach dem Peloponnesischen Krieg nicht nur um neue Ordnungsmaßnahmen bemüht, sondern nach wie vor an den wichtigsten politischen Entscheidungen beteiligt. Agesilaos wird durch den Kinadon-Bericht Xenophons dennoch als König legitimiert, da er das staatliche Opfer richtig dargebracht hatte und ihm die Pläne von der Gottheit angezeigt wurden. Auch wenn er selbst keinen aktiven Anteil an den Gegenmaßnahmen hatte, so wurde die Aufstandsgefahr doch unter ihm beseitigt (Jehne 1995).

Von Kinadon, den Xenophon als kraftvollen und begabten jungen Mann bezeichnet, erfahren wir nur, dass er nicht zu den Gleichen (*hómoioi*) gehörte, also nicht oder nicht mehr zu den Vollbürgern zählte. An dem von ihm geplanten Aufstand sollten sich weitere Gruppen von Nichtbürgern beteiligen: Heloten, Neodamoden, Hypomeiones und Perioiken, die mehrheitlich noch unbewaffnet waren. Die für die Erhebung ins Auge gefassten Leute stammten sowohl aus der Stadt als auch vom Lande, wobei ihre Zahl von 4000 aber fraglich bleibt.

Mit Kinadon operierten ein paar weitere Anführer, daneben soll es aber nur wenige Eingeweihte gegeben haben. Motive des Aufstandes waren – soweit dies aus dem Bericht Xenophons hervorgeht – der Spartiatenhass sowie Kinadons Wunsch, »hinter niemandem zurückstehen zu wollen«, also offenbar wieder im Kreis der Vollbürger Anerkennung zu finden, was auch Aristoteles (pol. 1306b), der von der Teilhabe an Ämtern spricht, nahelegt. Geplant war ein bewaffneter Aufstand, der sich wohl gegen die Regierung (»Unbewaffnete«) wandte, jedoch keine erkennbare Perspektive verfolgte.

Allem Anschein nach handelte es sich nicht um einen Aufstand ›von unten‹, der von bestimmten Bevölkerungsgruppen getragen wurde, denn diese verhielten sich nach der Aufdeckung der Verschwörung ruhig.

Als das Komplott bei den Ephoren angezeigt wurde, ergriffen diese umgehend wirksame Maßnahmen, die sie aufgrund der gebotenen Vorsicht nur gerade mit einzelnen Geronten absprachen. In Sparta entwickelte sich in dieser Situation ein kluges Krisenmanagement, bei dem Kinadon mit einem Ordnungsdienst im Periökengebiet (Aulon) betraut aus Sparta hinausgelockt und ergriffen wurde. Aufgrund der von ihm verlangten Angaben konnten die weiteren Führer in Sparta verhaftet und zusammen mit Kinadon der Geißelung – Polyaen (2,14) spricht wohl fälschlich von Todesstrafe – zugeführt werden. Der Stasis-Versuch zu Beginn von Agesilaos' Herrschaft wurde somit schnell zerschlagen.

Erst gegen Ende der Regierungszeit von Agesilaos (370/69) sollten neue Aufstandsversuche erfolgen (David 1980). Die militärische Niederlage von Leuktra im Jahre 371 hatte 400 der 700 mitkämpfenden Spartiaten das Leben gekostet (Xen. Hell. 6,4,15), so dass die Zahl der Bürger im 4. Jahrhundert auf unter 1000 sank (Aristot. pol. 1270a 32). In Sparta wurde befürchtet, dass sich die Rückkehrer aus der Schlacht, die in den Stand der Tresantes abzusinken drohten, erheben würden. Um dieser Gefahr zu begegnen, wurde Agesilaos zum Nomotheten (Gesetzgeber) gewählt. Dabei veranlasste Agesilaos aber keine Veränderung der Gesetze, sondern ließ diese nur einen Tag außer Kraft setzen, um den »angesehenen« Spartanern die volle bürgerliche Wiedereingliederung zu ermöglichen (Plut. Ages. 30). Agesilaos versuchte in dieser schwierigen Situation, durch Amnestie weitere Unterstützung in der Führungsschicht zu erlangen.

Während der anschließenden Invasion des thebanischen Heeres unter Epaminondas nach Lakonien und Sparta sollen sich dann 200 unzufriedene Lakedaimonier zusammengerottet und das Artemis-Heiligtum auf dem Issorion-Hügel besetzt haben. Agesilaos habe es verstanden, diese umzustimmen, aber auch 15 Aufständische in der Nacht hinrichten lassen. Anschließend sei eine noch größere Verschwörung spartanischer Bürger aufgedeckt worden. Da sich diese heimlich in einem Haus zu treffen pflegten, kann ihre Zahl aber nicht besonders groß gewesen sein. Agesilaos soll diese Leute nach Absprache mit den Ephoren wiederum ohne Prozess hinrichten lassen haben (Plut. Ages. 32), was freilich den Verdacht auf eine Dublette mit der Kinadon-Verschwörung weckt. Agesilaos wird dadurch explizit zum Retter des Staates aus einer vermeintlich bedrohlichen Gefahr. Diese kam offenbar von unzufriedenen Bürgern aus vormals angesehenen Kreisen, die um politischen Einfluss kämpften, aber die sozial niedrigeren Bevölkerungsgruppen kaum zu mobilisieren verstanden.

Hypomeiones, Mothakes, Syntrophoi, Nothoi

Wie gesehen, waren die Hypomeiones eine Gruppe von Minderen bzw. Minderberechtigten, Geringeren. Sie treten nur im Zusammenhang mit der Kinadon-Verschwörung auf und bildeten daher wohl keine rechtlich fest umrissene Bevölkerungskategorie. Es handelte sich um freie Leute, die in ihrer bürgerlichen Stellung Einbussen erlitten hatten. Darunter befanden sich wohl in erster Linie solche, die ihre Syssitienbeiträge nicht mehr liefern konnten und damit ihre politischen Rechte verloren.

Zu den Minderberechtigten gehörten wohl auch die Mothakes (bzw. Mothones). Sie sind erst in Quellen aus hellenistischer Zeit fassbar (Lotze 1962). Gemäß Phylarch

(FGrHist 81 F 43) waren sie frei, gehörten aber nicht zu den Lakedaimoniern, so dass sie von den Spartiaten und Periöken geschieden wurden. Mothakes waren entweder Kinder eines spartiatischen Vaters und einer helotischen Mutter oder illegitime Kinder einer Spartiatin. Neben illegitimen Kindern treten als Mothakes aber auch Leute auf, die von verarmten Spartiaten (also wohl Hypomeiones) stammten und Berühmtheit erlangten (Ail. var. hist. 12,43): Kallikratidas, Gylippos und Lysander, der zwar arm, aber von vornehmer Abkunft war.

Da die Mothakes nicht aus legitimen Ehen bzw. aus verarmten Familien stammten, waren sie auch nicht mit einem Landlos ausgestattet. Dennoch konnten sie an der staatlichen Erziehung teilnehmen, wo sie offenbar regelmäßig als Begleiter bzw. Nährbrüder (*sýntrophoi*) der spartiatischen Knaben auftraten (Hodkinson 1997). Durch ihre Erziehung hatten sie späterhin bei genügender Ausstattung durch ihre Förderer auch Aussichten auf das Bürgerrecht. Uneheliche Söhne, welche die Erziehung durchlaufen hatten, werden von Xenophon (Hell. 5,3,9) Nothoi genannt, die freiwillig in den Krieg zogen.

Neodamoden

Im ausgehenden 5. Jahrhundert und frühen 4. Jahrhundert wurden viele Heloten, die sich für staatliche bzw. militärische Dienste einspannen ließen, freigelassen. Aus ihnen ragte die Gruppe der Neodamoden (*neodamódeis*) heraus, die vorübergehend mehrere Tausend Leute zählte. Diese bildeten ihrer Bezeichnung nach eine Gruppe von »Neubürgern«, dürften aber nur in loser Form an die Spartiaten herangeführt worden sein. Da sie keine politischen Rechte besaßen, haben sie gegenüber anderen Freigelassenen wohl nur gewisse Privilegien genossen und waren wie diese zum Kriegsdienst verpflichtet.

Neodamoden werden erstmals im Jahre 421 und zwar im Zusammenhang mit Brasidas erwähnt (Thuk. 5,34,1): Nach dem Kampf wurden freigelassene Heloten, sog. Brasideioi, zusammen mit Neodamoden in Lepreon, im lakonisch-eleischen Grenzgebiet, angesiedelt. Die »Neubürger« dürften daher aus der Gruppe der befreiten Heloten, die sich überall niederlassen konnten, herausgeragt haben. Zugleich sind sie aber – gerade für militärische Unternehmungen in entlegenere, außerpeloponnesische Gebiete – auch verstärkt in die Pflicht genommen worden. Bewaffnete »Neubürger« wurden nämlich bis zum Jahre 370/69, wo sie zum letzten Mal aufgeführt werden, zu einer militärischen Stütze (Thuk. 5,67,1; Xen. Hell. 6,5,24). Im Jahre 397 bildeten sie – neben 6000 Bündnern – eine eigene Abteilung von 2000 Leuten (Hell. 3,4,2; Ages. 1,7). Sie genossen aber einen zweifelhaften Ruf (Hell. 6,1,5), der wohl mit ihrem Status als minderberechtigten Bürgern zusammenhängt und nicht unbedingt auf ihre Unzufriedenheit schließen lässt. Möglicherweise konnten bereits ihre Söhne wieder volles Bürgerrecht erlangen. Zudem wurde ihr militärisches Engagement durch die spartanische Niederlage von Leuktra hinfällig.

Epitadeus

Im Zusammenhang mit dem Ephoren Epitadeus wird im Anschluss an den Peloponnesischen Krieg bzw. im früheren 4. Jahrhundert mit einer generellen Reform des Bodenrechts gerechnet, die jedoch wenig wahrscheinlich ist. Plutarch berichtet, dass Epitadeus ein Gesetz eingebracht habe, das den Bürgern freie Verfügung über Haus und Boden bzw. deren Verschenkung und Vererbung erlaubte (Agis 5). Aristoteles weist eine ähnliche Regelung dem »Gesetzgeber«, also offenbar schon Lykurg, zu (pol. 1270a 21). Da die ungleichen Besitzverhältnisse im 4. und frühen 3. Jahrhundert ganz offensichtlich dem ebenfalls Lykurg zugeschriebenen Prinzip der Unveräußerlichkeit widersprachen, könnte das Gesetz des Epitadeus eine Erfindung zur Erklärung dieser Diskrepanz sein, mit der dann auch einheitliche Landlose propagiert werden konnten. Die Episode hat zudem eine Entsprechung in Platons Erklärung für den Niedergang der Oligarchie durch die Anhäufung von Besitz in den Händen von wenigen (pol. 555c–e)(Schütrumpf 1987). Die Angaben bei Plutarch reichen auch nicht aus, um Epitadeus generell mit der Einführung der testamentarischen Schenkung (*diathéke*) in Verbindung zu bringen oder ihn für die aufgehende Kluft zwischen Armen und Reichen verantwortlich zu machen (Todd 2005). Unbekannt bleibt, ob er von einer anderen Maßnahme auf dem Gebiet des Privatrechts oder der ›Sozialpolitik‹ bekannt gewesen war. Die Massierung von Grundbesitz wurde jedenfalls nicht erst jetzt ermöglicht und bis zu den Reformen von Agis und Kleomenes in der zweiten Hälfte des 3. Jahrhunderts gesetzlich auch nicht unterbunden.

IX. Die Armee

Die Spartaner galten schon in der Antike als von Natur aus kriegerisch. Gemäß Xenophon (Lak. pol. 13,5) beherrschen nur die Spartaner die Kriegstechnik. Platon (nom. 666e) und Isokrates (6,81) sprechen von Sparta als einem Feldlager. Krieg war indes in Sparta – wie anderswo – nur eine der Aufgaben des bürgerlichen Daseins. Die Erziehung diente nicht nur der militärischen Stärke, sondern strebte eine umfassende Integration der Bürger in die Gesellschaft an. Dennoch waren die Spartaner aufgrund der Eroberung Messeniens zur Wahrung ihrer Vormachtstellung in der Peloponnes auf eine gute militärische Organisation angewiesen und alimentierten mit Beutegütern wiederholt die Kriegs- und Staatskasse.

Für den Tod im Kampf stellten die Spartaner ihren Kriegern ewigen Ruhm in Aussicht. Die gefallenen Soldaten wurden mit ihrem purpurnen Gewand (Phoinikis) und in Olivenblätter eingewickelt bestattet und sollen im Gegensatz zu anderen ein Grab mit namentlicher Inschrift erhalten haben (Plut. Lyk. 27,2 f.). Aufgrund der großen Distanzen wurden die Gefallenen in der Regel freilich auf dem Schlachtfeld in Gemeinschaftsgräbern (Polyandria) bestattet (Hdt. 7,228: Thermopylen; 9,85: Plataiai). Als abschreckendes Gegenbeispiel zum heroisch gefallenen Krieger diente der Feigling, der als »Zitterer« (*trésas*) gesellschaftlich geächtet wurde und sich erniedrigenden Prozeduren unterziehen musste (Tyrt. 8G–P v. 14; Plut. Ages. 30).

Der Beschluss über Krieg und Frieden gehörte zu den frühen Befugnissen der Volksversammlung. Zudem traf diese die Wahl der kommandierenden Feldherren, die zunächst aus den Reihen der Könige stammten. Später wurden die Befehlshaber aber auch aus einem breiteren Spektrum angesehener Spartiaten gewählt, die dann den Titel eines Harmosten tragen konnten. Die Ephoren, die seit der spätarchaischen Zeit als Leiter der Volksversammlung fungierten, bestimmten im Anschluss an einen Kriegsentscheid die Anzahl der Altersklassen, an die das Aufgebot ging. Die wehrpflichtigen Spartiaten waren in 40 Klassen zwischen 20 und 60 Jahren eingeteilt, von denen für die Schlacht von Leuktra (371) beispielsweise zunächst nur die ersten 35, also die Jahrgänge von 20–55 Jahren, aufgeboten wurden (Xen. Hell. 6,4,17). Jeder Bürger hatte seine eigenen Waffen (3,3,7), aber auch bestimmte Auflagen für das äußere Erscheinungsbild, zu dem neben dem Purpurgewand etwa die langen Haare und auf dem Schild das L für Lakedaimonier gehörten.

Die kleinste militärische Einheit war gemäß Herodot (1,65) das Syssition, das gleichzeitig eine Mahlgemeinschaft bildete und damit ein Bindeglied zwischen Armee und Zivilleben darstellte. Es dürfte ca. 15 Leute umfasst haben, so dass wohl je zwei Syssitien die von Herodot erwähnten Triakaden bildeten. Die nächstgrößere Gruppierung war die Enomotie (*enomotía*, »Schwurgemeinschaft«), die auch späterhin als Basiseinheit der Armee begegnet und zwischen 32 und 38 Leute umfasst, also wohl die Triakade abgelöst hat.

Größte Gliederungseinheit waren ursprünglich die drei Phylen, in klassischer Zeit ist dann aber auch eine Einteilung nach Oben, die den fünf örtlichen Bezirken der Stadt

Sparta entsprechen, anzunehmen; dabei ist mit je fünf spartiatischen und fünf periökischen Lochen (*lóchoi*) zu rechnen (Hdt. 9,53; Aristot. frg. 541R). Um seine Schlagkraft zu verstärken, scheint das spartanische Heer schon früh die Periöken beigezogen zu haben. In der Schlacht von Plataiai (479) kämpften 5000 Spartiaten und 5000 Periöken (Hdt. 9,10 f.), wohl je fünf Lochen, die von Polemarchen angeführt wurden.

Anlässlich der Schlacht von Sphakteria (425) spricht Thukydides (4,8,9) zwar ebenfalls von den Lochen der Hopliten, doch sind nur ein Teil von ihnen Spartiaten. Die einzelnen Lochen sind demnach jetzt aus spartanischen Bürgern und Periöken gemischt zusammengesetzt. Daraus kann geschlossen werden, dass in der Zeit zwischen der Schlacht von Plataiai und der Niederlage von Sphakteria eine Heeresreform erfolgt war. Der Hauptgrund dafür ist in der Oliganthropia (»Menschenmangel«) zu sehen, die sich nach den Perserkriegen durch das große Erdbeben der 460er Jahre intensiviert hatte. Zu vermuten ist, dass die Reform zu einem Zeitpunkt der militärischen Schwäche, möglicherweise nach dem Friedensschluss mit Athen vom Jahre 446/45, vorgenommen wurde.

Es liegt nahe, dass diese Reform zugleich einen Wandel zu den sechs neuen Obereinheiten, den Moren (*mórai*), bewirkte, auch wenn Thukydides (5,68) im Zusammenhang mit der Schlacht von Mantineia (418) – wohl irrtümlich – noch von insgesamt sieben Lochen berichtet und die Moren erst für das Jahr 403 explizit erwähnt werden (Xen. Hell. 2,4,31). Kommandiert wurde das Heer in absteigender Reihenfolge von dem König, den Polemarchen, Lochagen, Pentekonteren und Enomotarchen, was eine durchorganisierte Befehlsstruktur und somit auch schnelle Weitergabe von Anordnungen garantierte (Thuk. 5,66). Eine More (*móra*) war zur Zeit Xenophons offenbar in 4 Lochen, 8 Pentekostyen (*pentekostýes*) und 16 Enomotien (*enomotíai*; à 36 Mann mittlere Stärke) geteilt (Xen. Lak. pol. 11,4; Hell. 6,4,12) und erreichte damit ein Total von ca. 576 Mann. Nach der spartanischen Niederlage von 371 redet Xenophon wiederum von 12 Lochen, so dass eine More möglicherweise auf zwei Lochen reduziert wurde (Hell. 7,4,20. 5,10).

Da die Lochen aus Spartiaten und Periöken gemischt waren, wurde der Heeresverband von den Phylen und Oben unabhängig. Dies bedeutete einen Wechsel von lokal verankerten und von bestimmten Familien dominierten Einheiten zu gemischten Gruppierungen, die unter politisch-strategischen Gesichtspunkten gebildet wurden – vergleichbar mit der kleisthenischen Reform in Athen. Entscheidend war zudem, dass jetzt auch die Periöken in das spartiatische Aufgebot eingegliedert wurden. Dadurch wurde die Phylenstruktur überwunden und das Heer professionalisiert. Seit dem Peloponnesischen Krieg wurde jede More bei Bedarf mit einer Kavallerieabteilung ausgestattet und konnte als selbständiger Truppenkörper eingesetzt werden.

Die Oliganthropia machte sich aber auch in der Folgezeit bemerkbar und führte zu weiteren Veränderungen in der Armeestruktur. Für die Schlacht von Mantineia (418) kommt Thukydides (5,68) noch auf ca. 3584 Soldaten, bei denen sogar die Periöken eingerechnet sein könnten. Bei Nemea im Jahre 394 begegnen jedenfalls nur ca. 2000 Spartiaten, und bei Leuktra im Jahre 371 kämpften vier Moren (ca. 2500–3000) Lakedaimonier, darunter 700 Spartiaten, von denen 400 getötet wurden (Xen. Hell. 6,4,15), so dass der Bürgeranteil substantiell gefährdet war.

Die Abnahme der Bürger im Heeresverband wurde in erster Linie durch Periöken ausgeglichen. Nach der Niederlage von Sphakteria (425) wurden für die Kampftruppe nicht nur Heloten, sondern erstmals auch Söldner beigezogen, deren Zahl zunahm. Zu rechnen ist ferner mit minderberechtigten Hypomeiones (Xen. Hell. 3,3,7) und deren Kindern (Mothakes), die mit ihrem Militäreinsatz das Bürgerrecht erlangen konnten. Heloten traten schon in den Perserkriegen in großer Zahl als Waffenträger oder Leichtbewaffnete auf, konnten aber auch zu größerer Bedeutung im Kampfverband gelangen. Brasidas rekrutierte im Jahre 424 neben 1000 peloponnesischen Söldnern 700 Heloten, sog. Brasideioi, die danach freigelassen wurden (Thuk. 4,80,4; 5,34,1). Dazu traten nun auch weitere Freigelassene, die als Neodamoden (Neubürger) bezeichnet wurden und zumindest im frühen 4. Jahrhundert einen eigenen Truppenkörper mit gut 2000 Leuten bildeten (Xen. Hell. 3,4,2).

Eine eigene Abteilung stellten auch die periökischen Skiriten, die etwa 600 Leichtbewaffnete zählten, den linken Flügel im spartanischen Heer bildeten und mit speziellen Aufgaben wie dem Vorausmarsch oder der Lagerwache betraut waren (Thuk. 5,67,1; Xen. Lak. pol. 12,3; 13,6).

Die Elitetruppe der Spartaner bildeten die 300 Hippeis (Reiter), die freilich wie das übrige Heer zu Fuß unterwegs waren. Je 100 wurden von einem der drei Hippagreten, die von Ephoren bestimmt waren, aus der Gruppe der Hebontes (20–30-Jährige) ausgewählt (Xen. Lak. pol. 4,3). Sie kämpften offenbar in der Nähe des Königs (Hell. 6,4,14), wobei unklar bleibt, ob sie zugleich die königliche Garde verkörperten, die nach Herodot (6,56) 100 Leute umfasste.

Eine Kavallerie existierte in Sparta erst spät und in bescheidenem Umfang. Nach der Niederlage von Sphakteria wurden im Jahre 424 neu auch 400 Reiter rekrutiert. Die Pferde wurden von Reichen gestellt, aber angeblich von unbedeutenden Leuten geritten (Xen. Hell. 6,4,11). Diese bildeten sechs Moren à ca. 100 Reiter (4,2,16. 5,12) und wurden von einem Hipparmostes angeführt, der beim gemeinsamen Kampf mit den Fußtruppen dem Kommando des Polemarchen untergeordnet war.

Schließlich ist für die spartanische Kampfführung auch das Aufgebot der Bundesgenossen in Rechnung zu stellen, die nach einem Kriegsbeschluss in der Bundesversammlung beigezogen werden konnten. Ausschlaggebend dafür waren in der Regel deren eigene Gefährdung oder regionale Interessen. Unter diesen Bedingungen wurde die Stellung von zumindest zwei Dritteln des vollen Aufgebotes der betreffenden Bündner erwartet bzw. sogar der ganze Heerbann beigezogen (Hdt. 7,203; Thuk. 2,10,2. 47,2; 3,15,1; 5,57,2; Xen. Hell. 4,6,3).

Schon nach dem Aufstand der Arkader (gegen 470) oder nach dem großen Erdbeben der 460er Jahre dürften den Kontingenten der Bundesgenossen spartanische Kommandanten (Xenagoi) zugeteilt worden sein, wie wir sie dann im Peloponnesischen Krieg erstmals konkret erkennen (Thuk. 2,75,3). Da die Xenagoi den Kommandanten der Bündnispartner nur zur Seite standen, die lokalen Befehlshaber also nicht ersetzten, handelte es sich in erster Linie um eine organisatorische Maßnahme auf Feldzügen. Eine grundsätzlich straffere Organisation oder härtere Gangart gegenüber den Bündnispartnern ist daraus nicht zu erkennen.

Dies dürfte erst der Fall gewesen sein, als das spartanische Bündnissystem während und nach dem Peloponnesischen Krieg deutlich erweitert wurde. Für die im Anschluss an den Sieg vom Jahre 404 im athenischen Machtbereich neu als Bündnispartner gewonnenen Gebiete (aus dem Delisch-Attischen Seebund) bestand eine regelmäßige Abgabepflicht, um die entsprechenden Gelder bei Kriegszügen für den Unterhalt der Truppen einsetzen zu können (Aristot. Ath. pol. 39,2; Polyb. 6,49,10; Diod. 14,10,2).

Eine weitere Neuerung ist dann im Jahre 383/82 festzustellen. Damals konnten die Bundesgenossen, anstatt Truppenkontingente zu stellen, offenbar erstmals Geldzahlungen leisten, so dass sich damit weitere Söldner verpflichten ließen (Xen. Hell. 5,2,21 f. 3,10. 17). Um das Jahr 377/76 wurde schließlich das Bundesgebiet zur gleichmäßigeren Rekrutierung bzw. Entlastung der einzelnen Städte in 10 Bezirke eingeteilt, die für die

Truppenstellung verantwortlich waren (Diod. 15,31,1 f.). Damit konnte freilich nicht verhindert werden, dass sich Spartas Bundesgenossen nach der Niederlage von Leuktra (371) verselbständigten und Spartas Vormachtstellung zu Ende ging. Im weiteren Verlauf musste Sparta dementsprechend noch stärker auf Söldner setzen und im 3. Jahrhundert eine generelle Reform bzw. Aufstockung des Bürger- und Heeresverbandes vornehmen.

X. Der Peloponnesische Krieg

Charakteristika

Die Auseinandersetzungen im sog. Peloponnesischen Krieg (431–404) bilden einen folgenreichen Einschnitt in die griechische Staatenwelt und in die Beziehungen der beiden Hauptkonkurrenten Athen und Sparta. Thukydides, der über die Ereignisse berichtet, hat im Jahre 424 selber als Stratege in Thrakien mitgekämpft und schrieb dementsprechend seinem Gegenspieler Brasidas eine bedeutende Rolle zu. Thukydides' Nachfolger Xenophon, der die Geschehnisse ab dem Jahre 411 referiert, hat hingegen in den ersten Jahren des 4. Jahrhunderts auf Seiten der Spartaner gekämpft, in ihrer Nähe auf der Peloponnes Wohnsitz gefunden und für sie auch entsprechende Sympathien entwickelt.

Der Peloponnesische Krieg führte zunächst zu erweiterten militärischen Bündnissen. Schon bei Kriegsbeginn war Sparta außer mit Argos und Achaia mit sämtlichen Peloponnesiern, Megara, Boiotien, Lokris, Phokis, Ambrakia, Leukas und Anaktorion verbündet (Thuk. 2,9). Die Auseinandersetzungen mit Athen und seinen Bündnispartnern resultierten in einer schonungslosen Kriegsführung, die bisherigen Praktiken entgegenlief. Als neue Taktik wurden kompromisslose Belagerungen, teilweise gepaart mit der Vernichtung der Bevölkerung, angewandt. An Bedeutung gewann der Einsatz sowohl der Leichtbewaffneten als auch der Reiterei und insbesondere der Flotte. Nachdem die spartanische Flotte im Peloponnesischen Krieg anfänglich unterlegen war, wurde sie durch eine substantielle Erweiterung nach der Niederlage der Athener in Sizilien (413) zum entscheidenden Kriegsinstrument. Der Krieg erhielt dadurch neue Dimensionen, bei denen der Hoplitenkampf an Gewicht verlor.

Die langjährigen Auseinandersetzungen führten zum Verschleiß der eigenen Ressourcen und – von Seiten Spartas – zum erstmaligen Rückgriff auf persische Gelder. Seit dem Jahre 424 kam ein neuer Soldatentyp zum Einsatz, der sich aus Heloten und Söldnern zusammensetzte. Gleichzeitig entstand neben den Königen eine neue Kategorie von längerfristig amtierenden Befehlshabern, die als Nauarchen und Harmosten fungierten. In der letzten Phase des Peloponnesischen Krieges konzentrierte sich das Geschehen auf das Meer und brachte für die Kommandanten einen vergrößerten Aktionskreis mit erhöhten Aufgaben mit sich. Die Harmosten und Nauarchen erhielten die Chance, eine erweiterte Machtposition aufzubauen und sich persönlich zu bereichern. Sie operierten mit professionalisierten Truppen aus Heloten, Neodamoden, Bundesgenossen und Söldnern, die als Garnisonen verwendet werden konnten und verstärkt an ihren Führer gebunden waren. Dadurch wurde schließlich auch der sozialen und politischen Ungleichheit im spartanischen Staat Vorschub geleistet.

Mit der Stationierung von Besatzungen, wie sie seit dem Jahre 424/23 eingesetzt wurden, markierte Sparta längerfristige politische und militärische Präsenz außerhalb der Peloponnes, die nach dem Sieg vom Jahre 404 perpetuiert werden musste. Dadurch ergab sich die Gelegenheit, dass sich Einzelne weiterhin in Kommandopositionen betätigen und auswärtige Beziehungen unterhalten konnten. Schon während des Krieges war es im Ausland zur Überhöhung verschiedener militärischer Führer gekommen. In Olympia wurde ein Schatzhaus des Brasidas und der Akanthier aus der athenischen Beute errichtet (Plut. Lys. 1). Nach seinem Tod wurde Brasidas in Amphipolis als Stadtgründer heroisch verehrt, wobei für ihn jährlich Wettspiele und Festopfer abgehalten wurden (Thuk. 5,11). Der siegreiche Lysander sollte schließlich schon zu seinen Lebzeiten kultische Verehrung erfahren.

Kriegsgrund

Dem Peloponnesischen Krieg ging zunächst ein Streit Korinths mit seiner Tochterstadt Kerkyra um die gemeinsam gegründete Kolonie Epidamnos (Durazzo) voraus, in dem Kerkyra im Jahre 433 Athen zu Hilfe rief (Thuk. 1,24 ff.). Im nächsten Jahr geriet Korinth im Zusammenhang mit seiner Kolonie Poteidaia in eine weitere Auseinandersetzung mit Athen. Poteidaia war vom Attischen Seebund abgefallen und wurde daraufhin belagert, so dass sich Korinth – wie auch das vom Handel in Attika und den Häfen des Seebundes ausgeschlossene Megara – als Mitglieder des Peloponnesischen Bundes an Sparta wandten, um einen Krieg gegen Athen herbeizuführen. Die spartanischen Behörden (*téle*) hatten schon zuvor Gesandten der Poteidaier für den Fall eines athenischen Angriffes Hilfe versprochen (1,58).

Nachdem die verbündeten Korinther, Aigineten und Megarer Beschwerden über Athen geführt hatten, wurde im Spätsommer 432 auf einer Bundesversammlung in Sparta der Krieg beschlossen (1,66 ff. 118 ff.). Bis zum Kriegsausbruch verging jedoch noch fast ein Jahr. Sparta forderte im Winter die Autonomie der Seebundsmitglieder sowie die Rücknahme des Megarischen Psephismas und den Rückzug Athens aus Poteidaia, was aber abgelehnt wurde. Andererseits war Athen zu einem Schiedsgericht bereit, auf das sich Sparta nicht einlassen wollte (1,139 f.).

Auslösendes Moment für den Krieg war Anfang März 431 der Überfall der mit Sparta liierten Thebaner auf das mit Athen verbündete Plataiai, bei dem die in Gefangenschaft geratene Schar der Thebaner hingerichtet wurde (2,2 ff.). Der »wahrste Grund« war gemäß Thukydides (1,23,6) aber der Machtzuwachs Athens, der den Spartanern entsprechende Furcht einflößte. Es ging also darum, den Attischen Seebund aufzulösen und Spartas Stellung in Griechenland neu zu sichern, wobei es auch die Interessen der Bundesgenossen zu wahren galt.

Der Archidamische Krieg

Obwohl König Archidamos gegen den Krieg war und nach dessen Ausbruch nochmals versuchte, den Frieden zu retten (Thuk. 2,12. 18), wird die ersten Phase des Peloponnesischen Krieges meist »Archidamischer Krieg« (431–421) genannt (5,25,1. 26,3: »zehnjähriger Krieg«). Durch die Invasion und Landverwüstung in Attika sollte Athen in Bedrängnis gebracht werden, was sich aber als wenig effizient erwies. Auch Athen verlegte sich mit seinen Verwüstungen der Peloponnes und der Blockade von der See her auf eine Zermürbungsstrategie, die selbst nach dem Tod des Perikles (429) durch die in

Athen ausgebrochene Pest nicht geändert wurde. Sparta hatte schon im Sommer 430 ein Friedensangebot Athens abgelehnt (2,59). Bis zum Frühjahr 425 kam es regelmäßig zu gegenseitigen Einfällen.

Im Jahre 429 erfolgte ein Angriff der Spartaner auf Plataiai, das auf neuartige Weise belagert und zwei Jahre später erobert und geschleift wurde. Die männlichen Einwohner wurden hingerichtet, die Frauen in die Sklaverei verkauft (2,71 ff.; 3,20 ff. 52 ff.).

Im Jahre 428 machte Sparta einen ersten Schritt hin zur maritimen Präsenz. Als Lesbos von Athen abfiel und sich mit Sparta verbündete, wurde Salaithos wohl als Harmost mit einer Triere entsandt. Nachdem er aber vergeblich auf eine Entsatzflotte gewartet und die Mytilenaier mit Waffen ausgestattet hatte, gingen diese wieder zu den Athenern über, so dass Salaithos gefangengenommen und in Athen hingerichtet wurde (3,25 ff.). Sparta gründete daraufhin im Jahre 426 die Kolonie Herakleia Trachinia, die in Mittelgriechenland als neue taktische Basis zu Wasser und Land dienen sollte (3,92).

Im Jahre 425 besetzten die Athener Pylos an der Westküste Messeniens und versuchten, die Heloten aufzuwiegeln. Die Spartaner nahmen die vorgelagerte Insel Sphakteria in Beschlag, um die Zufahrt zur Stadt zu sperren. Die attische Flotte bereitete den peloponnesischen Schiffen eine Niederlage und isolierte 420 spartanische Soldaten, darunter 150 Spartiaten, auf der Insel. Auf die Unglücksnachricht hin wurde in Sparta beschlossen, die Behörden hinzuschicken, um an Ort und Stelle weiter zu entscheiden. Die Regierungsdelegation traf dann einen Waffenstillstand und schickte Gesandte zu Friedensverhandlungen nach Athen. Da man sich in Athen aber nicht einigen konnte, wurden die Kämpfe unter Kleon und Demosthenes wieder aufgenommen. Die Athener stürmten die Insel und erfassten die Spartaner schließlich im Rücken. Als von den 420 Soldaten noch 292 übrig waren, kapitulierten diese und wurden zur Gefangenschaft nach Athen gebracht (darunter 120 Spartiaten), um dadurch weitere peloponnesische Einfälle zu verhindern (4,3 ff. 26 ff.).

Die Niederlage von Sphakteria bedeutete eine grundsätzliche Erschütterung für das spartanische Staatswesen, denn die Kapitulation hatte die Unbesiegbarkeit Spartas widerlegt. Gemäß Thukydides (4,55) sahen die Spartaner, die im Jahre 424 auch noch die Besetzung von Kythera und Einfälle an der Küste hinnehmen mussten, sogar ihre Staatsordnung bedroht. Das Debakel bewirkte in der Folge mehrere radikale Maßnahmen und taktische Neuerungen. Der hohe Bürgerverlust drängte Sparta dazu, Söldner und Heloten ins Heer aufzunehmen. Um sich der Treue der Heloten zu vergewissern, sollen die 2000 eifrigsten unter ihnen jedoch brutal ermordet worden sein (4,80).

Der junge spartanische Feldherr Brasidas, der einen Zug nach Thrakien vorbereitete, verhinderte zunächst, dass Athen Megara eroberte (4,70 ff.). Die Athener planten daraufhin einen Einfall in Boiotien, erlitten schließlich bei Delion aber eine Niederlage (4,76 f. 89 ff.).

Die Spartaner versuchten nun, den Schauplatz in den Norden zu verlagern, wo Athen an der ägäischen Küste mit den Städten der Chalkidike seine schwächste Stelle hatte. Brasidas rekrutierte für einen Feldzug in den chalkidisch-thrakischen Raum auf neue Weise 700 Heloten und 1000 Söldner. Mit ihnen gelang es ihm zunächst, Akanthos und Stageiros aus dem Attischen Seebund zu lösen. Dabei betonte er, die Zusicherung der Behörden Spartas zu haben, dass neu gewonnene Bündner – gemäß der spartanischen Autonomieparole – eigenen Rechts sein sollten (4,78 ff.). Im Winter 424/23 gewann er Amphipolis, wobei das attische Aufgebot unter Thukydides zu spät kam und eine Niederlage erlitt, die zur Verbannung des Strategen führte (4,102 ff.).

Zu Beginn des Jahres 423 war Athen nach weiteren Erfolgen des Brasidas zu einem

Waffenstillstand bereit, der auf ein Jahr geschlossen wurde. Bei dem Friedensschluss waren die drei spartanischen Unterhändler Tauros, Athenaios und Philocharidas vertreten, die wohl einer Mehrheit des Ephorenkollegiums entsprachen (4,119). Dennoch kam es zu weiteren Kämpfen in Thrakien, da Brasidas zwei Tage nach dem Vertragsdatum das von Athen abgefallene Skione, dann auch Mende einnahm (4,120 ff.).

Anlässlich der Rückeroberungsversuche der Athener trafen drei spartanische Berater (Ischagoras, Ameinias und Aristeus) bei Brasidas ein, mit dem Auftrag, sich die Dinge vor Ort anzusehen. Sie brachten ein paar jüngere Spartaner mit, denen Brasidas in den Städten die Amtsgewalt übertragen sollte, »um nicht zufälligen Leuten Macht zu geben« (4,132). Damit wurden jetzt in Amphipolis und Torone erstmals Harmosten als eine Art Stadtvögte eingesetzt. Im Jahre 422 erlitt der Athener Kleon bei Amphipolis eine Niederlage gegen Brasidas, wobei aber beide Feldherren fielen (5,6 ff.).

Der Nikiasfriede

Daraufhin setzte sich der im Jahre 427/26 aus dem Exil zurückgekehrte König Pleistoanax maßgeblich für den Frieden ein (5,16), der im Frühjahr 421 auf 50 Jahre geschlossen wurde (sog. Nikiasfriede) und die gegenseitige Rückgabe der eroberten Orte (darunter Amphipolis bzw. Pylos, Sphakteria und Kythera) und den Austausch von Gefangenen festlegte. Auf spartanischer Seite leisteten die Ephoren (der Eponymos Pleistoanax, Damagetos, Chionis, Metagenes und Akanthos) und 15 Geronten – also auch in diesem Falle eine repräsentative Auswahl des 30-köpfigen Gremiums – den Eid auf den Frieden, der jetzt wieder die alten Interessensphären bestätigte (5,19).

Der Friede wurde allerdings nicht von allen Bündnern Spartas ratifiziert. Korinth, Elis und Megara waren nicht bereit, die festgelegten Bestimmungen anzuerkennen, und die Boioter weigerten sich, die Grenzfestung Panakton zurückzugeben. Sparta schloss daher mit Athen ein Defensivbündnis auf 50 Jahre, das von den bereits im Friedensvertrag genannten Leuten beschworen wurde und gegenseitige Hilfe – für Sparta gerade auch im Falle eines Helotenaufstandes – in Aussicht stellte. Daraufhin wurden die Gefangenen von Sphakteria zurückgegeben (5,23 f.).

Als Spätfolge der Niederlage kam es in Sparta offenbar zum ersten Mal zu einer konkreten Stasisgefahr. Von den im Jahre 421 zurückkehrenden Geiseln hatten einige zwar sofort wieder Ämter inne, doch scheinen sie trotzdem mit Benachteiligungen gerechnet zu haben. Damit sie nicht versuchen würden, die Macht an sich zu reißen, wurden die Rückkehrer generell mit der Atimie (Ehrlosigkeit) belegt, die später aber wieder aufgehoben wurde (5,34). Somit konnten hier grundsätzliche Differenzen im spartanischen Staat noch abgewendet werden.

Nach einer erfolglosen Versammlung von Bündnern führten im Jahre 421/20 die Ephoren Kleobulos und Xenares, die den Nikias-Frieden hintertrieben, eigenständige Verhandlungen mit den Boiotern und Korinthern, um Boiotien von Athen fernzuhalten und auch ein Bündnis mit Argos zustandezubringen (5,36 ff.). Nikias setzte sich jedoch nochmals erfolgreich für den Frieden ein. Er setzte eine Gesandtschaft nach Sparta durch, um die Übergabe von Panakton und Amphipolis zu erreichen und die Bündniskündigung mit Boiotien zu fordern. Dem Ephoren Xenares gelang es, die Oberhand zu gewinnen, so dass das Bündnis belassen wurde, auf Betreiben des Nikias aber auch die Eide mit Athen erneuert wurden (5,46).

Agis und Gylippos

Als Athen unter der Ägide des Alkibiades ein Bündnis mit Argos, Mantineia und Elis schloss, kam es zur Wiederaufnahme des Krieges. Agis II. führte im Jahre 419 das volle – wohl lakedaimonische – Aufgebot bis an die Grenze, wobei angeblich niemand wusste, wohin es gehen sollte. Aufgrund der ungünstigen Übergangsopfer war er aber zur Umkehr gezwungen, worauf die Argiver ins Gebiet von Epidauros einfielen (5,54). Im nächsten Jahr mobilisierten die Spartaner wiederum das ganze Heer, das die verbündeten Epidaurier unterstützen sollte und unter das Kommando von Agis gestellt wurde. Während des Feldzuges gegen Argos ging Agis selbständig auf ein Friedensangebot der Argiver ein, über das er nur einen Vertreter der Tele im Felde unterrichtete (Thuk. 5,60).

Nachdem Agis Argos geschont hatte und zudem die Nachricht von der Einnahme des arkadischen Orchomenos eintraf, wurde in Sparta ein Gesetz erlassen, das dem König einen Beirat von 10 gewählten Spartiaten zuteilte, ohne den er kein Heer aus Sparta führen durfte; eine Strafe von 100.000 Drachmen und die Zerstörung seines Hauses konnte Agis jedoch abwenden (5,63). Über die Symbouloi sollte die strategische Entscheidungsfreiheit des Königs künftig eingeschränkt werden. Agis wusste sich bei dem anschließenden Kampf bei Mantineia (418) jedoch zu behaupten. Das größte Landgefecht des Peloponnesischen Krieges endete mit einem bedeutenden Sieg des Agis und führte zu einem 50-jährigen Frieden mit Argos und einem 30-jährigen Frieden mit Mantineia (5,79 ff.).

Nachdem die Athener im Jahre 416 Melos ausgelöscht hatten, entschlossen sie sich im Jahr darauf zu einer Sizilienexpedition, die sich hauptsächlich gegen die korinthische Kolonie Syrakus richtete. Der Feldherr Alkibiades wurde jedoch wegen des Verdachts auf einen Hermenfrevel aus Sizilien abberufen und entfloh bei einer Rast in Thurioi (6,61). Alkibiades wurde *in absentia* verurteilt und setzte sich zunächst nach Elis, dann nach Sparta ab. Dort versuchte er gemeinsam mit Korinthern und Syrakusanern, die Volksversammlung zu einem Hilfszug zu überreden. Die Ephoren und die Tele wollten jedoch nur eine Gesandtschaft zulassen, die einen Friedensschluss mit Athen verhindern sollte (6,88).

Alkibiades veranlasste daraufhin die Spartaner, die Ortschaft Dekeleia (20 km nördlich von Athen) zu befestigten und das verbündete Syrakus gegen Athen zu unterstützen. Es wurde beschlossen, Gylippos als Harmost nach Sizilien zu schicken, um mit korinthischer Hilfe die Verteidigung von Syrakus zu übernehmen (6,93). Unter seiner Leitung gelang es den Syrakusanern im Jahre 413 schließlich, die atherischen Belagerer zu schlagen. Die athenische Flotte wurde im Hafen von Syrakus vernichtet, 7000 Gefangene in die Sklaverei verkauft (7,87).

Der Dekeleisch-Ionische Krieg

Daraufhin begann die letzte Phase des Peloponnesischen Krieges, der sog. Dekeleische bzw. Dekeleisch-Ionische Krieg (413–404). Neben der Befestigung von Dekeleia, das zur Kontrolle Attikas dienen sollte, ließ Sparta im Winter 413/12 100 Schiffe bauen (8,3), die in der Ägäis einen Angriff auf die athenische Herrschaft im Osten ermöglichten. Die Euboier beabsichtigten, von Athen abzufallen und schickten Gesandte zu Agis nach Dekeleia. Dieser bestellte Alkamenes und Melanthos als Befehlshaber für Euboia, die mit 300 Neodamoden aus Sparta kamen. Als aber auch die Lesbier vorsprachen, rüstete Agis

140 X. Der Peloponnesische Krieg

zuerst für deren Abfall und gab ihnen Alkamenes als Harmost, ohne die Spartaner zu befragen, da er als Befehlshaber von Dekeleia angeblich selbständige Entscheide treffen konnte (8,5).

Demgegenüber wandten sich die ebenfalls zum Abfall geneigten Chier und Erythraier nicht an Agis, sondern an die Lakedaimonier. Mit ihnen richtete auch der persische Satrap von Ionien, Tissaphernes, an die Peloponnesier ein Hilfegesuch gegen Athen. Nach einem Bundesbeschluss lief die Flotte aus, wurde von den Athenern bei Korinth jedoch abgefangen. Der Ephor Endios setzte mit seinen Kollegen auf Zureden des Alkibiades eine Expedition nach Chios durch, das 60 Schiffe besaß und zusammen mit Erythrai in den Bund aufgenommen wurde (8,5 ff.).

In der Folge kamen innerhalb eines Jahres drei Bündnisverträge mit dem Satrapen Tissaphernes und Persien zustande, welche die persischen Besitzansprüche auf die Griechenstädte Kleinasiens bestätigten und auch persische Gelder und Anleihen für den spartanischen Truppen- und Flottenunterhalt garantierten (8,18. 37. 58). Dadurch gewann der Einsatz der Flotte sowie ihrer Befehlshaber (Nauarchen) an entscheidender Bedeutung.

Der Nauarch Astyochos operierte im Jahre 412/11 erfolglos zwischen Chios, Lesbos, Milet und Knidos und wurde von Pedaritos, dem in Chios installierten Harmosten, in Briefen nach Sparta wegen mangelnder Unterstützung verklagt. Daraufhin wurden ihm unter der Leitung von Antisthenes 11 Spartiaten, darunter der Olympiasieger Lichas, als Beirat gesandt. Sie hatten die Weisung, sich in Milet mit der Ordnung sämtlicher Dinge zu befassen und gegebenenfalls Astyochos durch Antisthenes zu ersetzen (8,38 f.).

Alkibiades, der in Sparta Agis' Frau Timaia verführt hatte (Plut. Alkib. 23; Ages. 3), bahnte einen erneuten Seitenwechsel an. Er bestärkte Tissaphernes, zu dem er enge Beziehungen hatte, in dessen Absicht, Athen und Sparta gegen einander auszuspielen. Zudem nahm er Kontakt mit den athenischen Feldherrn in Samos auf und versprach den Athenern die Freundschaft mit Tissaphernes, so dass sich die Offiziere für eine Verfassungsänderung verschworen (Thuk. 8,45 ff.).

Im Jahre 411 kam es in Athen zu einem oligarchischen Umsturz, wobei der neu gebildete Rat der 400 Friedensbemühungen mit Sparta aufnahm. Gesandte der 400 gelangten zunächst zu König Agis, der nach Athen vorrückte (8,70 f.). Nach diesem erfolglos verlaufenen Zug wurde auf Anraten des Agis eine zweite Gesandtschaft an die Regierung von Sparta geschickt, die aber ebenfalls kein Ergebnis erzielte. Euboia fiel in der Folge von Athen ab und gelangte in die Hände der Spartaner. Die Erfolglosigkeit der 400 führte zum Widerstand der Athener, die das oligarchische Regime wieder stürzten (8,89 ff.).

Pharnabazos, der Satrap der hellespontischen Region, bot den Spartanern finanzielle Unterstützung an, um die griechischen Städte in der Propontis Athen abspenstig zu machen und die Kontrolle der Schwarzmeerroute zu erreichen. Der Nauarch Mindaros (411/10) verlegte die neu zusammengestellte Flotte an den Hellespont, um die Getreideversorgung Athens zu unterbrechen, erlitt aber bei Kynossema und Abydos zwei Niederlagen. Im Frühjahr 410 wurde er von den Athenern unter Alkibiades bei Kyzikos am Südufer des Marmarameeres vollständig geschlagen (Thuk. 8,99 ff.; Xen. Hell. 1,1,2 ff.). Die benachrichtigten Ephoren schickten in dieser misslichen Situation Gesandte unter der Führung des ehemaligen Ephoren Endios nach Athen, deren Friedensangebot aber abgelehnt wurde (Diod. 13,52,2).

Im Herbst 410 wurde Mindaros' Nachfolger Pasippidas mit dem Wiederaufbau der Flotte betraut, um damit in Ionien verstärkte Präsenz zu zeigen. Nach einer Erhebung in der kleinasiatischen Stadt Thasos wurde er verräterischer Beziehungen zu Tissaphernes beschuldigt, von Sparta verbannt und durch Kratessipidas als Nachfolger ersetzt (Xen. Hell. 1,1,32. 3,13. 17).

Auf Anraten des Agis, der vergeblich vor Athen gerückt war, wurde der Harmost Klearchos, der schon im Winter 412/11 an den Hellespont ausgesandt worden war und in Byzanz die Proxenie genoss, mit einigen Periöken und Neodamoden nach Kalchedon und Byzanz geschickt. Letzteres verlor er später – anlässlich einer Kontaktnahme mit Pharnabazos – aber wieder an die Athener unter Alkibiades, worauf eine spartanische Gesandtschaft für Unterstützung direkt an den persischen Großkönig gelangte (Xen. Hell. 1,1,35 ff. 3,15 ff. 4,2 ff.).

Die letzte Phase des Dekeleisch-Ionischen Krieges wurde im Jahre 407 eingeläutet, als Lysander das Flottenkommando übernahm und Sparta schließlich zum Sieg führte. Dadurch gelangte Sparta auf den Höhepunkt seiner Macht und übte in den nächsten drei Jahrzehnten die Vorherrschaft in Griechenland aus. Aufgrund des militärischen Erfolges wurde Sparta auch zu einem Verfassungsideal, das schon bei den athenischen Umstürzen als Vorbild wirkte. Der Oligarch Kritias verfasste erstmals eine Darstellung der spartanischen Verfassung (Diels-Kranz, Vorsokratiker 88b 32 ff.), die von Xenophon (Hell. 2,3,34) als die beste gelobt wird.

Lysander

Die Wende im Dekeleisch-Ionischen Krieg kam im Jahre 407, als Lysander als Nachfolger des Nauarchen Kratessipidas mit neuen Schiffen nach Asien gesandt wurde. Lysander zog zusätzlich Schiffe aus Rhodos und Chios bei und verlegte den Stützpunkt von Milet nach Ephesos, das strategische und logistische Vorteile bot. Neben der Kooperation mit den lokalen Oligarchen war von hier aus auch eine direkte Kontaktaufnahme mit den Persern bzw. Kyros möglich, dem Sohn des Großkönigs und Satrapen von Lydien, der mit Lysander befreundet war und ihn finanziell unterstützte. Lysander verhielt sich aber defensiv und ließ sich von Alkibiades als gefährlichstem Rivalen nicht zu einem Seegefecht provozieren. Nachdem ein Überfall des Steuermannes Antiochos abgewehrt werden konnte, errang Lysander in einer Seeschlacht bei Notion einen Sieg über Alkibiades, der in der Folge abgesetzt wurde (Xen. Hell. 1,5,1 ff.; Diod. 13,70 f.; Plut. Lys. 3 ff.).

Im Frühjahr 406 wurde Lysander von Kallikratidas abgelöst, der die Flottenbasis wieder nach Milet zurückverlegte, von Persien zunächst aber kein Geld erhielt und somit auf Unterstützung aus Sparta angewiesen war. Er betonte sowohl vor den ihm kritisch gesinnten lakedaimonischen Soldaten als auch vor der Versammlung der Milesier, die er zum Krieg gegen die Athener ermunterte, dass er auf Geheiß der heimischen Behörden (téle) handle. Erst als er einige Erfolge erzielte und Konon im Hafen von Mytilene einschloss, öffnete Kyros den persischen Geldhahn wieder. Gegen das athenische Großaufgebot war Kallikratidas aber unterlegen und kam anlässlich der schweren Niederlage bei den Arginusen (bei Lesbos) zu Tode. Das Friedensangebot der Spartaner lehnten die Athener freilich ab (Xen. Hell. 1,6,1 ff. 24 ff.).

Die Chier und weitere Bundesgenossen, die mit Kallikratidas' Nachfolger Eteonikos aufgrund der ausgebliebenen Soldzahlungen unzufrieden waren, schickten gemeinsam mit Kyros Gesandte nach Sparta, um Lysander wieder als Befehlshaber zu erbitten. Dieser wurde im Jahre 405 als Epistoleus mit neuen Schiffen nach Ionien abgesandt (Xen. Hell. 2,1,1 ff.; Diod. 13,104,3). Trotz dieser untergeordneten Funktion übernahm Lysander faktisch wieder die führende Rolle. Die Spartaner hatten damit aber auch eine Veränderung des innenpolitischen Gleichgewichts in Kauf zu nehmen.

Lysander versammelte die Flotte wiederum in Ephesos und erhielt von Kyros und dem persischen König neue Gelder für Heer und Flotte. Schließlich blockierte er den Hellespont und überrumpelte die bei Aigospotamoi an Land gegangene athenische Flotte. Dabei wurden die athenischen Schiffe weitgehend vernichtet und die Gefangenen getötet (Xen. Hell. 2,1,10. 20 ff.). Der Peloponnesische Krieg war dadurch zugunsten Spartas entschieden, und der erste Attische Seebund begann sich in der Folge aufzulösen.

Lysander hob die athenischen Stützpunkte auf, installierte in den neu kontrollierten Orten des ionisch-kleinasiatischen Raumes spartanische Harmosten mit Besatzungen und richtete Oligarchien bzw. Regierungen von je 10 Leuten (Dekarchien) ein (Diod. 14,13,1), die aus ihm vertrauten Leuten bestanden bzw. mit seinen persönlichen Freunden besetzt wurden (Plut. Lys. 13). Auch wenn die griechischen Städte des Attischen Seebundes als autonom erklärt wurden, waren sie damit in die Abhängigkeit Spartas bzw. unter die Herrschaft von Lysanders Anhängern geraten. Sparta übernahm also die Hegemonie, stand aber auch vor dem Problem, wie es seine übermächtig gewordenen Führer einbinden konnte.

Lysander unterrichtete den in Dekeleia weilenden König Agis sowie die Spartaner von seinem Vorrücken nach Athen. Am Ende des Jahres 405 blockierte er den Piräus, während Agis von Dekeleia und König Pausanias von Sparta auf dem Landweg einmarschierten. Gesandte der Athener gelangten zunächst mit der Bereitschaft zu einer Bundesgenossenschaft an Agis. Dieser schickte sie nach Lakedaimon, da er keine Vollmacht habe. Als sich die Gesandten in der Nähe der Grenze (bei Sellasia) befanden, erkundigten sich die Ephoren nach ihrer Botschaft, worauf sie mit dem Hinweis auf deren Ungenügen wieder zurückgeschickt wurden, da offenbar die bedingungslose Kapitulation erwartet wurde. Als daraufhin Theramenes abgesandt wurde, um die Haltung Spartas hinsichtlich des verlangten Abbruchs der Langen Mauern zu verifizieren, und bei Lysander weilte, erklärte dieser, dass die Ephoren – und nicht er selber – befugt seien, über diese Frage Auskunft zu geben (Xen. Hell. 2,2,5 ff.; Plut. Lys. 14).

Es kam zu einer Bundesversammlung in Sparta, da Korinth und Theben die Vernichtung von Athen verlangten, was von Sparta allerdings abgelehnt wurde. Als in der spartanischen Volksversammlung über die Friedensbedingungen verhandelt worden war, kehrte der von den Athenern als Unterhändler gesandte Theramenes auf Geheiß der Ephoren mit dem Beschluss der Tele bezüglich der Friedensbedingungen nach Athen zurück. Im Friedensvertrag, in den die athenische Volksversammlung auf Antrag des Theramenes einwilligte, wurde Athen verpflichtet, die Langen Mauern und die Befestigung des Piräus einzureißen, die Flotte bis auf 12 Schiffe auszuliefern, Verbannte zurückzuführen, auswärtige Besitzungen zu räumen, dieselben Freunde und Feinde zu haben wie die Lakedaimonier und den Spartanern zu folgen, wohin sie diese führten. Lysander fuhr nun in den Piräus ein und begann die Mauern einzureißen (Xen. Hell. 2,2,19 ff.; Plut. Lys. 14).

Lysander unterstützte daraufhin in Athen einen neuen oligarchischen Umsturz, die sog. Herrschaft der 30, die von Sparta eine Besatzungstruppe erbaten, so dass in Athen unter dem Harmosten Kallibios eine spartanische Garnison von 700 Leuten stationiert wurde. Zudem kehrte Lysander nochmals in die Ägäis zurück und restituierte in Samos die vertriebenen Oligarchen mit einer Dekarchie (Xen. Hell. 2,3,1 ff.; Plut. Lys. 15). Somit wurde unter seiner Aufsicht von spartanischer Seite erstmals direkt in die Politik der kontrollierten Gebiete außerhalb der Peloponnes eingegriffen, was eine Verletzung der formal zugestandenen Autonomie bedeutete.

Die erreichten Erfolge führten zugleich zu einer Überhöhung des militärischen Führers. Lysander erhielt am Ende des Peloponnesischen Krieges auf Samos, das er zugunsten der Oligarchen von der athenischen Herrschaft befreit hatte, als erster Grieche zu Lebzeiten kultische Ehren, die sich mit Festspielen und Paianen verbanden (Plut. Lys. 18; Athen. 15,696e).

Der Zuwachs von persönlicher Macht äußerte sich auch in einer neuen Form der Selbstdarstellung. Lysander ließ in Delphi eine Statuengruppe mit 37 Figuren errichten, in der er von Poseidon bekränzt und von weiteren Göttern, persönlichen Begleitern und 28 Bundesgenossen umgeben wird, mit denen er den Sieg von Aigospotamoi errungen hatte (Paus. 10,9,7 ff.). Dabei war zwar der kommandoführende Nauarch Arakos in den Hintergrund gerückt, die Bundesgenossen aber von Anfang an gebührend einbezogen, so dass insgesamt auch das benachbarte Marathon-Monument der Athener übertroffen wurde.

Damit stellte sich zugleich das Problem, Lysander im Anschluss an den Sieg über Athen in Sparta wieder einzubinden. Auch wenn Lysander den Spartanern seine persönlichen Gelder und Siegestrophäen zurückgab (Xen. Hell. 2,3,8 f.), galt es, die in seinem Umfeld entstandene Machtballung und Bereicherung einzuschränken. Die staatliche Kontrolle richtete sich dabei zunächst gegen Lysanders Gefährten Gylippos, der mit der Beute von Athen zurückgekehrt war und in Sparta wegen Unterschlagung verfolgt wurde (Plut. Lys. 16 f.).

Lysander wurde nach weiteren Aktionen in Nordgriechenland und am Hellespont gegen Ende des Jahres 404 von den Ephoren, die seinen Mitfeldherrn Thorax wegen Besitzes von privaten Geldern hinrichten ließen, aufgrund der Beschwerden des Pharnabazos abberufen und entging nur knapp einer Verurteilung. Er gab vor, nach Libyen reisen zu müssen, um ein dem Ammon versprochenes Opfer zu vollziehen bzw. sich mit den dortigen Orakelpriestern zu arrangieren (Plut. Lys. 19 f. 25).

In Athen besetzten die Demokraten unter Thrasybulos den Piräus und schlugen die Armee der 30 unter Kritias. Lysander erreichte nochmals, dass er als Harmost zusammen mit seinem Bruder Libys als Nauarch nach Athen gesandt wurde. Dem spartanischen König Pausanias gelang es jedoch, drei Ephoren zu gewinnen, die ihn als Feldherrn ausschickten. Als er bei Piräus einen militärischen Sieg erreichte veranlasste er zusammen mit den zwei anwesenden Ephoren Gesandtschaften der athenischen Parteiungen nach Sparta. Von dort wurde eine Delegation von 15 Männern zur Aussöhnung zu Pausanias geschickt, so dass die Demokratie wieder hergestellt werden konnte. Zum Dank wurde den Lakedaimoniern, die in der Auseinandersetzung mit den Demokraten unter Thrasybulos im Piräus gefallen waren, ein Staatsgrab errichtet (Xen. Hell. 2,4,28 ff.; Plut. Lys. 21). Pausanias wurde nach seiner Rückkehr von seinen Feinden zwar angeklagt, vom Gericht aber freigesprochen (Paus. 3,5,2 f.). Somit war es Pausanias gelungen, Lysander zu entmachten und Athen wieder demokratische Grundstrukturen zu verschaffen.

Lysander setzte seine Hoffnungen in einem nächsten Schritt auf Agesilaos, dem er zum Thron verhalf (Plut. Lys. 22). Dennoch lösten die Ephoren aber bald darauf (wohl im Jahre 397) die von ihm willkürlich bestellten Dekarchien wieder auf. Lysander bewirkte daher auf einer Bundesversammlung, dass er im Jahre 396 als einer von 30 Beratern mit Agesilaos nach Asien ziehen konnte. Hier wurde er von den Delegationen verschiedener Städte aufgesucht und umgab sich mit einer Begleitschar, womit er Agesilaos verärgerte. Schließlich wurde Lysander auf seine eigene Bitte hin an den Hellespont gesandt, wo er zwar den Perser Spithridates für die spartanische Sache gewann, dann aber nichts mehr erreichen konnte (Xen. Hell. 3,4,2 f. 7 ff.).

Als Lysander nach Ablauf des Amtsjahres zurückkehren musste, soll er im Zorn auf Agesilaos – wie schon nach dem Peloponnesischen Krieg – Änderungen der Staatsverfassung angestrebt bzw. das Wahlkönigtum gefordert haben, womit er freilich nicht durchdrang (Diod. 14,13,2 ff.; Plut. Lys. 24 ff.). Lysander wurde zu Beginn des Korinthischen Krieges im Jahre 395 nochmals nach Phokis gesandt, um dem König Pausanias Truppen gegen die Thebaner zuzuführen, fiel dann aber im Gefecht bei Haliartos (Xen. Hell. 3,5,6 f. 17 ff.; Diod. 14,81,1 f.; Plut. Lys. 27 f.). Pausanias, der zu spät eingetroffen war und einen Waffenstillstand schloss, wurde in Sparta *in absentia* zum Tode verurteilt, so dass er nach Tegea flüchtete (Xen. Hell. 3,5,25; Diod. 14,89; Plut. Lys. 28 ff.). Im dortigen Exil setzte er sich ebenfalls mit der spartanischen Verfassung auseinander und wandte sich in einem Pamphlet unter Berufung auf Lykurg gegen die Ephoren, die wohl auf seine Verbannung hingearbeitet hatten (Strab. 8,5,5).

Die beiden Konkurrenten Lysander und König Pausanias waren letztlich Opfer ihrer – unterschiedlich gelagerten – Einsätze im Rahmen des spartanischen Staates geworden. Während Lysander sowohl für Sparta als auch für sich selber eine erweiterte Machtposition in der griechischen Staatenwelt angestrebt hatte, war Pausanias stets um einen Ausgleich mit Spartas Gegnern bemüht. Mit der im Peloponnesischen Krieg erreichten Herrschaft stellte sich in Sparta aber weiterhin das Problem, die für den Machterhalt benötigten Kommandanten unter Kontrolle zu halten, wobei eine Änderung der angestammten politischen Strukturen vermieden werden sollte.

XI. Nauarchen und Harmosten

Nauarchen

Das Amt des Nauarchen als Flottenbefehlshaber ist in Sparta erstmals für Eurybiades anlässlich der Seeschlachten gegen die Perser bei Kap Artemision und Salamis vom Jahre 480 überliefert (Hdt. 8,42). Einzelne Nauarchen sind jedoch auch schon früher denkbar, obwohl in Sparta bis dahin keine regelmäßig unterhaltene Kriegsflotte bestanden hatte. Sparta konnte nämlich seit der zweiten Hälfte des 6. Jahrhunderts mit Hilfe seiner Bundesgenossen verschiedentlich Schiffe aussenden und besaß in Gytheion eine Seebasis, so dass es auch im weiteren Ägäisraum ein gewisses Ansehen genoss – ohne freilich eine Thalassokratie auszuüben, wie sie nach Eusebios für die Jahre 517–515 bestanden haben soll (Chronikon I, p.225 Schoene). Im Perserkrieg erhielt Sparta – wohl gerade wegen des kleineren Schiffsanteils, als ihn das übermächtige Athen besaß – die oberste Führung (Hdt. 7,159 ff.; 8,42).

Nach dem Sieg über die Perser traten die Nauarchen erst wieder im Peloponnesischen Krieg und in den anschließenden Jahren der spartanischen Hegemonie in Erscheinung. Nach der anfänglichen Unterlegenheit zur See konnte Sparta in der letzten Phase des Krieges, dem Dekeleisch-Ionischen Krieg (413–404), mit einer neu gebauten Flotte schließlich den entscheidenden Sieg erringen und bis zur vernichtenden Niederlage gegen die persische Flotte unter Konon bei Knidos im Jahre 394 die Kontrolle über die Ägäis ausüben (Xen. Hell. 4,3,11 ff.; Diod. 14,83,5 ff.).

Die Nauarchie gehört somit nicht zu den urtümlichen Institutionen des spartanischen Staates. Ihre größte Bedeutung hatte sie zur Zeit der Auseinandersetzung mit Athen und der Herrschaftsausdehnung im ägäischen Raum. Zu diesem Zweck genoss sie weitgehende militärische und organisatorische Kompetenzen. Aristoteles (pol. 1271a) verglich die Stellung der Nauarchen mit derjenigen der Könige, und bei Diodor (15,45,4) wird die Kommandogewalt des Nauarchen als Hegemonie bezeichnet.

Dies bringt zum Ausdruck, dass die Nauarchen prinzipiell eigenständig und nicht dem Kommando der Könige unterstellt waren. Ihre Befehlsgewalt bezog sich nicht nur auf die Flotte und die mit ihrer Hilfe durchgeführten Gefechte, sondern auch auf die eingenommenen fremden Städte und Territorien. Dennoch waren die Nauarchen mit bestimmten, von den Ephoren und der Volksversammlung festgelegten Aufträgen versehen. Zur Beratung und Kontrolle konnte ihnen ein Beirat (Symbouloi) mitgegeben werden, wie etwa im Falle der Nauarchen Knemos (429), Alkidas (427) und Astyochos (412/11) (Thuk. 2,85; 3,69. 76; 8,39). Während ihrer Unternehmungen standen die Nauarchen im Kontakt mit den heimischen Behörden, mit denen sie Absprachen trafen (Xen. Hell. 3,2,12; 5,1,1; 6,2,4) und von denen sie – wie im Falle des Pausanias (478) – auch abberufen werden konnten (Thuk. 1,95. 128. 131).

Die Wahl der Nauarchen lag wohl von Anfang an bei der von den Ephoren geleiteten Volksversammlung (Xen. Hell. 1,6,5). Der königliche Befehlshaber Agesilaos, der im Jahre 395 neben dem Landkommando erstmals auch die Seeführung erhielt, konnte durch seine Sondervollmachten selbst einen Nauarchen bestimmen (3,4,27 ff.).

Trotz des bei Xenophon (Hell. 1,6,4) überlieferten Vorwurfs, dass die Spartaner unerfahrene und unbekannte Leute zur See schickten, ist es unwahrscheinlich, dass für die Nauarchie ein breites Spektrum an Leuten in Frage kam. Aus den überlieferten Fällen ist vielmehr ersichtlich, dass die Amtsanwärter ein gewisses Maß an Reichtum und Einfluss mitbringen mussten, so dass sich hier – wie Arakos im Jahre 405/4 – auch ehemalige Ephoren weiterbetätigen konnten.

Nicht ganz klar erkennbar ist die Amtsdauer der Nauarchen, die entweder von Fall zu Fall differierte bzw. für die Zeit des bevorstehenden Einsatzes festgelegt war oder aber grundsätzlich mit dem Amtsjahr der anderen Magistrate zusammenfiel. Damit hätte sie im Prinzip von Herbst zu Herbst gedauert, wobei sich die Ausfahrt oder Übernahme einer Flotte je nach Lage aber auch verzögern konnte. Nach anfänglich unregelmäßigen Amtszeiten legte offenbar im Anschluss an die Niederlage von Kyzikos (410) ein Gesetz die jährliche Amtszeit von Frühjahr zu Frühjahr fest, um im Seekrieg die nötige Beständigkeit zu erreichen. Noch um das Jahr 400 verbot ein weiteres Gesetz – wohl aufgrund der großen Kompetenzen – die Iteration des Amtes (Xen. Hell. 2,1,7), doch scheint die Wiederholung – im Gegensatz zur Kontinuierung – später möglich geworden zu sein, wie das Beispiel des Teleutias in den Jahren 392/91, 390/89 und 388/87 bzw. 387/86 lehrt (Xen. Hell. 4,8,11; 5,1,2 f. 13)(Sealey 1976).

Den Nauarchen grundsätzlich gleichgestellt waren die Harmosten als Kommandierende zu Lande, es sei denn, ein Harmost wurde von einem Nauarchen ernannt, wodurch er diesem offenbar untergeordnet blieb (Xen. Hell. 5,1,6). Dem Nauarchen immer unterstellt war der Epistoleus, der zunächst wohl als Sekretär, der Botschaften der Nauarchen nach Sparta übermittelte, bald aber auch als Kommandant eines Geschwaders oder als Stellvertreter des Nauarchen – bzw. im Todesfall als dessen Nachfolger – fungierte, wie dies Hippokrates für Mindaros (410) und Herippidas für Podanemos (393) taten (1,1,23; 4,8,11)(Bloedow 2000). Weitere untergeordnete Chargen erfüllten der Epibat (*epibátes*), der – z. B. für Wachdienste – eine Flottenabteilung führen konnte (Thuk. 8,61,2; Xen. Hell. 1,3,17; Hell. Oxy. 17,4), sowie der Trierarch als Führer eines Schiffes (Thuk. 4,11,4; Xen. Hell. 2,1,12).

Die Amtszeit des Epistoleus konnte über das Amtsjahr hinaus verlängert werden, wie das Beispiel Lysanders in den Jahren 406–404 zeigt. Dem ehemaligen Nauarchen von 407 war es auf diese Weise möglich, in der prekären Situation des Dekeleisch-Ionischen Krieges eine längerfristige Machtposition einzunehmen. Andere Befehlshaber – wie Nikolochos und Pollis, der im Jahre 396/95 schon einmal Nauarch gewesen war – übten nach dem Amt des Epistoleus später die Nauarchie aus. Der Kreis der spartanischen Amsträger war damit eng geblieben. Der letzte Epistoleus ist für das Jahr 373 belegt: Hypermenes, der unter dem Nauarchen Mnasippos gegen Kerkyra zum Einsatz kam (Xen. Hell. 6,2,25).

Die Nauarchie als vorübergehende Machtstellung neben den traditionellen politischen und militärischen Organen Spartas unterstützte die Tendenz, durch auswärtige Einsätze vermehrt ambitionierte Leute – vorwiegend aus prominenten Familien (Hodkinson 1993) – in führende Positionen zu bringen. In diesen konnten sie Verbindungen zum Ausland aufbauen und damit Einfluss und Ansehen gewinnen, was Xenophon (Lak. pol. 14,1) ausdrücklich kritisiert, ohne aber die Nauarchen direkt zu erwähnen (Thommen

2016). Ihr teilweise rücksichtsloses Verhalten hat nicht zuletzt den Widerstand gegen die spartanische Herrschaft geschürt.

Nach der Niederlage von Leuktra (371) wurde die – aus Heloten und Söldnern rekrutierte – Flotte aufgelöst (Xen. Hell. 6,3,18; 7,1,12), und das Amt des Nauarchen ist nicht mehr weiter verfolgbar, auch wenn für Mannschaftstransporte eine Flotte aufrechterhalten wurde und unter Nabis um 200 nochmals eine bedeutende Kriegsflotte operierte.

Harmosten

Die Scholien zu Pindar (Ol. 6,154) nennen eine feste Zahl von 20 Harmosten der Lakedaimonier. Daher wurde vermutet, dass das Amt des Harmosten im Verlaufe des 7. Jahrhunderts eingeführt wurde, um auf der Peloponnes die Selbstverwaltung der Periökengebiete (etwa durch Rechtsprechung) zu überwachen. Es ist jedoch unwahrscheinlich, dass diese Beamten auf die Perioken zu beziehen sind. Erst zur Zeit des Peloponnesischen Krieges finden wir Harmosten in Periökenstädten stationiert, was freilich nicht mit den normalen Gepflogenheiten gleichgesetzt werden kann (Thuk. 5,51,2: Herakleia Trachinia; 2,25,2: Methone; 4,57,3: Thyrea).

Einen Spezialfall bildet auch die Insel Kythera, die bis zum Überfall der Athener im Jahre 424 einem von Sparta bestellten und mit einer Besatzungstruppe ausgestatteten Richter (*kytherodíkes*) unterstand (Thuk. 4,53,2 f.). Dieser muss freilich nicht mit dem auf einer lokalen Inschrift (IG V 1,937) des frühen 4. Jahrhunderts erwähnten Harmosten identisch sein, bei dem unklar ist, ob er von Sparta aus delegiert wurde.

Die Harmosten sind somit zur Hauptsache nur als militärische Führer und Befehlshaber von Besatzungstruppen in den Jahren der spartanischen Expansion während und nach dem Peloponnesischen Krieg fassbar. Sie traten also unter besonderen Bedingungen zur Wahrung der spartanischen Interessen auf. Unklar bleibt, ob die schon vor dem Peloponnesischen Krieg als Heerführer ausgesandten Privatleute Anchimolios und Arimnestos auch den Titel eines Harmosten trugen (Hdt. 5,63; 9,64).

Im Jahre 423 wurden erstmals in einigen von Athen abgefallenen Städten Harmosten als Garnisonskommandanten eingesetzt (Thuk. 4,132). Bis zum Ende des Peloponnesischen Krieges behielten die Harmosten ihre vorwiegend militärische Funktion, wurden dann aber im Zuge der expansiven Bestrebungen im Sinne eines außenpolitischen Herrschaftsmittels als Kontrollbeamte verbündeter oder untergeordneter Städte verwendet. Im Jahre 405/4 wurden in den Poleis Ioniens und Kleinasiens Oligarchien und Dekarchien eingerichtet, die außerhalb des persischen Machtbereiches z. T. durch Harmosten ergänzt und gestützt wurden. Sparta hatte damit begonnen, in die innere Ordnung der Städte einzugreifen und oligarchische Regierungen zu unterstützen.

Die verschiedenen Harmosten waren voneinander unabhängig und grundsätzlich den Behörden in Sparta rechenschaftspflichtig. Als König Agesilaos nach der Aufhebung der von Lysander begründeten Dekarchien im Jahre 396 zur Neuordnung der Verhältnisse seinen Asienfeldzug antrat, kamen die verschiedenen Harmosten Ioniens und Kleinasiens freilich unter das königliche Kommando (Xen. Hell. 4,3,1 ff.: Derkylidas).

Die Harmosten unterlagen der Volkswahl (Xen. Hell. 3,1,4), wurden des öfteren aber auch durch Könige, Beamte oder Feldherren eingesetzt (4,8,32: Anaxibios; 5,4,15: Sphodrias). Als Harmosten kamen zunächst wiederum wohlhabendere Bürger in Frage. Möglich ist, dass für einzelne Aufgaben auch Perioken beigezogen wurden, schwerlich jedoch Freigelassene bzw. Heloten, wie die Thebaner zur Verunglimpfung Spartas behaupteten

(3,5,12; 2,2,2: Sthenelaos als Lakone). Das Amt war im Prinzip auf ein Jahr begrenzt, konnte aber auch kontinuiert werden, wie das Beispiel des Derkylidas in Ionien in der Zeit von 399–396 zeigt (3,2,6).

Die Harmostie umfasste ein genau definiertes Gebiet, das nur eine bestimmte Stadt oder ein Polisterritorium, aber auch eine Städtegruppe oder einen größeren Raum umfassen konnte (Thuk. 8,23,4; Xen. Hell. 2,2,2). Im Falle des um 400/399 berufenen Thibron, seines Nachfolgers Derkylidas und des im Jahre 394 – nach der Rückkehr des Agesilaos aus Asien – eingesetzten Euxenos betraf dies Ionien (Xen. Hell. 3,1,4; 4,2,5). Nach der Niederlage der peloponnesischen Flotte bei Knidos vom August 394 wurden die spartanischen Harmosten im ionischen Raum schließlich durch Konon vertrieben (Xen. Hell. 4,8,1; Diod. 14,84,3 f.).

Sparta behielt seine Harmosten bis zur Niederlage von Leuktra (371) bei, ging ihrer dann aber verlustig (Xen. Hell. 6,3,18). Die Harmostie war damit im Wesentlichen eine Sondererscheinung zur Zeit der größten Machtausdehnung Spartas. Sie stellte den traditionellen politischen Organen neue Befehlshaber zur Seite, die über unterschiedliche Truppen aus befreiten Heloten, Verbündeten und Söldnern verfügten und zum Teil eigenmächtige Politik betrieben. Ihnen war durch die hergebrachten Kontrollmechanismen nur schwer beizukommen, so dass sie für den traditionellen politischen Apparat Spartas eine Belastung darstellten. Klearchos, der im Jahre 403 von den Ephoren ausgesandt worden war, um die Byzantier gegen die Thraker zu schützen, musste aufgrund seines tyrannischen Gebarens durch ein Heer entfernt werden, worauf er zum Tode verurteilt wurde und die Flucht zu Kyros ergriff (Xen. Anab. 2,6,2 ff.; Diod. 14,12; Polyain. 2,2,6 ff.). Im 4. Jahrhundert wurden Thibron (399), die drei Harmosten von Theben (379) und Sphodrias (378) gerichtlich belangt.

Trotz des beschränkten Zeitraumes, in dem das Amt des Harmosten blühte, trug dieses dazu bei, dass ehrgeizige Spartiaten neues Machtbewusstsein und Karrieredenken entwickelten, das sich gegen das herkömmliche Prinzip der Unterordnung wandte. Damit trug die Harmostie einerseits zur Öffnung Spartas nach außen, andererseits durch das skrupellose Auftreten einiger Amtsinhaber auch zum Ende der spartanischen Hegemonie bei.

XII. Die spartanische Hegemonie

Im Anschluss an den Sieg im Peloponnesischen Krieg (431–404) stand Sparta vor der Aufgabe, die Kontrolle über die neu gewonnenen Gebiete des Festlandes und der Ägäis zu übernehmen. Wie schon nach den Perserkriegen gab es dafür aber kein geeignetes Integrations- bzw. Reichskonzept mit entsprechend professionalisierter Bundesverwaltung. Zudem waren die Spartaner weiterhin mit der persischen Großmacht konfrontiert, gegen die sie sich im Kräftemessen um die kleinasiatischen Griechenstädte übernahmen. In Griechenland erwuchs im Kreise der ehemaligen Gegner neuer Widerstand, wobei auch Theben mit Sparta brach und als führende militärische Macht hervorzutreten begann. Die wiederholten Bemühungen um einen Gesamtfrieden waren zum Scheitern verurteilt, so dass die Spartaner nach der militärischen Niederlage gegen die Thebaner sowohl die Bundesgenossen als auch ihr jahrhundertealtes Untertanengebiet in Messenien verloren.

Nach dem Ende des Peloponnesischen Krieges sollte zunächst Elis eine Lektion erteilt werden, da es im Anschluss an den Nikiasfrieden eine antispartanische Allianz mit Athen eingegangen war, die Spartaner im Jahre 420 von den Olympischen Spielen ausgeschlossen und zuletzt auch König Agis an einem Bittopfer für den Sieg gehindert hatte. Unter dem Vorwand der Autonomie der umliegenden Städte erließen die Ephoren in den Jahren 402–400 Aufgebote, die jeweils unter das Kommando des Königs Agis gestellt wurden, so dass Elis schließlich zu einem Frieden und Bündnis gezwungen werden konnte (Xen. Hell. 3,2,23 ff.).

Nach dem erfolglosen Zug des persischen Thronaspiranten Kyros gegen seinen als Großkönig amtierenden Bruder Artaxerxes II. (402/1), an dem sich zahlreiche griechische Söldner beteiligten, drohte den Griechen Kleinasiens vom Satrapen Tissaphernes Bestrafung, so dass sich für Sparta eine neue Möglichkeit ergab, als Schutzmacht aufzutreten. Der Harmost Thibron wurde mit 5000 Neodamoden und Peloponnesiern nach Asien ausgesandt, wo er den sog. Spartanischen Perserkrieg (400–394) eröffnete und dazu auch die Reste von Kyros' Söldnerheer sammelte. Da er kaum Erfolge erzielte, wurde er im Jahre 399 von Derkylidas abgelöst und in Sparta wegen Bedrängung der Bundesgenossen verbannt (Xen. Hell. 3,1,4 ff.; 4,8,22; Diod. 14,36 ff.).

Nachdem die Perser größere Kriegsvorbereitungen getroffen hatten, übernahm im Jahre 396 König Agesilaos das Kommando in Asien, um den Griechenstädten zu der im Peloponnesischen Krieg verratenen Autonomie zu verhelfen. Unterwegs wurde er in Aulis aber von den Thebanern, die die Heeresfolge verweigerten, an einem Opfer gehindert, das er in der Art des Agamemnon vor seinem Übergang nach Asien vornehmen wollte (Xen. Hell. 3,4,3 f. 5,5; 7,1,34; Plut. Ages. 6).

Trotz dieser ungünstigen Vorzeichen erreichte er im nächsten Jahr gegen die Truppen des Tissaphernes schließlich einen militärischen Erfolg bei Sardis, so dass es zu Friedensverhandlungen im Namen des Großkönigs kam. Agesilaos sollte das Land verlassen und die kleinasiatischen Städte forthin autonom, aber tributpflichtig sein. Da Agesilaos den Entscheid der spartanischen Behörden abwarten wollte, musste er sich zu Pharnabazos nach Phrygien begeben, wo er dann aber von Sparta auch den Oberbefehl zur See erhielt (Xen. Hell. 3,4,21 ff.; Plut. Ages. 10 f.). Daraufhin ließen die Perser zur Unterstützung für eine antispartanische Koalition Gold nach Griechenland fließen. Im Frühjahr 394 musste Agesilaos zurückgerufen werden, da Athen das Bündnis mit Sparta gebrochen und sich mit Theben, Argos und Korinth verständigt hatte sowie ein Überfall auf die spartanische Kolonie Herakleia Trachinia erfolgte (Xen. Hell. 4,2,1 ff.; Diod. 14,82; Plut. Ages. 15).

Der sog. Korinthische Krieg brachte im Jahre 394 einen spartanischen Sieg bei Nemea und Koroneia, aber auch eine Niederlage der Flotte bei Knidos und zog sich bis zum Frühjahr 386 hin. Nachdem erste Friedensbemühungen mit Athen im Jahre 392 gescheitert waren (Xen. Hell. 4,8,12 ff.; Andok. 3), kam nach erneuten Verhandlungen des Nauarchen Antalkidas (388/87) schließlich ein Friedensdiktat durch den Perserkönig Artaxerxes zustande (sog. Antalkidas- oder Königsfriede). Dieses verfügte einerseits den schon im Peloponnesischen Krieg mit Sparta vereinbarten persischen Besitz der kleinasiatischen Städte, andererseits die Autonomie sämtlicher griechischer Städte. Die Anordnungen wurden auf einem Kongress in Sparta bestätigt, so dass es zu einem ersten »Allgemeinen Frieden« (*koíne eiréne*) kam (Xen. Hell. 5,1,31 ff.; Diod. 14,110; Plut. Art. 21).

Nach dem im Königsfrieden erreichten Kompromiss und dem Abzug aller Militäreinheiten aus anderen Städten versuchte Sparta, seine Macht in Griechenland neu zu sichern. Sowohl auf der Peloponnes als auch auf der Chalkidike (Olynth) und insbesondere gegenüber Theben, das die Herrschaft über Boiotien verteidigen wollte, sollte Stärke markiert werden. Bereits im Jahre 385 lösten die Spartaner das demokratische Mantineia als Mitglied des Peloponnesischen Bundes – unter Missachtung der im Friedensvertrag festgehaltenen Autonomie – in vier Dörfer auf (Xen. Hell. 5,2,1 ff.; Diod. 15,5. 12).

Im Jahre 383/82 wurden Gesandte aus Akanthos und Apollonia von den Ephoren vor die Versammlung der Bundesgenossen geführt, wo sie die Bedrohung durch die auf der Chalkidike expandierenden Olynthier beklagten. Daraufhin wurde die Aushebung von 10.000 Soldaten beschlossen, wobei die Bündner aber auch Geldzahlungen leisten konnten. Eudamidas wurde als Harmost mit Neodamoden, 2000 Periöken und den Skiriten ausgesandt. Auf Wunsch des Befehlshabers wurde dessen Bruder Phoibidas von den Ephoren damit betraut, den Rest der für die Chalkidike bestimmten Truppen zu sammeln und nachzuführen (Xen. Hell. 5,2,11 ff. 24; Diod. 15,19,3).

Unterwegs überfiel Phoibidas eigenmächtig Theben, das die Heeresfolge verweigert hatte. Dabei beabsichtigte er, die dortige prospartanische Parteiung unter dem Polemarchen Leontiades zu unterstützen. Die Ephoren und das Volk waren anfänglich sehr verstimmt, weil Phoibidas ohne Auftrag der Stadt gehandelt hatte. Trotz der Verteidigung durch den als Auftraggeber verdächtigten Agesilaos wurde ihm eine Buße von 10.000 Drachmen auferlegt. Leontiades erreichte mit seiner Rede vor der spartanischen Volksversammlung, dass die Besetzung der Thebaner Akropolis (Kadmeia) aufrechterhalten wurde, woraufhin sein Gegenspieler Ismenias gerichtlich belangt wurde und die Besatzung bis zum Jahre 379 bestehen blieb (Xen. Hell. 5,2,25 ff.; Diod. 15,20,1 ff.; Plut. Ages. 23 f.).

Im Jahre 382 wurde der Harmost Teleutias mit einem Bundesheer gegen Olynth gesandt (Xen. Hell. 5,2,37). Nach dessen Niederlage wurde im nächsten Jahr der Beschluss gefasst, ein Entsatzheer zu schicken. König Agesipolis wurden dabei – wie einst Agesilaos – 30 Spartiaten mitgegeben (5,3,8). Polybiades, der nach dem Tod des Agesipolis das Kommando auf der Chalkidike übernahm, zwang die Olynthier im Jahre 379, eine Gesandtschaft für Friedensverhandlungen nach Lakedaimon zu schicken, wo es zum Bundesgenossenvertrag kam (5,3,26). Damit gelangte der Einsatz in Olynth zum Abschluss, und Sparta verfügte wieder über ein ähnliches Imperium wie vor dem Königsfrieden.

Im Jahre 381 beklagten sich Oligarchen, die aus dem mit Sparta verbündeten Phleious (Nordost-Peloponnes) vertrieben worden waren, über ungerechte Behandlung. Daraufhin boten die Ephoren einen Heerbann unter Agesilaos auf, der über seinen Vater gastfreundschaftliche Verbindungen zu den Phleiasiern hatte (Xen. Hell. 5,3,10 ff.). Während der anschließenden Belagerung gelangten Gesandte der Phleiasier zu Agesilaos, mit der Bitte um freien Durchzug für eine Gesandtschaft nach Lakedaimon, denn sie wollten das weitere Schicksal der Stadt den Behörden der Spartaner übertragen. Agesilaos fühlte sich jedoch übergangen und verschaffte sich eine Vollmacht über Phleious, dessen Ordnung unter spartanischer Aufsicht neu festgelegt wurde (5,3,23 ff.).

Die Spartaner zogen im Jahre 379 die drei Harmosten, die in Theben kommandiert und die Kadmeia beim Anmarsch der Exilanten unter Pelopidas aufgegeben hatten, vor Gericht und bestraften den in Korinth ergriffenen Herippidas und Arkesos mit dem Tod. Lysanoridas erhielt angeblich von den Geronten, also wohl vom Gericht des Ältestenrates unter Leitung der Ephoren, eine hohe Geldstrafe und entwich aus der Peloponnes (Plut. Pelop. 13; mor. 598f). Daraufhin boten die Spartaner zu Beginn des Jahres 378 einen Heereszug gegen Theben auf. Da Agesilaos nicht weiter mit dem dortigen tyrannischen Regime in Zusammenhang gebracht werden wollte, berief er sich auf die von ihm überschrittene Altersgrenze von 60 Jahren und verzichtete auf das Kommando. Daher sandten die Ephoren König Kleombrotos, der aber bald wieder erfolglos zurückkehrte (Xen. Hell. 5,4,13 f.; Diod. 15,27; Plut. Ages. 24). Mit dem Verlust Thebens geriet aber auch die militärische und politische Stärke Spartas zunehmend in Gefahr.

Sphodrias, der Harmost in Thespiai war und zu den Gegnern des Agesilaos gehört haben soll (Plut. Ages. 24), wurde im Frühjahr 378 ohne Einverständnis der Ephoren angeblich von König Kleombrotos zur Besetzung des Piräus angestiftet (Diod. 15,29,5), um gegen das für Theben agierende Athen vorzugehen. Er wurde aber von den Ephoren wieder zurückgerufen und mit der Todesstrafe belangt, jedoch dank Agesilaos – auf Bitten seines Sohnes – trotz Abwesenheit freigesprochen (Xen. Hell. 5,4,24; Plut. Ages. 24 ff.). Dies brachte die Spartaner weiter in Verruf und veranlasste die Athener zur Verbindung mit den Thebanern. Die Lakedaimonier erließen daraufhin ein weiteres Aufgebot gegen Theben und baten diesmal Agesilaos, obwohl dieser das gesetzliche Alter überschritten hatte, die Führung zu übernehmen, weil Kleombrotos angeblich keine Lust hatte. Die Bundesgenossen beklagten sich, da sie in dieser Sache übermäßig beansprucht würden (Xen. Hell. 5,4,34 f.; Plut. Ages. 26).

Im Frühjahr 377 erließen die Ephoren das Aufgebot zu einem neuen Feldzug gegen Theben und baten wie beim vorigen Male Agesilaos, den Oberbefehl zu übernehmen. Ein Jahr später erfolgte ein weiteres Aufgebot, wobei die Führung aufgrund der Erkrankung von Agesilaos Kleombrotos übertragen wurde. Dieser blieb jedoch wie bei seinem ersten Zug erfolglos (Xen. Hell. 5,4,47 ff.). Für Athen war in der Zwischenzeit der Weg frei geworden, den zweiten Attischen Seebund einzurichten, der für alle Bündnispartner Autonomie in Aussicht stellte und dies auch für die Bundesgenossen von Sparta forderte (Syll. I³ 147; HGIÜ II 215).

Im Jahre 375 erlitt die spartanische Flotte gegen die Athener bei Akarnanien eine Niederlage, während das Heer bei Tegyra durch den Thebaner Pelopidas vernichtend geschlagen wurde. Anschließend kam es auf einem panhellenischen Friedenskongress in Sparta zu einem kurzen Allgemeinen Frieden, der auch das wiedererstarkte Theben einbinden sollte. Epaminondas bestand jedoch auf der Vorherrschaft über Boiotien, so dass

XII. Die spartanische Hegemonie

Agesilaos die Thebaner ausklammerte und die Konflikte bald wieder ausbrachen (Diod. 15,38; Plut. Ages. 27 f.; Pelop. 16 f.).

Bei dem neuerlichen Friedensschluss im Jahre 371 verhinderte Agesilaos wiederum, dass die Thebaner den Eid für alle Boioter ablegten, so dass diese unverrichteter Dinge nach Hause ziehen mussten. Die Spartaner ordneten daraufhin den Abzug ihrer Harmosten und Garnisonen an. Als der in Phokis stationierte Kleombrotos in dieser Sache die heimischen Behörden anfragte, riet der Spartaner Prothoos (möglicherweise als Ephor) zur Auflösung des Heeres. Die Volksversammlung war aber dagegen, und Kleombrotos erhielt den Befehl, gegen Theben zu ziehen, falls es die boiotischen Städte nicht freiließe (Xen. Hell. 6,3,18 ff. 4,1 ff.; Plut. Ages. 28).

Noch im selben Jahr (371) erlitt Sparta unter Kleombrotos bei Leuktra die erste totale Niederlage in einer Feldschlacht. Der thebanische Feldherr Epaminondas hatte den linken Flügel auf 50 Schlachtreihen erhöht (»Schiefe Schlachtordnung«), so dass der rechte Flügel der Spartaner schließlich einbrach; neben König Kleombrotos und 1000 Periöken waren von 700 Bürgern 400 gefallen (Xen. Hell. 6,4,12 ff.), so dass der spartiatische Bürgerverband nur noch ca. 1500 Mitglieder umfasste.

Als die Nachricht von Leuktra eintraf, führten die Ephoren gerade die Gymnopaidien durch (Xen. Hell. 6,4,16; Plut. Ages. 29). Anschließend ordneten sie die Mobilmachung der beiden zurückgebliebenen Moren an und zwar hinauf bis zu denen, die seit 40 Jahren im Heeresdienst waren (also bis zum Alter von 59 Jahren). Ferner entsandten sie bis zum selben Alter diejenigen Soldaten, die zu den auswärts stehenden Moren gezählt wurden, sowie Männer, die bis anhin wegen eines öffentlichen Amtes zurückgehalten waren, und riefen die Verbündeten zu Hilfe. Da Agesilaos noch nicht genesen war, wurde die Führung dessen Sohn Archidamos übertragen, dem dann aber nur noch das geschlagene Heer nach Sparta zurückzuführen blieb (Xen. Hell. 6,4,17 ff. 26).

Im Anschluss an die Niederlage von Leuktra kam es zum Abfall der spartanischen

Abb. 9: Der Eurotas südlich von Sparta mit dem Taygetos-Gebirge im Hintergrund

Bundesgenossen, so dass der Peloponnesische Bund auseinanderbrach und Sparta seine Machtstellung auf der Peloponnes einbüßte. Im Jahre 370 entstand in Arkadien ein Bundesstaat mit Megalopolis als Zentrum. Agesilaos, der die Vereinigung der Arkader verhindern wollte, führte sein Heer ergebnislos gegen das wiederaufgebaute Mantineia. Epaminondas marschierte mit einer Invasionsarmee Richtung Lakonien und zerstörte Sellasia. Sparta rekrutierte 6000 Heloten unter dem Versprechen auf Freiheit. Die Stadt wurde von Agesilaos verteidigt, wobei Epaminondas aber durch ein Eurotas-Hochwasser gebremst wurde (Xen. Hell. 6,5,27 ff.; Plut. Ages. 30 ff.).

Sparta verlor nun auch Messenien sowie das gesamte außerpeloponnesische Territorium und hatte damit seine Hegemonie eingebüßt. Messenien wurde zu einem unabhängigen Staat, den Sparta freilich nicht anerkannte. Als Hauptstadt wurde Messene am Fuße von Ithome gegründet. Sparta hatte insgesamt die Hälfte seiner Besitzungen verloren und kämpfte forthin um deren Wiederherstellung bzw. gegen den Verlust seiner Führungsposition und politischen Bedeutung.

Im Jahre 369 rückte Epaminondas zum zweiten Mal in die Peloponnes vor und eroberte Sikyon, Pellene und Phleious. Sparta hatte jetzt aber die Hilfe Athens erlangt, so dass gemeinsam weitere thebanische Erfolge verhindert werden konnten (Xen. Hell. 6,5,33 ff.; 7,1,15 ff.). Archidamos zog im Jahre 368 wiederum anstelle seines Vaters mit Hilfstruppen von Dionysios I. von Syrakus ins südwestliche Arkadien. Auf dem Rückweg schlug er die sog. Tränenlose Schlacht, bei der es angeblich keine toten Lakedaimonier zu beklagen gab. In Sparta seien aber sogar bei den politischen Behörden Freudentränen geflossen, da es nach Leuktra wieder einen Lichtblick gab (Xen. Hell. 7,1,28 ff.; Diod. 15,72,3; Plut. Ages. 33).

Im Jahre 366/65 schlossen Korinth, Phleious und eventuell auch Epidauros mit dem Einverständnis Spartas einen Friedensvertrag mit den Thebanern, so dass der Peloponnesische Bund jetzt praktisch aufgelöst war. Sparta selber wollte dem Frieden freilich nicht beitreten, da es den Verlust Messeniens nicht anerkennen und für dessen Besitz weiterkämpfen wollte (Xen. Hell. 7,4,7 ff.; Isokr. Archid. 91).

Im Jahre 362 drang Epaminondas – nach einem dritten Einfall im Jahre 367 – zum vierten Mal in die Peloponnes ein und machte einen Überfall auf Sparta, dessen Eroberung von Agesilaos verhindert werden konnte (Xen. Hell. 7,5,4 ff.). Mantineia fiel in der Folge von den Thebanern ab und rief Sparta zu Hilfe. In der Schlacht bei Mantineia wurden die Spartaner und Athener von Epaminondas aber geschlagen, wobei beide Kontrahenten erhebliche Verluste erlitten. Epaminondas fiel, und die Thebaner ergriffen die Flucht, so dass ihre Vormachtstellung beendet war.

Nach der Schlacht kam es zwar zum Friedensschluss, doch Sparta verwahrte sich gegen den Beitritt zum Gesamtfrieden, um seinen Anspruch auf Messenien aufrechtzuerhalten. Dadurch geriet Agesilaos in Verruf und Sparta in die Isolation. Die Familie des Antikrates, der Epaminondas getötet hatte, wurde demgegenüber in Sparta verehrt und steuerfrei (Plut. Ages. 35). Agesilaos hatte sich zwar stets um einen Ausgleich mit den politischen Behörden bemüht, dabei aber jeweils auch seine eigenen Interessen verfolgt und blieb trotz verschiedener militärischer Siege außenpolitisch letztlich wenig erfolgreich. Die abermalige Niederlage hatte sowohl für Sparta als auch für seinen altgedienten König einschneidende Folgen. Angesichts der veränderten politischen Konstellationen wurde eine Neuorientierung nötig, die zunächst eine neue Form von Söldnerzügen mit sich brachte.

XIII. Söldnerführer

Sparta war schon im Peloponnesischen Krieg auf Söldner angewiesen, und spartanische Führer bezahlter Truppen finden wir auch im ersten großen Söldnerunternehmen der griechischen Geschichte, dem Zug der 10.000 bzw. der *anábasis* des persischen Prinzen Kyros (402/1), dem die Ephoren den Nauarchen Samios sowie Cheirisophos mit 700–800 Hopliten gesandt hatten (Xen. Hell. 3,1,1; Anab. 1.4,3; Diod. 14,19,4 f.). Auch unter Agesilaos kamen im Spartanischen Perserkrieg (400–394) und im Korinthischen Krieg (395–386) nochmals vermehrt Söldner zum Einsatz. Nach der Niederlage von Leuktra (371) und dem anschließenden Gebietsverlust von Messenien musste sich das geschwächte Sparta abermals um neue Rekrutierungs- und Einnahmequellen bemühen. Neue Betätigungsfelder und Erwerbsmöglichkeiten ergaben sich in Zukunft durch Söldnerzüge, die einzelne Spartiaten, vorwiegend aus dem Kreis der königlichen Familien, in fremden Diensten unternahmen (David 1981; Millender 2005).

Im späteren 4. Jahrhundert entwickelte sich an der Südspitze der Peloponnes auf Tainaron, in dessen Heiligtum schon früher Heloten Zuflucht gefunden hatten oder freigelassen worden waren, ein Markt von Söldnern, der offenbar auch einem staatlichen

Abb. 10: Die Hafenbuchten um das Kap Tainaron

Bedürfnis entsprach, aber nicht nur von spartanischer Seite genutzt wurde und somit in den Jahren 333–303/2 gesamtgriechische Bedeutung erlangte (Couvenhes 2008). Auf ihm fand sich im Jahre 325/4 eine ganze Reihe von Soldaten ein, die Alexander III. (d.Gr.) von Makedonien auf seinem Asienfeldzug entlassen hatte (Diod. 17,111,1 f.; 18,9,1) und die anschliessend für den Widerstand gegen Makedonien eingesetzt wurden. Auch die spartanischen Kommandanten Agis III. (333), Thibron (323/2) und Kleonymos (304) warben hier Söldner an (Arr. Anab. 2,13,6; Diod. 17,48,1; 18,21,1; 20,104,2).

Schon in der Mitte des 4. Jahrhunderts finden wir zunächst einige nicht näher bekannte Spartaner auf militärischer Mission, nämlich Gastron und Lamias in Ägypten (Polyain. 2,16; Front. Strat. 2,3,13; Diod. 16,48,2) und Pharax und Gaisylos in Sizilien (Plut. Dion. 48 f.). Bedeutender und besser überliefert sind dann aber die Unternehmungen von Mitgliedern der spartanischen Königshäuser.

Agesilaos

König Agesilaos operierte gegen Ende seiner Regierungszeit im Jahre 366/65 offenbar in der Art eines Söldnerführers im Dienst des Satrapen Ariobarzanos, den er bei seinem Aufstand gegen den persischen König unterstützte. Agesilaos war zwar in diplomatischer Mission nach Kleinasien gesandt worden, sollte den persischen König aber auch für seine Unterstützung von Theben und die Anerkennung der Freiheit Messeniens bestrafen sowie für das erschütterte Sparta Geld gewinnen, was offenbar auch gelang (Xen. Ages. 2,25 ff.).

Nach der Niederlage von Mantineia ging Agesilaos im Jahre 362/61 mit 30 spartiatischen Beratern und 1000 Söldnern zur Unterstützung des Königs Tachos gegen die Perser nach Ägypten, wobei wiederum der finanzielle Aspekt im Vordergund stand. Als ihm Tachos aber das Oberkommando über die gesamten Truppen verweigerte, kam es zum Bruch. Agesilaos sandte Männer nach Sparta, um Tachos zu denunzieren und dessen rebellierenden Vetter Nektanebos als König zu empfehlen. Die spartanischen Behörden ließen ihm in dieser Sache freie Hand. Schließlich verteidigte Agesilaos den Nektanebos noch gegen einen anderen Prätendenten und holte für Sparta 230 Talente heraus. Agesilaos, der auf der Rückreise verstarb, hatte also am Ende seines Lebens nochmals versucht, Spartas erlittene Niederlagen zumindest finanziell auszumerzen (Xen. Ages. 2,28 ff.; Diod. 15,92 ff.; Plut. Ages. 36 ff.).

Archidamos

Agesilaos' Sohn Archidamos hatte sich schon nach der Schlacht von Leuktra hervorgetan und erreichte im Jahre 367/66 jenen Sieg über die Arkader, der die Spartaner zu Tränen gerührt haben soll. Nach dem Sonderfrieden nordpeloponnesischer Städte mit Theben verfasste der athenische Redner Isokrates wohl schon im Jahre 366/65 eine mit »Archidamos« betitelte Rede, in welcher der künftige spartanische König das Recht auf Messenien begründet und gegen einen unwürdigen Frieden votiert. Im Jahre 356 schrieb dann Isokrates angeblich einen Brief an Agesilaos' Sohn, der im Jahre 361 als Archidamos III. auf den Thron gelangt war. Archidamos wurde darin zum Frieden unter den Hellenen sowie zu einem Zug gegen die Barbaren in Asien aufgerufen, was dieser freilich unbefolgt ließ. Isokrates trug diese Aufgabe im Jahre 346 daher dem mächtigeren Makedonenkönig Philipp II. an. Dieser hatte sich im dritten Heiligen Krieg um Delphi (357–346) durchgesetzt, so dass Sparta seinen Sitz im Amphiktyonenrat verlor (Paus. 10,8,2) und weiterer Bedrängnis ausgesetzt war.

Archidamos wurde vorgeworfen, sich von der spartanischen Lebensweise entfremdet und die Absicht gehegt zu haben, sich der strengen Zucht der Heimat zu entziehen (Theopomp FGrHist 115 F 232 = Athen. 12,536c). Im Vordergrund seiner außerpeloponnesischen Unternehmungen stand aber wie bei Agesilaos die Absicht, neue Finanzquellen zu erschließen. Im Jahre 343 ging er nach Tarent, um die alte spartanische Kolonie gegen die benachbarten Feinde (Lukaner und Messapier) zu unterstützen. Der König wurde aber im Jahre 338 in Unteritalien getötet, während in Boiotien bei Chaironeia die Entscheidungsschlacht zwischen Philipp von Makedonien und den griechischen Städten stattfand. Als daraufhin beim Friedenskongress von Korinth unter der Hegemonie Philipps ein Bund gegen Persien gebildet wurde, war Sparta als einzige griechische Stadt daran nicht beteiligt. Es blieb dadurch isoliert und versuchte weiterhin, seinen Widerstand gegen die Makedonen aufrechtzuerhalten.

Agis III.

Als die Makedonen im Jahre 333 den Großteil Kleinasiens besetzt hatten, erbat der Spartanerkönig Agis III. für den von ihm geplanten Freiheitskampf in Griechenland persische Unterstützung. Nach dem Sieg Alexanders bei Issos erhielt er 30 Talente, die zur Rekrutierung von Seeleuten in Tainaron dienten, und übernahm 8000 griechische Söldner, die der Schlacht entronnen waren. Mit diesem Aufgebot zwang er zunächst die kretischen Städte unter die Kontrolle der Perser (Arr. Anab. 2,13,4 ff.; Diod. 17,48,1) und konnte dann mit Unterstützung peloponnesischer Städte den Kampf gegen Makedonien aufnehmen. Bei Megalopolis, das zur Abschirmung Messeniens diente und von Agis belagert wurde, erlitt ein großes peloponnesisches Heer im Jahre 331 gegen den Makedonen Antipater eine vernichtende Niederlage (sog. Mäusekrieg). Sparta, das seinen König verloren hatte, war genötigt, sich mit Alexander zu arrangieren und 50 vornehme Geiseln zu stellen (Curtius 6,1; Diod. 17,62,6 ff. 73,6). Makedonien hatte damit ein Mittel in der Hand, Sparta – trotz der grundsätzlichen Schonung durch Alexander – zu kontrollieren. Ob Sparta gleichzeitig gezwungen war, dem Korinthischen Bund beizutreten, muss fraglich bleiben.

Thibron

Der Lakedaimonier Thibron betätigte sich als Söldnerführer des vom Makedonenkönig Alexander geflohenen Schatzmeisters Harpalos. Als dieser sich im Jahre 324 von Athen nach Kreta absetzte, tötete ihn Thibron und behändigte seine Schätze. Anschließend (323) ging er mit 6–7000 Söldnern, die später noch durch über 2500 Söldner aus Tainaron ergänzt wurden, nach Nordafrika (Kyrenaika), um demokratisch gesinnte Exilanten aus Kyrene zu unterstützen. Nach anfänglichen Erfolgen und dem Gewinn verschiedener Städte konnte er in Kyrene das Konzept übernehmen, unterlag aber schließlich der von

Ptolemaios von Ägypten gesandten Streitmacht und wurde hingerichtet (Arrian FGrHist 156 F 9; Diod. 17,108,7 f.; 18,19 ff.; Strab. 17,3,21).

Akrotatos

Im Jahre 315/14 forderten die westgriechischen Kolonien Akragas, Messana und Gela zusammen mit syrakusanischen Verbannten Hilfe von Sparta gegen Agathokles, den Tyrannen (*strátegos autokrátor*) von Syrakus. Akrotatos, der älteste Sohn von Kleomenes II., erklärte sich angeblich aus rein persönlichen Motiven zur Übernahme der Kriegsführung bereit, da er seinen auf Vergeltung begierigen Feinden in Sparta entwischen wollte. Bei diesen war er schon nach der Schlacht von Megalopolis (331) in Ungnade gefallen, da er nach der schweren Niederlage als einziger die Tresantes bestrafen wollte. Akrotatos dürfte aber auch auf Erwerb von Reichtum und Ruhm erpicht gewesen sein. Jedenfalls segelte er ohne Einverständnis der Ephoren nach Unteritalien, so dass es sich um ein privates Unternehmen gehandelt haben dürfte, auch wenn er als designierter Thronfolger dort öffentliches Ansehen genoss.

Vom Kurs abgekommen, half Akrotatos unterwegs zunächst Apollonia gegen illyrische Belagerer. In Tarent angelangt, erhielt seine Flotte Unterstützung von 20 weiteren Schiffen, so dass er in Akragas die Kriegsführung gegen Agathokles übernehmen konnte. Er soll jedoch nichts erreicht haben, was seinem Land und seinen Vorfahren würdig war, sondern die altspartanische Lebensweise aufgegeben und sich mit Hilfe der Kriegseinkünfte dem Luxus und Vergnügen hingegeben haben.

Akrotatos zog jedenfalls den Hass der Verbündeten auf sich. Er hatte nämlich Sosistratos, den Anführer der syrakusanischen Exilanten, umgebracht, da er in ihm offenbar eine Konkurrenz für sein Kommando erblickte. Nachdem Akrotatos abgesetzt und beinahe gesteinigt worden war, ergriff er die Flucht nach Sparta, wo er bald danach – noch vor seinem Vater (309) – starb (Diod. 19,70 f.). Nach einem Entscheid der Geronten und wohl auch der Volksversammlung konnte sein Sohn Areus im Königtum nachrücken, so dass sein als despotisch geltender Bruder Kleonymos das Nachsehen hatte (Plut. Pyrrh. 26; Paus. 3,6,2).

Kleonymos

Die Ephoren versuchten vergeblich, den übergangenen Thronfolger Kleonymos mit Ehrenämtern zu besänftigen (Paus. 3,6,2), so dass sich dieser wie schon sein Bruder als Söldnerführer betätigte. Im Jahre 304/3 forderte Tarent wiederum Hilfe gegen die Lukaner an. Sowohl Kleonymos als auch die Ephoren zögerten, darauf einzugehen. Um Kleonymos loszuwerden, willigte man offenbar in das Unternehmen ein, ohne es aber von staatlicher Seite zu unterstützen. Dementsprechend wurde auch Kleonymos nachgesagt, einen aufwendigen Lebensstil zu pflegen, der nicht den spartanischen Sitten entsprach.

Kleonymos erhielt von Tarent Schiffe und Gelder, um auf Tainaron 5000 Söldner anzuwerben, die in Tarent durch 5000 weitere Söldner ergänzt wurden, so dass er zusammen mit den tarentinischen Soldaten über 30.000 Mann und 2000 Reiter hatte. Die Lukaner schlossen daraufhin mit Tarent Frieden. Metapont, das Kleonymos die Unterstützung verweigert hatte, wurde hart bestraft und musste über 600 Talente bezahlen und 200 weibliche Geiseln aus führenden Familien stellen.

Kleonymos plante angeblich, Sizilien von Agathokles zu befreien, eroberte aber zunächst Kerkyra, wo er seine Kassen füllte. Die Makedonen Demetrios Poliorketes und Kassander wollten ihn in ihre Dienste nehmen, was Kleonymos jedoch ablehnte. Als in Unteritalien Tarent mit anderen Städten den Aufstand probte, kehrte er nach Italien zurück, erlitt aber nach zwei Stadteroberungen einen Rückschlag und musste sich wohl vorübergehend nach Kerkyra zurückziehen. Nachdem er schließlich die unteritalische Stadt Thuriae eingenommen hatte, wurde er von den Römern zum Rückzug gezwungen und segelte in die nördliche Adria, wo er bei Padua eine schwere Niederlage erlitt und nach Sparta zurückkehren musste (Diod. 20,104 f.; Liv. 10,2).

Sparta hatte also aus den Unternehmungen im Westen kaum Profit geschlagen, ließ aber Kleonymos später nochmals zum Zuge kommen. Im Jahre 294 stieß Demetrios Poliorketes in die Peloponnes vor, besiegte bei Mantineia Archidamos IV. und errang in der Nähe von Sparta einen weiteren Sieg. Sparta selber, das den im Jahre 317 errichteten Schutzring verstärkte, wurde jedoch nicht eingenommen (Plut. Demetr. 35; Paus. 1,13,6). Als Demetrios um 293/92 in Boiotien einfiel, unternahm Kleonymos jetzt offenbar mit staatlicher Unterstützung einen vergeblichen Vorstoß nach Theben (Plut. Demetr. 39). Später scheint er für Sparta Kontakte mit kretischen Städten geknüpft zu haben (Staatsverträge des Altertums III 471).

Zu Hause verstärkten sich die Spannungen mit König Areus, als dessen Sohn Akrotatos Kleonymos' junge Frau Chilonis, die aus dem Eurypontidenhaus stammte, ausspannte. Kleonymos begab sich daraufhin in die Dienste des Pyrrhos von Epirus, dessen Expansionspläne in Italien und Sizilien im Jahre 274 gescheitert waren. Dieser versuchte nun, mit Kleonymos Einfluss auf der Peloponnes zu gewinnen bzw. die Städte von Antigonos Gonatas zu befreien. Nur mit Mühe gelang es, Pyrrhos vor Sparta zu vertreiben, so dass dieser mit Kleonymos Südlakonien plünderte. Nach einer Niederlage und dem Tod des Pyrrhos in Argos enden die Nachrichten über Kleonymos (Plut. Pyrrh. 26 ff.; Paus. 3,6,3. 24,1).

Schließlich ist auch noch der Spartaner Xanthippos überliefert, der im Jahre 256/5 im ersten Punischen Krieg als Söldnerführer im karthagischen Heer erfolgreich das Kommando gegen den Konsul M. Atilius Regulus übernahm (Polyb. 1,32 ff.; Diod. 23,14 ff.).

Somit hatten es spartanische Führungsleute im ausgehenden 4. und frühen 3. Jahrhundert in verschiedenen Momenten verstanden, sowohl gegen die makedonische Herrschaft Widerstand zu leisten als auch auf einzelnen Schauplätzen zwischen den hellenistischen Mächten persönliche Machtpolitik zu betreiben. Dabei gelang es ihnen zwar verschiedentlich, beachtliche Geldsummen zu erwerben. Das Ansehen und die politische Stellung Spartas wurden durch die Söldnerführer aber kaum gefördert.

XIV. Areus und der hellenistische Königshof

Die Regierungszeit von König Areus I. (309/8-265) macht deutlich, wie Sparta seine Existenz zwischen den aus dem Alexanderreich entstandenen Großmächten neu zu sichern versuchte und gleichzeitig von allgemeinen Tendenzen des hellenistischen Hoflebens beeinflusst wurde. Dabei wird auch das Ziel erkennbar, die ehemalige Vormachtstellung in der Peloponnes zu erneuern.

Die Geronten hatten im Jahre 309/8 wohl gemeinsam mit der Volksversammlung entschieden, dass Areus, dem Sohn des Akrotatos, und nicht Areus' Bruder Kleonymos die Königswürde gebühre. Areus selber nutzte nach der Schlacht von Kurupedion (281), in der die Seleukiden die Herrschaft über Kleinasien gewonnen hatten, die momentane Schwäche Makedoniens. Er bildete im Jahre 281/80 erstmals seit dem 4. Jahrhundert wieder eine peloponnesische Allianz (Iust. 24,1,2), zeitweise mit Elis, arkadischen, achaiischen und kretischen Städten, die auch von argivischen Städten, Boiotien und Megara Unterstützung erhielt.

Das Bündnis richtete sich aber nicht direkt gegen das übermächtige Makedonien, sondern gegen die Aitoler, die mit dem Makedonenkönig Antigonos Gonatas verbündet waren und angeblich die Kirrha-Ebene Delphis besetzt hatten. Sparta konnte damit ein auch früher verfolgtes Ziel geltend machen, nämlich für die Autonomie Delphis zu sorgen, indem man es vom wachsenden Einfluss der Aitoler befreite. Areus geriet mit seinem Heer jedoch in Bedrängnis, so dass ihn die Bundesgenossen verließen und er vor Delphi eine schwere Niederlage erlitt (Iust. 24,1,7). Die achaiischen Städte knüpften an ihre alte Liga an und bildeten im Jahre 280 den Achaiischen Bund, der nach dem Chremonideischen Krieg (266-261) zu einer weiteren Bedrohung Spartas wurde.

Als Befreier von der makedonischen Herrschaft bot sich zunächst Pyrrhos von Epirus an, der im Jahre 274 von seinen erfolglosen Unternehmungen aus Unteritalien zurückkehrte. Er versuchte, mit Hilfe des übergangenen Thronfolgers Kleonymos auf der Peloponnes Fuß zu fassen und soll die Absicht gehegt haben, seine Söhne in Sparta erziehen zu lassen. Dennoch griff er auf Aufforderung des Kleonymos die Stadt an, wobei die Spartaner – angeblich mit Hilfe der Frauen unter der Führung von Archidamia (Paus. 1,13,4; Plut. Pyrrh. 27) – einen verstärkten Verteidigungsring aufbauten. Hilfe bot nun aber der Makedone Antigonos Gonatas an, der von Korinth her Söldner schickte. Areus hatte sich – wohl zur Erschließung neuer Finanzquellen – auf Kreta aufgehalten und war erst allzu spät mit 2000 Soldaten zurückgekehrt. Pyrrhos und Kleonymos konnten aber von Sparta ferngehalten werden, so dass sie sich – mit Unterstützung von Ptolemaios II. von Ägypten – nach Südlakonien wandten. Als sie nach Argos gerufen wurden, nahm Areus die Verfolgung auf und erlitt dabei eine unnötige Niederlage. Sein Ansehen nahm dadurch aber kaum Schaden, denn Pyrrhos erlitt bald darauf den Tod (Plut. Pyrrh. 26 ff.).

Ptolemaios II., der offenbar von Areus beeindruckt war, suchte jetzt das Bündnis mit Sparta, das im Kampf gegen Makedonien auf Unterstützung angewiesen war. In der

Folge schlossen die mit Ptolemaios verbündeten Städte Athen und Sparta um das Jahr 266 selber ein Bündnis, das sich gegen Antigonos Gonatas richtete. Im entsprechenden Beschluss der Athener auf Antrag des Chremonides wird Areus als einziger Vertreter Spartas namentlich genannt, doch treten als Adressaten auch die Könige gemeinsam sowie die Ephoren und Geronten auf; die Geronten sollten das Bündnis beschwören (Syll. I³ 434 f. lin. 90 f.; HGIÜ II 323). Im Vertrag eingeschlossen waren auch die Verbündeten Spartas, die jetzt sogar noch zahlreicher als im Jahre 280 waren.

Das Bündnis bildete den Auftakt zum sog. Chremonideischen Krieg (266–261), den Ptolemaios II., Sparta und Athen gegen Antigonos Gonatas führten. Athen, das jetzt von Antigonos belagert wurde, sollte durch die Allianz befreit werden. Areus erlitt aber bei einem seiner Versuche, über das von den Makedonen befestigte Korinth nach Athen vorzudringen, im Jahre 265/64 in einer Schlacht gegen Antigonos den Tod (Plut. Agis 3). Athen wurde eine Niederlage beigefügt, und das neue peloponnesische Bündnis fiel wieder auseinander.

Areus hatte nicht nur Spartas Bündnispolitik verstärkt, sondern in der Stadt erstmals auch Silbergeld prägen lassen, womit er sich von der vermeintlich ›lykurgischen‹ Ordnung entfernte. Die Münzen zeigten in der Manier Alexanders d. Gr. und hellenistischer Herrscher Areus' Kopf und trugen seinen Namen mit dem Königstitel. Viel zahlreicher sind in Sparta jedoch Münzen von Ptolemaios II. aufgetaucht, der die Stadt im Kampf gegen Makedonien unterstützte und Areus in Delphi sogar eine Statue weihte (Syll. I³ 433; Paus. 6,12,5). Insofern dürfte Areus mit seinen Münzen weniger auf generelle wirtschaftliche Notwendigkeiten reagiert, als persönliche Propaganda betrieben haben, um sich als militärischen Führer und Bündnispartner zu empfehlen. Letztlich ging es vor allem darum, Söldner zu bezahlen.

Areus soll zudem ein aufwendiges Hofleben betrieben und in Sparta entsprechenden Luxus und Extravaganz eingeführt haben (Phylarch FGrHist 81 F 44 = Athen. 4,142a–b), wobei es sich freilich um ein moralisierendes Pauschalurteil handelt. Areus' Stellung als hellenistischer Herrscher wird möglicherweise auch durch Verbindungen zum Hohepriester in Jesusalem verdeutlicht (I. Makk. 12,7. 19 ff.; Jos. AJ 12,10,225 f.; 13,8,167), deren Hintergrund aber fraglich bleibt. Grundsätzlich behielt er die hergebrachten politischen Gremien und gesellschaftlichen Strukturen bei, unter denen sich auch das kulturelle Leben weiterentwickeln konnte. Denkbar ist, dass unter Areus ein festes Theater angelegt wurde, wofür ebenfalls schon eine ältere Tradition bestand. Neben seinem Hofleben wurden die staatliche Erziehung und Syssitien zwar wohl nicht gänzlich hinfällig, aber im Wandel der Zeit auch nicht mehr nach den früheren Vorgaben betrieben, so dass sie nach der Mitte des 3. Jahrhunderts einer Erneuerung bedurften.

XV. Agis, Kleomenes und die Reformierung Spartas

Agis

Trotz Areus' Bemühungen um ein gestärktes Sparta mit zeitgemäßem Königtum waren grundlegende Änderungen im gesellschaftlichen Bereich ausgeblieben. Die Erziehung der Knaben sowie die Syssitien der Bürger funktionierten nicht mehr nach den herkömmlichen Vorgaben. Sparta zählte gerade noch 700 Vollbürger, darunter 100 Reiche (Plut. Agis 5), bei denen wohl viele Spartaner in der Schuld standen. Zahlreiche Bürger dürften in den Stand von Hypomeiones abgesunken sein. Das Land wurde zunehmend über die Frauen vererbt und war in den Händen von wenigen Leuten konzentriert. Schon zur Zeit des Aristoteles waren angeblich zwei Fünftel des Landes im Besitz der Frauen, die in der Heiratspolitik der führenden Familien entsprechendes Interesse fanden (pol. 1270a). Um den Staat und seine Bürgerschicht zu retten, drängten sich Reformen auf, die eine Neuverteilung des Bodens bzw. eine Reduzierung des Großgrundbesitzes anvisierten.

Hier spielten aber nicht nur pragmatische Überlegungen eine Rolle, sondern auch der geistige Hintergrund der hellenistischen Stoa, die auf einen neuen gesellschaftlichen Ausgleich zielte und zugleich Bilder von einem ehemaligen egalitären Sparta pflegte, die man konkret zu verwirklichen versuchte. Der Philosoph Sphairos von Borysthenes, der sich vorübergehend in Sparta aufhielt und auch den künftigen König Kleomenes unterrichtete, verfasste eine Schrift über die spartanische Verfassung sowie über Lykurg und Sokrates (Diog. Laert. 7,178). Politische Initianten der Reformen wurden in der Folge der Eurypontidenkönig Agis IV. (244–241/40) und der Agiadenkönig Kleomenes III. (235–222).

Ihnen hat Plutarch eigene Biographien gewidmet, die er mit denjenigen der römischen Reformtribunen Tiberius und Gaius Gracchus parallelisierte (Thommen 2017). Seine Materialgrundlage basiert hauptsächlich auf dem Geschichtsschreiber Phylarch, der Kleomenes unterstützte und ihn entsprechend überhöhte. Demgegenüber stützte sich der Achaier Polybios, dessen Heimatstadt Megalopolis im Jahre 223 von Kleomenes zerstört wurde, vorwiegend auf die Memoiren des Aratos als Führer des Achaiischen Bundes, die von Hass gegen Kleomenes geprägt waren. Informationen über die inneren Verhältnisse Spartas sind dennoch in erster Linie bei Plutarch überliefert.

Agis wollte die hergebrachten Gesetze und Erziehung wieder einschärfen und brachte Pläne für einen Schuldenerlass sowie für eine Landverteilung voran. Sowohl die Großmutter als auch die Mutter von Agis sollen die größten Vermögen des Landes und entsprechenden gesellschaftlichen Einfluss besessen haben, auf den auch Agis angewiesen war. Sie ließen sich von Agis für das Reformprogramm gewinnen und propagierten es anschließend unter ihren Freunden und den anderen besitzenden Frauen.

Das Programm selber hatte Agis freilich im Kreise von drei einflussreichen Leuten aus der Oberschicht (Lysandros, Mandrokleidas und Agis' Onkel Agesilaos) entwickelt, und für die Umsetzung brauchte er jetzt die Unterstützung des Ephorats. Er erreichte, dass Lysandros für das Jahr 243/42 zum Ephoren gewählt wurde und ließ über ihn Gesetzesvorschläge unterbreiten, die folgende Materien betrafen: Abschaffung der Schulden; Neuverteilung des Landes, um im Kerngebiet 4500 Landlose für Bürger sowie im weiteren Lakonien 15.000 Parzellen für Periöken bereitzustellen; Auffüllung des Bürgerverbandes durch Periöken und Fremde, welche die Erziehung durchlaufen hatten; Bildung von 15 Phiditien (Syssitien/Syskenien) à 400 und 200 Mann (Plut. Agis 4 ff.).

Trotz der Neuerungen gegenüber früheren Zuständen wurde vorgegeben, an das Programm von Lykurg anzuknüpfen, für das jetzt offenbar auch mit einer ursprünglichen Aufteilung von 9000 bürgerlichen Landlosen in Lakonien gerechnet wurde. Die neuen Syskenien mit durchschnittlich 300 oder (additiv) sogar 600 Mann hätten die ursprüngliche Größe einer Mahlgemeinschaft von ca. 15 Mann freilich weit überstiegen und sind in dieser Form problematisch, da sie entweder im Zusammenhang mit den 4500 Landlosen stehen (15 x 300) oder sogar mit der vermeintlich lykurgischen Bürgerzahl korrelieren (15 x 600).

Die Opposition aus den Reihen der Reichen konzentrierte sich um König Leonidas II. Dieser wollte sich nicht öffentlich gegen Agis stellen und wandte sich deshalb über die Regierungsmitglieder (*árchai*), also wohl die Ephoren und Geronten, gegen seinen Kollegen, den er tyrannischer Absichten beschuldigte (Plut. Agis 7). Da sich die Geronten kontrovers verhielten, bestellte Lysandros die Volksversammlung, in der es zum Disput zwischen Leonidas und Agis kam, die sich beide auf Lykurg beriefen. Das Volk entschied sich für Agis, eine Abstimmung kam jedoch nicht zustande, da die Reichen an Leonidas appellierten und die Gerusia dazu brachten, den Antrag in der Vorberatung – freilich nur mit einer Stimme – zu verwerfen.

Lysandros stiftete daraufhin zur Anklage gegen Leonidas an, die sich gegen Leonidas' vormalige Ehe mit einer Asiatin wandte. Leondias hatte vor der Übernahme der Vormundschaft über seinen Großneffen Areus II. (um 262) im Dienste des Seleukidenhofes gestanden und die Tochter eines syrischen Potentaten geheiratet, diese aber mit seiner Rückkehr nach Sparta wieder verlassen (Plut. Agis 3). Da eine normale Anklage offenbar aussichtslos erschien, griff der Ephor zu einem anderen Verfahren, dessen Alter wir freilich nicht kennen. Es handelte sich um die Himmelsbeobachtung durch die Ephoren, die angeblich alle neun Jahre vorgenommen wurde und die beim Auftreten einer Sternschnuppe zur Absetzung der Könige führen konnte. Als Lysandros ein solches Zeichen erkannte, eröffnete er die gerichtliche Untersuchung. Da Leonidas in den Tempel der Chalkioikos floh und nicht vor Gericht erschien, wurde die Königswürde auf Kleombrotos, den Schwiegersohn des Leonidas, übertragen, der für die Reform eintrat (Plut. Agis 9 ff.).

Für das nächste Jahr (242/41) waren dennoch Gegner des Agis als Ephoren gewählt worden. Diese veranlassten Leonidas, das Asyl zu verlassen und erhoben Anklage gegen Lysandros und Mandrokleidas wegen der Gesetzwidrigkeit ihrer Reformanträge. Die beiden Angeklagten überredeten die Könige jedoch, sich zusammenzuschließen und die Anordnungen der Ephoren zu missachten. Bei Plutarch wird daraus ein grundsätzliches Recht abgeleitet, das die Könige im Falle ihrer Einigkeit stets über die Ephoren gestellt habe, was in der Geschichte Spartas so freilich nicht verifiziert werden kann. Die Könige griffen nun vielmehr zur Gewalt. Sie gingen auf die Agora, nötigten die Ephoren, ihre Amtssessel zu räumen und ernannten neue Amtsträger, darunter Agesilaos. Ferner sollen sie junge Leute bewaffnet und Gefangene befreit haben. Agesilaos als neu eingesetzter Ephor, verschuldeter Großgrundbesitzer und Onkel des Agis, überredete diesen, nur die Schuldentilgung vorzunehmen. Daraufhin wurden auf der Agora Schuldbriefe verbrannt, die Bodenverteilung jedoch hintertrieben (Plut. Agis 12 ff.).

Der entscheidende Rückschlag kam freilich von außen. Aratos, der Feldherr der Achaier, zog im Jahre 241/40 ein Heer zusammen, um die Aitoler von einem Einfall in die Peloponnes abzuhalten und schrieb in dieser Sache den Ephoren. Diese entsandten Agis, der seine Position wohl durch einen militärischen Erfolg zu sichern hoffte, aber von Aratos wieder zurückgeschickt wurde (Plut. Agis 13 ff.).

In der Zwischenzeit hatte Agesilaos versucht, aus der Situation eigennützig Kapital zu schlagen. Er schaltete außerhalb der kalendarischen Ordnung einen 13. Monat ein, um diesen für Steuereintreibungen zu nutzen und beabsichtigte eine – gesetzlich verbotene – Fortführung seines Ephorats über das Amtsjahr hinaus. Daraufhin konnten die Reformgegner wieder die Oberhand gewinnen und Leonidas von Tegea ins Königsamt zurückführen. Agesilaos wurde von seinem Sohn in Sicherheit gebracht. Agis floh in den Tempel der Chalkioikos. Der zwischenzeitliche Throninhaber Kleombrotos setzte sich mit seiner Tochter in das Poseidonheiligtum von Tainaron ab, wo ihn Leonidas aufspürte und in die Verbannung trieb. Dann ließ er die Ephoren ersetzen und ging gegen Agis vor. Der Ephor Amphares (241/40) verhaftete König Agis und forderte ihn zur Rechenschaft vor dem Ephorenkollegium auf. Daraufhin wurde Agis von dem Ephoren Damochares ins Gefängnis geschleppt. Die Ephoren und gleichgesinnte Mitglieder der Gerusia hielten im Gefängnis Gericht, verurteilten Agis zum Tode und ließen ihn zusammen mit seiner Mutter und Großmutter (Agesistrata und Archidamia), die ein Verhör vor den Bürgern verlangten, henken (Plut. Agis 16 ff.).

Agis war der erste König, der von den Ephoren hingerichtet wurde. Da der Bruder des Agis, Archidamos, ebenfalls die Flucht ergriffen hatte, blieb der euryponditische Königsposten verwaist. Nach den einzigartigen Gewaltakten war jetzt der Anfang vom Ende der Eurypontiden und des Doppelkönigtums eingeläutet. Agis' Anhänger gingen ins Exil, so dass Leonidas alleine tonangebend blieb. Der Aitolische Bund nutzte die Chance, um in die Peloponnes einzufallen und dort die Übermacht der Achaier zu unterbinden. Dabei wurden Landstriche des südlichen Lakonien verwüstet und auf Tainaron angeblich 50.000 Sklaven mitgenommen (Polyb. 4,34; 9,34; Plut. Kleom. 18), was allerdings weit übertrieben scheint.

Kleomenes

Nach dem Tod des Agis soll die Stadt wieder in Müßiggang und Genusssucht verfallen sein und die Regierung ganz bei den Ephoren gelegen haben. Im Jahre 235 übernahm Leonidas' Sohn als Kleomenes III. den Agiadenthron. Kleomenes, der Unterricht bei dem Philosophen Sphairos genossen hatte, war von seinem Vater – offenbar hauptsächlich aus finanziellen Überlegungen – mit Agiatis, der Witwe des Agis, vermählt worden und wurde angeblich durch sie auch mit den Reformplänen vertraut. Nach der Amtsübernahme suchte Kleomenes aber zunächst den außenpolitischen Erfolg gegen die Achaier und deren Führer Aratos, die Sparta, Arkadien und Elis dem Achaiischen Bund angliedern wollten (Plut. Kleom. 1 ff.).

Im Jahre 229 beorderten die Ephoren Kleomenes zur Besetzung des Gebietes der Athena Belbina an der Grenze zu Arkadien, das von Aratos bedrängt wurde, zogen ihn dann aber aus Furcht vor einem Krieg wieder ab. Als die Achaier mit einem großen Heer in Arkadien einmarschierten, sandten die Ephoren Kleomenes mit 5000 Mann erneut aus, worauf Aratos einem Krieg aus dem Wege gegangen sein soll (Plut. Kleom. 4).

Im Jahre 227 errang Kleomenes im lakonisch-arkadischen Grenzgebiet einen Sieg über Aratos, der jedoch Mantineia einnahm, so dass sich die Stimmung gegen Kleomenes wandte. Als sich die Lakedaimonier weiteren Feldzügen widersetzten, holte Kleomenes Agis' Bruder Archidamos auf den Thron, um damit angeblich das Königtum zu stärken bzw. die Ephoren zu schwächen. Archidamos wurde aber von den ehemaligen Gegnern des Agis getötet. Kleomenes soll daraufhin mit Hilfe der Mutter Kratesikleia die Ephoren bestochen haben, einen neuen Feldzug gegen die Achaier ins Gebiet von Megalopolis anzuordnen, aus dem er schließlich siegreich hervorging (Plut. Kleom. 5 f.).

Daraufhin plante Kleomenes im Bunde mit ein paar Freunden, die Ephoren zu beseitigen und Land unter den Bürgern aufzuteilen. Er führte einen Teil seiner Gegner durch einen Feldzug nach Mantineia und soll nur mit den Söldnern nach Sparta zurückgekehrt sein. Eurykleidas schickte er zum Syssition der Ephoren, um angeblich eine Nachricht des Königs zu überbringen. Zwei Mothakes, die aus dem Umkreis des Kleomenes nachfolgten und mit Schwertern bewaffnet waren, drangen zusammen mit einigen wenigen Soldaten auf die Ephoren ein, wobei nur Agylaios sein Leben retten konnte (Plut. Kleom. 7 f.).

Kleomenes ächtete daraufhin 80 Bürger und ließ die Amtssessel der Ephoren beseitigen, bis auf einen, den er selber einnehmen wollte, wenn er Regierungsgeschäfte führte. Er berief eine Volksversammlung, in der er eine Rechtfertigungsrede hielt und sich auf Lykurg als Vorbild für die urtümliche Ordnung ohne Ephoren berief. Gleichzeitig kündigte er Landaufteilungen, Schuldenerlass sowie die Auffüllung des Bürger- und Heeresverbandes mit geeigneten »Fremden« an (Plut. Kleom. 10). Daraufhin wurden die Landlose verteilt und die Bürgerschaft wohl mit ca. 1400 neu bewaffneten Periöken sowie mit einigen Fremden (Söldnern) auf 4000 Mann aufgestockt. Gleichzeitig wandte sich Kleomenes mit Hilfe des Sphairos der Erziehung in Form der neu eingeführten Agoge zu und stellte auch die Syssitien mit neu festgelegten Beiträgen wieder her. Um nicht den Anschein einer Alleinherrschaft zu erwecken, wurde Kleomenes' Bruder Eukleidas zum Mitkönig ernannt, so dass zum ersten Mal beide Könige aus dem gleichen Hause stammten (Plut. Kleom. 11 ff.).

Auch wenn Kleomenes, der von Polybios (2,47,3) als Tyrann bezeichnet wird, formell das Doppelkönigtum aufrechterhielt, tendierte er zu einem autokratischen System, bei dem die Ephoren weitgehend ausgeschaltet werden sollten. Jetzt war wohl der Zeitpunkt gegeben, im Sinne einer Kompensation sechs Patronomoi einzusetzen, denen die Gesetzesüberwachung übertragen wurde (Paus. 2,9,1). Die Gerusia wurde möglicherweise schon in diesem Zusammenhang zu einem Kollegium jährlich gewählter Beamter umgewandelt, deren Rechte eingeschränkt waren, so dass die vormalige Funktion der Vorberatung (*proboúleusis*) entfiel. Dennoch propagierte Kleomenes die Rückkehr zur Verfassung der Väter (*pátrios politeía*), die man auf Lykurg zurückführte und pflegte eine einfache Lebensweise sowie schlichtes Auftreten (Plut. Kleom. 13). Gleichzeitig restaurierte er den Tempel in dem für die Initiation der Jünglinge wichtigen Heiligtum der Artemis Orthia, deren Statue er auch auf seinen Münzen abbildete. Vor diesem Hintergrund gelang es ihm, die wichtigsten Teile von Agis' Programm umzusetzen.

Dazu trat offenbar eine Armeereform, bei der die Truppen neu mit der makedonischen Sarisse ausgestattet und wohl durch eine sechste Obe (Neopolitai) ergänzt wurden, so dass die sechs Moren möglicherweise wieder nach dem alten lokalen Prinzip funktionierten. Kleomenes versuchte mit dem neu aufgestockten Heeresverband, die Hegemonie auf der Peloponnes wiederherzustellen und zog erfolgreich gegen die Achaier. Anstatt Kleomenes die Führerschaft gegen die Makedonen zu übertragen, rief der Achaiische Bund jedoch König Antigonos Doson herbei, worauf Kleomenes in Achaia einfiel und auch Argos einnahm, das jetzt erstmals in seiner Geschichte vorübergehend in lakedaimonische Hand geriet und von Kleomenes zugleich soziale Neuerungen im Form von Schuldentilgung erhoffte. Kleomenes versuchte, Antigonos bei Korinth den Zugang in die Peloponnes zu versperren, musste aber nach Argos, das abzufallen drohte, zurückkehren, so dass der makedonische König Korinth erobern konnte und Kleomenes Argos preisgeben musste (Polyb. 2,51 ff.; Plut. Kleom. 14 ff.).

In dieser Situation bot Ptolemaios III. seine Hilfe an, forderte aber Kleomenes' Mutter und Kinder als Geiseln, worauf sich diese nach Ägypten begaben. Um für den weiteren militärischen Kampf gerüstet zu sein, kam es erstmals zu einer umfassenden Helotenbefreiung. Den Heloten wurde für 500 Drachmen die Freiheit angeboten, so dass sich angeblich 6000 freikauften, wovon 2000 in die Armee aufgenommen wurden (Plut. Kleom. 23). Mit diesem Verband gelang es zwar, Megalopolis zu plündern und zerstören, aber gegen die zahlenmäßig überlegenen Makedonen reichte er nicht aus. Im Jahre 222 erlitt Kleomenes gegen Antigonos Doson eine verheerende Niederlage bei Sellasia. Von den 6000 Lakedaimoniern, unter denen sich die 2000 Neubewaffneten befanden, überlebten angeblich nur 200 (Polyb. 2,65 ff.; Plut. Kleom. 27 f.). Kleomenes floh auf diese Niederlage hin nach Ägypten, wo er aber im Hinblick auf seine Rückkehr nichts erreichte und im Jahre 219 in aussichtsloser Lage den Tod wählte, worauf auch seine Mutter und Kinder beseitigt wurden (Polyb. 5,35 ff.; Plut. Kleom. 31 ff.). Die Früchte der Reformarbeit gingen somit weitgehend verloren.

Frauen im Umkreis der hellenistischen Königshäuser

In Plutarchs Biographien von Agis und Kleomenes spielen nicht nur die beiden Reformkönige, sondern auch verschiedene Frauen aus dem Umkreis der Königshäuser eine wichtige Rolle (Powell 1999). Dies entspricht einerseits einer allgemeinen Entwicklung an hellenistischen Königshöfen, die den Frauen eine bedeutendere soziale Stellung und teilweise auch politische Rolle zukommen lässt. Andererseits besteht hier für Plutarch als Moralphilosophen die Möglichkeit, Verhaltensmuster von Frauen darzustellen, um damit seinen Ansichten von der idealen Rolle der Frau Ausdruck zu verleihen. Als Vorlage dürfte ihm hauptsächlich der zeitgenössische Historiker Phylarch gedient haben, dessen Methoden Polybios (2,56,10 f.) freilich kritisiert und mit denjenigen von Tragödiendichtern vergleicht. Auch wenn einige Informationen direkt aus Sparta stammen könnten, ist mit einem beachtlichen Grad an verklärender Ausschmückung zu rechnen.

Im Zusammenhang mit Agis' Jugend führt Plutarch (Agis 4) auch dessen Mutter Agesistrata und Großmutter Archidamia ein. Die beiden Frauen sollen »das größte Vermögen in Lakedaimon« besessen haben. Sie genossen einen reichen und üppigen Lebensstil, dem sich Agis jedoch versagte, indem er eine altspartanische Lebensweise anstrebte. Agesistrata besaß darüber hinaus durch die Menge ihrer Klienten, Freunde und Schuldner angeblich großen Einfluss in öffentlichen Angelegenheiten (6). Agis war jedenfalls auf die Unterstützung seiner landbesitzenden Mutter angewiesen und überredete die anfänglich ablehnende Agesistrata mit Hilfe ihres Bruders zu dem Reformvorhaben. Diese ließ sich von der Nützlichkeit der Pläne, die sowohl ihrem Sohn als auch dem Staat dienen sollten, überzeugen und entwickelte Begeisterung für das Projekt. Sie versuchte, die Reformen auch ihren Freunden und den anderen Frauen nahezulegen, die jedoch um ihre gesellschaftliche Stellung fürchteten und den zweiten König, Leonidas, zum Widerstand aufriefen (7).

Durch ihre Unterstützung und Hilfsbereitschaft erscheint Agesistrata letztlich in einem idealen Licht. Ihr Mangel an selbständiger Erkenntnis wird durch die Neigung wettgemacht, sich durch die Anleitung eines Mannes für die gute Sache gewinnen zu lassen. Doch ihr Handlungsspielraum erhält in der Folge noch eine weitere Dimension.

Nachdem die Reformpläne gescheitert waren und Agis von den Ephoren gefangen und zum Tode verurteilt worden war, setzten sich Agesistrata und Archidamia offenbar für ein öffentliches Gerichtsverfahren ein. Sie forderten, dass Agis vor den Spartiaten verhört und gerichtet werden soll. Dies erwies sich freilich als kontraproduktiv, da die Gegner aus Furcht vor einer Befreiung zur unmittelbaren Vollstreckung der Hinrichtung schritten (19).

Hier wird einerseits die vermeintliche Einflussnahme der beiden königlichen Frauen, andererseits deren unzulängliche Planung deutlich. Agesistrata fällt auf eine List herein, durch die sie in das Gefängnis gelockt und dort mit der mitgeführten Mutter Archidamia selber hingerichtet wird. Im Moment des Todes beweist sie aber höchste moralische Qualitäten, indem sie die Leiche ihrer Mutter versorgt, den toten Agis nochmals küsst und sich verabschiedet mit den Worten: »Möge dies nur Sparta zum Heile sein!« (20). Sie erfüllt damit die Erwartungen, die an eine sorgende und für das Wohl des Staates handelnde Mutter gestellt werden.

Noch problematischer ist die Rolle der Chilonis, der Tochter von König Leonidas und Ehefrau des Kleombrotos. Da sich Leonidas gegen die Pläne des Agis gestellt hatte, ließ dieser ihn absetzen und den für seine Sache aufgeschlossenen Kleombrotos an seine Stelle treten. Chilonis entschied sich in dieser Situation, ihren Vater ins Tempelasyl zu begleiten, bis er schließlich ins Exil entwich (11 f.). Damit stellte sie nicht nur ihre Treue als Tochter unter Beweis, sondern brachte auch ihre Missbilligung des Thronwechsels zum Ausruck. Leonidas konnte seine königliche Stellung jedoch wieder zurückgewinnen und wollte Kleombrotos hinrichten lassen. An dieser Stelle ergab sich für Chilonis die Gelegenheit zu intervenieren und ihre Treue gegenüber dem Ehemann zu zeigen, so dass sich Kleombrotos in die Verbannung retten konnte (17 f.). Chilonis, die diesmal mit ihrem Mann sowohl das Tempelasyl als auch das anschließende Exil teilte, hatte ihrem Vater in einer öffentlichen Rede nämlich Selbstmord angedroht, falls er Kleombrotos töte.

Mit ihrer Gattenliebe konnte Chilonis das männliche Handeln soweit beeinflussen, dass ihre Ehre gerettet wurde. Durch ihre Unterstützung für den jeweils unterlegenen Mann verkörpert sie eine moralische Instanz. Es gelingt ihr, einen familiären Ausgleich zu erreichen bzw. eine familiäre Katastrophe zu verhindern und das Eheglück zu wahren. Trotzdem stellt ihr Handeln immer nur eine vermittelnde und versöhnende Reaktion auf die Vorgaben der Männer dar und blieb – den Erwartungen gemäß – auf die Familie als idealen weiblichen Bereich beschränkt.

Agiatis, die durch Jugend und Schönheit ausgezeichnete Frau von Agis, wurde nach dessen Tod von Leonidas gezwungen, seinen Sohn Kleomenes zu heiraten. Sie war dabei offenkundig ein Objekt männlicher Heiratspolitik. Ein Hauptgrund für diese Verbindung lag darin, dass Agiatis ein großes Vermögen geerbt hatte. Agiatis berichtete dem jungen Kleomenes viel von Agis' Reformen, so dass dieser ebenfalls Interesse daran fand (Plut. Kleom. 1).

Im weiteren Verlauf wurde aber die Mutter des Kleomenes, Kratesikleia, eine reiche und hochangesehene Witwe, zur entscheidenden weiblichen Figur. Sie unterstützte den Ehrgeiz ihres Sohnes und tat alles, was ihm von Nutzen sein konnte. Sie gab ihm Geld, war um Verbindungen mit bedeutenden Bürgern der Stadt bemüht und ging ihrem Sohn zuliebe eine zweite Ehe mit einem einflussreichen Mann ein (6). Über Agiatis erfahren wir nur noch, dass Kleomenes eine große Liebe zu ihr pflegte und sie sogar während Feldzügen häufig aufsuchte. Als sie gegen Ende seiner Herrschaft verstarb, wurde Kleomenes von großem Schmerz ergriffen (22).

Als Kleomenes nach dem Verlust von Argos zugleich in außenpolitische Bedrängnis geriet und auf die Hilfe des ägyptischen Königs Ptolemaios angewiesen war, forderte dieser Kratesikleia und Kleomenes' Kinder als Geiseln. Kleomenes zögerte, dies Kratesikleia anzutragen, doch spürte sie seine missliche Lage und verlangte nach der Lüftung des Geheimnisses inständig, sofort nach Ägypten gebracht zu werden (22).

Kratesikleia ordnete sich in dieser Situation gänzlich den Dispositionen ihres Sohnes unter und bewährte sich ausdrücklich als zum Wohle des Staates agierende Mutter, welche die familiären Belange in den Hintergrund rückt. Ihr Handeln war umso dramatischer, als Kleomenes im Anschluss an seine Niederlage gegen Antigonos Doson bei Sellasia nach Ägypten flüchtete, wo er nach vergeblichem Widerstand gegen den neuen ägyptischen König Ptolemaios IV. Selbstmord beging und Kratesikleia mit den Kindern des Kleomenes in den Armen in Wehklage verfiel, bevor sie alle des Todes waren (38).

Mit den Männern sterben am Ende der Biographie von Agis und Kleomenes also jeweils auch die Frauen, die durch ihren heroischen Tod einen moralischen Sieg verbuchen. Die Frauen aus dem Umkreis der Königshäuser waren vorwiegend willensstarke Persönlichkeiten, die trotz fehlender politischer Initiative das Handeln ihrer männlichen Partner entscheidend unterstützten. Indem sie die Überlegenheit des Mannes akzeptierten, waren sie zu bedeutenden Taten in der Lage. Sie vertraten hohe moralische Werte, die sich auf den Schutz der Familie und den Dienst für den Staat konzentrieren. Dennoch waren diese Frauen für die Männer immer auch als Erbträgerinnen und Landbesitzerinnen von Interesse und boten dadurch die Aussicht, die eigene Position zu stärken.

Zwischen Makedonien und Aitolien

Spartas wiedererlangte Führungsposition auf der Peloponnes war durch die Niederlage von Sellasia (222) beendet worden. Die Stadt wurde im Anschluss an die Schlacht erstmals in ihrer Geschichte von fremden Truppen besetzt. Antigonos Doson, der wegen eines Einfalls der Illyrer sogleich wieder nach Makedonien zurückkehren musste, soll die Stadt jedoch – wohl im Sinne eines Gegengewichts zum Achaiischen Bund – freundlich behandelt und ihre Gesetze und Verfassung zurückgegeben haben (Plut. Kleom. 29 f.).

Trotz der Restauration der Verfassung scheinen sowohl die Patronomoi als auch die Neopolitai (als neue bzw. sechste Obe) aber überlebt zu haben. Demgegenüber wurde das Amt der Ephoren jetzt wieder neu ins Leben gerufen. Da Kleomenes geflohen war, wurden die Ephoren zu der bestimmenden Macht, ohne jedoch geschlossen zu agieren, so dass es zu tumultartigen und bürgerkriegsähnlichen Situationen kam.

Im Jahre 221/20 wollten sich drei antimakedonische Ephoren dem Aitolischen Bund anschließen, der in Mittelgriechenland ein politisches Gegengewicht zu Makedonien darstellte. Als sie ein Aufgebot gegen Philipp V. erließen, trat ihnen der Ephor Adeimantos entgegen, wurde aber zusammen mit einigen Freunden getötet. Daraufhin schickten die Ephoren Abgesandte zu Philipp, um Adeimantos die Schuld an den Unruhen in Sparta zuzuschieben und ihre Bündnistreue gegenüber den Makedonen zum Ausdruck zu bringen. Philipp sandte sie freilich nach Hause und forderte zur Verhandlung 10 Bevollmächtigte aus Sparta an. Diese beteuerten nochmals Spartas Loyalität, so dass schließlich die Schonung der Stadt und eine Erneuerung des Bündniseides erreicht wurden (Polyb. 4,22 ff.).

Im Jahre 220/19 wurden die Unruhestifter des Vorjahres ausgeliefert, woraufhin der aitolische Gesandte Machatas nach Sparta kam und sich an die – jetzt promakedonisch gesinnten – Ephoren richtete. Junge Spartaner forderten dabei die Zulassung zur Volksversammlung und die Wiedereinsetzung von Königen. Die Ephoren wandten sich gegen dieses Anliegen, ließen Machatas jedoch vor die Volksversammlung, wo er vergeblich ein Bündnis mit den Aitolern forderte. Daraufhin wurden die Ephoren und einige Geronten ermordet und durch antimakedonische Vertreter ersetzt, die nun das Bündnis mit den Aitolern beschworen, so dass es zum Bruch mit Makedonien kam. Als die Kunde von Kleomenes' Tod aus Ägypten eintraf, wählten Volk und Ephoren zwei neue Könige, den Agiaden Agesipolis III. und – unter Übergehung der nächstfolgenden Eurypontiden sowie angeblich auf Bestechung der Ephoren – den antimakedonischen Lykurg. Daraufhin kehrte Machatas nach Sparta zurück und gewann die Ephoren und die neu ernannten Könige für einen Krieg gegen die Achaier. Lykurg fiel im Gebiet von Megalopolis ein, zog jedoch wieder ab, als Philipp V. in Korinth aufmarschierte (Polyb. 4,34 ff.).

Lykurg hatte seinen Mitkönig Agesipolis zu einem unbekannten Zeitpunkt vertreiben lassen (Liv. 34,26,14), so dass er mit wechselndem Erfolg als alleinregierender König operierte. Im Jahre 218 versuchte der in der Königsfolge übergangene Chilon – unter dem Versprechen auf eine neue Landverteilung – die Macht zu ergreifen und trachtete mit etwa 200 Anhängern Lykurg und den Ephoren nach dem Leben. Während er die Ephoren beim Mahl ermorden ließ, konnte Lykurg entwischen, so dass Chilon seine Sache schließlich verloren geben musste und sich zu den Achaiern absetzte (Polyb. 4,81).

Nachdem Lykurg im Frühsommer einen unglücklichen Angriff auf Messenien und Tegea unternommen hatte, auf den eine Invasion Philipps V. bis Südlakonien folgte (Polyb. 5,18 ff.), wurde er der Planung eines Staatsstreiches beschuldigt, so dass die Ephoren eine Jungmannschaft gegen ihn aufboten und Lykurg mit seinen Bediensteten die Flucht nach Aitolien ergriff. Zu Beginn des Sommers 217 entdeckten die Ephoren, dass er aufgrund von Verleumdungen verbannt worden war, so dass er aus dem Exil zurückkehren konnte. Zusammen mit den Aitolern und Eleiern startete er einen neuen Angriff auf Messenien, der aber wiederum scheiterte, worauf es in Naupaktos zum Frieden kam (Polyb. 5,29. 91 f.).

Nach dem Jahre 217 sind keine Ephoren mehr belegt. Sie dürften aber weiterhin im Amt gewesen sein und gehören zumindest in römischer Zeit wieder zum festen Bestand spartanischer Institutionen.

Auf den spätestens im Jahre 211 verstorbenen Lykurg folgte als Regent Machanidas, der wohl als Vormund von Lykurgs Sohn Pelops amtierte, aber auch als Tyrann wahrgenommen wurde und damit möglicherweise eine Art Vorläuferrolle von Nabis einnahm (Plut. Philop. 10. 16). Im Konflikt zwischen Makedonien und Aitolien wurde Sparta von beiden Parteien umworben und schloss sich im Jahre 211/10 vertraglich erneut den – nun mit Rom verbündeten – Aitolern an (Polyb. 9,28 ff.; Liv. 34,32,1 f.). Machanidas führte daraufhin bis zum Jahre 207 die gegen Makedonien und die Achaier gerichtete Politik fort. Nachdem er Tegea, Elis und Argos attackiert und wohl die Belminatis zurückerobert hatte (Liv. 38,34,8), erlitt er in diesem Jahr durch den Achaier Philopoimen bei Mantineia eine blutige Niederlage, der er selbst sowie 4000 Soldaten zum Opfer fielen

(Polyb. 11,11 ff.; Plut. Philop. 10). Sparta war abermals stark geschwächt und von zerrütteten Verhältnissen im Innern geprägt. Aus diesem Chaos suchte nun Nabis als neuer Herrscher einen Ausweg.

XVI. Nabis und der Achaiische Bund

Nabis

Die Zeit des Königs Nabis (207–192), der zum letzten Vertreter auf dem Eurypontidenthron wurde, war einerseits geprägt von der übergeordneten Auseinandersetzung zwischen Rom und Makedonien, das seine Vorherrschaft in Griechenland verteidigen wollte. Andererseits versuchte Sparta im innergriechischen Machtkampf nochmals, seine Position in der Peloponnes zu sichern und sich insbesondere gegenüber dem Achaiischen Bund territorial und als eigenständiges Gemeinwesen zu behaupten.

Nabis war der Sohn eines Demaratos und stammte somit wohl aus einer Seitenlinie der Eurypontiden. Da er ein hartnäckiger Gegner der Achaier unter Philopoimen war und auch den Römern trotzte, wurde er gerade von Polybios (13,6,1 ff.) und Livius (34,27 ff.) als Tyrann bezeichnet und als Scheusal dargestellt. Angeblich hatte er eine Leibwache und einen befestigten Palast, wie es für griechische Tyrannen als charakteristisch galt. Nabis trug aber den Königstitel, den anfänglich auch die Römer verwendeten. Zudem führte er eine Herrschaft, bei der ihm immer noch die hergebrachten politischen Institutionen zur Seite standen und auch die Volksversammlung berücksichtigt werden musste (Liv. 34,37). Dennoch baute er seine Regierung insbesondere auf enge Vertraute.

Nabis hatte Kleomenes' Reform miterlebt und daraus gelernt, vor allem auch, was die Festigung der eigenen Macht betraf. Er plante eine radikalere Umstrukturierung der Bevölkerung, die über die Sicherung des Militärverbandes hinausging. Gemäß Livius (34,27) ließ Nabis 80 vornehme Jugendliche, von denen Widerstand zu erwarten war, durch seine bewaffneten Gefolgsleute festnehmen und anschließend umbringen. Inwiefern hier wirklich Exekutionen vollzogen wurden und ob sich unter den Opfern auch Mitglieder des Königshauses befanden, bleibt unklar. Dass Nabis den jungen König Pelops beseitigte (Diod. 27,1), kann jedenfalls nicht gesichert werden; der ehemalige König Agesipolis befand sich später mit anderen Exilanten im gegnerischen Lager des Philopoimen.

Im dritten Jahr seiner Regierung soll Nabis zunächst eine Stabilisierung der inneren Verhältnisse angestrebt haben. Zahlreiche Wohlhabende wurden beseitigt oder verbannt, ihre Güter und Frauen angeblich nicht nur an bessergestellte Bürger, sondern auch an befreite Heloten bzw. dubiose ausländische Söldner verteilt (Polyb. 13,6,1 f.; 16,13,1). Offenbar kam es zur Befreiung vieler Heloten, die jetzt wohl erstmals von der Landverteilung profitieren (Liv. 34,31,11 f.) und in den Armeeverband aufgenommen werden konnten. Fraglich bleibt der Einbezug von ausländischen Söldnern, da hier möglicherweise auch eine Gruppe von verarmten oder entrechteten Spartanern gemeint war, die sich als Söldner betätigte. Die Aufnahme zahlreicher neuer Leute bewirkte zwar einen beträchtlichen Eingriff in die Bevölkerungsstruktur, ohne aber den Helotenstand ganz abzuschaffen.

Trotz der Helotenbefreiung und der Aufstockung des Bürger- und Heeresverbandes berief sich Nabis auf Lykurg und die von ihm angestrebte soziale und politische Gleichheit (Liv. 34,31 f.). Damit wollte er gerade auch bei den Römern Wohlwollen für seine Politik und herrschaftliche Stellung erlangen. Die Römer hatten im ersten Makedonischen Krieg (215–207/5) erstmals gegen Philipp V. von Makedonien agiert. Seit dem Jahre 211/10 standen die Spartaner auf Seiten der Aitoler und Römer, so dass sich Nabis zugleich auf ein Bündnis mit Rom berufen konnte. In dem Frieden von Phoinike, der im Jahre 205 zwischen Rom und Makedonien vereinbart wurde, waren auch die Achaier und die Spartaner einbezogen. Die Spartaner wurden als Bundesgenossen der Aitoler zugleich als *socii* der Römer bestätigt (Liv. 29,12,14 ff.).

Nabis strebte mit seinen Reformen eine Stärkung Spartas an, um eine expansive Politik zu betreiben und dabei insbesondere gegen den Achaiischen Bund bestehen zu können. Sparta wurde erstmals mit einem geschlossenen Mauerring versehen (Liv. 34,38,2 f.) und für den Fall einer Belagerung mit Wasserleitungen ausgestattet. Um Spartas Stellung auf dem Meer zu fördern, wurde eine Flotte unterhalten, die sich auf Periökenorte, darunter Gytheion, und kretische Städte stützte. Nabis bediente sich dabei angeblich auch der kretischen Piraten (Polyb. 13,8,1 ff.; Liv. 34,35,9). Zur Versorgung Spartas unterhielt er aber auch normale Handelsbeziehungen und trat im ägäischen Raum als Wohltäter auf. Dabei wurde er als Proxenos (Gastfreund) und Euergetes (Wohltäter) der Delier und ihres Heiligtums ausgezeichnet (Syll. II³ 584).

Im Jahre 204 brach der Krieg gegen die Achaier mit ihrem Hauptort Megalopolis aus, der mit wechselndem Erfolg für beide Seiten über mehrere Jahre geführt wurde (Polyb. 13,8,3 ff.). Im Jahre 202 oder 201 wurde ein Angriff auf Messene von Philopoimen zurückgedrängt (Polyb. 16,13,3; Liv. 34,32,16; Plut. Philop. 12,4 f.; Paus. 4,29,10; 8,50,5). Als die Achaier im Jahre 199 zu Stärkung ihrer eigenen Macht zu den Römern übergingen, ergab es sich, dass nun beide Gegner mit Rom verbündet waren. Sparta rückte daraufhin mit Makedonien näher zusammen.

Nabis schloss mit Philipp V. ein Bündnis, und dessen Tochter wurde mit Nabis' Sohn, dem Kommandanten Philokles, verheiratet (Liv. 34,32,17 f.). Nabis selber hatte schon zuvor Apia, wohl eine Nichte des argivischen Tyrannen Aristomachos, geheiratet, die als besonders grausam geschildert wird, aber gerade im Hinblick auf Argos nützlich werden konnte.

Im Jahre 197 nahm Nabis mit dem Segen Philipps V. Argos ein und propagierte ein Reformprogramm, das Schuldentilgung und Landverteilungen vorsah, wobei Nabis' Frau von den Argiverinnen angeblich alle Reichtümer erpresste (Polyb. 18,17; Liv. 32,38). Während Timokrates von Pellene als enger Vertrauter des Nabis die Stadt verwaltete, fungierte sein Schwager und Schwiegersohn Pythagoras als Kommandant der Besatzung und schlug als solcher einen Aufstand des Damokles nieder (Liv. 34,25). Als Nabis in Mykene eine Konferenz mit den Römern anberaumte, wurde er dort aufgefordert, den Konflikt mit den Achaiern zu beenden und Hilfstruppen für den Kampf gegen Philipp zu delegieren. Nabis willigte in einen Waffenstillstand ein und stellte 600 Kreter, so dass das Bündnis mit Rom bestärkt wurde.

Die Römer konzentrierten sich aber weiterhin auf Makedonien und besiegten im Jahre 197 Philipp V. bei Kynoskephalai (Thessalien) endgültig, so dass die makedonische Herrschaft in Griechenland zu ihrem Ende kam. Im nächsten Jahr erließen die Römer eine Freiheitserklärung für alle Griechen, worauf nun auch Nabis in die Schranken gewiesen werden sollte. Der römische Feldherr T. Quinctius Flamininus einigte sich im Jahre 195 mit den Achaiern, Rhodiern und Eumenes II. von Pergamon, Argos zu befreien. Er fiel mit einer gewaltigen Armee in Lakonien ein und drang bis zu den Küstenstädten vor, die von seiner Flotte angegriffen wurden. Dabei wurde er von dem ehemaligen König Agesipolis und weiteren spartanischen Emigranten begleitet (Liv. 34,26,12 ff.).

Nach dem Abfall von Gytheion wurde Pythagoras, der von Argos mit 1000 Söldnern und 2000 Argivern abgezogen war, zur Vermittlung einer Unterredung mit den Römern ausgesandt (Liv. 34,30). Bei dem Treffen zwischen Nabis und Flamininus wurde ein Waffenstillstand auf sechs Monate geschlossen, der zu Friedensverhandlungen dienen sollte (Liv. 34,35). Dabei wurden die von Rom an Sparta gestellten Forderungen in der Volksversammlung einhellig zurückgewiesen (34,37,4), so dass es hier nochmals zu einer deutlichen Willenskundgebung – freilich im Sinne des Nabis – kam. Als ein Angriff auf Sparta erfolgte, gelang es Pythagoras, die Feinde durch einen Brand zu vertreiben. Derselbe erbat daraufhin für Sparta Frieden (Liv. 34,40), der schließlich im Winter 195/94 vom Senat bestätigt wurde. Es kam zur Übergabe von Argos, verschiedenen Periökenstädten, die dem Achaiischen Bund zugeschlagen wurden, und der spartanischen Flotte. Zudem wurden spartanische Geiseln, darunter ein Sohn des Nabis, und eine Kriegsentschädigung von insgesamt 500 Talenten erhoben (34,35,3 ff.).

Der spartanische Staat war nun auf das Eurotastal beschränkt. Nabis sollte von Flamininus aber in seiner Stellung belassen werden und somit nach wie vor ein Gegengewicht zum Achaiischen Bund unter Philopoimen bilden, umso mehr, als der Krieg gegen den Seleukiden Antiochos III. bevorstand.

Von den Aitolern angestachelt, versuchte Nabis schon im Jahre 193/92, die Küstenstädte Lakoniens, darunter Gytheion, zurückzuerobern. Er erlitt aber eine schwere Niederlage gegen Philopoimen, der Lakonien gründlich verwüstete, worauf Flamininus eingriff und einen Waffenstillstand vermittelte (Liv. 35,12,7 ff. 25,1 ff.; Plut. Philop. 14 f.).

Nabis nahm im Römisch-Syrischen Krieg für den Aitolischen Bund Partei, wurde kurz darauf aber von einem aitolischen Detachement ermordet. Die Aitoler, die Sparta als Stützpunkt für Antiochos im Krieg gegen Rom nutzen wollten, konnten von den Spartanern jedoch verjagt werden (Liv. 35,35,1 ff.). Dennoch war Nabis' Ziel, Sparta zu stärken und dessen Selbständigkeit zu wahren, gescheitert.

Zwischen Achaia und Rom

Nach Nabis' Tod kam es in Sparta bis zur Aufnahme ins Imperium Romanum im Jahre 146 zu ungeregelten Machtkämpfen und anarchischen Zuständen, auch wenn die Spartaner im Jahre 192 nochmals einen König, Lakonikos, inthronisierten. Philopoimen gelang es, Spartas Beitritt zum Achaiischen Bund herbeizuführen, dem zumindest eine Gruppe herausragender Bürger offiziell zustimmte (Plut. Philop. 15). Auch wenn die Zugehörigkeit umstritten blieb und sich Sparta nochmals von dem Bündnis zu lösen versuchte, war damit das Ende von Spartas Selbständigkeit eingeläutet. In den Jahren 191–180 kam es zu einem regen diplomatischen Verkehr spartanischer und achaiischer Gesandtschaften mit dem römischen Senat, durch den Rom verstärkt mit Sparta und seiner vermeintlich ›lykurgischen‹ Ordnung in Berührung kam (Bonnefond-Coudry 1987).

Philopoimen wollte im Jahre 191 der spartanischen Regierung Dank für den angebotenen Kranz aussprechen; als er eintraf, wurde er zu einer Sitzung des »alten Rates«, also wohl der Gerusia, eingeladen (Polyb. 20,12,4). Später weilte im gleichen Jahr eine offizielle spartanische Gesandtschaft in Rom, um die Freilassung der nach der Kapitulation von Nabis erhobenen Geiseln und die Rückgewinnung der Periökenstädte zu erreichen

(21,1). Im Jahre 189 sagte sich Sparta dann nach einem Angriff auf die Küstenstadt Las und der Ermordung von 30 proachaiischen Spartiaten vom Achaiischen Bund los und begab sich in den Schutz von Rom (*in fidem populi Romani*), um seine Interessen zu wahren (Liv. 38,31,5 f.). Daraufhin eröffnete Philopoimen den Krieg und belagerte im nächsten Frühjahr Sparta. Dabei ließ er 80 für den Abfall Verantwortliche verurteilen, schleifte die Mauern, machte die von Nabis getroffenen Maßnahmen weitgehend rückgängig und führte angeblich achaiische Institutionen ein; gleichzeitig wurde die Rückkehr der von Nabis Exilierten vorbereitet (Liv. 38,33 ff.; Plut. Philop. 16). Durch diese Neuerungen wurde in Sparta auch die öffentliche Erziehung (Agoge) für ein paar Jahre, aber wohl höchstens bis zum Jahre 168, unterbrochen.

In den Jahren 184 und 183 weilten wiederum spartanische und achaiische Gesandtschaften in Rom. Dabei traten unter den Spartanern vier unterschiedliche Interessengruppen hervor (unter Serippos, Areus und Alkibiades, Lysis, Chairon), die einerseits gegen die Maßnahmen des Philopoimen ankämpften, andererseits aber auch die Restituierung der Güter der von Nabis Exilierten verlangten. Im römischen Senat wurde die Rückkehr der im Jahre 188 von Philopoimen Exilierten sowie Spartas Verbleib im Achaiischen Bund beschlossen und von allen Spartanern akzeptiert. Über die Vermögen der Verbannten konnte im Senat keine Einigkeit erzielt werden (Polyb. 23,4; Liv. 39,48,2 ff.). Sparta verlor nun sogar seine Gerichtsbarkeit, die auf achaiische Beamte übertragen wurde (Paus. 7,9,5, vgl. 12,4). In den Jahren 181 und 180 erfolgte auf Weisung des Senats die Rückkehr weiterer Exilierter (Polyb. 24,2). Spätestens im Jahre 179 scheint Rom dann auch die Restituierung der vormaligen politischen Ordnung zugestanden zu haben (Plut. Philop. 16). Gemäß Livius war jedenfalls im Jahre 167 in Sparta wieder die »denkwürdige Zucht und Verfassung« in Geltung, wobei freilich keine Könige mehr erkennbar sind (Liv. 45,28,4).

Im Jahr davor (168) war Makedonien nach einem Versuch, in Griechenland nochmals Einfluss zu gewinnen, von Rom in der Schlacht von Pydna endgültig besiegt worden. Dies bedeutete das Ende des Königtums der Antigoniden und brachte die Aufteilung Makedoniens in vier selbständige Gebiete. Zwanzig Jahre später (148) wurden die makedonischen Teilstaaten nach einem erneuten Aufstand beseitigt und die Provinz Macedonia eingerichtet. Als innergriechische Konkurrenz verblieben den Spartanern vorläufig noch die Achaier.

Um das Jahr 150 kam es zu neuen Auseinandersetzungen zwischen den Spartanern und Achaiern, die mit dem Lakedaimonier Menalkidas als Strategen schlechte Erfahrungen gemacht hatten. Die spartanischen Geronten fragten seinen Nachfolger Diaios, wieviele Spartaner Verrat am achaiischen Bund geübt hätten, worauf dieser eine Liste mit 24 der vornehmsten Spartiaten sandte. Auf einen Vorschlag des hoch angesehenen Agasisthenes gingen diese 24 freiwillig nach Rom ins Exil, worauf sie »zum Schein« vom Gericht der Spartaner zum Tode verurteilt wurden (Paus. 7,12,7 f.). Demnach waren die Geronten hier wieder als höchstes Gericht aktiv, ohne dass von einer Beteiligung der Ephoren die Rede wäre. Über das Wirken der politischen Institutionen sind wir erst für die römische Zeit wieder genauer informiert. Aufgrund des erneuten Streites zwischen Achaia und Sparta entschloss sich Rom jetzt aber endgültig, die Kontrolle in Griechenland zu übernehmen.

XVII. Eurykles und das römische Sparta

Eurykles und seine Dynastie

Sparta hatte sich zu Beginn der 140er Jahre von den Achaiern losgesagt, musste dafür aber auch eine militärische Niederlage einstecken. Daraufhin unterwarf der römische Konsul L. Mummius im Jahre 146 den Achaiischen Bund und setzte durch die Zerstörung der alten Griechenstadt Korinth ein eindrückliches Mahnmal. Zudem kam es zu zahlreichen Hinrichtungen und der Deportation von 1000 Geiseln aus Achaia, darunter der Schriftsteller Polybios. Das Gebiet des Achaiischen Bundesstaates wurde jetzt als römisches Provinzialgebiet dem Statthalter von Makedonien unterstellt. Die lakonischen Orte wurden als »Liga (*koinón*) der Lakedaimonier« organisiert und damit von Sparta abgetrennt. Da Sparta in den Kämpfen auf der Seite Roms gestanden hatte, blieb es eine freie Stadt (*civitas libera*, Strab. 8,5,5). Damit genoss es im Prinzip innere Autonomie und Steuerfreiheit, war aber künftig direkt von Rom abhängig.

Rom hatte Sparta schon zuvor die Rückkehr zu der Verfassung der Vorväter erlaubt (Plut. Philop. 16). Jetzt wurde auch die öffentliche Erziehung auf der Grundlage der hellenistischen Agoge nochmals neu eingeführt. Dabei wurde sie mit vermeintlich altlakonischen, ›lykurgischen‹ Formen ausgestattet und forthin für ihre Härte bewundert (Dion. Chrys. 75,3). Dies bezeugt das neue antiquarische Interesse, das sich sowohl in Sparta selber als auch im übrigen Römischen Reich für die Stadt entwickelte. Patronale Verbindungen, wie sie für die von Rom abhängigen Orte üblich waren, bestanden wohl schon seit dem frühen 2. Jahrhundert zu den Claudiern (Suet. Tib. 6). Cicero pflegte persönliche Freundschaften zum Spartaner Philippus und stattete Sparta zumindest einen Besuch ab (Cic. fam. 13,28a; Flacc. 63; Tusc. 2,34; 5,77).

In der Auseinandersetzung zwischen Caesar und Pompeius sah sich Sparta gezwungen, Pompeius bei Pharsalos (48) mit einem militärischen Kontingent beizustehen (App. b.c. 2,70; Caes. b.c. 3,4). Während des Konfliktes zwischen den Caesarmördern (Cassius und Brutus) und den Triumvirn unterstützten die Spartaner Antonius und Octavian, erlitten aber im Rahmen der ersten Schlacht von Philippi (42) den herben Verlust von 2000 Lakedaimoniern (Plut. Brut. 41,8). Dennoch wurden die Spartaner insofern entschädigt, als ihnen die Römer jetzt die Dentheliatis im lakonisch-messenischen Grenzgebiet zusprachen und eine zukunftsweisende Verbindung mit Octavian zustande kam. Zugute kommen sollte ihnen ferner, dass sie Livia, der künftigen Frau des Octavian, im Jahre 40 nach dem Perusinischen Krieg Asyl gewährten (Dio 54,7,2) und auch in den nächsten Jahren nicht zu Antonius, dem neuen Herrscher im Osten, hielten.

Im Jahre 31 nahm Sparta bei Actium neben Mantineia als einzige Griechenstadt an der Entscheidungsschlacht zwischen Antonius und Octavian teil (Plut. Ant. 67). Die Spartaner kämpften unter Eurykles auf Seiten Octavians, des künftigen Augustus, und wurden von diesem anschließend auch entsprechend ausgezeichnet und gefördert.

Sparta erhielt die Leitung der Actischen Spiele, die alle fünf Jahre im neu gegründeten Nikopolis (Epirus) stattfinden sollten. Als im Jahre 27 die senatorische Provinz Achaia eingerichtet wurde, wurde Korinth als römische Koloniestadt neu gegründet und zur Hauptstadt erhoben. Sparta behielt weiterhin seinen alten Status als freie Stadt und geriet in den nächsten Jahrzehnten unter den Einfluss von Eurykles und seiner Dynastie. Unter diesen entwickelte sich Sparta zu einer florierenden Provinzstadt, wozu auch der Export von lakonischem Purpur, Stoffen, Marmor und Porphyrgestein beitrug (Thommen 2014).

Eurykles wird in der Schlacht von Actium zum ersten Mal erwähnt. Er stammte aus einer wohlhabenden Familie, die sich auf die Dioskuren zurückführte. Sein Vater Lachares war von Antonius wegen Seeräuberei hingerichtet, von den Athenern jedoch mit einer Statue geehrt worden (Syll. II³ 786; Plut. Ant. 67,2 ff.). Nach der Schlacht erhielt Eurykles von Octavian das römische Bürgerrecht und nannte sich seitdem Gaius Iulius Eurykles. Neben seiner reichen Beute wurden ihm auch noch die Insel Kythera (Strab. 8,5,1; Dio 54,7,2) sowie Thuria und Kardamyle zugunsten Spartas zugesprochen (Paus. 3,26,7; 4,31,1). Er genoss das Vertrauen des Kaisers und erhielt in Sparta eine nicht näher definierte Vormachtstellung, die offenbar neben den herkömmlich besetzten Ämtern bestand (Strab. 8,5,1: *hegemón*; 5: *epistasía*). Dies geschah spätestens anlässlich des Besuches von Augustus und Livia im Jahre 21, den Eurykles – wie später im Jahre 16 Agrippa – auch mit einer eigenen Münzserie feierte. Darüber hinaus begründete er den Kaiserkult in Sparta, dessen Priesterschaft in seiner Familie erblich blieb (IG V 1,1172), und dürfte auch um das in dieser Zeit neu errichtete Theater besorgt gewesen sein.

Während seiner Regierungszeit reiste Eurykles zum Hofe des Herodes. Dort beteiligte er sich an den familiären Intrigen, die zur Ermordung von Herodes' Söhnen Aristobulos und Alexander führten, so dass der dritte Sohn Antipater – bis zu seiner Hinrichtung im Jahre 4 v. Chr. – zum Thronfolger wurde. Eurykles wurde mit einer Belohnung von 50 Talenten ausgestattet und reiste zu Archelaus von Kappadokien, wo er abermals Geld einkassierte. Flavius Josephus beschreibt Eurykles dabei als geldgierig, schmeichlerisch und mit guten Menschenkenntnissen ausgestattet (BJ 1,26,513 ff.; AJ 16,10,300 ff.). Während er im *Bellum Judaicum* aber als blutrünstig erscheint und für die Ermordung der beiden Brüder verantwortlich gemacht wird, wird in den *Antiquitates Judaicae* die Schuld für die Mordtat mehr auf Herodes geschoben. Darin spiegelt sich freilich auch ein Wandel in Josephus' Biographie, der sich im Laufe seines Aufenthaltes in Rom vom flavischen Kaiserhaus, das gute Beziehungen zu den Herodeern pflegte, befreite und vermehrt die Sache der Juden vertrat, die Herodes kritisch gegenüberstanden.

Als Eurykles um das Jahr 7/6 vom Hofe des Herodes zurückgekehrt war, versuchte er Spartas Herrschaft in Lakonien wieder herzustellen. Zugleich entwickelte er Fürsorge für andere Städte, in denen er Stiftungen veranlasste (Paus. 2,3,5: Korinth). Wegen Unruhestiftung in Achaia und Plünderung von Städten wurde er zweimal – u. a. von dem angesehenen Brasidas (Plut. mor. 207f) – vor dem Kaiser angeklagt und schließlich verbannt (Jos. BJ 1,26,531; AJ 16,10,310).

Wie aus den späteren Feiern der Eurykleia in Sparta und Gytheion hervorgeht (SEG XI, 922 f.), wurde Eurykles nach seinem Tod bald rehabilitiert. Zudem konnte sein Sohn C. Iulius Laco – zuvor wohl Archon in Athen – seine Stellung übernehmen (Syll. II³ 789). Die lakonischen Städte wurden zu einem neuen Bund freier Städte (*eleutherolákones*) zusammengefasst (Strab. 8,5,3).

Lakons Sohn Argolicus heiratete Pompeia Macrina, die Tochter des Prokurators Cn. Pompeius Macer, der die Finanzen der ganzen Provinz verwaltete. Trotz der damit ent-

Abb. 11: Das Theater Spartas am Abhang der Akropolis mit Blick über das moderne Sparta

standenen Beziehungen zum Kaiserhaus wurde Lakon unter Tiberius im Jahre 33 aus Sparta verbannt – ein Schicksal, das auch seinen Sohn und seine Schwiegertochter traf (Tac. ann. 6,18). Lakon ist darüber hinaus aber auch auf einem Statuensockel in Korinth als Prokurator belegt (Corinth VIII/II, Nr. 67 [West]), wobei unklar bleibt, ob es sich um denselben Lakon oder etwa um einen weiteren Sohn handelt. Offenbar wurde hier aber ein Nachkomme des Lakon unter Claudius als Verwalter der kaiserlichen Einkünfte in der Provinz eingesetzt und somit für den Verlust der hegemonialen Stellung in Sparta entschädigt.

Ein weiterer Sohn des Lakon, C. Iulius Spartiaticus, hatte seine Karriere als Reiteroffizier in der römischen Armee angefangen. Zur Zeit Neros trug er ebenfalls den Prokuratorentitel und wurde oberster Priester des Kaiserkultes sowie als »Erster der Achaier« geehrt (Syll. II³ 790; Corinth VIII/II, Nr. 68 [West]). Anfang der 60er Jahre fiel er bei Nero, der Sparta offenbar kritisch gegenüberstand und die Stadt mied (Dio 63,14,3), in Ungnade und musste ins Exil gehen. Damit ging die privilegierte politische Stellung der Eurykliden zusehends zu Ende, so dass sich diese nach neuen Verbindungen und Betätigungen umsehen mussten.

C. Iulius Eurykles Herculanus ein Enkel oder Urenkel des Prokurators Lakon, schlug im frühen 2. Jahrhundert schließlich als Quaestor von Achaia und Legat eine senatorische Laufbahn ein und wurde wiederum oberster Priester des Kaiserkultes (IG V 1,1172). Dies zeigt, wie die Spartaner und ihre Führungsschicht auf neue Weise zu einem integralen Bestandteil des Römischen Reiches wurden. Die Mitglieder der Eurykliden-Familie, die sich als Priester der Dioskuren und des Kaiserkultes betätigt hatten, wurden in dieser Funktion schließlich von den reichen spartanischen Familien der Memmii und Claudii abgelöst (Hupfloher 2000).

Verfassung und Gesellschaft

Sparta behielt in der Kaiserzeit einen Teil der früheren Einrichtungen, die aber modifizierte Formen angenommen hatten. An der Spitze des politischen Systems standen die fünf Ephoren, die wohl zusammen mit fünf Nomophylakes die Synarchia verkörperten und als solche auch probouleutisch wirkten (Kennell 1992). Beide Ämter durften nicht mehr als einmal bekleidet werden. Neben ihnen wurden jährlich 23 Geronten gewählt, die gemeinsam mit den Ephoren und den Nomophylakes die *boulé* (Rat) bildeten. Zusammen mit dem Sekretär umfasste diese also 34 Mitglieder. Die Geronten mussten jetzt nicht mehr über 60 Jahre alt sein und konnten ihr Amt mehrmals bekleiden. Der Damos traf sich immer noch als Apella in der Skias, auch wenn seine Kompetenzen weitgehend ausgehöhlt waren (Paus. 3,11,2. 12,10).

Wie sich aus den Inschriften erschließen lässt, existierte neben den Führungsämtern im Laufe der Zeit eine Reihe von weiteren, neuen Beamten (Chrimes 1949; Cartledge–Spawforth 2002), darunter Syndikoi (Richter), Tamiai (Finanzbeamte), Chreophylakes (Schuldenüberwacher), Didaskaloi bzw. ein Exegetes der Lykurgischen Sitten als Erzieher, ein Nomodeiktes (Gesetzeslehrer), ein Epimeletes (Aufseher), sechs Bidyoi zur Organisation der Ephebentrainings und -rennen sowie Gynaikonomoi zur Überwachung der Mädchen und Frauen. Verschiedene Ämter hatten die Form von Liturgien, die reiche Bürger zur Übernahme von Leistungen für den Staat aus eigenen Mitteln verpflichteten. Dazu gehörte das Ehrenamt des eponymen Patronomos, der mit sechs Kollegen (*synpatronómoi/sýnarchoi*) die Agoge überwachte. Daneben sorgten die Gymnasiarchai für den Unterhalt des Gymnasiums, die Hipparchoi für die Ausbildung der Hippeis (Reiter), die Sitonai und Agoranomoi für die Getreidebeschaffung. Die staatlichen Opfer wurden durch drei jährlich wechselnde Hierothytai (darunter die Eurykliden) vorgenommen.

Insgesamt wurden öffentliche Aufgaben weiterhin von Mitgliedern der führenden Familien wahrgenommen. Neben den professionalisierten und rotierenden Wahlämtern (bis hin zur Gerusia) galt es jetzt insbesondere, euergetische Aufgaben für die Gemeinschaft zu übernehmen und hier teilweise auch langfristig ehrenamtlich tätig zu sein – wie dies in griechischen Städten seit der hellenistischen Zeit üblich geworden war.

Sparta blieb in römischer Zeit ein Vorbild für öffentliche Erziehung, Stabilität und Ordnung, wie man sie im ›lykurgischen‹ System verkörpert sah. Die Stadt wurde dementsprechend auch von dem Philhellenen Kaiser Hadrian, der im Jahre 127/8 zugleich Patronomos war, gefördert. Sie wies eine beachtliche Infrastruktur mit Bädern und vornehmen, mosaikverzierten Häusern auf und erfreute sich eines blühenden Tourismus.

Besondere Beachtung fand die im Rahmen des Ephebenfestes abgehaltene Geißelung der 19-Jährigen im Artemis Orthia-Heiligtum, über dem im 3. Jahrhundert sogar ein Amphitheater errichtet wurde. Auf dem Kampfplatz Platanistas traten die Epheben im Pankration (Faust-/Ringkampf) an, im Dromos fanden Wettläufe statt, und im Theater schlossen die Ballspiele der Sphaires im Alter von 20 Jahren die Agoge ab. Im Amtslokal der Ephoren wurde den Jünglingen an der Schwelle zum Erwachsenenalter jährlich die »Verfassung des Lykurg«, wie sie Dikaiarchos von Messene festgehalten hatte, verlesen (Suda s. v. Dikaiarchos).

Als die drei wichtigsten städtischen Feste galten nach wie vor die im Rahmen eines sommerlichen Zyklus abgehaltenen apollinischen Initiationsfeiern der Hyakinthia (in Amyklai), der Gymnopaidiai (auf der Agora) und der Karneia, bei denen – zumindest in hellenistischer Zeit – unter neun Schattendächern (*skiádes*) Syssitien für die Vertreter von insgesamt 27 Phratrien (Bruderschaften) abgehalten wurden (Athen. 4,142e–f). In

Abb. 12: Römische Straße und Häuser im Nordosten Spartas, vom Eurotas Richtung Akropolis führend

Erinnerung an die glorreiche Vergangenheit wurden alle vier Jahre in Plataiai zusammen mit Athen die Eleutheria gefeiert, die auch als propagandistischer Hintergrund für den Kampf gegen die Parther und Sassaniden dienen konnten. Für Leonidas und Pausanias wurden in Sparta selber immer noch besondere Feierlichkeiten, die Leonidea, abgehalten. Daneben gab es eine Reihe weiterer Feste, darunter das Frauenfest im Eleusinium und das Dioskurenfest im Phobaeum. Schließlich diente der Tempel für Caesar und Augustus dem Kaiserkult und sollte auch Spartas Loyalität gegenüber den römischen Herrschern verdeutlichen.

Trotz der vielen Reminiszenzen hatte sich das politische und soziale System Spartas grundlegend gewandelt. Da ein Bürgerheer fehlte, erfüllte die Agoge nicht mehr denselben militärischen Zweck wie früher. Nur zu den Partherkriegen des L. Verus (162–166) und Caracalla (216) wurden nochmals Truppen delegiert, unter denen Leichtbewaffnete und Phalangiten figurierten (IG V 1,116. 816 ff.; Herod. 4,8,3. 9,4). Syssitien sind nur noch für die Beamtenkollegien überliefert, die wohl in den »Alten Ephorenhäusern« auf Staatskosten speisten (Paus. 3,11,2. 11). Inwiefern die Speisegemeinschaften noch regelmäßiger Bestandteil des täglichen Lebens waren, bleibt unklar. Der Stand der Heloten war durch persönliche Sklaven ersetzt, die Arbeiten auf dem Felde und im Hause ihrer Patrone verrichteten. Das bürgerliche Leben erfuhr somit in der Kaiserzeit eine neue Ausrichtung und hat sich auch materiell zunehmend römischen Standards angepasst.

Wie überall im Römischen Reich setzten im mittleren 3. Jahrhundert aber wirtschaftliche Krisensymptome ein, so dass die Steuerfreiheit endete und die reichen Familien (Memmii, Pomponii, Aelii) noch mehr Finanzlast tragen mussten. Im Anschluss an den Herulereinfall von 268 wurde unter den Kaisern Diokletian und Konstantin nochmals vermehrt gebaut, bis im Jahre 375 ein Erdbeben und im Jahre 396 der Einfall der Westgoten die Stadt beeinträchtigten (Zos. 5,6). Im 5. Jahrhundert wurden dann innerhalb von reduzierten Stadtmauern einige christliche Basiliken errichtet, bis das byzantinische Sparta im 13. Jahrhundert in Mistras am Abhang des Taygetos durch eine neue religiöse Stätte abgelöst wurde.

Anhang

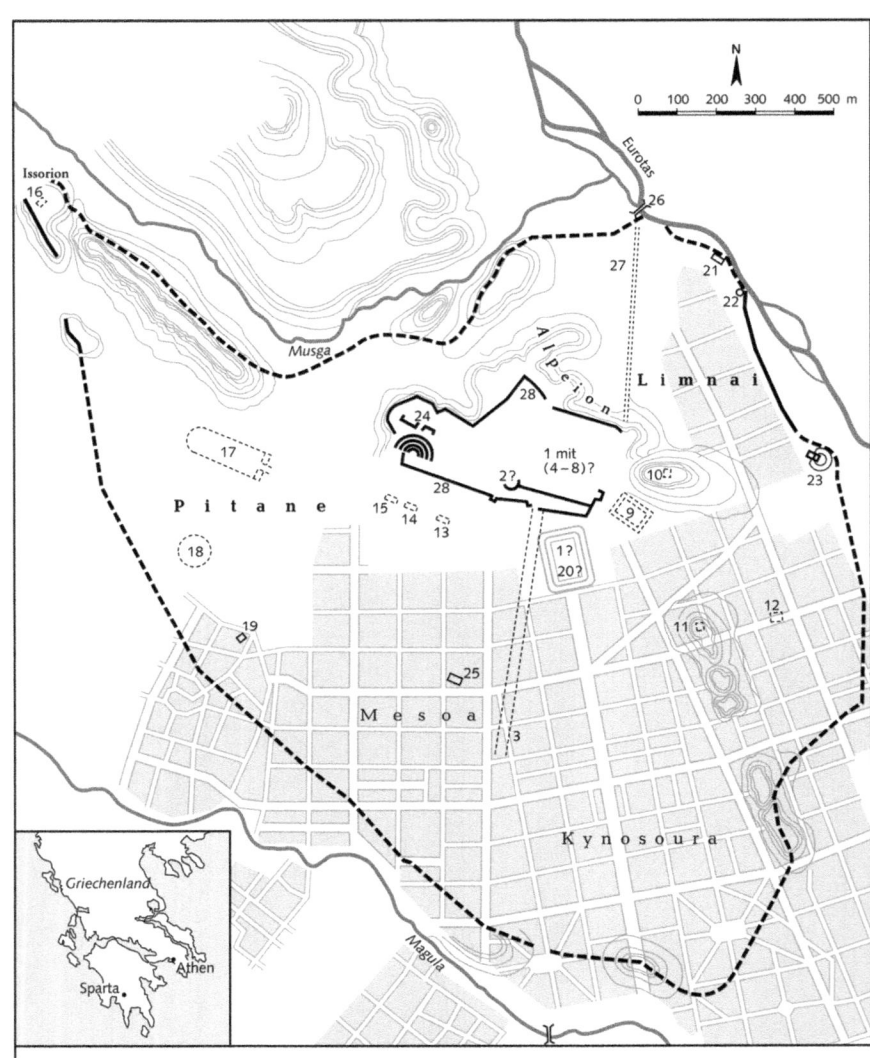

Rekonstruktion von Sparta/Lakedaimon nach den Angaben des Pausanias, Buch 3 (ca. 160 n. Chr.), und nach den archäologischen Befunden

▬▬▬ gesicherter/vermuteter Verlauf der hellenistischen Stadtmauer: ab dem 4./3. Jh. v. Chr. in Etappen, erst unter Nabis (207–192 v. Chr.) geschlossener Mauerring; Erneuerung und Ausbau im 3. und 4. Jh. n. Chr.

Pitane Lage der ursprünglichen Spartiaten-Komai (gesichert/
Mesoa hypothetisch)

─── archäologisch und/oder literarisch bezeugt

─── archäologisch bezeugt, Identifizierung/Nutzung nicht gesichert

------ literarisch bezeugt, Lokalisation hypothetisch

Alpeion Berg, Höhenzug
Eurotas antiker Name
Magula   moderner Name

▓ moderne Stadt Sparti

I. Akropolis, Zentrum (Mesoa) und Aphetaïs-Straße

1. Agora: u.a. mit Regierungsgebäuden; sog. Persischer Stoa; den Tempeln des Caesar und des Augustus; insgesamt 24 Monumenten bei Pausanias (3,11,2–11).

2. Choros (Platz für die jährliche Feier der Gymnopaidiai zu Ehren Apollons).

3. Aphetaïs-Straße: u.a. drei Heiligtümer der Athena Keleutheia; im Süden nahe der Stadtmauer (mit Tor?) Heiligtum der Diktynna sowie Gräber der Euryportidai; die Straße führte weiter über eine Brücke nach Amyklai.

4. Skias (Tagungsort der Volksversammlung; 2. Hälfte 6. Jh.v.Chr.).

5. Tholos des Zeus Olympios und der Aphrodite Olympia (archaisch, um 600 v.Chr.?; Pausanias 3,12,11).
In der Nähe der Tholos: Gräber des Kynortas und des Kastor (nachträglich durch einen Tempel überbaut). Ferner u.a.:

6. Tempel der Kore Soteira.

7. Haus des Karneios (Heiligtum des Apollon Karneios).

8. Standbild des Aphetaios (Pausanias 3,13,6).

9. (Markt-) Platz (von Säulenhallen umstanden, Altäre des Zeus Amboulios, der Athena Amboulia und der Dioskouroi Amboulioi; Pausanias 3,13,6).

10. Östlicher Ausläufer des Akropolis-Höhenzuges (Tympanon) mit Tempel des Dionysos Kolonatas (wohl 1835 noch sichtbare Reste) und evtl. einem Heroon.

20. Booneta: »Haus« des Königs Polydoros (um 700 v.Chr.); »daneben« Tempel des Asklepios bzw. in der Nähe: Heroon des Teleklos, Tempel und Holzbild einer bewaffneten Aphrodite, Tempel der Hilaeira und Phoibe.

24. Akropolis mit Tempel der Athena Poliouchos (Paliachos) oder Chalkioikos (Mitte 6. Jh.v.Chr.; Verkleidung des Tempels mit Bronzereliefs). Ferner: westlich und südlich je eine Stoa (Weihgeschenkdepot); südwestlich des Tempels Schrein der Athena Ergane? Theater (ca. 30–20 v.Chr./augusteisch) am Fuß der Akropolis (Pausanias 3,14,1); »gegenüber« Grabmal des Pausanias und Leonidas (vgl. Nr. 14 und 15).

25. Tempel?, sog. Grab des Leonidas / »Leonidaion« (3. Jh.v.Chr.).

28. Verlauf der Akropolisbefestigung (3. und 4. Jh.n.Chr. und byzantinisch).

II. Pitane (Pitana)

Nach Pausanias 3,14–15: 20 Tempel (u.a. des Poseidon Genethlios), 11 Heroa (u.a. die des Kleodaios und des Oibalos), 5 Gräber (u.a. die der Agiadai), 5 Standbilder, 2 Säulenhallen, 6 weitere Anlagen; außer »Haus des Menelaos« keine Erwähnung von Privathäusern.

13. Kenotaph des Brasidas.

14. Grab des Pausanias (vgl. Nr. 24).

15. Grab des Leonidas (vgl. Nr. 24) und Stele mit Namen der bei den Thermopylai Gefallenen (um 440 v.Chr.).

16. Tempel der Artemis Issoria (mit Resten der Stadtmauer, eines Turmes und einer kleinen Festung).

17. Dromos (mit 2 Gymnasien).

18. Platanistas: mit Platanen umstandener Kampfplatz der Epheben, von Wassergraben (wohl durch Verbindung zum Magulabach gespeist) umgeben, über zwei Brücken (Statuen des Herakles und des Lykourgos (Lykurg)) zugänglich.

19. Dorkeia? (Quelle). In der Nähe u.a. das Grab des Alkman.

III. Limnai (»Feuchte Niederungen«)

Nach Pausanias 3,16–17:

21. Tempel des Lykourgos (Lykurg)? (Tempel und Altar; Grab des Eukosmos; Gräber der mythischen Lathria und Anaxandra; Gräber des Königs Theopompos und des Eurybiades; in der Nähe westlich davon Votivdepot und Heroon?).

22. Heroon des Astrabakos? (Kult ab 10. Jh.v.Chr. bis in römische Zeit; in der Nähe muss laut Herodot 6,69,3 das Haus des Königs Ariston gelegen haben).

23. Heiligtum der Artemis Orthia (sog. Limnaion. Altar und Tempel I um 700 v.Chr., Tempel II zwischen 570 und 560 v.Chr., Wiederaufbau im 3. Jh.v.Chr.; römisches Theater). In der Nähe: Heiligtum der Eileithyia.

26. Römisch-mittelalterliche Brücke? Südlich davon das Nordosttor sowie Siedlungsreste (6 Schichten: spätgeometrisch bis spätrömisch: Haus, Gräber, Abfallgruben, Brunnen).

Weiter südlich: archaisches Heiligtum? (Ende 6./Anfang 5. Jh. v.Chr.), davor Grab (hellenistisch-römische Funde), Erneuerung in römischer Zeit: Heroon?, Lesche?, Stoa?

27. Nördliche Hauptstraße Richtung Nordosttor und Eurotas sowie zu den Limnai. Nahe der byzantinischen Akropolismauer (vgl. Nr. 28) wohl zunächst das Gebäude »Chiton«, dann Richtung Norden das Heroon des Chilon (Pausanias 3,16,2–4). An den östlichen Ausläufern des Akropolis-Hügelrückens: archaisches Grabheiligtum (6. Jh.v.Chr.); in frührömischer Zeit überbaut.

IV. Kynosoura (»Hundeschwanz«)

Südlich des Dionysos-Tempels: Heiligtum des Zeus Euanemos und rechts davon ein Heroon des Pleuron (Pausanias 3,13,8); nicht weit davon:

11. Tempel der Hera Argeia.

12. Tempel der Hera Hypercheiria.

186 Anhang

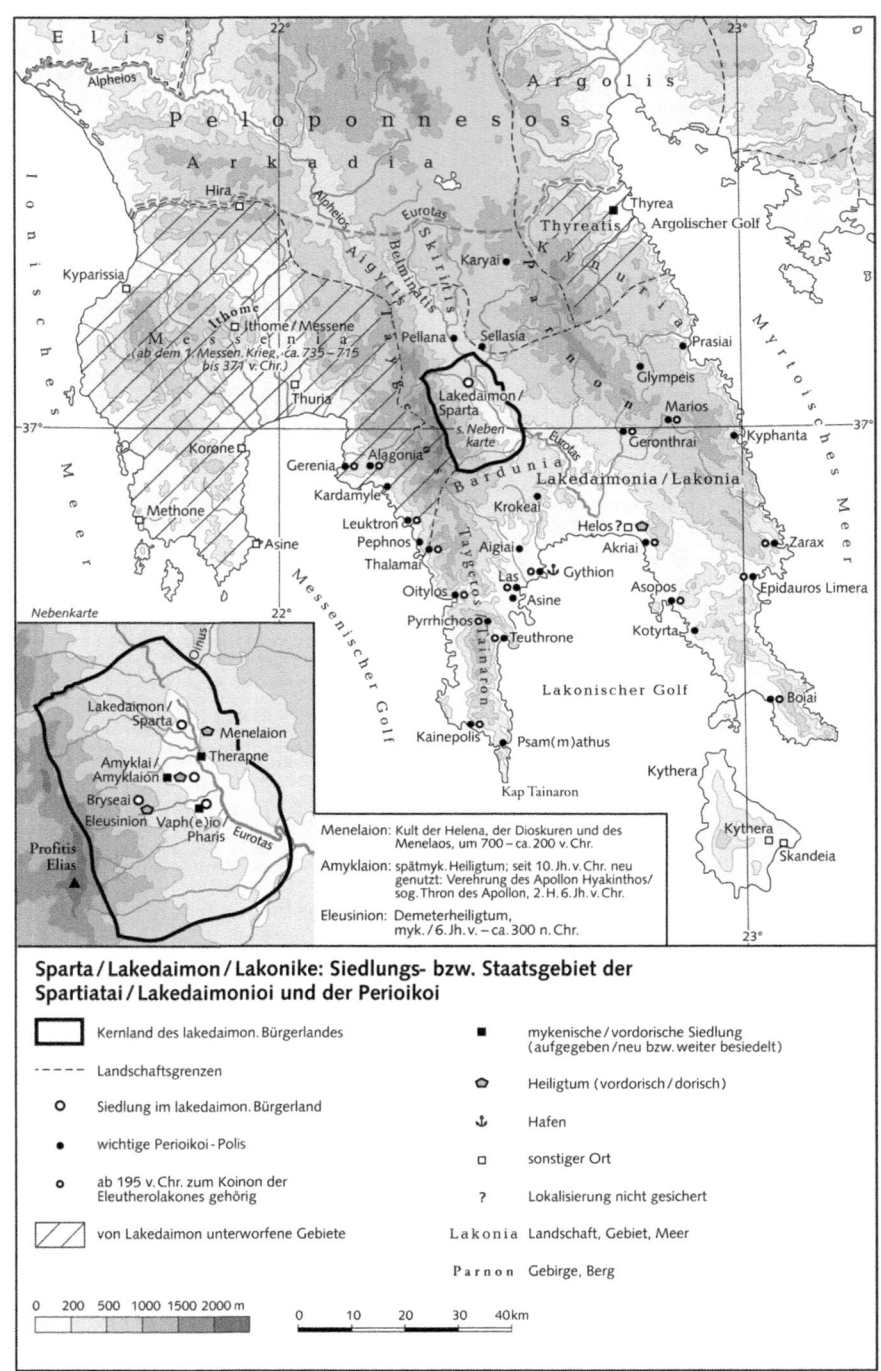

Königsliste (6. bis 3. Jahrhundert v. Chr.)

Agiaden

Leon (um 590–560)

Anaxandridas II. (um 560–520)

Kleomenes I. (um 520–490)

Leonidas I. (490–480)

Pleistarchos (480–459)

Pleistoanax (459/8–409/8)

Pausanias (409/8–395/4)

Agesipolis I. (395/4–380)

Kleombrotos I. (380–371)

Agesipolis II. (371–370)

Kleomenes II. (370–309)

Areus I. (309/8–265)

Akrotatos (265–262)

Areus II. (262–254)

Leonidas II. (254–235)

Kleomenes III. (235–222)

Agesipolis III. (219–215)

Eurypontiden

Agasikles (um 575–550)

Ariston (um 550–515)

Demaratos (um 515–491)

Leotychidas II. (491–469)

Archidamos II. (469–427)

Agis II. (427–399/8)

Agesilaos II. (399/8–361/0)

Archidamos III. (361/0–339/8)

Agis III. (339/8–331/0)

Eudamidas I. (331/0–nach 302/1)

Archidamos IV. (vor 295/4–um 275?)

Eudamidas II. (um 275?–244)

Agis IV. (244–241/0)

Eudamidas III. (241/0–228/7)

Archidamos V. (228/7)

[Eukleidas, Bruder Kleomenes' III. (227–222)]

Lykurgos (219–211)

Pelops/Machanidas (211–207)

Nabis (207–192)

Zeittafel

11./10. Jh.	Einwanderung (sog. Dorische Wanderung) Dörfer Pitana, Mesoa, Limnai, Kynosoura
um 750	Eroberung Amyklais
um 735–715 (bzw. Anfang 7. Jh.)	1. Messenischer Krieg
um 706	Gründung von Tarent durch Spartaner
669?	Niederlage gegen Argos bei Hysiai
um 650–620 (bzw. Ende 7. Jh.)	2. Messenischer Krieg
um 550	Sieg über Tegea und Argos Aufbau des Peloponnesischen Bundes
511–505	Einfälle in Attika/Athen; Absetzung der Peisistratiden (Kleomenes I.)
494	Sieg über Argos (Kleomenes I.)
490	Schlacht bei Marathon zwischen Athen und den Persern
480/79	Perserkriege:
480	Landschlacht bei den Thermopylen (Leonidas); Seeschlachten bei Kap Artemision und Salamis (Eurybiades)
479	Landschlacht bei Plataiai (Pausanias); Vernichtung der persischen Flotte bei Mykale (Leotychidas)
469/8 od. 464	Erdbeben in Sparta; Helotenaufstand (sog. 3. Messenischer Krieg)
460/57–446	1. Peloponnesischer Krieg
451	30-jähriger Friedensvertrag mit Argos
446/5	30-jähriger Friedensvertrag mit Athen
431–404	Peloponnesischer Krieg; Niederlage Athens
400–394	Spartanischer Perserkrieg (Agesilaos)
399/8	Kinadon-Verschwörung
395–386	Korinthischer Krieg (Agesilaos): Athen, Theben, Korinth und Argos gegen Sparta
386	Königsfriede (Antalkidasfriede) mit Persien
371	Schlacht bei Leuktra; Niederlage gegen Theben
369	Verlust Messeniens
362	Schlacht bei Mantineia; Niederlage gegen Theben
331	Agis III. erhebt sich gegen Makedonien (»Mäusekrieg«); Niederlage bei Megalopolis
306–264	Areus I.; Niederlage gegen die Makedonen und Tod bei Korinth

244–241/0	Agis IV. plant Reformen
235–219	Kleomenes III. führt Reformen durch
222	Niederlage bei Sellasia gegen die Achaier und Makedonen
207–192	Nabis verteidigt Spartas Unabhängigkeit
192	Beitritt zum Achaiischen Bund
146	Provinz Achaia; Sparta *civitas libera*
31	Schlacht bei Actium zwischen Antonius und Octavian (Eurykles beteiligt)
21	Augustus und Livia in Sparta
um 2	Tod des Eurykles

Quellen

Alkman

Poetae Melici Graeci, ed. D. L. Page, Oxford 1962 (PMG).
Frühgriechische Lyriker IV, übers. v. Z. Franyó, griech. B. Snell, Berlin 1976.
Alcman, ed. C. Calame, Rom 1983 (C).
K. Tsantsanoglou, Of Golden Manes and Silvery Faces. The Partheneion 1 of Alcman, Berlin 2012.

Aristoteles

Aristotelis qui ferebantur librorum fragmenta, ed. V. Rose, Leipzig 1886 (ND Stuttgart 1976) (R).
Politica, ed. W. D. Ross, Oxford 1957.
Politik, Buch II/III, übers. u. erläutert v. E. Schütrumpf, Berlin 1991.
Politik, übers. v. F. Susemihl, hrsg. v. W. Kullmann, 3. Aufl., Reinbek bei Hamburg 2009.
Politica, trad. di R. Radice, T. Gargiulo, Mailand 2014.

Diodor

Diodoros of Sicily, with an Engl. transl. by C. H. Oldfather etc., 12 Bde., Cambridge, Mass./London 1933–1957 (ND 1960–1967).
Griechische Weltgeschichte, Buch I–X, XI–XIII, XIV–XV, XVI, XVII, XVIII–XX, übers. v. O. Veh u. G. Wirth, Stuttgart 1992–2009.

Fragmente (FGrHist)

F. Jacoby, Die Fragmente der griechischen Historiker, 4 Teile, Berlin/Leiden 1923 ff. (ND 1961 ff.).

Hellenika Oxyrhynchia

Hellenica Oxyrhynchia, ed. with tansl. and comm. by P. R. McKechnie & S. J. Kern, Warminster 1988.
Hellenica Oxyrhynchia, post Victorium Bartoletti, ed. M. Chambers, Stuttgart/Leipzig 1993.
Hellenika von Oxyrhynchos, hrsg., übers. u. komm. v. R. Behrwald, Darmstadt 2005.

Herodot

Historiae, ed. C. Hude, 2 Bde., 3. Aufl., Oxford 1927 (ND 1986–1988).
Historien, hrsg. v. J. Feix, 2 Bde., 7. Aufl., Düsseldorf 2006.

Inschriften

Inscriptiones Graecae V,1, ed. W. Kolbe, Berlin 1913 (IG).
Sylloge Inscriptionum Graecarum I/II, ed. W. Dittenberger, 3. Aufl., Leipzig 1915/17 (Syll.).
Corinth. Results of excavations conducted by the American School of Classical Studies at Athens VIII/II, Latin inscriptions 1896–1926, ed. by A. Brown West, Cambridge, Mass. 1931 (Corinth VIII/II).
Historische griechische Inschriften in Übersetzung, 3 Bde., hrsg. v. K. Brodersen, W. Günther, H. H. Schmitt, Darmstadt 1992–1999 (ND 2011) (HGIÜ).
G. Thür – H. Taeuber, Prozessrechtliche Inschriften der griechischen Poleis: Arkadien, Wien 1994 (IPArk).

Livius

Ab urbe condita, libri XXXI–XL, ed. J. Briscoe, 2 Bde., Stuttgart 1991.
Römische Geschichte, Buch XXXI–XXXIV, XXXV–XXXVIII, XXXIX–XLI, Lateinisch u. Deutsch, hrsg. v. H. J. Hillen, 3./4. Aufl., München/Zürich 1998/2007.

Pausanias

Reisen in Griechenland, übers. v. E. Meyer, hrsg. v. F. Eckstein, 3 Bde., 3. Aufl., Zürich/München 1986–1989.
Graeciae descriptio, ed. M. H. Rochat-Pereira, 3 Bde., 2. Aufl., Leipzig 1989–1990.
Guida della Grecia IV: La Messenia, testo e trad. a cura di D. Musti, 4. Aufl., Mailand 2000.
Guida della Grecia III: La Laconia, testo e trad. a cura di D. Musti, 5. Aufl., Mailand 2008.

Platon

Opera, Bd. 4, ed. I. Burnet, Oxford 1902 (ND 1986) (Politeia).
Opera, Bd. 5, ed. I. Burnet, Oxford 1907 (ND 1987) (Nomoi).
Werke in 8 Bänden, griechisch-deutsch, hrsg. v. G. Eigler, Bd. 4: Politeia, übers. v. Fr. Schleiermacher, 2. Aufl., Darmstadt 1990 (ND 2000).
Werke in 8 Bänden, griechisch-deutsch, hrsg. v. G. Eigler, Bd. 8,1/2: Nomoi, übers. v. K. Schöpsdau, 2. Aufl., Darmstadt 1990 (ND 2001).

Plutarch

Moralia, Bd. 2, ed. W. Nachstädt, W. Sieveking, J. Titchener, Leipzig 1935 (ND 1971) (Apophthegmata Laconica; Instituta Laconica; Apophthegmata Lacaenarum).
Moralia, Bd. 3, with an Engl. transl. by F. C. Babbitt, London/Cambridge, Mass. 1931 (ND 1968) (Apophthegmata Laconica; Instituta Laconica; Apophthegmata Lacaenarum).
Grosse Griechen und Römer, eingel. u. übers. v. K. Ziegler, 6 Bde., Zürich/Stuttgart 1954–1965.
Vitae parallelae, ed. K. Ziegler, 4 Bde., Stuttgart 1957–1994.
Detti dei Lacedemoni (Apophthegmata Laconica; Instituta Laconica, Lacaenarum apophthegmata), introd., testo critico, trad. e comm. a cura di C. Santaniello, Neapel 1995.

Polybios

Historiae, ed. L. Dindorf, Th. Büttner-Wobst, 5 Bde., Leipzig 1889–1905 (ND 1993–2001).
Geschichte. Gesamtausgabe in zwei Bänden, eingel. u. übertr. v. H. Drexler, 2. Aufl., Zürich/München 1963/78.

Thukydides

Historiae, ed. H. St. Jones, J. E. Powell, 2 Bde., 2. Aufl., Oxford 1902 (ND 1948/49).
Geschichte des Peloponnesischen Krieges, griechisch-deutsch, übers. v. G. P. Landmann, 2 Bde., München 1993 (ND Berlin 2014).

Tyrtaios

Tirteo/Tyrtaeus, ed. C. Prato, Rom 1968
Frühgriechische Lyriker I, übers. v. Z. Fanyó u. P. Gan, griech. B. Snell, 2. Aufl., Berlin 1981.
Poetarum elegicorum testimonia et fragmenta, ed. B. Gentili, C. Prato, Bd. 1, 2. Aufl., Leipzig 1988 (ND Berlin 2008) (G–P).

Xenophon

Scripta minora I, ed. Th. Thalheim, Leipzig 1910 (Agesilaos).
Scripta minora II, ed. Fr. Ruehl, Leipzig 1912 (Lakedaimonion politeia).
Scripta minora, by E. C. Marchant, Cambridge, Mass./London 1925 (ND 1993) (Agesilaos; Lakedaimonion politeia).
Hellenica, ed. C. Hude, Leipzig 1930.
Die Verfassung der Spartaner, hrsg., übers. u. erläutert v. S. Rebenich, Darmstadt 1998 (ND 2010).
Xenophon's Spartan Constitution. Introduction. Text. Commentary, by M. Lipka, Berlin/New York 2002.
Hellenika, Griechisch-deutsch, hrsg. v. G. Strasburger, 4. Aufl., Düsseldorf 2005.

Bibliographie

Eine vom Autor kommentierte Bibliographie zu »Sparta« befindet sich in den Oxford Bibliographies Online (www.oxfordbibliographies.com)

Allgemeine Darstellungen und Sammelwerke

Baltrusch, E. (2016), Sparta. Geschichte, Gesellschaft, Kultur, 5. Aufl., München.
Boer, W. den (1954), Laconian Studies, Amsterdam.
Busolt, G. – Swoboda, H. (1926), Griechische Staatskunde, Bd. 2, HbAW 4,1,1, München, 633–737: Der Staat der Lakedaimonier.
Cartledge, P. (1987), Agesilaos and the Crisis of Sparta, London.
Cartledge, P. (2001), Spartan Reflections, London und Berkeley/Los Angeles.
Cartledge, P. (2002), Sparta and Lakonia. A Regional History 1300–362 BC, 2. Aufl., London/New York.
Cartledge, P. (2003), The Spartans. An Epic History, London.
Cartledge, P. – Spawforth, A. (2002), Hellenistic and Roman Sparta. A tale of two cities, 2. Aufl., London/New York.
Chrimes, K. M. T. (1949), Ancient Sparta. A Re-Examination of the Evidence, Manchester (ND 1952/1999).
Christ, K. (Hrsg.) (1986), Sparta, Wege der Forschung Bd. 622, Darmstadt.
Christien, J. – Ruzé, F. (2007), Sparte. Géographie, mythes et histoire, Paris.
Clauss, M. (1983), Sparta. Eine Einführung in seine Geschichte und Zivilisation, München.
Dreher, M. (2012), Athen und Sparta, 2. Aufl., München.
Figueira, Th. J. (Hrsg.) (2004), Spartan Society, Swansea.
Fornis, C. (2003), Esparta. Historia, sociedad y cultura de un mito historiográfico, Barcelona.
Forrest, W. G. (1980), A History of Sparta. 950–192 B. C., 2. Aufl., London.
Hodkinson, S. (2000), Property and Wealth in Classical Sparta, London.
Hodkinson, S. – Powell, A. (Hrsg.)(1999), Sparta: New Perspectives, London.
Hooker, J. T. (1980), The Ancient Spartans, London/Toronto/Melbourne (dt. Übers.: Sparta. Geschichte und Kultur, Stuttgart 1982).
Huxley, G. L. (1962), Early Sparta, London.
Jones, A. H. M. (1967), Sparta, Oxford.
Kahrstedt, U. (1922), Griechisches Staatsrecht, Bd. 1: Sparta und seine Symmachie, Göttingen.
Kennell, N. M. (2010), Spartans: A New History, Malden, MA.
Lévy, E. (2003), Sparte. Histoire politique et sociale jusqu'à la conquête romaine, Paris.
Link, S. (1994), Der Kosmos Sparta. Recht und Sitte in klassischer Zeit, Darmstadt.
MacDowell, D. M. (1986), Spartan Law, Scottish Classical Studies 1, Edinburgh.
Michell, H. (1952), Sparta. τὸ κρυπτὸν τῆς πολιτείας τῶν Λακεδαιμονίων, Cambridge.
Nafissi, M. (1991), La nascita del kosmos. Studi sulla storia e la società di Sparta, Perugia/Neapel.
Oliva, P. (1971), Sparta and her social problems, Prag.
Piper, L. J. (1986), Spartan Twilight, New Rochelle.
Powell, A. (Hrsg.) (1989), Classical Sparta: Techniques behind her success, London.
Powell, A. – Hodkinson, S. (Hrsg.) (1994), The Shadow of Sparta, London/New York.
Powell, A. – Hodkinson, S. (Hrsg.) (2002), Sparta. Beyond the Mirage, London.
Rahe, P. A. (2016), The Spartan Regime. Its Character, Origins, and Grand Strategy, New Haven/London.

Roussel, P. (1960), Sparte, 2. Aufl., Paris.
Schubert, Ch. (2003), Athen und Sparta in klassischer Zeit. Ein Studienbuch, Stuttgart.
Schulz, R. (2015), Athen und Sparta, 5. Aufl., Darmstadt.
Thommen, L. (1996), Lakedaimonion politeia. Die Entstehung der spartanischen Verfassung, Historia Einzelschr. 103, Stuttgart.
Welwei, K.-W. (2004), Sparta. Aufstieg und Niedergang einer antiken Großmacht, Stuttgart.
Whitby, M. (Hrsg.)(2002), Sparta, Edinburgh.

Das Thermopylen-Epigramm

Albertz, A. (2006), Exemplarisches Heldentum. Die Rezeptionsgeschichte der Schlacht an den Thermopylen von der Antike bis zur Gegenwart, München.
Baumbach, M. (2000), »Wanderer, kommst du nach Sparta…«. Zur Rezeption eines Simonides-Epigramms, Poetica 32, 1–22.
Baumbach, M. (2013), Leonidas and the Reception of the Persian War in German Post-War Literature, in: The Reception of Classical Antiquity in German Literature, hrsg. v. A. Simon u. K. Fleming, München, 172–193.
Berve, H. (1936), Sparta, Leipzig.
Kulesza, R. (2011), Marathon and Thermopylae in the mémoire collective, Anabasis 2, 13–44.
Lüdemann, H. (1939), Sparta Lebensordnung und Schicksal, Leipzig/Berlin.
Meier, M. (2010), Die Thermopylen – »Wanderer, kommst Du nach Spa(rta)«, in: Die griechische Welt. Erinnerungsorte der Antike, hrsg. v. E. Stein-Hölkeskamp u. K.-J. Hölkeskamp, München, 98–113.
Nickel, R. (1995), Der Leonidas-Komplex. Das Thermopylen-Epigramm als ideologischer Text, AU 38/6, 15–26.
Philipp, G. B. (1968), Wie das Gesetz es befahl? Bemerkungen zu einer neuen Leonidaslegende, Gymnasium 75, 1–45.
Rebenich, S. (2002), From Thermopylae to Stalingrad: the myth of Leonidas in German historiography, in: Sparta. Beyond the Mirage, hrsg. v. A. Powell u. S. Hodkinson, London, 323–349.
Rebenich, S. (2006), Leonidas und die Thermopylen. Zum Sparta-Bild in der deutschen Altertumswissenschaft, in: Das Frühe Sparta, hrsg. v. A. Luther, M. Meier, L. Thommen, Stuttgart, 193–215.
Trundle, M. (2013), Thermopylae, in: Beyond the Gates of Fire. New Perspectives on the Battle of Thermopylae, hrsg. v. Ch. A. Matthew u. M. Trundle, Barnsley, 27–38.

Quellenlage

Boring, T. A. (1979), Literacy in Ancient Sparta, Mnemosyne Suppl. 54, Leiden.
Cartledge, P. – Debnar, P. (2006), Sparta and the Spartans in Thucydides, in: Brill's Companion to Thucydides, hrsg. v. A. Rengakos u. A. Tsakmakis, Leiden/Boston, 559–587.
Cloché, P. (1943), Thucydide et Lacédémone, LEC 12, 81–113.
Cragg, K. M. (1976), Herodotus' Presentation of Sparta, Diss. Michigan.
Figueira, Th. J. (2007), Spartan »Constitutions« and the Enduring Image of the Spartan Ethos, in: The Contribution of Ancient Sparta to Political Thought and Practice, hrsg. v. N. Birgalias u. a., Athen, 143–158.
Immerwahr, W. (1889), Die Lakonika des Pausanias auf ihre Quellen untersucht, Berlin.
Kessler, E. (1910), Plutarchs Leben des Lykurgos, Quellen und Forschungen zur alten Geschichte und Geographie 23, Berlin.
Lévy, E. (1987), La Sparte de Polybe, Ktema 12, 63–79.
Lévy, E. (1999), La Sparte d'Hérodote, Ktema 24, 123–134.
Meadows, A. R. (1995), Pausanias and the historiography of Classical Sparta, CQ 45, 92–113.

Proietti, G. (1987), Xenophon's Sparta. An Introduction, Mnemosyne Suppl. 98, Leiden.
Schmal, S. (1996), Sparta als politische Utopie, in: Hellenismus. Beiträge zur Erforschung von Akkulturation und politischer Ordnung in den Staaten des hellenistischen Zeitalters, hrsg. v. B. Funck, Tübingen, 653–670.
Starr, C. G. (1986), Die Glaubwürdigkeit der frühen spartanischen Geschichte, in: Sparta, hrsg. v. K. Christ, Darmstadt, 264–289 (= The Credibility of Early Spartan History, Historia 14, 1965, 257–272).
Thommen, L. (2000), Spartas fehlende Lokalgeschichte, Gymnasium 107, 399–408.
Thommen, L. (2017), Pausanias und die Frühgeschichte Lakoniens, Hermes 145 (im Druck).
Tober, D. (2010), Politeiai and Spartan Local History, Historia 59, 412–431.
Wassermann, F. M. (1964), The Voice of Sparta in Thucydides, CJ 59, 289–297.

Rezeptions- und Forschungsgeschichte

Christ, K. (1986), Spartaforschung und Spartabild. Eine Einleitung, in: Sparta, hrsg. v. K. Christ, Darmstadt, 1–72 (= ders., Griechische Geschichte und Wissenschaftsgeschichte, Historia Einzelschr. 106, Stuttgart 1996, 9–57, mit Nachtrag 219–221).
Hodkinson, S. – Macgregor Morris, I. (Hrsg.)(2012), Sparta in Modern Thought: Politics, History and Culture, Swansea.
Macgregor Morris, I. (2004), The paradigm of democracy: Sparta in Enlightenment thought, in: Spartan Society, hrsg. v. Th. J. Figueira, Swansea, 339–362.
Manso, J. C. F. (1800/1802/1805), Sparta. Ein Versuch zur Aufklärung der Geschichte und Verfassung dieses Staates, 3 Bde., Leipzig.
Müller, K. O. (1824), Geschichten hellenischer Stämme und Städte, Bd. 2 u. 3: Die Dorier, Breslau (2. Aufl. 1844).
Ollier, F. (1933/1943), Le mirage spartiate. Etude sur l'idéalisation de Sparte dans l'antiquité grecque, 2 Bde., Paris (ND New York 1973).
Osmers, M. (2016), Erziehung nach spartanischem Vorbild? Zur Rezeption und Bedeutung der Agoge im Nationalsozialismus, Gymnasium 123, 145–166.
Rawson, E. (1969), The Spartan Tradition in European Thought, Oxford.
Rebenich, S. (2017), Alter Wein in neuen Schläuchen?, in: Das antike Sparta, hrsg. v. V. Pothou u. A. Powell, Stuttgart, 111–132.
Tigerstedt, E. N. (1965/1974/1978), The Legend of Sparta in Classical Antiquity, 3 Bde., Stockholm/Göteborg/Uppsala.

Topographie Spartas und Lakoniens

Armstrong, P. u. a. (1992), Crossing the river: observations on routes and bridges in Laconia from the Archaic to the Byzantine periods, ABSA 87, 293–310.
Baudini, A. (2006), L'agorà di Sparta. Dati, posizionamento e alune considerazioni, WAC 3, 21–35.
Bulle, H. (1937), Das Theater zu Sparta, SB Bayer. Akad. d. Wiss., Phil.-hist. Abt., H. 5, München.
Cartledge, P. (1998), City and chora in Sparta: Archaic to Hellenistic, in: Sparta in Laconia, hrsg. v. W. G. Cavanagh u. S. E. C. Walker, Athen/London, 39–47 (= ders., Spartan Reflections, London 2001, 9–20).
Cavanagh, W. (2009), Settlement Structure in Laconia and Attica at the End of the Archaic Period: The Fractal Dimension, AJA 113, 405–421.
Cavanagh, W. G. u. a. (1996/2002), Continuity and Change in a Greek Rural Landscape. The Laconia Survey, 2 Bde., BSA Suppl. 26/27, London.
Christien, J. (1989), Les liaisons entre Sparte et son territoire malgré l'encadrement montagneux, in: Montagnes, fleuves, fôrets dans l'histoire. Barrières ou lignes de convergence? hrsg. v. J.-F. Bergier, St. Katharinen, 18–44.
Christien, J. (1989), Promenades en Laconie, DHA 15, 75–105.
Christien Trégaro, J. (1992), De Sparte à la côte orientale du Péloponnèse, in: Polydipsion Argos, hrsg. v. M. Piérart, BCH Suppl. 22, Paris, 157–172.

Crosby, N. E. (1893), The Topography of Sparta, AJA 8, 335–373.
Davies, J. K. (1997), Sparta e l'area peloponnesiaca. Atene e il dominio del mare, in: I Greci. Storia, Cultura, Arte, Società, Bd. 2,2, hrsg. v. S. Settis, Turin, 109–161.
Dawkins, R. M. (Hrsg.) (1929), The Sanctuary of Artemis Orthia at Sparta, London.
Gengler, O. – Marchetti, P. (2000), Sparte hellénistique et romaine. Dix années de recherche (1989–1999), Topoi 10, 57–86.
Greco, E. (2011), Alla ricerca dell'agora di Sparta, ASAA 89, Ser. 3a 11/I, 53–77.
Kennell, N. M. (1987), Where Was Sparta's Prytaneion?, AJA 91, 421–422.
Kirsten, E. (1958), Heiligtum und Tempel der Artemis Orthia zu Sparta, BJbb 58, 170–176 (= ders., Landschaft und Geschichte in der antiken Welt. Ausgewählte kleine Schriften, Geographica Historica 3, Bonn 1984, 56–63).
Kourinou, E. (2000), Σπάρτη. Συμβολὴ στὴ μνημείακη τοπογραφία της, Athen.
Le Roy, C. (1961), ΛΑΚΩΝΙΚΑ, BCH 85, 206–235.
Luongo, F. (2011), Cui bono? Perché tornare a riflettere sulle fasi arcaiche del santuario di Artemis Orthia a Sparta?, ASAA 89, Ser. 3a 11/I, 79–94.
Marchetti, P. (1996), Le »Dromos« au coeur de l'agora de Sparte: Les dieux protecteurs de l'éducation en pays dorien. Points de vue nouveaux, Kernos 9, 155–170.
Musti, D. – Torelli, M. (Hrsg.) (1991), Pausania. Guida della Grecia, Libro III. La Laconia, Mailand.
Prott, H. von (1904), Die Ebene von Sparta, AM 29, 1–15.
Raftopoulou, S. P. (1998), New finds from Sparta, in: Sparta in Laconia, hrsg. v. W. G. Cavanagh u. S. E. C. Walker, Athen/London, 125–140.
Shatzman, I. (1968), The Meeting Place of the Spartan Assembly, RFIC 96, 385–389.
Shipley, G. (2000), The extent of Spartan territory in the late Classical and Hellenistic periods, ABSA 95, 367–390.
Sirano, F. (1996–1997), Fuori da Sparta. Note di topografia lacone: recenti studi e nuovi dati dal territorio, ASAA n. s. 58–59, 399–465.
Stibbe, C. M. (1989), Beobachtungen zur Topographie des antiken Sparta, BABesch 64, 61–99.
Stibbe, C. M. (1994), Between Babyka and Knakion, BABesch 69, 63–102.
Stibbe, C. M. (1996), Das andere Sparta, Mainz a. Rh.
Themos, A. – Zavvou, E. (2001–2004), Sparti, ArchDelt 56–59, 175–201. 218–227. 237–251. 256–279.
Themos, A. – Zavvou, E. (2009), Sparta from prehistoric to Early Christian times: observations from the excavations of 1994–2005, in: Sparta and Laconia. From Prehistory to Pre-Modern, hrsg. v. W. Cavanagh u. a., Athen/London, 105–122.
Waywell, G. (1999), Sparta and its topography, BICS 43, 1–26.
Wüst, F. R. (1959), Laconica, Klio 37, 53–62.

Landnahme

Barber, R. L. N. (1992), The Origins of the Mycenaean Palace, in: ΦΙΛΟΛΑΚΩΝ, Festschr. H. Catling, hrsg. v. J. M. Sanders, London, 11–24.
Boardman, J. (1963), Artemis Orthia and Chronology, ABSA 58, 1–7.
Calligas, P. G. (1992), From the Amyklaion, in: ΦΙΛΟΛΑΚΩΝ, Festschr. H. Catling, hrsg. v. J. M. Sanders, London, 31–48.
Catling, H. W. (1976), New Excavations at the Menelaion, Sparta, in: Neue Forschungen zu griechischen Heiligtümern, hrsg. v. U. Jantzen, Tübingen, 77–90.
Eder, B. (1998), Argolis, Lakonien, Messenien. Vom Ende der mykenischen Palastzeit bis zur Einwanderung der Dorier, Wien.
Kaltsas, N. (2006), Athens and Sparta in the geometric period: toward the creation of the city-state, in: Athens – Sparta, hrsg. v. N. Kaltsas, Athen/New York, 45–48.
Lehmann, G. A. (1985), Die mykenisch-frühgriechische Welt und der östliche Mittelmeerraum in der Zeit der »Seevölker«-Invasion um 1200 v. Chr., Opladen, bes. 62 ff.
Parker, V. (1995), Zur Datierung der dorischen Wanderung, MH 52, 130–154.
Prinz, F. (1979), Gründungsmythen und Sagenchronologie, Zetemata 72, München, 206–313.
Schnapp-Gourbeillon, A. (2002), Aux origines de la Grèce (XIIIe–VIIIe siècles avant notre ère). La genèse du politique, Paris, Kap. 3: Les »invasions« doriennes revisitées, 131–183.
Thommen, L. (2000), Spartas Umgang mit der Vergangenheit, Historia 49, 40–53.

Thommen, L. (2006), Das Territorium des frühen Sparta in Mythos, Epos und Forschung, in: Das Frühe Sparta, hrsg. v. A. Luther, M. Meier, L. Thommen, Stuttgart, 15–28.
Ulf, Ch. (1996), Griechische Ethnogenese versus Wanderungen von Stämmen und Stammstaaten, in: ders. (Hrsg.), Wege zur Genese griechischer Identität. Die Bedeutung der früharchaischen Zeit, Berlin, 240–280.
Vanschoonwinkel, J. (1995), Des Héraclides du mythe aux Doriens de l'archéologie, RBPh 73, 127–148.
Vitalis, G. (1930), Die Entwicklung der Sage von der Rückkehr der Herakliden (untersucht im Zusammenhang mit der politischen Geschichte des Peloponnes bis auf den I. Messenischen Krieg), Diss. Greifswald.
Welwei, K.-W. (1979), Die spartanische Phylenordnung im Spiegel der Großen Rhetra und des Tyrtaios, Gymnasium 86, 178–196 (= in: Sparta, hrsg. v. K. Christ, Darmstadt 1986, 426–447).

Expansion, Kolonisation und Messenische Kriege

Bockisch, G. (1985), Die Helotisierung der Messenier. Ein Interpretationsversuch zu Pausanias IV 14,4 f., in: Antike Abhängigkeitsformen in den griechischen Gebieten ohne Polisstruktur und den römischen Provinzen, hrsg. v. H. Kreissig u. F. Kühnert, Berlin (Ost), 29–48.
Caserta, C. (1999), Erodoto, i Battiadi e Sparta, in: Erodoto e l'Occidente, Kokalos Suppl. 15, Rom, 67–109.
Costanzi, V. (1922), La durata della terza guerra messenica, RFIC 50, 289–306.
Ehrenberg, V. (1924), Spartiaten und Lakedaimonier, Hermes 59, 22–72 (= ders., Polis und Imperium. Beiträge zur Alten Geschichte, hrsg. v. K. F. Stroheker u. A. J. Graham, Zürich/Stuttgart 1965, 161–201).
Ganci, R. (1999), I ›segni cadmei‹ e gli Egeidi nella tradizione erodotea su Dorieo spartano, in: Erodoto e l'occidente, Kokalos Suppl. 15, Rom, 213–259.
Harvey, F. D. (1967), Oxyrhynchus Papyrus 2390 and Early Spartan History, JHS 87, 62–73.
Kelly, Th. (1970), Did the Argives Defeat the Spartans at Hysiae in 669 B. C.?, AJPh 91, 31–42.
Kiechle, F. (1959), Messenische Studien. Untersuchungen zur Geschichte der Messenischen Kriege und der Auswanderung der Messenier, Diss. Erlangen 1957, Kallmünz.
Kiechle, F. (1963), Lakonien und Sparta. Untersuchungen zur ethnischen Struktur und zur politischen Entwicklung Lakoniens und Spartas bis zum Ende der archaischen Zeit, Vestigia 5, München.
Klaffenbach, G. (1950), Das Jahr der Kapitulation von Ithome und der Ansiedlung der Messenier in Naupaktos, Historia 1, 231–235.
Kroymann, J. (1937), Sparta und Messenien. Untersuchungen zur Überlieferung der messenischen Kriege, Neue Philologische Untersuchungen 11, Berlin.
Lewis, D. M. (1953/54), Ithome again, Historia 2, 412–418.
Link, S. (2000), Das frühe Sparta. Untersuchungen zur spartanischen Staatsbildung im 7. und 6. Jahrhundert v. Chr., St. Katharinen.
Luraghi, N. (2008), The Ancient Messenians. Constructions of Ethnicity and Memory, Cambridge.
Malkin, I. (1994), Myth and territory in the Spartan Mediterranean, Cambridge (= La Méditerranée spartiate. Mythe et territoire, Paris 1999).
Manni, E. (1982), Epeunacti o partenii?, in: Festschr. C. Sanfilippo, Bd. 1, Mailand, 293–305.
Meier, M. (1998), Aristokraten und Damoden. Untersuchungen zur inneren Entwicklung Spartas im 7. Jahrhundert v. Chr. und zur politischen Funktion der Dichtung des Tyrtaios, Stuttgart, 70–141.
Nafissi, M. (1981–82), A proposito degli Aigheidai: grandi ghéne ed emporía nei rapporti Sparta-Cirene, AFLPer 18, 183–213.
Nafissi, M. (1985), Battiadi e Aigeidai: Per la Storia dei Rapporti tra Cirene e Sparta in età Arcaica, in: Cyrenaica in Antiquity, hrsg. v. G. Barker u. a., BAR International Series 236, Oxford, 375–386.
Paradiso, A. (1983–84), Gli Epeunatti spartani, Index 12, 355–365.
Parker, V. (1991), The Dates of the Messenian Wars, Chiron 21, 25–47.
Philippides, M. (1979), The Partheniai and the Foundation of Taras, AncW 2, 79–82.
Prontera, F. (1978/79), I Minii sul Taigeto (Erodoto IV 145): genealogia e sinecismo in Sparta arcaica, AFLPer 16, 157–166.

Qviller, B. (1996), Reconstructing the Spartan Partheniai: many guesses and a few facts, SO 71, 34–41.
Schwartz, E. (1937), Die messenische Geschichte bei Pausanias, Philologus 92, 19–46.
Tausend, K. (1989), Zur Historizität der Schlacht von Hysiai, RSA 19, 137–147.
Vannicelli, P. (1992), Gli Egidi e le relazioni tra Sparta e Cirene in età arcaica, QUCC 41,2, 55–73.
Zingg, E. (2016), Die Schöpfung der pseudohistorischen westpeloponnesischen Frühgeschichte. Ein Rekonstruktionsversuch, Vestigia 70, München.

Lykurg

Attinger, G. (1892), Essai sur Lycurgue et ses institutions, Neuchâtel.
Blois, L. de (2005), Plutarch's Lycurgus: A Platonic Biography, in: Biographie und Prosopographie, Festschr. A. R. Birley, hrsg. v. K. Vössing, Historia Einzelschr. 178, Stuttgart, 91–102.
Bringmann, K. (1999), Lykurg, in: Große Gestalten der griechischen Antike. 58 historische Portraits von Homer bis Kleopatra, hrsg. v. K. Brodersen, München, 72–78. 487.
Brouwers, A. (1952), Lycurgue et la date de la fondation des jeux olympiques, in: Mélanges G. Smets, Brüssel, 117–124.
Ciccotti, E. (1886), La costituzione cosi detta di Licurgo. Saggio critico sull'evoluzione del diritto a Sparta, Neapel (ND Rom 1967).
Costanzi, V. (1910), Licurgo, RFIC 38, 38–55.
David, E. (2007), Myth and Historiography: Lykourgos, in: Greeks between East and West. Essays in Greek Literature and History in Memory of David Asheri, hrsg. von G. Herman u. I. Shatzman, Jerusalem, 115–135.
David, E. (2007), Xénophon et le mythe de Lycurgue, Ktema 32, 297–310.
Forrest, W. G. (1963), The Date of the Lykourgan Reforms at Sparta, Phoenix 17, 157–179.
Gelzer, H. (1873), Lykurgos und die delphische Priesterschaft, RhM 28, 1–55.
Hammond, N. G. L. (1950), The Lycurgean reform at Sparta, JHS 70, 42–64 (= ders., Studies in Greek History, Oxford 1973, 47–103: The Creation of Classical Sparta).
Hölkeskamp, K.-J. (2010), Lykurg – der Mythos vom Verfassungsstifter und Erzieher, in: Die griechische Welt. Erinnerungsorte der Antike, hrsg. v. E. Stein-Hölkeskamp u. K.-J. Hölkeskamp, München, 316–335.
Hooker, J. T. (1988), The Life and Times of Lycurgus the Lawgiver, Klio 70, 340–345.
Kessler, E. (1910), Plutarchs Leben des Lykurgos, Quellen und Forschungen zur alten Geschichte und Geographie 23, Berlin.
Manfredini, M. – Piccirilli, L. (Hrsg.) (1990), Plutarco. Le vite di Licurgo e di Numa, 2. Aufl., Mailand.
Meyer, Ed. (1892), Lykurgos von Sparta, in: ders., Forschungen zur Alten Geschichte, Bd. 1, Halle (ND Hildesheim 1966), 211–286.
Mossé, C. (1996), Due miti politici: Licurgo e Solone, in: I Greci. Storia, Cultura, Arte, Società, Bd. 2,1, hrsg. v. S. Settis, Turin, 1325–1335.
Mossé, C. (1998), La construction d'un mythe historique: La Vie de Lycurgue de Plutarque, in: Philosophes et historiens anciens face aux mythes, hrsg. v. D. Bouvier u. C. Calame, Lausanne, 83–88.
Nusselt, E. (1898), Das Lykurgproblem, Diss. Erlangen.
Oliva, P. (1967), Das lykurgische Problem, AAntHung 15, 273–281.
Oliva, P. (1984), Die »Lykurgische« Verfassung in der griechischen Geschichtsschreibung der klassischen Zeitperiode, Klio 66, 533–540.
Paradiso, A. (2000), Lycurgue spartiate: analogie, anachronisme et achronie dans la construction historiographique du passé, in: Constructions du temps dans le monde grec ancien, hrsg. v. C. Darbo-Peschanski, Paris, 373–391.
Piccirilli, L. (1981), Licurgo e Alcandro. Monoftalmia e origine dell'agogé spartana, Historia 30, 1–10.
Ruzé, F. (2005), Lycurgue de Sparte et ses collègues, in: Le législateur et la loi dans l'Antiquité. Festschr. F. Ruzé, hrsg. v. P. Sineux, Caen, 151–160.
Toepffer, J. (1897), Die Gesetzgebung des Lykurg, in: ders., Beiträge zur griechischen Altertumswissenschaft, Berlin, 347–362.

Die Große Rhetra

Adrados, F. R. (1954), Sobre la retra de Licurgo, con una nueva conjetura, Emerita 22, 271–277.
Andrewes, A. (1938), Eunomia, CQ 32, 89–102.
Bringmann, K. (1975), Die Große Rhetra und die Entstehung des spartanischen Kosmos, Historia 24, 513–538 (= in: Sparta, hrsg. v. K. Christ, Darmstadt 1986, 351–386).
Butler, D. (1962), Competence of the Demos in the Spartan Rhetra, Historia 11, 385–396.
Dreher, M. (2006), Die Primitivität der frühen spartanischen Verfassung, in: Das Frühe Sparta, hrsg. v. A. Luther, M. Meier, L. Thommen, Stuttgart, 43–62.
Gianotti, G. F. (1971), Note alla rhetra di Licurgo, RFIC 99, 430–434.
Hahn, I. (1983), Demos und Kratos, Homonoia 5, 69–114.
Hölscher, U. (1986), Tyrtaios über die Eunomie, in: Studien zur Alten Geschichte, Festschr. S. Lauffer, hrsg. v. H. Kalcyk u. a., Bd. 2, Rom, 413–420 (= in: ders., Das nächste Fremde, hrsg. v. J. Latacz u. M. Kraus, München 1994, 82–86).
Jones, A. H. M. (1966), The Lycurgan Rhetra, in: Ancient Society and Institutions, Festschr. V. Ehrenberg, Oxford, 165–175.
Lévy, E. (1973), La rhétra. Réponse à Claude Mossé, PP 28, 21–22.
Lévy, E. (1977), La Grande Rhètra, Ktema 2, 85–103.
Liberman, G. (1997), Plutarque et la »grande rhétra«, Athenaeum 85, 204–207.
Link, S. (2003), Eunomie im Schoß der Rhetra? Zum Verhältnis von Tyrt. frgm. 14 W und Plut. Lyk. 6,2 und 8, GFA 6, 141–150.
Lupi, M. (2014), Testo e Contesti. La Grande Rhetra e le procedure spartane di ammissione alla cittadinanza, IncidAntico 12, 9–41.
Maffi, A. (2002), Studi recenti sulla Grande Rhetra, Dike 5, 195–236.
Meier, M. (2002), Tyrtaios fr. 1b G/P bzw. fr. 14 G/P (= fr. 4 W) und die Große Rhetra – kein Zusammenhang?, GFA 5, 65–87.
Musti, D. (1996), Regole politiche a Sparta: Tirteo e la Grande Rhetra, RivFil 124, 257–281.
Myres, J. L. (1951), The Rhetra of Lycurgus: φυλαί and ὠβαί, CR 1, 67–68.
Nafissi, M. (2010), The Great rhetra (Plut. Lyc. 6): a retrospective and intentional construct?, in: Intentional History. Spinning Time in Ancient Greece, hrsg. v. L. Foxhall u. a., Stuttgart, 89–119.
Negri, M. (1978), Ὠβὰς ὠβάξαντα, Acme 31, 253–260.
Ogden, D. (1994), Crooked speech: the genesis of the Spartan rhetra, JHS 114, 85–102.
Pavese, C. (1967), Un' emendazione alle retra di Licurgo, RFIC 95, 129–133.
Pavese, O. (1992), La Rhetra di Licurgo, RFIC 120, 260–285.
Pecorella Longo, C. (2008), Νίκη καὶ κάρτος in Tirteo 14 G.-P. e la rhetra, Prometheus 34, 115–128.
Raaflaub, K. A. (2006), Athenian and Spartan eunomia, or: what to do with Solon's timocracy?, in: Solon of Athens. New Historical and Philological Approaches, hrsg. v. J. H. Blok u. A. P. M. H. Lardinois, Leiden/Boston, 390–423.
Rudolph, H. (1956), Die lykurgische Rhetra und die Begründung des spartanischen Staates, in: Festschr. B. Snell, hrsg. v. H. Erbse, München, 61–76.
Ruzé, F. (1991), Le conseil et l'assemblée dans la grande rhètra de Sparte, REG 104, 15–30.
Schulz, F. (2009), Lykurgs Reform ohne Demokratie? Zwei Konjekturen der Rhetra, Ktema 34, 333–349.
Steinmetz, P. (1969), Das Erwachen des geschichtlichen Bewußtseins in der Polis, in: Politeia und Res Publica, hrsg. v. P. Steinmetz, Palingenesia 4, Wiesbaden, 52–78.
Treu, M. (1941), Der Schlußsatz der Großen Rhetra, Hermes 76, 22–42.
Tsopanakis, A. G. (1954), La rhètre de Lycurgue – L'annexe – Tyrtée, Hellenika Suppl. 6, Thessaloniki.
Tsopanakis, A. G. (1967), The technical and formular Aspects of the Spartan Rider (αἰ δὲ σκολιὰν ὁ δᾶμος ἔροιτο), in: Europa. Studien zur Geschichte und Epigraphik der frühen Aegaeis, Festschr. E. Grumach, hrsg. v. W. C. Brice, Berlin, 303–319.
Vélissaropoulos-Karakostas, J. (2005), Codes oraux et lois écrites. La grande rhètra et les sources du droit à l'époque archaïque, in: Le législateur et la loi dans l'Antiquité, Festschr. F. Ruzé, hrsg. v. P. Sineux, Caen, 109–118.
Wade-Gery, H. T. (1943–44), The Spartan Rhetra in Plutarch, Lycurgus VI, CQ 37–38 (= ders., Essays in Greek History, Oxford 1958, 37–85).
Wees, H. van (1999), Tyrtaeus' Eunomia: nothing to do with the Great Rhetra, in: The Shadow of Sparta, hrsg. v. A. Powell u. S. Hodkinson, London/New York, 1–41.

Wees, H. van (2002), Gute Ordnung ohne Große Rhetra. Noch einmal zu Tyrtaios' Eunomia, GFA 5, 89-103.
Welwei, K.-W. (1979), Die spartanische Phylenordnung im Spiegel der Großen Rhetra und des Tyrtaios, Gymnasium 86, 178-196 (= in: Sparta, hrsg. v. K. Christ, Darmstadt 1986, 426-447; = ders., Polis und Arché, hrsg. v. M. Meier, Stuttgart 2000, 42-63).

Heeres- und Bürgerverband zur Zeit des Tyrtaios

Cartledge, P. (1977), Hoplites and Heroes: Sparta's contribution to the technique of ancient warfare, JHS 97, 11-27 (dt. in: Sparta, hrsg. v. K. Christ, Darmstadt 1986, 387-425 mit Nachtrag 470; überarbeitet in: ders., Spartan Reflections, Berkeley/Los Angeles 2001, 153-166).
Ehrenberg, V. (1933), Der Damos im archaischen Sparta, Hermes 68, 288-305 (= ders., Polis und Imperium. Beiträge zur Alten Geschichte, hrsg. v. K. F. Stroheker u. A. J. Graham, Zürich/Stuttgart 1965, 202-220).
Jaeger, W. (1932), Tyrtaios über die wahre ἀρετή, SPAW 23 (= ders., Scripta Minora, Bd. 2, Rom 1960, 75-114).
Latacz, J. (1977), Kampfparänese, Kampfdarstellung und Kampfwirklichkeit in der Ilias, bei Kallinos und Tyrtaios, Zetemata 66, München.
Luginbill, R. D. (2002), Tyrtaeus 12 West: come join the Spartan army, CQ 52, 405-414.
Meier, M. (1998), Aristokraten und Damoden. Untersuchungen zur inneren Entwicklung Spartas im 7. Jahrhundert v. Chr. und zur politischen Funktion der Dichtung des Tyrtaios, Stuttgart.
Prato, C. (1968), Tyrtaeus, Rom.
Sánchez-Mañas, C. (2013), Excellence: Tyrtaeus' own View. A Literary Analysis of Fragment 9, Erga-Logoi 1, 107-122.
Shey, H. J. (1976), Tyrtaeus and the Art of Propaganda, Arethusa 9,1, 5-28.
Tarkow, Th. A. (1983), Tyrtaeus, 9D.: the Role of Poetry in the New Sparta, AC 52, 48-69.
Welwei, K.-W. (1979), Die spartanische Phylenordnung im Spiegel der Großen Rhetra und des Tyrtaios, Gymnasium 86, 178-196 (= in: Sparta, hrsg. v. K. Christ, Darmstadt 1986, 426-447; = ders., Polis und Arché, hrsg. v. M. Meier, Stuttgart 2000, 42-63).

Soziale und kulturelle Verhältnisse zur Zeit des Alkman

Bagordo, A. (1998), Zu Alkman, fr. 17 Davies, Hermes 126, 259-268.
Bowie, E. (2011), Alcman's first Partheneion and the song the Sirens sang, in: Archaic and Classical Choral Song. Performance, Politics and Dissemination, hrsg. v. L. Athanassaki u. E. Bowie, Berlin/Boston, 33-65.
Calame, C. (1977), Les choeurs de jeunes filles en Grèce archaïque, 2 Bde., Rom.
Calame, C. (1983), Alcman, Rom.
Calame, C. (2014), Itinéraires initiatiques et poésie rituelle en Grèce ancienne: Rites de passage pour adolescentes à Sparte, in: Life, death, and coming of age in Antiquity: individual rites of passage in the Ancient Near East and adjacent regions, hrsg. v. A. Mouton u. J. Patrier, Leiden, 463-479.
Clark, Ch. A. (1996), The gendering of the body in Alcman's Partheneion 1. Narrative, sex, and social order in archaic Sparta, Helios 23, 143-172.
Dale, A. (2011), Topics in Alcman's Partheneion, ZPE 176, 24-38.
Ferrari, G. (2008), Alcman and the cosmos of Sparta, Chicago/London.
Krummen, E. (2013), Kolymbôsai, klinai und eine lydische Mitra. Alkman als Dichter der orientalisierenden Epoche Spartas, in: Kultur(en). Formen des Alltäglichen in der Antike, Festschr. I. Weiler, hrsg. v. P. Mauritsch u. Ch. Ulf, Graz, 19-44.
Page, D. L. (1951), Alkman. The Partheneion, Oxford.
Peponi, A.-E. (2007), Sparta's prima ballerina: choreia in Alcman's second Partheneion (3 PMGF), CQ 57, 351-362.
Pizzocaro, M. (1990), Alcmane e la gastronomia poetica, AION (filol) 12, 285-308.
Quattrocelli, L. (2002), Poesia e convivialità a Sparta arcaica. Nuove prospettive di studio, Cahiers du Centre Gustave-Glotz 13, 7-32.

Rangos, S. (2007), Alcman's Cosmogony in Poetic and Political Context, in: The Contribution of Ancient Sparta to Political Thought and Practice, hrsg. v. N. Birgalias u. a., Athen, 159–177.
Stoessl, F. (1947), Leben und Dichtung im Sparta des siebenten Jahrhunderts, in: Eumusia, Festschr. E. Howald, Zürich, 92–114.
Von der Mühll, P. (1951), Kultische und andere Mahlzeiten bei Alkman, Schweiz. Archiv für Volkskunde 47, 207–214 (= ders., Ausgewählte Kleine Schriften, hrsg. v. B. Wyss, Basel 1976, 253–260).

Der Peloponnesische Bund

Antonetti, C. (2012), Il trattato fra Sparta e gli Etoli Erxadiei: una riflessione critica, in: Salvare le poleis, costruire la concordia, progettare la pace, hrsg. v. S. Cataldi u. a., Alessandria, 193–208.
Baltrusch, E. (2001), Mythos oder Wirklichkeit? Die Helotengefahr und der Peloponnesische Bund, HZ 272, 1–23.
Birgalias, N. (2003), The Peloponnesian League as a Political Organization, in: The Idea of European Community in History, hrsg. v. K. Buraselis u. K. Zoumboulakis, Athen, 19–26.
Boedeker, D. (1993), Hero Cult and Poetics in Herodotus. The Bones of Orestes, in: Cultural Poetics in Archaic Greece, hrsg. v. C. Dougherty u. L. Kurke, Cambridge, 164–177.
Bolmarcich, S. (2005), Thucydides 1.19.1 and the Peloponnesian League, GRBS 45, 5–34.
Bolmarcich, S. (2008), The Date of the »Oath of the Peloponnesian League«, Historia 57, 65–79.
Brasa, S. R. (1953), La liga del Peloponeso del 550 al 450 A. C., Humanidades 5, 211–227.
Braun, Th. (1994), ΧΡΗΣΤΟΥΣ ΠΟΙΕΙΝ, CQ 44, 40–45.
Busolt, G. (1878), Die Lakedaimonier und ihre Bundesgenossen, Bd. 1: Bis zur Begründung der athenischen Seehegemonie, Leipzig.
Cartledge, P. (1976), A new 5th-century Spartan treaty, LCM 1, 87–92.
Cartledge, P. (1978), The new 5th-century Spartan treaty again, LCM 3, 189–190.
Cawkwell, G. L. (1993), Sparta and her allies in the sixth century, CQ 43, 364–376.
Christien, J. (2007), Sparte et le concept de symmachie, in: The Contribution of Ancient Sparta to Political Thought and Practice, hrsg. v. N. Birgalias u. a., Athen, 77–94.
Cozzoli, U. (1985), Sul nuovo documento di alleanza tra Sparta e gli Etoli, in: Xenia, Festschr. P. Treves, hrsg. v. F. Broilo, Rom, 67–76.
Gillone, D. C. (2004), I Lacedemoni e l'autonomia degli alleati peloponnesiaci nelle Elleniche. Il caso di Mantinea, in: Il Peloponneso di Senofonte, hrsg. v. G. Daverio Rocchi u. M. Cavalli, Mailand, 115–141.
Gillone, D. C. (2007), Le origini della Lega peloponnesiaca nella ricerca storiografica moderna, in: Vestigia antiquitatis, hrsg. v. G. Zanetto u. a., Mailand, 3–34.
Gschnitzer, F. (1958), Abhängige Orte im griechischen Altertum, Zetemata 17, München.
Gschnitzer, F. (1978), Ein neuer spartanischer Staatsvertrag und die Verfassung des Peloponnesischen Bundes, Beiträge zur Klassischen Philologie 93, Meisenheim a. G.
Jacoby, F. (1944), ΧΡΗΣΤΟΥΣ ΠΟΙΕΙΝ (Aristoteles fr. 592 R.), CQ 38, 15–16. Jones, A. H. M. (1952–53), Two Synods of the Delian and Peloponnesian Leagues, PCPhS 2, 43–46.
Kelly, D. H. (1978), The new Spartan treaty, LCM 3, 133–141.
Kimmerle, R. (2005), Völkerrechtliche Beziehungen Spartas in spätarchaischer und frühklassischer Zeit, Münster.
Larsen, J. A. O. (1933/1934), The Constitution of the Peloponnesian League, CPh 28, 257–276; 29, 1–19.
Leahy, D. M. (1955), The Bones of Tisamenus, Historia 4, 26–38.
Lendon, J. E. (1994), Thucydides and the ›Constitution‹ of the Peloponnesian League, GRBS 35, 159–177.
Moreau, A. (1990), Le retour des cendres: Oreste et Thésée, deux cadavres (ou deux mythes?) au service de la propagande politique, in: Mythe et politique, hrsg. v. F. Jouan u. A. Motte, Paris, 209–218.
Moretti, L. (1946), Sparta alla metà del VI sec., RFIC 74, 87–103.
Moretti, L. (1962), Ricerche sulle leghe greche (Peloponnesiaca – Beotica – Licia), Rom.
Niccolini, G. (1905), Per la storia di Sparta. La confederazione del Peloponneso, RIL 38, 538–557.

Peek, W. (1974), Ein neuer spartanischer Staatsvertrag, ASAW 65,3, Berlin (Ost).
Thommen, L. (2013), Spartas Verhältnis zu Elis und Olympia, in: War – Peace and Panhellenic Games, hrsg. v. N. Birgalias u. a., Athen, 329–344.
Wickert, K. (1961), Der peloponnesische Bund von seiner Entstehung bis zum Endes des archidamischen Krieges, Diss. Erlangen.
Wolff, Ch. (2010), Sparta und die peloponnesische Staatenwelt in archaischer und klassischer Zeit, München.
Yates, D. C. (2005), The Archaic Treaties between the Spartans and their Allies, CQ 55, 65–76.

Dorieus

Braccesi, L. (1999), Dorieo, un monumento e un epitafio, in: Erodoto e l'Occidente, Kokalos Suppl. 15, Rom, 41–46.
Braccesi, L. (1999), L'enigma Dorieo, Hesperia 11, Rom.
Cartledge, P. A. (1982), Sparta and Samos: A ›special relationship‹?, CQ 32, 243–264.
Ganci, R. (1995), La spedizione di Dorieo in Libia, Hesperia 5, 223–231.
Hornblower, S. (2007), The Dorieus episode and the Ionian Revolt (5.42–8), in: Reading Herodotus. A Study of the logoi in Book 5 of Herodotus' Histories, hrsg. v. E. Irwin u. E. Greenwood, Cambridge, 168–178.
Kukofka, D.-A. (1991), Das μαρτύριον μέγιστον der Sybariten (Herodot, 5, 43–46), Hermes 119, 374–380.
Mastruzzo, G. (1977), Osservazioni sulla spedizione di Dorieo, Sileno 3, 129–147.
Merante, V. (1970), Sulla cronologia di Dorieo e su alcuni problemi connessi, Historia 19, 272–294.
Reinard, P. (2012), Dorieus und Kleomenes I. – Überlegungen zu Hdt. 5,39–48, FeRA 18, 29–41.
Simula, G. (1998–1999), Erodoto e l'Occidente: la spedizione di Dorieo, Sandalion 21–22, 5–24.
Stauffenberg, A. Schenk Graf von (1960), Dorieus, Historia 9, 181–215.
Trotta, F. (1991), Lasciare le madrepatria per fondare una colonia. Tre esempi nella storia di Sparta, in: Idea e realtà del viaggio. Il viaggio nel mondo antico, hrsg. v. G. Camassa u. S. Fasce, Genua, 37–66.

Chilon

Bernhardt, R. (1987), Die Entstehung der Legende von der tyrannenfeindlichen Außenpolitik Spartas im sechsten und fünften Jahrhundert v. Chr., Historia 36, 257–289.
Ehrenberg, V. (1925), Neugründer des Staates. Ein Beitrag zur Geschichte Spartas und Athens im VI. Jahrhundert, München.
Ehrenberg, V. (1927), Der Gesetzgeber von Sparta, in: Επιτύμβιον, Festschr. H. Swoboda, Reichenberg, 19–28.
Leahy, D. M. (1955/56), Chilon and Aeschines: A Further Consideration of Rylands Greek Papyrus fr. 18, BRL 38, 406–435.
Leahy, D. M. (1958), Chilon and Aeschines Again, Phoenix 12, 31–37.
Luther, A. (2002), Chilon von Sparta, in: Gelehrte in der Antike, Festschr. A. Demandt, hrsg. v. A. Goltz u. a., Köln/Weimar/Wien, 1–16.
Stibbe, C. M. (1985), Chilon of Sparta, MNIR 46, 7–24.

Kleomenes und Demaratos

Boedeker, D. (1987), The Two Faces of Demaratus, Arethusa 20, 185–201.
Bultrighini, U. (2003), Cleomene, Erodoto e gli altri, in: Storiografia e regalità nel mondo greco, hrsg. v. E. Luppino Manes, Alessandria, 51–119.

Burghaus, G. (1874/75), König Cleomenes I. von Sparta, Anklam.
Burkert, W. (1965), Demaratos, Astrabakos und Herakles. Königsmythos und Politik zur Zeit der Perserkriege (Herodot 6, 67–69), MH 22, 166–177.
Carlier, P. (1977), La vie politique à Sparte sous le règne de Cléomène Ier. Essai d'interprétation, Ktema 2, 65–84.
Carlier, P. (2004), Cleomene I, re di Sparta, in: Contro le ›leggi immutabili‹. Gli Spartani fra tradizione e innovazione, hrsg. v. C. Bearzot u. F. Landucci, Mailand, 33–52.
Cawkwell, G. L. (1993), Cleomenes, Mnemosyne 46, 506–527.
Devereux, G. (1995), Cléomène le roi fou. Étude d'histoire ethnopsychanalytique, Paris.
Dovatour, A. (1937), La ménace de Démarate (Hérodote, VI, 67), REG 50, 464–469.
Gioiosa, R. (2007), Erodoto e le scelte di Sparta: ricostruzione delle dinamiche della politica interna lacedemone fra 560 e 479 a. C., MediterrAnt 10, 345–384.
Giusti, A. (1929), Il suicidio di Cleomene, A&R 10, 54–76.
Harvey, D. (1979), Leonidas the Regicide? Speculations on the death of Kleomenes I, in: Arktouros, Festschr. B. M. W. Knox, hrsg. v. G. W. Bowersock u. a., Berlin, 253–260.
Hennig, D. (1992), Herodot 6,108: Athen und Plataiai, Chiron 22, 13–24.
Hereward, D. (1958), The Flight of Damaratos, RhM 101, 239–249.
Klein, S. C. (1973), Cleomenes: A Study in Early Spartan Imperialism, Diss. Kansas.
Lenschau, Th. (1938), König Kleomenes I. von Sparta, Klio 31, 412–429.
Luria, S. (1928), Der Selbstmord des Königs Kleomenes I., PhW 48, 27–29.
Meier, M. (1999), Kleomenes I., Damaratos und das spartanische Ephorat, GFA 2, 89–108.
Parker, R. (1998), Cleomenes on the Acropolis. An Inaugural Lecture delivered before the University of Oxford on 12 May 1997, Oxford.
Ste. Croix, G. E. M. de (2004), Herodotus and King Cleomenes I. of Sparta, in: ders., Athenian Democratic Origins and other essays, hrsg. v. D. Harvey u. R. Parker, Oxford, 421–440.
Tritle, L. A. (1988), Kleomenes at Eleusis, Historia 37, 457–460.
Voutiras, E. (2000), Le cadavre et le serpent, ou l'héroïsation manquée de Cléomène à Sparte, in: Héros et héroïnes dans les mythes et les cultes grecs, hrsg. v. V. Pirenne-Delforge u. E. Suárez de la Torre, Kernos Suppl. 10, Liège, 377–394.
Wallace, W. P. (1954), Kleomenes, Marathon, the Helots, and Arkadia, JHS 74, 32–35.
Welwei, K.-W. (2007), Kleomenes I und Pausanias: Zum Problem von Einzelpersönlichkeit und Polis in Sparta im späten 6. und frühen 5. Jahrhundert v.Chr., in: Herodot und die Epoche der Perserkriege, Festschr. D. Kienast, hrsg. v. B. Bleckmann, Köln/Weimar/Wien, 37–52 (= in: ders., Nachlese. Kleine Schriften zur Sozial- und Herrschaftsgeschichte in der griechischen und römischen Welt, hrsg. v. I. Samotta, Stuttgart 2012, 177–192).
Zahrnt, M. (1992), Der Mardonioszug des Jahres 492 v. Chr. und seine historische Einordnung, Chiron 22, 237–279.
Zographou, G. (2007), Généalogie et historiographie: une réécriture de la généalogie des rois de Sparte. Le cas de Démarate chez Hérodote, Kernos 20, 189–204.

Gorgo

Paradiso, A. (1993), Gorgô la Spartana, in: Grecia al femminile, hrsg. v. N. Loraux, Rom/Bari, 109–122 (= Gorgô, la spartiate, in: La Grèce au féminin, hrsg. v. N. Loraux, Paris 2003, 113–131).
Paradiso, A. (2013), Gorgô et les manipulations de la fonction, in: Des femmes en action. L'individu et la fonction en Grèce antique, hrsg. v. S. Boehringer u. V. Sebillotte Cuchet, Paris/Athen, 39–51.

Die Perserkriege

Balcer, J. M. (1995), The Persian Conquest of the Greeks 545–450 B. C., Konstanz.
Baltrusch, E. (1994), Symmachie und Spondai. Untersuchungen zum griechischen Völkerrecht der archaischen und klassischen Zeit (8.–5.Jahrhundert v.Chr.), Berlin/New York.

Bouidghaghen, N. (2017), »Ceux dont j'ai appris le nom«: Hérodote et les Thermopyles, in: Das antike Sparta, hrsg. v. V. Pothou u. A. Powell, Stuttgart, 207–220.
Cartledge, P. (2006), Thermopylae. The Battle that Changed the World, London.
Cartledge, P. (2013), After Thermopylae. The oath of Plataea and the end of the Greco-Persian Wars, Oxford.
Fischer, J. (2013), Die Perserkriege, Darmstadt.
Fontana, F. (2008), Gli alleati peloponnesiaci nell'età delle Guerre Persiane e i rapporti tra Sparta e Atene, Simblos 5, 253–289.
Green, P. (1996), The Greco-Persian Wars, Berkeley/Los Angeles/London.
Keaveney, A. (2011), The Persion Invasion of Greece, Barnsley.
Kienast, D. (2003), Der Hellenenbund von 481 v.Chr., Chiron 33, 43–77.
Lazenby, J. F. (1993), The Defence of Greece 490–479 B. C., Warminster.
Luther, A. (2007), Die verspätete Ankunft des spartanischen Heeres bei Marathon (490 v.Chr.), in: Getrennte Wege? Kommunikation, Raum und Wahrnehmung in der Alten Welt, hrsg. v. R. Rollinger u. a., Frankfurt a. M., 381–403.
Mariggiò, V. A. (2007), Le voyage en Asie des Spartiates Sperthias et Boulis, LEC 75, 193–205.
Rahe, P. A. (2015), The Grand Strategy of Classical Sparta. The Persian Challenge, New Haven/London.
Will, W. (2010), Die Perserkriege, München.
Zahrnt, M. (2007), Überlegungen zu den athenisch-spartanischen Beziehungen im Zeitalter der Perserkriege, in: Herodot und die Epoche der Perserkriege, Festschr. D. Kienast, hrsg. v. B. Bleckmann, Köln/Weimar/Wien, 67–99.

Eurybiades

Guratzsch, C. (1925), Eurybiades und Themistokles bei Artemision und Salamis, Klio 19, 62–72.
Guratzsch, C. (1961), Der Sieger von Salamis, Klio 39, 48–65.

Leonidas

Christien, J. – Le Tallec, Y. (2013), Léonidas. Histoire et mémoire d'un sacrifice, Paris.
Dascalakis, A. (1964), Les raisons réelles du sacrifice de Léonidas et l'importance historique de la bataille des Thermopyles, StudClas 6, 57–82.
Evans, J. A. S. (1964), The »Final Problem« at Thermopylae, GRBS 5, 231–237.
Fortunato, G. (2005), Leonida da comandante degli Spartani sconfitti a eroe, Incidenza dell'antico 3, 139–150.
Grant, J. R. (1961), Leonidas' Last Stand, Phoenix 15, 14–27.
Hammond, N. G. L. (1996), Sparta at Thermopylae, Historia 45, 1–20 (= ders., Collected Studies, Bd. 4, Amsterdam 1997, 43–62).
Hope Simpson, R. (1972), Leonidas' Decision, Phoenix 26, 1–11.
Miltner, F. (1935), Pro Leonida, Klio 28, 228–241.
Schaefer, H. (1957), Das Eidolon des Leonidas, in: Charites. Studien zur Altertumswissenschaft, hrsg. v. K. Schauenburg, Bonn, 223–233 (= ders., Probleme der Alten Geschichte. Gesammelte Abhandlungen und Vorträge, hrsg. v. U. Weidemann u. W. Schmitthenner, Göttingen 1963, 323–336).
Szemler, G. J. – Cherf, W. J. – Kraft, J. C. (1996), Thermopylai. Myth and Reality in 480 B. C., Chicago.

Pausanias

Blamire, A. (1970), Pausanias and Persia, GRBS 11, 295–305.
Bourriot, F. (1982), Pausanias fils de Cléombrotos vainqueur de Platées, L'Information Historique 44, 1–16.

Cornelius, F. (1973), Pausanias, Historia 22, 502–504.
Demir, M. (2009), Pausanias' actions in Byzantium after the victory at Plataea. A reconsideration (478–469 BC), Athenaeum 97, 59–68.
Ellinger, P. (2007), Entre mythe et politique: la Tragique Histoire du régent Pausanias de Sparte, in: The Contribution of Ancient Sparta to Political Thought and Practice, hrsg. v. N. Birgalias u. a., Athen, 315–325.
Fornara, Ch. W. (1966), Some Aspects of the Career of Pausanias of Sparta, Historia 15, 257–271.
Giorgini, G. (2004), The riddle of Pausanias. Unraveling Thucydides' account, RSA 34, 181–206.
Konishi, H. (1970), Thucydides' Method in the Episodes of Pausanias and Themistocles, AJPh 91, 52–69.
Lazenby, J. F. (1975), Pausanias, Son of Kleombrotos, Hermes 103, 235–251.
Lehmann-Haupt, C. F. (1921), Pausanias, Heros Ktistes von Byzanz, Klio 17, 59–73.
Lippold, A. (1965), Pausanias von Sparta und die Perser, RhM 108, 320–341.
Loomis, W. T. (1990), Pausanias, Byzantion and the Formation of the Delian League. A Chronological Note, Historia 39, 487–492.
Nafissi, M. (2004), Pausania, il vincitore di Platea, in: Contro le ›leggi immutabili‹. Gli Spartani fra tradizione e innovazione, hrsg. v. C. Bearzot u. F. Landucci, Mailand, 53–90.
Nafissi, M. (2004), Tucidide, Erodoto e la tradizione su Pausania nel V secolo, in: Sparta fra tradizione e storia, hrsg. v. R. Vattuone, Bologna, 147–180.
Ogden, D. (2002), Three evocations of the dead with Pausanias, in: Sparta. Beyond the Mirage, hrsg. v. A. Powell u. S. Hodkinson, London, 111–135.
Parker, V. (2005), Pausanias the Spartiate as Depicted by Charon of Lampsacus and Herodotus, Philologus 149, 3–11.
Schumacher, L. (1987), Themistokles und Pausanias. Die Katastrophe der Sieger, Gymnasium 94, 218–246.
Westlake, H. D. (1977), Thucydides on Pausanias and Themistocles – A Written Source?, CQ 27, 95–110.
Wolski, J. (1954), Pausanias et le problème de la politique spartiate (480–470), Eos 47, 75–94.
Wolski, J. (1979), Les Ilotes et la question de Pausanias, régent de Sparte, Pubbl. ist. di storia ant., Univ. di Padova 13, 7–20.

Leotychidas

Littmann, R. J. (1969), A New Date for Leotychidas, Phoenix 23, 269–277.
Schieber, A. S. (1982), Leotychidas in Thessaly, AC 51, 5–14.
Stubbs, H. W. (1959), The Speech of Leotychidas in Herodotus VI 86, PCA 56, 27–28.
Wüst, F. R. (1953), Der Zug des Leotychidas gegen Thessalien 477 v. Chr. Geb., SO 30, 61–67.

Die Pentekontaetie

Bloedow, E. F. (2000), Why did Sparta rebuff the Athenians at Ithome in 462 B. C.?, AHB 14, 89–101.
Bollansée, J. (1991), The Battle of Oinoe in the Stoa Poikile. A Fake Jewel in the Fifth-Century Athenian Crown?, AncSoc 22, 91–126.
Busche, J. (1974), Untersuchungen zur Oinoe-Schlacht des Pausanias, Frankfurt a. M.
Holladay, A. J. (1985), Sparta and the First Peloponnesian War, JHS 105, 161–162.
Kahrstedt, U. (1921), Sparta und Persien in der Pentekontaetie, Hermes 56, 320–325.
Lendon, J. E. (2007), Athens and Sparta and the Coming of the Peloponnesian War, in: The Cambridge Companion to the Age of Pericles, hrsg. v. L. J. Samons II, Cambridge, 258–281.
Lewis, D. M. (1981), The origins of the First Peloponnesian War, in: Classical Contributions, Festschr. M. F. McGregor, hrsg. v. G. S. Shrimpton u. D. J. McCargar, Locust Valley N. Y., 71–78 (= in: ders., Selected Papers in Greek and Near Eastern History, hrsg. v. P. J. Rhodes, Cambridge 1997, 9–21).
Luginbill, R. D. (2014), The Battle of Oinoe, the Painting in the Stoa Poikile, and Thucydides' Silence, Historia 63, 278–291.

Plant, I. M. (1994), The Battle of Tanagra: A Spartan Initiative?, Historia 43, 259–274.
Powell, C. A. (1980), Athen's Difficulty, Sparta's Opportunity: Causation and the Peloponnesian War, AC 49, 87–114.
Pritchett, W. K. (1994), The Alleged Battle of Oinoa, in: ders., Essays in Greek History, Amsterdam, 1–25.
Reece, D. W. (1950), The Battle of Tanagra, JHS 70, 75–76.
Roisman, J. (1993), The Background of the Battle of Tanagra and Some Related Issues, AC 62, 69–85.
Schreiner, J. H. (1993), The battle of Oinoe: a totally intractable problem?, EMC 36, 25–28.
Ste. Croix, G. E. M. de (1972), The Origins of the Peloponnesian War, London.
Vannicelli, P. (2005), Da Platea a Tanagra: Tisameno, Sparta e il Peloponneso durante la Pentecontaetia, in: Erodoto e il ›modello erodoteo‹. Formazione e trasmissione delle tradizioni storiche in Grecia, hrsg. v. M. Giangiulio, Trient, 257–276.

Das politische System

Andreev, J. V. (1975), Sparta als Typ einer Polis, Klio 57, 73–82.
Andrewes, A. (1966), The Government of Classical Sparta, in: Ancient Society and Institutions, Festschr. V. Ehrenberg, Oxford, 1–20 (dt. in: Sparta, hrsg. v. K. Christ, Darmstadt 1986, 290–316).
Braun, E. (1956), Die Kritik der lakedaimonischen Verfassung in den Politika des Aristoteles, Kärntner Museumsschriften 12, Klagenfurt.
Bringmann, K. (1980), Die soziale und politische Verfassung Spartas – ein Sonderfall der griechischen Verfassungsgeschichte?, Gymnasium 87, 465–484 (= in: Sparta, hrsg. v. K. Christ, Darmstadt 1986, 448–469).
Cartledge, P. (1980), The Peculiar Position of Sparta in the Development of the Greek City-State, PRIA 80 (C), 91–108 (= ders., Spartan Reflections, London 2001, 21–38).
Cloché, P. (1942), Aristote et les institutions de Sparte, LEC 11, 289–313.
David, E. (1982/1983), Aristotle and Sparta, AncSoc 13/14, 67–103.
De Laix, R. A. (1974), Aristotle's Conception of the Spartan Constitution, JHPh 12, 21–30.
Forrest, W. G. (1983), Democracy and Oligarchy in Sparta and Athens, EMC 27, 285–296.
Herrmann-Otto, E. (1998), Verfassung und Gesellschaft Spartas in der Kritik des Aristoteles, Historia 47, 18–40.
Hodkinson, S. (2005), The Imaginary Spartan Politeia, in: The Imaginary Polis, hrsg. v. M. H. Hansen, Kopenhagen, 222–281.
Lévy, E. (2005), La Sparte de Platon, Ktema 30, 217–236.
Link, S. (2008), Staatliche Institution und innergemeindlicher Diskurs. Politische Entscheidungsfindung in Sparta?, HZ 287, 1–35.
Link, S. (2010), Zwischen Königtum und Ephorat? Zu den Grundlagen politischer Entscheidungsfindung in Sparta, in: Volk und Demokratie im Altertum, hrsg. v. V. V. Dement'eva u. T. Schmitt, Göttingen, 23–30.
Luther, A. (2004), Könige und Ephoren. Untersuchungen zur spartanischen Verfassungsgeschichte, Frankfurt a. M. 2004.
Nafissi, M. (2007), Forme di controllo a Sparta, PPol 40, 329–344.
Welwei, K.-W. (2005), Sparta. Zum Konstrukt eines oligarchischen Gegenbildes zur athenischen Demokratie, Gymnasium 112, 443–459 (= in: ders., Nachlese. Kleine Schriften zur Sozial- und Herrschaftsgeschichte in der griechischen und römischen Welt, hrsg. v. I. Samotta, Stuttgart 2012, 159–175).

Könige

Beloch, K. J. (1900), Zur Geschichte des Eurypontidenhauses, Hermes 35, 254–267.
Boer, W. den (1956), Political Propaganda in Greek Chronology, Historia 5, 162–177.
Bogino, L. (1995), I processi politici ai re di Sparta, Diss. Genua.

Carlier, P. (1984), La royauté en Grèce avant Alexandre, Straßburg.
Carlier, P. (2007), À propos de la double royauté spartiate, in: The Contribution of Ancient Sparta to Political Thought and Practice, hrsg. v. N. Birgalias u. a., Athen, 49–61.
Cartledge, P. (1988), Yes, Spartan kings were heroized, LCM 13,3, 43–44.
Cartledge, P. (2001), The Spartan Kingship: Doubly Odd?, in: ders., Spartan Reflections, London, 55–67.
Cloché, P. (1949), Sur le rôle des rois de Sparte, LEC 17, 113–138. 343–381.
David, E. (1985), The Trial of Spartan Kings, RIDA 32, 131–140.
Dimauro, E. (2008), Re contro. La rivalità dinastica a Sparta fino al regno di Agide II, Alessandria.
Dum, G. (1878), Die spartanischen Königslisten, Innsbruck.
Engel, R. (1948), Königtum und Ephorat im Sparta der klassischen Zeit, Diss. Würzburg (Masch.).
Forrest, W. G. (1969), Two Chronographic Notes, CQ 19, 95–110.
García Iglesias, L. (1990), La sucesión real in Esparta. Fallas e paliativos de un sistema, Polis 2, 39–51.
Giarrizzo, G. (1950), La diarchia di Sparta, PP 5, 192–201.
Griffith-Williams, B. (2011), The succession to the Spartan kingship, 520–400 BC, BICS 54/2, 43–58.
Huxley, G. L. (1975), A Problem in a Spartan King-List (Herodotos 8.131.3), Lakonikai Spoudai 2, 110–114.
Lenschau, Th. (1939), Agiaden und Eurypontiden. Die Königshäuser Spartas in ihren Beziehungen zueinander, RhM 88, 123–146.
Link, S. (2004), Die Ehrenrechte der spartanischen Könige, Philologus 148, 222–242.
Luppino Manes, E. (1983–84), I re di Sparta e i loro prosseni (Herod., VI, 57,2), RSA 13–14, 237–252.
McQueen, E. I. (1990), The Eurypontid House in Hellenistic Sparta, Historia 39, 163–181.
Millender, E. (2009), The Spartan dyarchy: a comparative perspective, in: Sparta. Comparative Approaches, hrsg. v. S. Hodkinson, Swansea, 1–67.
Miller, D. A. (1998), The Spartan kingship: Some Extended Notes on Complex Duality, Arethusa 31, 1–17.
Momigliano, A. (1932), Sparta e Lacedemone e una ipotesi sull'origine della diarchia spartana, Atene e Roma 13,1–2, 3–11.
Momigliano, A. (1934), Il re di Sparta e le leve dei perieci, Athenaeum 12, 255–256.
Munson, R. V. (1993), Three Aspects of Spartan Kingship in Herodotus, in: Nomodeiktes. Festschr. M. Ostwald, hrsg. v. R. M. Rosen u. J. Farrell, Ann Arbor, 39–54.
Niccolini, G. (1902), Il re e gli efori a Sparta nei secoli IV e III A. C., RSA 7, 363–379.
Parke, H. W. (1945), The Deposing of Spartan Kings, CQ 39, 106–112.
Parker, R. (1988), Were Spartan kings heroized?, LCM 13,1, 9–10.
Powell, A. (2010), Divination, royalty and insecurity in Classical Sparta, in: Sparta: The Body Politic, hrsg. v. A. Powell u. S. Hodkinson, Swansea, 85–135.
Prakken, D. W. (1940), Herodotus and the Spartan King Lists, TAPhA 71, 460–472.
Schaefer, H. (1957), Das Eidolon des Leonidas, in: Charites. Studien zur Altertumswissenschaft, hrsg. v. K. Schauenburg, Bonn, 223–233 (= ders., Probleme der Alten Geschichte. Gesammelte Abhandlungen und Vorträge, hrsg. v. U. Weidemann u. W. Schmitthenner, Göttingen 1963, 323–336).
Sergent, B. (1976), La représentation spartiate de la royauté, RHR 189, 3–52.
Thomas, C. G. (1974), On the Role of the Spartan Kings, Historia 23, 257–270.
Thomas, C. G. (1983), The Spartan Diarchy in Comparative Perspective, PP 38, 81–104.
Toher, M. (1999), On the εἴδωλον of a Spartan king, RhM 142, 113–127.
Vido, St. de (2001), Genealogie di Spartani re nelle Storie erodotee, QS 53, 209–227.
Vignolo Munson, R. (1993), Three Aspects of Spartan Kingship in Herodotus, in: Nomodeiktes. Greek Studies in Honor of Martin Ostwald, hrsg. v. R. M. Rosen u. J. Farrell, Ann Arbor, 39–54.
West, M. L. (1992), Alcman and the Spartan Royalty, ZPE 91, 1–5.

Gerusia

Andrewes, A. (1954), Probouleusis. Sparta's Contribution to the Technique of Government, Oxford.
Birgalias, N. (2007), La Gérousia et les gérontes de Sparte, Ktema 32, 341–349.
David, E. (1991), Old Age in Sparta, Amsterdam.

Hicks, R. D. (1906), A Supposed Qualification for Election to the Spartan Senate, CR 20, 23–27.
Kourinou-Pikoula, E. (1992–98), Μνῆμα γεροντείας, Horos 10–12, 259–276.
Schmitz, W. (2009), Nicht ›altes Eisen‹, sondern Garant der Ordnung. Die Macht der Alten in Sparta, in: Altersbilder in der Antike. Am schlimmen Rand des Lebens?, hrsg. v. A. Gutsfeld u. W. Schmitz, 2. Aufl., Köln/Weimar/Wien, 87–112.
Schulz, F. (2011), Die homerischen Räte und die spartanische Gerusie, Syssitia 1, Düsseldorf.

Ephoren

Bonner, R. J. – Smith, G. (1942), Administration of Justice in Sparta, CPh 37, 113–129.
Cartledge, P. (2000), Spartan Justice? or »the State of the Ephors«?, Dike 3, 5–26.
David, E. (1979), The Pamphlet of Pausanias, PP 34, 94–116.
Dum, G. (1878), Entstehung und Entwicklung des spartanischen Ephorats bis zur Beseitigung desselben durch König Kleomenes III., Innsbruck (ND Rom 1970).
Eder, W. (2002), Schlummernde Potentiale. Volkstribune und Ephoren in politischen Krisensituationen, in: Widerstand – Anpassung – Integration: Die griechische Staatenwelt und Rom, Festschr. J. Deininger, hrsg. v. N. Ehrhardt u. L.-M. Günther, Stuttgart, 49–60.
Engel, R. (1948), Königtum und Ephorat im Sparta der klassischen Zeit, Diss. Würzburg (Masch.).
Kuchtner, K. (1897), Entstehung und ursprüngliche Bedeutung des spartanischen Ephorats, Diss. München.
Meier, M. (2000), Zwischen Königen und Damos. Überlegungen zur Funktion und Entwicklung des Ephorats in Sparta (7.–4. Jh. v. Chr.), ZRG 117, 43–102.
Niccolini, G. (1902), Il re e gli efori a Sparta nei secoli IV e III A. C., RSA 7, 363–379.
Rahe, P. A. (1980), The Selection of Ephors at Sparta, Historia 29, 385–401.
Rhodes, P. J. (1981), The Selection of Ephors at Sparta, Historia 30, 498–502.
Richer, N. (1998), Les éphores. Études sur l'histoire et sur l'image de Sparte (VIII–IIIe siècles avant Jésus-Christ), Paris.
Sommer, S. (2001), Das Ephorat: Garant des spartanischen Kosmos, Mainzer Althistorische Studien 2, St. Katharinen.
Stern, E. von (1894), Zur Entstehung und ursprünglichen Bedeutung des Ephorats in Sparta, Berliner Studien für Classische Philologie und Archäologie 15,2, Berlin.
Thommen, L. (2003), Volkstribunat und Ephorat. Überlegungen zum »Aufseheramt« in Rom und Sparta, GFA 6, 19–38.
Westlake, H. D. (1976), Reelection to the Ephorate? GRBS 17, 343–352.
Witowski, S. (1933), Der Ursprung des Ephorats, in: La Pologne, au VII-e congrès international des sciences historiques, Bd. 1, Warschau, 19–26.
Witowski, S. (1934), Die spartanische Heeresgliederung und der Ursprung des Ephorats, Eos 35, 73–86.

Apella

Burkert, W. (1975), Apellai und Apollon, RhM 118, 1–21.
Flaig, E. (1993), Die spartanische Abstimmung nach der Lautstärke. Überlegungen zu Thukydides 1, 87, Historia 42, 139–160.
Forrest, W. G. (1967), Legislation in Sparta, Phoenix 21, 11–19.
Kelly, D. H. (1981), Policy-making in the Spartan Assembly, Antichthon 15, 47–61.
Lendon, J. E. (2001), Voting by Shouting in Sparta, in: Essays in Honor of Gordon Williams, hrsg. v. E. Tylawski u. C. Weiss, New Haven, 169–175.
Luther, A. (2006), Der Name der Volksversammlung in Sparta, in: Das Frühe Sparta, hrsg. v. A. Luther, M. Meier, L. Thommen, Stuttgart, 73–88.
Shatzman, I. (1968), The Meeting Place of the Spartan Assembly, RFIC 96, 385–389.
Welwei, K.-W. (1997), Apella oder Ekklesia? Zur Bezeichnung der spartanischen Volksversammlung, RhM 140, 242–249 (= ders., Polis und Arché, hrsg. v. M. Meier, Stuttgart 2000, 172–179).

Heloten

Alcock, S. (2002), A simple case of exploitation? The helots of Messenia, in: Money, Labour and Land. Approaches to the economies of ancient Greece, hrsg. v. P. Cartledge u. a., London/New York, 185-199.
Baltrusch, E. (2001), Mythos oder Wirklichkeit? Die Helotengefahr und der Peloponnesische Bund, HZ 272, 1-23.
Birgalias, N. (2002), Helotage and Spartan social organization, in: Sparta. Beyond the Mirage, hrsg. v. A. Powell u. S. Hodkinson, London, 249-266.
Cartledge, P. (1991), Richard Talbert's Revision of the Spartan-Helot Struggle: A Reply, Historia 40, 379-381.
Cartledge, P. (2001), Rebels and Sambos in Classical Greece: A Comparative View, in: ders., Spartan Reflections, London, 127-152.
Chambers, J. (1977/78), On Messenian and Lakonian Helots in the Fifth Century, The Historian 40, 271-285.
Cozzoli, U. (1978), Sparta e l'affrancamento degli iloti nel V e nel IV secolo, in: Sesta miscellanea greca e romana, Rom, 213-232.
Diesner, H.-J. (1953/54), Sparta und das Helotenproblem. (Bis zum Ausgang der klassischen Zeit), WZGreifswald 3, 219-225.
Ducat, J. (1974), Le mépris des Hilotes, Annales (ESC) 29, 1451-1464.
Ducat, J. (1978), Aspects de l'hilotisme, AncSoc 9, 5-46.
Ducat, J. (1985), Isocrate et les Hilotes, in: Festschr. J. Granarolo, hrsg. v. R. Braun, AFLNice 50, 95-101.
Ducat, J. (1987), Cléomène III et les Hilotes, Ktema 12, 43-52.
Ducat, J. (1990), Esclaves au Ténare, in: Festschr. P. Lévêque, Bd. 4, hrsg. v. M.-M. Mactoux u. E. Geny, Paris, 173-193.
Ducat, J. (1990), Les hilotes, BCH Suppl. 20, Athen/Paris.
Fischer, K. (1952/53), Der große Helotenaufstand von 464-460 v. u. Z., WZ Halle 2, H. 12, Gesellschafts- und sprachwiss. Reihe Nr. 6, 619-624.
Hall, J. M. (2003), The Dorianization of the Messenians, in: Helots and their masters in Laconia and Messenia: histories, ideologies, structures, hrsg. v. N. Luraghi u. S. E Alcock, Cambridge, Mass./London, 142-168.
Harvey, D. (2004), The clandestine massacre of the helots (Thucydides 4.80), in: Spartan Society, hrsg. v. Th. J. Figueira, Swansea, 199-217.
Hodkinson, S. (1992), Sharecropping and Sparta's Economic Exploitation of the Helots, in: ΦΙΛΟΛΑΚΩΝ, Festschr. H. Catling, hrsg. v. J. M. Sanders, London, 123-134.
Hodkinson, S. (1997), Servile and Free Dependants of the Classical Spartan »oikos«, in: Schiavi e dipendenti nell'ambito dell'»oikos« e della »familia«, Atti del XXII Colloquio GIREA, hrsg. v. M. Moggi u. G. Cordiano, Pisa, 45-71.
Hunt, P. (1997), Helots at the Battle of Plataea, Historia 46, 129-144.
Hunt, P. (1998), Slaves, Warfare, and Ideology in the Greek Historians, Cambridge.
Jordan, B. (1990), The Ceremony of the Helots in Thucydides, IV, 80, AC 59, 37-69.
Klees, H. (1991/1992), Zur Beurteilung der Helotie im historischen und politischen Denken der Griechen im 5. und 4. Jh. v. Chr., Laverna 2, 27-52; 3, 1-31.
Lombardo, M. (1999), Le donne degli Iloti, in: Femmes – esclaves. Modèles d'interprétation anthropologique, économique, juridique, Atti del XXI colloquio internazionale GIREA, hrsg. v. F. Reduzzi Merola u. A. Storchi Marino, Neapel, 129-143.
Lotze, D. (1959), ΜΕΤΞΥ ΕΛΕΥΘΕΡΩΝ ΚΑΙ ΔΟΥΛΩΝ. Studien zur Rechtsstellung unfreier Landbevölkerungen in Griechenland bis zum 4. Jahrhundert v. Chr., Dt. Akad. d. Wiss., Schriften der Sektion für Altertumswissenschaft 17, Berlin (Ost).
Luraghi, N. (2002), Becoming Messenian, JHS 122, 45-69.
Luraghi, N. (2002), Helotic slavery reconsidered, in: Sparta. Beyond the Mirage, hrsg. v. A. Powell u. S. Hodkinson, London, 227-248.
Luraghi, N. (2002), Helots called Messenians? A note on Thuc. 1.101.1, CQ 52, 588-592.
Luraghi, N. (2009), The helots: comparative approaches, ancient and modern; Appendix: Barnes, T., A note on the etymology of Εἵλωτες, in: Sparta. Comparative Approaches, hrsg. v. S. Hodkinson, Swansea, 261-304.

Luraghi, N. – Alcock, S. E. (Hrsg.)(2003), Helots and their masters in Laconia and Messenia: histories, ideologies, structures, Cambridge, Mass./London.

Millender, E. (2016), Spartan State Terror: Violence, Humiliation, and the Reinforcement of Social Boundaries in Classical Sparta, in: Brill's Companion to Insurgency and Terrorism in the Ancient Mediterranean, hrsg. v. T. Howe u. L. L. Brice, Leiden/Boston, 117–150.

Oliva, P. (1961), On the Problem of the Helots, Historica 3, 5–34.

Oliva, P. (1975), Die Helotenfrage in der Geschichte Spartas, in: Die Rolle der Volksmassen in der Geschichte der vorkapitalistischen Gesellschaftsformationen. Zum XIV. Internationalen Historiker-Kongress in San Francisco, hrsg. v. J. Herrmann u. I. Sellnow, Berlin (Ost), 109–116 (= in: Sparta, hrsg. K. Christ, Darmstadt 1986, 317–326).

Oliva, P. (1976), Die Helotenverachtung, GLP 7, 159–165.

Oliva, P. (1981), Heloten und Spartaner, Index 10, 43–54.

Papazoglou, F. (1993), La patrios politeia et l'abolition de l'hilotie, AncSoc 24, 5–25.

Paradiso, A. (1997), Gli Iloti e l'»oikos«, in: Schiavi e dipendenti nell'ambito dell'»oikos« e della »familia«, Atti del XXII Colloquio GIREA, hrsg. v. M. Moggi u. G. Cordiano, Pisa, 73–90.

Paradiso, A. (2004), The logic of terror: Thucydides, Spartan duplicity and an improbable massacre, in: Spartan Society, hrsg. v. Th. J. Figueira, Swansea, 179–198.

Piper, L. J. (1984–86), Spartan Helots in the Hellenistic Age, AncSoc 15–17, 75–88.

Plácido, D. (2005), Hilotes et Messéniens, in: Esclavage antique et discriminations socio-culturelles, hrsg. v. V. I. Anastasiadis u. P. N. Doukellis, Bern u. a., 59–68.

Robins, W. S. (1958), The Position of the Helots in the Time of Nabis, 206–192 B. C., Univ. of Birmingham Historical Journal 6, 93–98.

Roobaert, A. (1977), Le danger hilote?, Ktema 2, 141–155.

Schmitz, W. (2014), Sklavenaufseher der Heloten?, Historia 63, 293–300.

Sebillotte Cuchet, V. (2007), Habiter quelque part: le lien à la terre et la menace de l'esclavage. L'exemple de la représentation spartiate des hilotes entre le milieu du 5e siècle et le milieu du 4e siècle avant notre ère, in: Fear of slaves – fear of enslavement in the Ancient Mediterranean, hrsg. v. A. Serghidou, Besançon, 395–403.

Singor, H. W. (1993), Spartan land lots and Helot rents, in: De agricultura: in memoriam Pieter Willem de Neeve, hrsg. v. H. Sancisi-Weerdenburg u. a., Amsterdam, 31–60.

Talbert, R. J. A. (1989), The Role of the Helots in the Class Struggle at Sparta, Historia 38, 22–40.

Texier, J.-G. (1974), Nabis et les hilotes, DHA 1, 189–205.

Welwei, K.-W. (1974), Unfreie im antiken Kriegsdienst, Bd. 1: Athen und Sparta, Forschungen zur antiken Sklaverei 5, Wiesbaden.

Welwei, K.-W. (2006), Überlegungen zur frühen Helotie in Lakonien, in: Das Frühe Sparta, hrsg. v. A. Luther, M. Meier, L. Thommen, Stuttgart, 29–41 (= in: ders., Nachlese. Kleine Schriften zur Sozial- und Herrschaftsgeschichte in der griechischen und römischen Welt, hrsg. v. I. Samotta, Stuttgart 2012, 113–125).

Whitby, M. (1994), Two shadows: images of Spartans and helots, in: The Shadow of Sparta, hrsg. v. A. Powell u. S. Hodkinson, London/New York, 87–126.

Periöken

Ducat, J. (2008), Le statut des périèques lacédémoniens, Ktema 33, 1–86.

Ducat, J. (2010), The ghost of the Lakedaimonian state, in: Sparta: The Body Politic, hrsg. v. A. Powell u. S. Hodkinson, Swansea, 183–210.

Eremin, A. (2002), Settlements of Spartan perioikoi: poleis or kômai?, in: Sparta. Beyond the Mirage, hrsg. v. A. Powell u. S. Hodkinson, London, 267–283.

Gallego, J. (2005), The Lakedaimonian Perioikoi: Military Subordination and Cultural Dependence, in: Esclavage antique et discriminations socio-culturelles, hrsg. v. V. I. Anastasiadis u. P. N. Doukellis, Bern u. a., 33–58.

Gitti, A. (1939), I Perieci di Sparta e le origini del Κοινὸν τῶν Λακεδαιμονίων, RAL 15, 189–203.

Gschnitzer, F. (1958), Abhängige Orte im griechischen Altertum, Zetemata 17, München.

Hall, J. M. (2000), Sparta, Lakedaimon and the Nature of Perioikic Dependency, in: Further Studies in the Ancient Greek Polis, hrsg. v. P. Flensted-Jensen, Historia Einzelschr. 138, Stuttgart, 73–89.

Hampl, F. (1937), Die lakedämonischen Periöken, Hermes 72, 1–49.

Hansen, M. H. (2004), The Perioikic Poleis of Lakedaimon, in: Once Again: Studies in the Ancient Greek Polis, hrsg. v. Th. H. Nielsen, Historia Einzelschr. 180, Stuttgart, 149–164.
Kennell, N. M. (1999), From Perioikoi to Poleis: The Laconian cities in the late hellenistic period, in: Sparta: New Perspectives, hrsg. v. S. Hodkinson u. A. Powell, London, 189–210.
Lotze, D. (1993–94), Bürger zweiter Klasse: Spartas Periöken. Ihre Stellung und Funktion im Staat der Lakedaimonier, Akad. gemeinn. Wiss. zu Erfurt, SB Geisteswiss. Kl. 2, 37–51 (= ders., Bürger und Unfreie im vorhellenistischen Griechenland. Ausgewählte Aufsätze, hrsg. v. W. Ameling u. K. Zimmermann, Stuttgart 2000, 171–183).
Mertens, N. (2002), οὐκ ὁμοῖοι, ἀγαθοὶ δέ: the perioikoi in the classical Lakedaimonian polis, in: Sparta. Beyond the Mirage, hrsg. v. A. Powell u. S. Hodkinson, London, 285–303.
Momigliano, A. (1934), Il re di Sparta e le leve dei perieci, Athenaeum 12, 255–256.
Mossé, C. (1977), Les périèques lacédémoniens. A propos d'Isocrate, Panathénaïque 177 sqq., Ktema 2, 121–124.
Nafissi, M. (2014–2015), La Laconia, Sparta e i perieci. Una potenza egemone fra le »cento città« e l'oliganthropia, in: Geografia e storia: antico e moderno. Geographie und Geschichte: antik und modern, hrsg. v. H.-J. Gehrke u. F. Prontera, Geographia Antiqua 23–24, Perugia, 193–210.
Niese, B. (1906), Neue Beiträge zur Geschichte und Landeskunde Lakedämons. Die lakedämonischen Periöken, Nachr. v. d. Königl. Ges. d. Wiss. zu Göttingen, Phil.-hist. Kl. 1906, H. 2, Berlin, 101–142.
Ridley, R. T. (1974), The Economic Activities of the Perioikoi, Mnemosyne 27, 281–292.
Shipley, G. (1992), Perioikos: the discovery of classical Lakonia, in: ΦΙΛΟΛΑΚΩΝ, Festschr. H. Catling, hrsg. v. J. M. Sanders London, 211–226.
Shipley, G. (1997), »The Other Lakedaimonians«: The Dependent Perioikic Poleis of Laconia and Messenia, in: The Polis as an Urban Center and as a Political Community, hrsg. v. M. H. Hansen, Kopenhagen, 189–281.
Shipley, G. (2006), Sparta and its Perioikic neighbours: a century of reassessment, Hermathena 181, 51–82.
Wallner, B. (2008), Die Perioiken im Staat Lakedaimon, Hamburg.

Die Bürgerschaft als Homoioi

Berthiaume, G. (1976), Citoyens spécialistes à Sparte, Mnemosyne 29, 360–364.
Cartledge, P. (1976), Did Spartan citizens ever practise a manual tekhne?, LCM 1, 115–119.
Hodkinson, S. (1983), Social Order and the Conflict of Values in Classical Sparta, Chiron 13, 239–281.
Meier, M. (2006), Wann entstand das Homoios-Ideal in Sparta?, in: Das Frühe Sparta, hrsg. v. A. Luther, M. Meier, L. Thommen, Stuttgart, 113–124.
Sancho Rocher, L. (1990), Ὁμοιότης: los ὅμοιοι de Esparta, Gerion 8, 45–71.
Shimron, B. (1979), Ein Wortspiel mit HOMOIOI bei Herodot, RhM 122, 131–133.
Thommen, L. (2004), Der Spartanische Kosmos und sein ›Feldlager‹ der Homoioi. Begriffs- und forschungsgeschichtliche Überlegungen zum Sparta-Mythos, in: Griechische Archaik. Interne Entwicklungen – Externe Impulse, hrsg. v. R. Rollinger u. Ch. Ulf, Berlin, 127–141.
Trattner, A. (2012), Die spartanische ξενηλασία – Überlegungen zur Identität einer Elite, in: Identitätsbildung und Identitätsstiftung in griechischen Gesellschaften, hrsg. v. M. Offenmüller, Graz, 107–130.
Wierschowski, L. (1996), Die demographisch-politischen Auswirkungen des Erdbebens von 464 v. Chr. für Sparta, in: Naturkatastrophen in der antiken Welt, Stuttgarter Kolloquium zur historischen Geographie des Altertums 9, hrsg. v. E. Olshausen u. H. Sonnabend, Stuttgart, 291–306.

Olympiasiege

Cordano, F. (2013), Sparta e le Olimpiadi in età classica, in: La cultura a Sparta in età classica, Aristonothos 8, 195–202.
Hodkinson, S. (1999), An agonistic culture? Athletic competition in archaic and classical Spartan society, in: Sparta: New Perspectives, hrsg. v. S. Hodkinson u. A. Powell, London, 147–187.

Hönle, A. (1968), Olympia in der Politik der Griechischen Staatenwelt (von 776 bis zum Ende des 5. Jahrhunderts), Diss. Tübingen, 120–167.
Mann, Ch. (2001), Athlet und Polis im archaischen und frühklassischen Griechenland, Göttingen, 121–163.
Moretti, L. (1957), Olympionikai, i vincitori negli antichi agoni olimpici, Atti Accad. Naz. Lincei, Ser. 8, Bd. 8, Fasc. 2, Rom, 71 f.

Gedenkstätten

Casillas, J. M. (1993), Geras thanontôn: muerte y funerales en la monarquía lacedemonia, Polis 5, 23–57.
Cook, R. M. (1962), Spartan History and Archaeology, CQ 12, 156–158.
Förtsch, R. (1998), Spartan art: its many different deaths, in: Sparta in Laconia, hrsg. v. W. G. Cavanagh u. S. E. C. Walker, Athen/London, 48–54.
Förtsch, R. (2001), Kunstverwendung und Kunstlegitimation im archaischen und frühklassischen Sparta, Mainz a. Rh.
Hodkinson, S. (1998), Lakonian artistic production and the problem of Spartan austerity, in: Archaic Greece: New Approaches and New Evidence, hrsg. v. N. Fisher u. H. van Wees, London, 93–117.
Hodkinson, S. (1998), Patterns of bronze dedications at Spartan sanctuaries, c. 650–350 BC: towards a quantified database of material and religious investment, in: Sparta in Laconia, hrsg. v. W. G. Cavanagh u. S. E. C. Walker, Athen/London, 55–63.
Loraux, N. (1977), La »belle mort« spartiate, Ktema 2, 105–120 (= dies., Les expériences de Tirésias. Le féminin et l'homme grec, Paris 1989, 77–91).
Low, P. (2006), Commemorating the Spartan war-dead, in: Sparta and War, hrsg. v. S. Hodkinson u. A. Powell, Swansea, 85–109.
Low, P. (2011), The power of the dead in classical Sparta: The case of Thermopylae, in: Living trough the Dead. Burial and Commemoration in the Classical World, hrsg. v. M. Carroll u. J. Rempel, Oxford, 1–20.
Missoni, R. (1986), Idealità e prassi degli Spartani circa i caduti in guerra, in: Decima Miscellanea Greca e Romana, Rom, 62–81.
Richer, N. (1994), Aspects des funérailles à Sparte, Cahiers du Centre Gustave-Glotz 5, 51–96.
Schaefer, H. (1957), Das Eidolon des Leonidas, in: Charites. Studien zur Altertumswissenschaft, hrsg. v. K. Schauenburg, Bonn, 223–233 (= ders., Probleme der Alten Geschichte. Gesammelte Abhandlungen und Vorträge, hrsg. v. U. Weidemann u. W. Schmitthenner, Göttingen 1963, 323–336).
Toher, M. (1991), Greek Funerary Legislation and the Two Spartan Funerals, in: Georgica, Festschr. G. Cawkwell, hrsg. v. M. A. Flower u. M. Toher, BICS Suppl. 58, London, 159–175.

Xenelasia

Figueira, Th. J. (2003), Xenelasia and Social Control in Classical Sparta, CQ 53, 44–74.
Link, S. (1997), Zu einem Phänomen der spartanisch-kretischen Kultur. Fremdes und Eigenes – Sklaven und Bürger, in: Der Umgang mit dem Fremden in der Vormoderne, hrsg. v. Ch. Lüth u. a., Köln/Weimar/Wien, 61–74.
Rebenich, S. (1998), Fremdenfeindlichkeit in Sparta? Überlegungen zur Tradition der spartanischen Xenelasie, Klio 80, 336–359.
Trattner, A. (2012), Die spartanische ξενηλασία – Überlegungen zur Identität einer Elite, in: Identitätsbildung und Identitätsstiftung in griechischen Gesellschaften, hrsg. v. M. Offenmüller, Graz, 107–130.

Erziehung/Agoge

Beck, F. A. (1993), Spartan Education Revised, History of Education Review 22, 16–31.
Bethe, E. (1907), Die dorische Knabenliebe. Ihre Ethik und ihre Idee, RhM 62, 438–475.
Billheimer, A. (1946), Τὰ δέκα ἀφ' ἥβης, TAPhA 77, 214–220.
Billheimer, A. (1947), Age-Classes in Spartan Education, TAPhA 78 99–104.
Birgalias, N. (1999), L'Odyssée de l'éducation spartiate, Athen.
Brelich, A. (1969), Paides e parthenoi, Bd. 1, Rom.
Cartledge, P. (1988), The Politics of Spartan Pederasty, in: Sexualität und Erotik in der Antike, hrsg. v. A. K. Siems, Wege der Forschung Bd. 605, Darmstadt, 385–415 [= ders., Spartan Reflections, Berkeley/Los Angeles 2001, 91–105).
Cartledge, P. (2001), A Spartan Education, in: ders., Spartan Reflections, Berkeley/Los Angeles, 79–90.
Christien-Trégaro, J. (1997), Les temps d'une vie. Sparte, une société à classe d'âge, Metis 12, 45–79.
Ducat, J. (1999), Perspectives on Spartan education in the classical period, in: Sparta: New Perspectives, hrsg. v. S. Hodkinson u. A. Powell, London, 43–66.
Ducat, J. (2003), Du vol dans l'éducation spartiate, Metis 1, 95–110.
Ducat, J. (2006), Spartan Education. Youth and Society in the Classical Period, Swansea.
Garofalo, S. M. (2005), L'ἀγωγή spartana tra iscrizioni e fonti letterarie, Pan 23, 27–49.
Hoffmann, G. (2014), Anaplèrôsis et agôgè au temps des rois Agis IV (244–241) et Cléomène III (235–222), in: Sparte hellénistique. IVe-IIIe siècles avant notre ère, hrsg. v. J. Christien u. B. Legras, DHA Suppl. 11, Besançon, 111–127. Jeanmaire, H. (1939), Couroï et Courètes. Essai sur l'éducation spartiate et sur les rites d'adolescence dans l'antiquité hellénique, Lille.
Kennell, N. (1995), The Gymnasium of Virtue. Education and Culture in Ancient Sparta, Chapel Hill/London.
Kennell, N. (2013), Age-Class Societies in Ancient Greece?, AncSoc 43, 1–73, bes. 24–42.
Kennell, N. (2014), Boys, Girls, Family, and the State at Sparta, in: The Oxford Handbook of Childhood and Education in the Classical World, hrsg. v. J. E. Grubbs u. a., Oxford, 381–395.
Knauth, W. (1933), Die spartanische Knabenerziehung im Lichte der Völkerkunde, Zeitschr. f. Gesch. d. Erziehung u. d. Unterrichts 23, 151–185.
Kukofka, D.-A. (1993), Die παιδίσκοι im System der spartanischen Altersklassen, Philologus 137, 197–205.
Lévy, E. (1997), Remarques préliminaires sur l'éducation spartiate, Ktema 22, 151–160.
Link, S. (1998), Zur Aussetzung neugeborener Kinder in Sparta, Tyche 13, 153–164.
Link, S. (1999), Der geliebte Bürger. Paideia und paidika in Sparta und auf Kreta, Philologus 143, 3–25.
Link, S. (2009), Education and pederasty in Spartan and Cretan society, in: Sparta. Comparative Approaches, hrsg. v. S. Hodkinson, Swansea, 89–111.
Lupi, M. (2000), L'ordine delle generazioni. Classi di età e costumi matrimoniali nell'antica Sparta, Bari.
Lupi, M. (2003), I presunti eirenes di Senofonte (Lakedaimonion Politeia 2.5 e 2.11), AION (filol) 25, 157–169.
Marrou, H.-I. (1946), Les classes d'âge de la jeunesse spartiate, REA 48, 216–230.
Meister, R. (1963), Die spartanischen Altersklassen vom Standpunkt der Entwicklungspsychologie betrachtet, SB Österr. Akad. d. Wiss., Phil.-Hist. Klasse 241, 5. Abh., Wien.
Rutherford Harley, T. (1933/34), The Public School of Sparta, G&R 3, 129–139.
Spina, L. (1985), L'incomparabile pudore dei giovani Spartani (Senofonte, Costituzione degli Spartani, III 5), QUCC 19, 167–181
Steinmann, B. (2008), Paideía reformista, agogé espartana y la práctica del placer y del dolor en las Leyes de Platón, Habis 39, 25–37.
Tazelaar, C. M. (1967), ΠΑΙΔΕΣ ΚΑΙ ΕΦΗΒΟΙ. Some Notes on the Spartan Stages of Youth, Mnemosyne 20, 127–153.
Vattuone, R. (2004), Eros a Sparta: un'istituzione? Altre riflessioni per una storia dell'erotica greca, RSA 34, 207–229.

Krypteia

Christien, J. (2006), The Lacedaemonian state: fortifications, frontiers and historical problems, in: Sparta and War, hrsg. v. S. Hodkinson u. A. Powell, Swansea, 163–183.
Couvenhes, J.-Ch. (2014), Les kryptoi spartiates, in: Sparte hellénistique. IVe-IIIe siècles avant notre ère, hrsg. v. J. Christien u. B. Legras, DHA Suppl. 11, Besançon, 45–76.
Ducat, J. (1997), Crypties, Cahiers du Centre Gustave-Glotz 8, 9–38.
Ducat, J. (1997), La cryptie en question, in: Esclavage, guerre, économie en Grèce ancienne, Festschr. Y. Garlan, hrsg. v. P. Brulé u. J. Oulhen, Rennes, 43–74.
Handy, M. (2005), Bemerkungen zur spartanischen krypteia, in: Die Geschichte der Antike aktuell: Methoden, Ergebnisse und Rezeption, hrsg. v. K. Strobel, Klagenfurt u. a., 99–120. Jeanmaire, H. (1913), La cryptie lacédémonienne, REG 26, 121–150.
Lévy, E. (1988), La kryptie et ses contradictions, Ktema 13, 245–252.
Link, S. (2006), Zur Entstehungsgeschichte der spartanischen Krypteia, Klio 88, 34–43.
Nafissi, M. (2015), Krypteiai spartane, in: Los espacios de la esclavitud y la dependencia desde la Antigüedad, Actas del XXXV coloquio del GIREA, hrsg. v. A. Beltrán u. a., Besançon, 201–229.
Trundle, M. (2016), The Spartan Krypteia, in: The Topography of Violence in the Greco-Roman World, hrsg. v. W. Riess u. G. G. Fagan, Ann Arbor, 60–76.
Welwei, K.-W. (2004), War die Krypteia ein grausames Terrorinstrument? Zur Entstehung einer Fiktion, Laverna 15, 33–46 (= in: ders., Nachlese. Kleine Schriften zur Sozial- und Herrschaftsgeschichte in der griechischen und römischen Welt, hrsg. v. I. Samotta, Stuttgart 2012, 145–158).

Syssitien

Bielschowsky, A. (1869), De Spartanorum syssitiis, Diss. Breslau.
David, E. (1978), The Spartan Syssitia and Plato's Laws, AJPh 99, 486–495.
Figueira, Th. J. (1984), Mess contributions and subsistence at Sparta, TAPhA 114, 87–109.
Fisher, N. R. E. (1989), Drink, hybris and the promotion of harmony in Sparta, in: Classical Sparta: Techniques behind her success, hrsg. v. A. Powell, London, 26–50.
Fornis, C. – Casillas, J.-M. (1997), An appreciation of the social function of the Spartan συσσιτία, AHB 11, 37–46.
Grandjean, C. (2013), Les deipna de Cléomène III de Sparte, in: À la table des rois. Luxe et pouvoir dans l'oeuvre d'Athénée, hrsg. v. C. Grandjean u. a., Rennes/Tours, 149–174.
Lavrencic, M. (1993), Spartanische Küche. Das Gemeinschaftsmahl der Männer in Sparta, Wien/Köln/Weimar.
Link, S. (1998), »Durch diese Tür geht kein Wort hinaus!« (Plut. Lyk. 12,8). Bürgergemeinschaft und Syssitien in Sparta, Laverna 9, 82–112.
Nafissi, M. (2000), Los syssítia espartanos, in: Dieta mediterránea. Comidas y hábitos alimenticios en las culturas mediterráneas, hrsg. v. A. Pérez Jiménez u. G. Cruz Andreotti, Madrid, 21–42.
Paradiso, A. (2014), Dicéarque et ses lecteurs, in: Sparte hellénistique. IVe-IIIe siècles avant notre ère, hrsg. v. J. Christien u. B. Legras, DHA Suppl. 11, Besançon, 203–218.
Rabinowitz, A. (2009), Drinking from the same cup: Sparta and late Archaic commensality, in: Sparta. Comparative Approaches, hrsg. v. S. Hodkinson, Swansea, 113–191.
Ruzé, F. (2005), Le syssition à Sparte: militarisme ou convivialité?, in: Dieu(x) et Hommes. Histoire et iconographie des sociétés païennes et chrétiennes de l'Antiquité à nos jours, Festschr. F. Thelamon, hrsg. v. S. Crogiez-Pétrequin, Caen, 279–293.
Singor, H. W. (1999), Admission to the syssitia in fifth-century Sparta, in: Sparta: New Perspectives, hrsg. v. S. Hodkinson u. A. Powell, London, 67–89.
Smith, T. J. (1998), Dances, drinks and dedications: the Archaic komos in Laconia, in: Sparta in Laconia, hrsg. v. W. G. Cavanagh u. S. E. C. Walker, Athen/London, 75–81.
Thommen, L. (2004), Der Spartanische Kosmos und sein ›Feldlager‹ der Homoioi. Begriffs- und forschungsgeschichtliche Überlegungen zum Sparta-Mythos, in: Griechische Archaik. Interne Entwicklungen – Externe Impulse, hrsg. v. R. Rollinger u. Ch. Ulf, Berlin, 127–141.

Spartanische Frauen

Arrigoni, G. (1985), Donne e sport nel mondo greco. Religione e società, in: Le donne in Grecia, hrsg. v. G. Arrigoni, Rom/Bari, 55–128, bes. 65–95.
Ball, A. J. (1989), Capturing a bride. Marriage practices in classical Sparta, AH 19, 75–81.
Bethe, E. (1907), Die dorische Knabenliebe. Ihre Ethik und ihre Idee, RhM 62, 438–475.
Blundell, S. (1995), Women in Ancient Greece, London, 150–159.
Bogino, L. (1991), Note sul matrimonio a Sparta, Sileno 17, 221–233.
Bradford, A. S. (1986), Gynaikokratoumenoi: Did Spartan Women Rule Spartan Men?, AncW 14, 13–18.
Brulé, P. – Piolot, L. (2002), La mémoire des pierres à Sparte. Mourir au féminin: couches tragiques ou femmes hiérai? (Plutarque, Vie de Lycurgue, 27, 3), REG 115, 485–517.
Brulé, P. – Piolot, L. (2004), Women's way of death: fatal childbirth or hierai? Commemorative stones at Sparta and Plutarch, Lycurgus, 27.3, in: Spartan Society, hrsg. v. Th. J. Figueira, Swansea, 151–178.
Calame, C. (1977), Les choeurs de jeunes filles en Grèce archaïque, 2 Bde., Rom.
Calame, C. (1985), Iniziazioni femminili spartane: stupro, danza, ratto, metamorfosi e morte iniziatica, in: Le donne in Grecia, hrsg. v. G. Arrigoni, Rom, 33–54.
Calame, C. (2001), Choruses of Young Women in Ancient Greece. Their Morphology, Religious Role, and Social Functions, 2. Aufl., Lanham.
Cartledge, P. (1981), Spartan wives: liberation or licence?, CQ 31, 84–105 (= ders., Spartan Reflections, Berkeley/Los Angeles 2001, 106–126).
Clark, Ch. A. (1996), The gendering of the body in Alcman's Partheneion 1. Narrative, sex, and social order in archaic Sparta, Helios 23, 143–172.
David, E. (1989), Dress in Spartan Society, AncW 19, 3–13.
Dettenhofer, M. H. (1993), Die Frauen von Sparta: Gesellschaftliche Position und politische Relevanz, Klio 75, 61–75.
Dettenhofer, M. H. (1994), Die Frauen von Sparta. Ökonomische Kompetenz und politische Relevanz, in: Reine Männersache? Frauen in Männerdomänen der antiken Welt, hrsg. v. M. H. Dettenhofer, Köln/Weimar/Wien, 15–40.
Ducat, J. (1983), Le citoyen et le sol à Sparte à l'époque classique, in: Hommages à Maurice Bordes, Annales de la Faculté des Lettres et Sciences Humaines de Nice 45, 143–166.
Ducat, J. (1998), La femme de Sparte et la cité, Ktema 23, 385–406.
Ducat, J. (1999), La femme de Sparte et la guerre, Pallas 51, 159–171.
Fantham, E. (1994), Spartan Women: Women in a Warrior Society, in: dies. u. a., Women in the Classical World, New York/Oxford, 56–67.
Figueira, Th. J. (2004), The nature of Spartan klēros, in: Spartan Society, hrsg. v. Th. J. Figueira, Swansea, 47–76.
Figueira, Th. J. (2010), Gynecocracy: how women policed masculine behavior in Archaic and Classical Sparta, in: Sparta: The Body Politic, hrsg. v. A. Powell u. S. Hodkinson, Swansea, 265–296.
French, V. (1997), The Spartan Family and the Spartan Decline: Changes in Child-Rearing Practices and Failure to Reform, in: Polis and Polemos. Essays on Politics, War, and History in Ancient Greece in Honor of Donald Kagan, hrsg. v. Ch. D. Hamilton u. P. Krentz, Claremont, CA, 241–274.
Gentili, B. (1976), Il Partenio di Alcmane e l'amore omoerotico femminile nei tiasi spartani, QUCC 22, 59–67.
Greenstein Millender, E. (1999), Athenian ideology and the empowered Spartan women, in: Sparta: New Perspectives, hrsg. v. S. Hodkinson u. A. Powell, London, 355–391.
Guttmann, A. (1992), Women's Sports: A History, New York, 17–32.
Hodkinson, S. (1986), Land Tenure and Inheritance in Classical Sparta, CQ 36, 378–406.
Hodkinson, S. (1989), Inheritance, Marriage and Demography: Perspectives upon the Success and Decline of Classical Sparta, in: Classical Sparta: Techniques behind her success, hrsg. v. A. Powell, London, 79–121.
Hodkinson, S. (2000), Property and Wealth in Classical Sparta, London.
Hodkinson, S. (2004), Female property ownership and empowerment in classical and Hellenistic Sparta, in: Spartan Society, hrsg. v. Th. J. Figueira, Swansea, 103–136.
Karabélias, E. (1982), L'epiclérat à Sparte, in: Festschr. A. Biscardi, Bd. 2, Mailand, 469–480.

Kulesza, R. (2008), Spartan Gamos in the Classical Period, Palamedes 3, 135–166.
Kunstler, B. (1983), Women and the Development of the Spartan Polis: A Study of Sex Roles in Classical Antiquity, Diss. Boston.
Kunstler, B. (1987), Family Dynamics and Female Power in Ancient Sparta, in: Rescuing Creusa: New Methodological Approaches to Women in Antiquity, hrsg. v. M. Skinner, Lubbock, Texas, 31–48.
Lacey, W. K. (1968), The Family in Classical Greece, London, 194–208.
Lombardo, M. (1999), Le donne degli Iloti, in: Femmes – esclaves. Modèles d'interprétation anthropologique, économique, juridique, Atti del XXI colloquio internazionale GIREA, hrsg. v. F. Reduzzi Merola u. A. Storchi Marino, Neapel, 129–143.
Meillier, C. (1984), Une coutume hiérogamique à Sparte?, REG 9, 381–402.
Michell, H. (1952), Sparta. τὸ κρυπτὸν τῆς πολιτείας τῶν Λακεδαιμωνίων, Cambridge, 45–61.
Missoni, R. (1984), Criteri eugenetici nel κόσμος licurgico, in: Problemi di storia e cultura spartana, hrsg. v. E. Lanzillotta, Rom, 107–119.
Napolitano, M. L. (1985), Donne spartane e τεκνοποιία, AION (archeol.) 7, 19–50.
Neils, J. (2012), Spartan Girls and the Athenian Gaze, in: A Companion to Women in the Ancient World, hrsg. v. S. L. Jones u. S. Dillon, Malden, MA u. a., 153–166.
Paradiso, A. (1986), Osservazioni sulla ceremonia nuziale spartana, QS 24, 137–153.
Paradiso, A. (1993), Gorgô la Spartana, in: Grecia al femminile, hrsg. v. N. Loraux, Rom/Bari, 109–122 (= Gorgô, la spartiate, in: La Grèce au féminin, hrsg. v. N. Loraux, Paris 2003, 113–131).
Paradiso, A. (2013), Gorgô et les manipulations de la fonction, in: Des femmes en action. L'individu et la fonction en Grèce antique, hrsg. v. S. Boehringer u. V. Sebillotte Cuchet, Paris/Athen, 39–51.
Piccirilli, L. (1978), Due ricerche spartane II, ASNP 8,3, 917–947, bes. 940 ff.
Piper, L. J. (1979), Wealthy Spartan Women, CB 56, 5–8.
Pomeroy, S. B. (1997), Families in Classical and Hellenistic Greece. Representations and Realities, Oxford, 39–66.
Pomeroy, S. B. (2002), Spartan Women, Oxford.
Pomeroy, S. B. (2004), Xenophon's Spartan Women, in: Xenophon and his World, hrsg. v. Ch. Tuplin, Historia Einzelschr. 172, Stuttgart, 201–213.
Powell, A. (1999), Spartan women assertive in politics? Plutarch's Lives of Agis and Kleomenes, in: Sparta: New Perspectives, hrsg. v. S. Hodkinson u. A. Powell, London, 393–419.
Powell, A. (2004), The women of Sparta – and of other Greek cities – at war, in: Spartan Society, hrsg. v. Th. J. Figueira, Swansea, 137–150.
Redfield, J. (1977), The Women of Sparta, CJ 73, 146–161.
Rodemeyer, E. (2003), Geraubt – Geschoren – Geehelicht? Zur Frage kommunitärer Lebensformen in Sparta, Laverna 14, 48–64.
Scanlon, Th. F. (1988), Virgineum Gymnasium. Spartan Females in Early Greek Athletics, in: The Archaeology of the Olympics, hrsg. v. W. J. Raschke, Madison, Wisconsin, 185–216.
Scanlon, Th. F. (2002), Eros and the Greek Athletics, Oxford, 121–137.
Schmitz, W. (2002), Die geschorene Braut. Kommunitäre Lebensformen in Sparta?, HZ 274, 561–602.
Schnegg, K. (2007), Sparta. Geschlechteregalität oder -eliminierung?, in: Krieg in der antiken Welt, hrsg. v. G. Mandl u. I. Steffelbauer, Essen, 401–419.
Schuller, W. (1985), Frauen in der griechischen Geschichte, Konstanz, bes. 78–81.
Schuller, W. (2007), Spartanische Frauen, in: The Contribution of Ancient Sparta to Political Thought and Practice, hrsg. v. N. Birgalias u. a., Athen, 407–415.
Scott, A. G. (2011), Plural marriage at the Spartan state, Historia 60, 413–424.
Specht, E. (1989), Schön zu sein und gut zu sein. Mädchenbildung und Frauensozialisation im antiken Griechenland, Reihe Frauenforschung 9, Wien.
Specht, E. (1992), Female education in archaic and classical Greece, in: Aspects of antiquity in the history of education, hrsg. v. F.-P. Hager u. a., Hildesheim, 113–120.
Thommen, L. (1999), Spartanische Frauen, MH 56, 129–149.
Toynbee, A. (1969), Some Problems of Greek History, London/New York/Toronto, 352–364.
Willing, M. (1994), Zwischen Oikos und Kosmos. Frauen im antiken Sparta, Das Altertum 39, 251–268.
Zweig, B. (1993), The Only Women Who Give Birth to Men. A Gynocentric, Cross-Cultural View of Women in Ancient Sparta, in: Woman's Power, Man's Game, Festschr. J. K. King, Wauconda IL, 32–53.

Geld

Barello, F. (1993), Il rifiuto della moneta coniata nel mondo Greco. Da Sparta a Locri Epizefiri, Rivista Italiana di Numismatica e Scienze Affini 95, 103–111.
Buckler, J. (1977), Land and money in the Spartan economy – a hypothesis, Research in Economic History 2, 249–279.
Burelli Bergese, L. (1986), Sparta, il denaro e i depositi in Arcadia, ASNP ser. 3,16,3, 603–619.
Carvalho Gomes, C. H. de (1995). Xouthias Son of Philakhaios. On IG V. 2. 159 and its Possible Historical Placement, ZPE 108, 103–106.
Christien, J. (2002), Iron money in Sparta: myth and history, in: Sparta. Beyond the Mirage, hrsg. v. A. Powell u. S. Hodkinson, London, 171–190.
Christien, J. (2014), La monnaie à Sparte, in: Sparte hellénistique. IVe-IIIe siècles avant notre ère, hrsg. v. J. Christien u. B. Legras, DHA Suppl. 11, Besançon, 23–43.
David, E. (1980), The Influx of Money into Sparta at the End of the Fifth Century B. C., SCI 5, 30–45.
Ehling, K. (1997), Zur Datierung des Gold- und Silber›verbots‹ in Sparta, JNG 47, 13–20.
Figueira, Th. J. (2002), Iron money and the ideology of consumption in Laconia, in: Sparta. Beyond the Mirage, hrsg. v. A. Powell u. S. Hodkinson, London, 137–170.
Gansiniec, Z. (1956), The Iron Money of the Spartans and the Obolos Currency, Archaeologia 8, 367–413.
Grunauer-von Hoerschelmann, S. (1978), Die Münzprägung der Lakedaimonier, Berlin.
Hodkinson, S. (1993), Warfare, wealth, and the crisis of Spartiate society, in: War and society in the Greek world, hrsg. v. J. Rich u. G. Shipley, London/New York, 146–176.
Laum, B. (1925), Das Eisengeld der Spartaner, Braunsberg.
Loomis, W. T. (1992), The Spartan War Fund: IG V 1,1 and a New Fragment, Historia Einzelschr. 74, Stuttgart.
Michell, H. (1947), The Iron Money of Sparta, Phoenix Suppl. 1, 42–44.
Montepaone, C. (1997), Ancora intorno al denaro di ferro spartano, in: Bernhard Laum. Origine della moneta e teoria del sacrificio, hrsg. v. N. F. Parise, Rom, 71–92.
Montepaone, C. (2004), Où l'on revient sur la monnaie de fer spartiate, Metis 2, 103–123.
Nenci, G. (1974), Considerazioni sulle monete di cuoio e di ferro nel bacino del Mediterraneo e sulla convenzionalità del loro valore, ASNP ser. 3, vol. 4,3, 639–657.
Noethlichs, K. L. (1987), Bestechung. Bestechlichkeit und die Rolle des Geldes in der spartanischen Außen- und Innenpolitik vom 7.–2. Jh. v. Chr., Historia 36, 129–170, bes. 166 ff.
Oeconomides, N. (1993), »Iron coins«: a numismatic challenge, RIN 95, 75–78.
Picard, O. (1989), Xénophon et la monnaie à Sparte (Constitution des Lacédémoniens, c. 7), REG 90, XXV–XXVI.
Rohde, D. (2017), »Weder haben wir in der gemeinsamen Kasse Geld, noch zahlen wir mit Leichtigkeit aus unseren eigenen Mitteln« – Die öffentlichen Finanzen Spartas in klassischer Zeit, in: Das antike Sparta, hrsg. v. V. Pothou u. A. Powell, Stuttgart, 245–270.
Smarczyk, B. (1999), Einige Bemerkungen zur Datierung der Beiträge zu Spartas Kriegskasse in IG V, 1 1, Klio 81, 45–67.
Thommen, L. (2014), Die Wirtschaft Spartas, Stuttgart.
Thür, G. (1986), IG V/2, 159: Testament oder Orakel?, in: Beiträge zur Antiken Rechtsgeschichte, Festschr. A. Kränzlein, hrsg. v. G. Wesener u. a., Graz, 123–135.
Wilamowitz-Moellendorff, U. von (1911), Über das Eisengeld der Spartaner, SB Archäolog. Gesellsch., 45–46, AA 1912, 52 (= ders., Kleine Schriften 5,1, Berlin 1937, 521–522).

Kinadon und die minderberechtigten Gesellschaftsgruppen

Alfieri Tonini, T. (1975), Il problema dei »neodamodeis« nell'ambito della società spartana, RIL 109, 305–316.
Berggold, W. (2011), Studien zu den minderberechtigten Gruppen in Sparta, Diss. Berlin.

Bruni, G. B. (1979), Mothakes, Neodamodeis, Brasideioi, in: Schiavitù, manomissione e classi dipendenti nel mondo antico, Pubbl. ist. di storia ant., Univ. di Padova 13, Rom, 21–31.
Cantarelli, L. (1890), I ΜΟΘΑΚΕΣ spartani, RFIC 18, 465–484.
Carlier, P. (1995), Gli ὑπομείονες a Sparta, QIASA 5, 27–31.
Christien Trégaro, J. (1993), Les bâtards spartiates, in: Festschr. P. Lévêque, hrsg. v. M.-M. Mactoux u. E. Geny, Bd. 7, Paris, 33–40.
Cobetto Ghiggia, P. (2007), Un' oscura clausola sulla paideia dei mothakes (Phylarch., FGrHist 81 F 43 = Athen. 271e-f), AncSoc 37, 63–67.
David, E. (1979), The Conspiracy of Cinadon, Athenaeum 57, 239–259.
David, E. (1980), Revolutionary agitation in Sparta after Leuctra, Athenaeum 58, 299–308.
Davies, Ph. (2017), The Cinadon Conspiracy as Literary Narrative and Historical Source, in: Das antike Sparta, hrsg. v. V. Pothou u. A. Powell, Stuttgart, 211–243.
Flower, M. A. (1991), Revolutionary Agitation and Social Change in Classical Sparta, in: Georgica, Festschr. G. Cawkwell, hrsg. v. M. A. Flower u. M. Toher, London, 78–97.
Fornis, C. (2007), La conjura de Cinadón: ¿paradigma de resistencia de los dependientes lacedemonios?, SHHA 25, 103–115.
Furuyama, M. (1988), The Liberation of Heilotai. The Case of Neodamodeis, in: Forms of Control and Subordination in Antiquity, hrsg. v. T. Yuge u. M. Doi, Leiden, 364–368.
Gish, D. A. (2009), Spartan Justice: the Conspiracy of Kinandon in Xenophon's Hellenika, Polis 26, 339–369.
Hamilton, Ch. D. (1987), Social Tensions in Classical Sparta, Ktema 12, 31–41. Jehne, M. (1995), Die Funktion des Berichts über die Kinadon-Verschwörung in Xenophons Hellenika, Hermes 123, 166–174.
Lazenby, J. F. (1997), The Conspiracy of Kinadon reconsidered, Athenaeum 85, 437–447.
Lotze, D. (1962), ΜΟΘΑΚΕΣ, Historia 11, 427–435 (= ders., Bürger und Unfreie im vorhellenistischen Griechenland. Ausgewählte Aufsätze, hrsg. v. W. Ameling u. K. Zimmermann, Stuttgart 2000, 185–194).
Luther, A. (2000), Die χωλὴ βασιλεία des Agesilaos, AHB 14,3, 120–129.
Ruzé, F. (1993), Les Inférieurs libres à Sparte: exclusion ou intégration, in: Festschr. P. Lévêque, hrsg. v. M.-M. Mactoux u. E. Geny, Bd. 7, Paris, 297–310.
Sartori, F. (1991), Il ›pragma‹ di Cinadone, in: Stuttgarter Kolloquium zur historischen Geographie des Altertums 2/3, 1984/1987, Geographica Historica 5, hrsg. v. E. Olshausen u. H. Sonnabend, Bonn, 487–514.
Vattuone, R. (1982), Problemi spartani: la congiura di Cinadone, RSA 12, 19–52.
Willetts, R. F. (1954), The Neodamodeis, CPh 49, 27–32.

Epitadeus

Asheri, D. (1961), Sulla legge di Epitadeo, Athenaeum 39, 45–68.
Avramović, S. (2005), The Rhetra of Epitadeus and Testament in Spartan Law, in: Symposion 2001. Vorträge zur griechischen und hellenistischen Rechtsgeschichte, hrsg. v. R. W. Wallace u. M. Gagarin, 2. Aufl., Wien, 175–186.
Christien, J. (1974), La loi d'Epitadeus: un aspect de l'histoire économique et sociale à Sparte, RD 52, 197–221.
Marasco, G. (1980), La Retra di Epitadeo e la situazione sociale di Sparta nel IV secolo, AC 49, 131–145.
Schütrumpf, E. (1987), The Rhetra of Epitadeus: A Platonist's Fiction, GRBS 28, 441–457.
Todd, S. C. (2005), Epitadeus and Juridice. A Response to Sima Avramović, in: Symposion 2001. Vorträge zur griechischen und hellenistischen Rechtsgeschichte, hrsg. v. R. W. Wallace u. M. Gagarin, 2. Aufl., Wien, 187–195.

Die Armee

Beloch, J. (1906), Griechische Aufgebote II., Klio 6, 58–78.
Busolt, G. (1905), Spartas Heer und Leuktra, Hermes 40, 387–449.
Cartledge, P. (2001), The Birth of the Hoplite: Sparta's Contribution to Early Greek Military Organization, in: ders., Spartan Reflections, London, 153–166.
Cozzoli, U. (1979), Proprietà fondiaria ed esercito nello stato spartano dell'età classica, Studi pubblicati dall'istituto italiano per la storia antica 29, Rom.
Ducat, J. (1999), La société spartiate et la guerre, in: Armées et sociétés de la Grèce classique. Ascpects sociaux et politiques de la guerre aux Ve et IVe s. av. J.-C., hrsg. v. F. Prost, Paris, 35–50.
Hawkins, C. (2011), Spartans and Perioikoi: The Organization and Ideology of the Lakedaimonian Army in the Fourth Century B. C. E., GRBS 51, 401–434.
Hodkinson, S. (1993), Warfare, wealth, and the crisis of Spartiate society, in: War and society in the Greek world, hrsg. v. J. Rich u. G. Shipley, London/New York, 146–176.
Hunt, P. (1998), Slaves, Warfare, and Ideology in the Greek Historians, Cambridge.
Kelly, D. H. (1981), Thucydides and Herodotus on the Pitanate Lochos, GRBS 22, 31–38.
Kromayer, J. (1903), Studien über die Wehrkraft und Wehrverfassung der griechischen Staaten, vornehmlich im 4. Jahrhundert v. Chr., Teil 2: Die Wehrkraft Lakoniens und seine Wehrverfassung vom 5. bis zum 3. Jahrhundert, Klio 3, 173–212.
Lazenby, J. F. (1985), The Spartan army, Warminster.
Leclercq, L. (2014), L'emploi des archers dans l'armée lacédémonienne une évolution des valeurs liée au pragmatisme militaire, in: L'idéalisation de l'autre. Faire un modèle d'un anti-modèle, hrsg. v. A. Gonzales u. M. T. Schettino, Besançon, 53–77.
Lupi, M. (2015), The Spartan τριηκάδες (Hdt. 1.65.5), Hermes 143, 379–383.
Millender, E. (2016), The Greek Battlefield: Classical Sparta and the Spectacle of Hoplite Warfare, in: The Topography of Violence in the Greco-Roman World, hrsg. v. W. Riess u. G. G. Fagan, Ann Arbor, 162–194.
Sekunda, N. V. (1998), The Spartans, Oxford (= Elite Series 66: The Spartan Army, London 1998).
Singor, H. (2002), The Spartan army at Mantinea and its organisation in the fifth century BC, in: After the Past, Festschr. H. W. Pleket, hrsg. v. W. Jongman u. M. Kleijwegt, Leiden/Boston/Köln, 235–284.
Thommen, L. (2013), Der Purpur Spartas, in: Rot – Die Archäologie bekennt Farbe. 5. Mitteldeutscher Archäologentag vom 04. bis 06. Oktober 2012 in Halle (Saale), hrsg. v. H. Meller u. a., Halle (Saale), 333–340.
Thommen, L. (2018), Sparta, in: Der Neue Pauly, Suppl. 12: Militärgeschichte der griechisch-römischen Antike, Stuttgart (im Druck).
Valzania, S. (1996), L'esercito spartano nel periodo dell'egemonia: dimensioni e compiti strategici, QS 43, 19–72.
Valzania, S. (1999), Brodo nero. Sparta pacifica, il suo esercito, le sue guerre, Rom.
Wees, H. van (2006), ›The Oath of the Sworn Bands‹. The Acharnae Stela, the Oath of Plataea and Archaic Spartan Warfare, in: Das Frühe Sparta, hrsg. v. A. Luther, M. Meier, L. Thommen, Stuttgart, 125–164.
Witowski, S. (1934), Die spartanische Heeresgliederung und der Ursprung des Ephorats, Eos 35, 73–86.

Der Peloponnesische Krieg

Amit, M. (1974), A Peace Treaty Between Sparta and Persia, RSA 4, 55–63.
Bleckmann, B. (1993), Sparta und seine Freunde im Dekeleischen Krieg, ZPE 96, 297–308.
Bleckmann, B. (1998), Athens Weg in die Niederlage. Die letzten Jahre des Peloponnesischen Kriegs, BzA 99, Stuttgart/Leipzig.
Bleckmann, B. (2002), Nochmals zur Datierung von IG V 1,1, Ktema 27, 35–38.
Bloedow, E. F. (1981), The Speeches of Archidamus and Sthenelaidas at Sparta, Historia 30, 129–143.
Bloedow, E. F. (1987), Sthenelaidas the Persuasive Spartan, Hermes 115, 60–66.

Bockisch, G. (1965), Die Lakedaimonier auf Lesbos, Klio 43–45, 67–73.
Bockisch, G. (1967), Die Harmostie Herakleia Trachis (Ein Kolonisationsversuch der Lakedaimonier vom Jahre 426), AAntHung 15, 311–317.
Bockisch, G. (1968), Die Politik der Lakedaimonier in Ionien von 412–405, Helikon 8, 139–160.
Brunt, P. A. (1965), Spartan Policy and Strategy in the Archidamian War, Phoenix 19, 255–280.
Capreedy, J. (2014), Losing Confidence in Sparta. The Creation of the Mantinean Symmachy, GRBS 54, 352–378.
Cozzoli, U. (1980), Lica e la politica spartana nell' età della guerra del Peloponneso, in: φιλίας χάριν, Festschr. E. Manni, Bd. 2, Rom, 573–592.
Cozzoli, U. (1984), Sparta e la Persia nel conflitto marittimo contro la lega delio-attica, in: Problemi di storia e cultura spartana, hrsg. v. E. Lanzillotta, Rom, 13–28.
Falkner, C. (1999), Sparta and Lepreon in the Archidamian War (Thuc. 5,31,2–5), Historia 43, 385–394.
Falkner, C. (1999), Sparta's Colony at Herakleia Trachinia and Spartan Strategy in 426, EMC 18, 45–58.
Fornis Vaquero, C. (1992–93), Esparta y la cuadruple alianza: 420–418 a. C., MHA 13–14, 73–103.
Hanson, V. D. (2005), A war like no other. How the Athenians and Spartans fought the Peloponnesian War, London.
Hornblower, S. (2000), Thucydides, Xenophon, and Lichas: Were the Spartans Excluded from the Olympic Games from 420 to 400 B. C.?, Phoenix 54, 212–225.
Huart, P. (1970), L'épisode de Pylos-Sphactérie dans Thucydide: ses répercussions à Sparte, AFLNice 11, 27–46.
Kagan, D. (1969), The Outbreak of the Peloponnesian War, Ithaca/London.
Kagan, D. (1974), The Archidamian War, Ithaca/London.
Kagan, D. (1981), The Peace of Nicias and the Sicilian Expedition, Ithaca/London.
Kagan, D. (1987), The Fall of the Athenian Empire, Ithaca/London.
Kelly, Th. (1979), Peloponnesian Naval Strength and Sparta's Plans for Waging War against Athens in 431 B. C., in: Festschr. T. B. Jones, hrsg. v. M. A. Powell jr. u. R. H. Sack, Neukirchen-Vluyn, 245–255.
Lafargue, Ph. (2015), La bataille de Pylos. 425 av. J.-C. Athènes contre Sparte, Paris.
Lazenby, J. F. (2004), The Peloponnesian War. A military study, London/New York.
Lévy, E. (1983), Les trois traités entre Sparte et le Roi, BCH 107, 221–241.
Maele, S. van de (1971), Le livre VIII de Thucydide et la politique de Sparte en Asie Mineure (412–411 av. J.-C.), Phoenix 25, 32–50.
Mariggiò, V. A. (2004), Re Archidamo alla vigilia della guerra del Peloponneso, Ktema 29, 287–309.
Natalicchio, A. (1990), La tradizione delle offerte spartane di pace tra il 411 ed il 404: storia e propaganda, RIL 124, 161–175.
Nesselhauf, H. (1934), Die diplomatischen Verhandlungen vor dem peloponnesischen Kriege (Thukydides I, 139 ff.), Hermes 69, 286–299.
Oliva, P. (2000), Sparta, Persien und die kleinasiatischen Griechen, in: Bürgersinn und staatliche Macht in Antike und Gegenwart, Festschr. W. Schuller, hrsg. v. M. Dreher, Konstanz, 113–124.
Parke, H. W. (1957), A Note on the Spartan Embassy to Athens (408/7 B. C.), CR 7, 106–107.
Robinson, E. W. (2014), What happened at Aegospotami? Xenophon and Diodorus on the Last Battle of the Peloponnesian War, Historia 63, 1–16.
Romani, C. (1996), I trattati spartano-persiani durante la guerra deceleia, Studi di antichità 9, 235–256.
Roy, J. (1998), Thucydides 5.49.1–50.4: The Quarrel between Elis and Sparta in 420 B. C., and Elis' Exploitation of Olympia, Klio 80, 360–368.
Rusch, S. M. (2002), Agis Threatens Athens: The Plausibility of Diodorus 13.72.3–73.2, in: Oikistes. Studies in Constitutions, Colonies, and Military Power in the Ancient World, Festschr. A. J. Graham, hrsg. v. V. B. Gorman u. E. W. Robinson, Leiden/Boston/Köln, 285–300.
Sanctis, G. de (1911/12), Areo II re di Sparta, AAT 47, 267–277 (= ders., Scritti minori, Bd. 1, hrsg. v. S. Accame, Rom 1966, 461–471).
Ste. Croix, G. E. M. de (1972), The Origins of the Peloponnesian War, London.
Westlake, H. D. (1938), Alcibiades, Agis and Spartan Policy, JHS 58, 31–40.
Westlake, H. D. (1974), The Naval Battle at Pylos and its Consequences, CQ 24, 211–226.
Whitehead, D. (1982/83), Sparta and the Thirty Tyrants, AncSoc 13/14, 105–130.

Willemsen, F. (1977), Zu den Lakedämoniergräbern im Kerameikos, AM 92, 117–157.
Woodhouse, W. J. (1933), King Agis of Sparta and his Campaign in Arkadia in 418 B. C. A Chapter in the History of the Art of War among the Greeks, Oxford.

Brasidas

Badian, E. (1999), The Road to Acanthus, in: Text and Tradition. Festschr. M. Chambers, hrsg. v. R. Mellor u. L. Tritle, Claremont CA, 3–35.
Boëldieu-Trevet, J. (1997), Brasidas: la naissance de l'art du commandement, in: Esclavage, guerre, économie en Grèce ancienne, Festschr. Y. Garlan, hrsg. v. P. Brulé u. J. Oulhen, Rennes, 147–158.
Howie, J. G. (2005), The Aristeia of Brasidas. Thucydides' Presentation of Events at Pylos and Amphipolis, PLLS 12, 207–284.
Pérez Martínez, J. A. (2013), La campaña de Brásidas. El resurgir de Esparta en la guerra del Peloponeso, ETF(hist) 26, 83–106.
Prandi, L. (2004), Sintonia e distonia fra Brasida e Sparta, in: Contro le ›leggi immutabili‹. Gli Spartani fra tradizione e innovazione, hrsg. v. C. Bearzot u. F. Landucci, Mailand, 91–113.
Rutherford Harley, T. (1941/42), ›A greater than Leonidas‹, G&R 11, 68–83.
Wylie, G. (1992), Brasidas – Great Commander of Whiz-Kid?, QUCC 41, 75–95.

Lysander

Albini, U. (1959), I cataloghi di Lisandro, Maia 11, 63–66.
Andrewes, A. (1971), Two Notes on Lysander, Phoenix 25, 206–226.
Bearzot, C. (2004), Lisandro tra due modelli: Pausania l'aspirante tiranno, Brasida il generale, in: Contro le ›leggi immutabili‹. Gli Spartani fra tradizione e innovazione, hrsg. v. C. Bearzot u. F. Landucci, Mailand, 127–160.
Bernini, U. (1985), Il »progetto politico« di Lisandro sulla regalità spartana e la teorizzazione critica di Aristotele sui re spartani, SIFC 78, 205–238.
Bernini, U. (1988), ΛΥΣΑΝΔΡΟΥ ΚΑΙ ΚΑΛΛΙΚΡΑΤΙΔΑ ΣΥΓΚΡΙΣΙΣ. Cultura, etica e politica spartana fra quinto e quarto secolo a. C., Venedig.
Bommelaer, J.-F. (1981), Lysandre de Sparte. Histoire et traditions, Paris.
Breitenbach, H. R. (1971), Die Seeschlacht bei Notion (407/406), Historia 20, 152–171.
Cavaignac, E. (1924), Les Décarchies de Lysandre, REH 90, 261–280.
Due, B. (1987), Lysander in Xenophon's Hellenica, C&M 28, 53–62.
Giraud, J.-M. (2001), Lysandre et le chef idéal de Xénophon, QS 53, 39–68.
Hamilton, Ch. D. (1992), Lysander, Agesilaus, Spartan imperialism and the Greeks of Asia Minor, AncW 23, 35–50.
Karwiese, S. (1980), Lysander as Herakliskos Drakonopnigon, NC 140, 1–2.
Keen, A. G. (1998), Lies about Lysander, Leeds International Latin Seminar 9, 285–296.
Lotze, D. (1964), Lysander und der Peloponnesische Krieg, ASAW 57/1, Berlin.
Malkin, I. (1990), Lysander und Libys, CQ 40, 541–545.
Méautis, G. (1926), A propos de l'épigramme de Lysandre, L'Acropole 1, 196–203.
Muccioli, F. (2005), Gli onori divini per Lisandro a Samo. A proposito di Plutarchus, Lysander 18, in: The Statesman in Plutarch's Works, Bd. 2, hrsg. v. L. de Blois u. a., Leiden/Boston, 199–213.
Prentice, W. K. (1934), The Character of Lysander, AJA 38, 37–42.
Rahe, P. A. (1977), Lysander and the Spartan Settlement, 407–403 B. C., Yale.
Schaefer, H. (1949–50), Alkibiades und Lysander in Ionien, WJA 4, 287–308.
Smith, R. E. (1948), Lysander and the Spartan Empire, CPh 43, 145–156.
Smits, J. (1939), Plutarchs Leven van Lysander, Amsterdam/Paris.
Zinserling, G. (1965), Persönlichkeit und Politik Lysanders im Lichte der Kunst, WZJena 14, 35–43.

Nauarchen

Beloch, K. J. (1879), Die Nauarchie in Sparta, RhM 34, 117–130.
Bloedow, E. F. (2000), Spartan naval command: from secretary to »vice-admiral«, Scholia. Natal studies of classical antiquity 9, 12–19.
Bommelaer, J.-F. (1971), Notes sur les navarques et les successeurs de Polyclète à Delphes, BCH 95, 43–64.
Christien, J. (2016), L'institution spartiate des navarques, in: Great is the power of the sea: the power of the sea and sea power in the Greek world of the archaic and classical periods, hrsg. v. G. Cuniberti u. a., Historika V, Turin, 321–351.
Falkner, C. (1994), A Note on Sparta and Gytheum in the Fifth Century, Historia 43, 495–501.
Falkner, C. (1999), Astyochus, Sparta's Incompetent Navarch?, Phoenix 53, 206–221.
Hodkinson, S. (1993), Warfare, wealth, and the crisis of spartiate society, in: War and society in the Greek world, hrsg. v. J. Rich u. G. Shipley, London/New York, 146–176.
Schäme, R. (1915), Der Amtsantritt der spartanischen Nauarchen und der Anfang des korinthischen Krieges, Diss. Leipzig.
Sealey, R. (1976), Die spartanische Nauarchie, Klio 58, 335–358.
Thommen, L. (2016), Xenophon und die spartanische Nauarchie, in: Great is the power of the sea: the power of the sea and sea power in the Greek world of the archaic and classical periods, hrsg. v. G. Cuniberti u. a., Historika V, Turin, 313–320.

Harmosten

Bassett, Sh. (2001), The enigma of Clearchus the Spartan, AHB 15, 1–13.
Bockisch, G. (1965), Ἁρμοσταί (431–387), Klio 46, 129–239.
Bockisch, G. (1967), Die Harmostie Herakleia Trachis (Ein Kolonisationsversuch der Lakedaimonier vom Jahre 426), AAntHung 15, 311–317.
Ducat, J. (2002), Pédaritos ou le bon usage des apophtegmes, Ktema 27, 13–34.
Parke, H. W. (1931), The Evidence for Harmosts in Laconia, Hermathena 46, 31–38.

Die spartanische Hegemonie

Alonso Troncoso, V. (1999), 395–390/89 a. C., Atenas contra Esparta: ¿de qué guerra hablamos?, Athenaeum 87, 57–77.
Badian, E. (1991), The King's Peace, in: Georgica, Festschr. G. Cawkwell, hrsg. v. M. A. Flower u. M. Toher, London, 25–48.
Cawkwell, G. L. (1981), The King's Peace, CQ 31, 69–83.
De Voto, J. G. (1986), Agesilaus, Antalcidas, and the Failed Peace of 392/91 B. C., CPh 81, 191–202.
De Voto, J. G. (1988), Agesilaos and Tissaphernes near Sardis in 395 B. C., Hermes 116, 41–53.
Falkner, C. (1996), Sparta and the Elean War, ca 401/400 B. C.: Revenge or Imperialism?, Phoenix 50, 17–25.
Fornis, C. (2007), Campañas espartanas olvidadas: Jenofonte y la fase desgaste de la guerra de Corinto, Ktema 32, 351–361.
Fornis, C. (2008), Grecia exhausta. Ensayo sobre la guerra de Corinto, Hypomnemata 175, Göttingen.
Funke, P. (2004), Sparta und die Peloponnesische Staatenwelt zu Beginn des 4. Jahrhunderts und der Dioikismos von Mantineia, in: Xenophon and his World, hrsg. v. Ch. Tuplin, Historia Einzelschr. 172, Stuttgart, 427–435.
Hack, H. M. (1978), Thebes and the Spartan Hegemony, 386–382 B. C., AJPh 99, 210–227.
Hamilton, Ch. D. (1970), Spartan Politics and Policy, 405–401 B. C., AJPh 91, 294–314.
Hamilton, Ch. D. (1979), Sparta's Bitter Victories. Politics and Diplomacy in the Corinthian War, Ithaca/London.

Jehne, M. (1991), Die Friedensverhandlungen von Sparta 392/1 v. Chr. und das Problem der kleinasiatischen Griechen, Chiron 21, 265-276.
Jehne, M. (1994), Koine Eirene. Untersuchungen zu den Befriedungs- und Stabilisierungsbemühungen in der griechischen Poliswelt des 4. Jahrhunderts v. Chr., Hermes Einzelschr. 63, Stuttgart.
Kehne, P. (2014), Das attische Seereich (478-404 v.Chr.) und das spartanische Hegemonialreich (nach 404 v.Chr.): Griechische Imperien?, in: Imperien und Reiche in der Weltgeschichte. Epochenübergreifende und globalhistorische Vergleiche, Teil 1, hrsg. v. M. Gehler u. R. Rollinger, Wiesbaden, 329-362.
Konecny, A. (2001), Κατέκοψεν την μόραν Ἰφικράτης. Das Gefecht bei Lechaion im Frühsommer 390 v. Chr., Chiron 31, 79-127.
Lanzillotta, E. (1980), La politica spartana dopo la pace di Antalcida, in: Settima Miscellanea greca e romana, Rom, 129-178.
Lehmann, G. A. (1978), Spartas αρχή und die Vorphase des Korinthischen Krieges in den Hellenica Oxyrhynchia, ZPE 28, 73-93. 109-126.
Lewis, D. M. (1997), The Athens Peace of 371, in: ders., Selected papers in Greek and Near Eastern history, hrsg. v. P. J. Rhodes, Cambridge, 29-31.
Orsi, D. P. (2004), Sparta e la Persia. La guerra in Asie: 400-394, IncidAntico 2, 41-58.
Parke, H. W. (1930), The Development of the Second Spartan Empire (405-371 B. C.), JHS 50, 37-79.
Parker, V. (2003), Sparta, Amyntas. and the Olynthians in 383 B. C. A comparison of Xenophon and Diodorus, RhM 146, 113-137.
Quass, F. (1991), Der Königsfriede vom Jahr 387/6 v. Chr. Zur Problematik einer allgemein-griechischen Friedensordnung, HZ 252, 33-56.
Rice, D. G. (1971), Why Sparta Failed: A Study of Politics and Policy from the Peace of Antalkidas to the Battle of Leuctra, 387-371 B. C., Yale.
Roberts, M. – Bennett, B. (2014), Spartan Supremacy, Barnsley.
Roy, J. (2009), The Spartan-Elean War of c. 400, Athenaeum 97, 69-86.
Sordi, M. (1984), Il santuario di Olympia e la guerra d'Elide, in: I santuari e la guerra nel mondo classico, hrsg. v. M. Sordi, Mailand, 20-30.
Tuplin, Ch. (1993), The Failings of Empire. A Reading of Xenophon Hellenica 2.3.11-7.5.27, Historia Einzelschr. 76, Stuttgart.
Urban, R. (1991), Der Königsfrieden von 387/86 v. Chr. Vorgeschichte, Zustandekommen, Ergebnis und politische Umsetzung, Historia Einzelschr. 68, Stuttgart.
Westlake, H. D. (1986), Spartan Intervention in Asia, 400-397 B. C., Historia 35, 405-426.

Agesilaos

Cartledge, P. (1987), Agesilaos and the Crisis of Sparta, London.
Cawkwell, G. L. (1976), Agesilaus and Sparta, CQ 26, 62-84.
Cornelius, F. (1933), Die Schlacht bei Sardes, Klio 26, 29-31.
De Voto, J. G. (1982), Agesilaos II and the Politics of Sparta, 404-377 B. C., Diss. Chicago.
Dugas, Ch. (1910), La campagne d'Agésilas en Asie Mineure (395). Xénophon et l'Anonyme d'Oxyrhynchos, BCH 34, 58-95.
Flaig, E. (1999), Die Warnung vor dem hinkenden König. Spartas Niedergang als Folge einer falschen Orakeldeutung, in: Geschichtszeichen, hrsg. v. D. Kittsteiner, Köln/Weimar/Wien, 31-41.
Flower, M. A. (1988), Agesilaus of Sparta and the Origins of the Ruler Cult, CQ 38, 123-134.
Hamilton, Ch. D. (1982), Étude chronologique sur le règne d'Agésilas, Ktema 7, 281-296.
Hamilton, Ch. D. (1991), Agesilaus and the Failure of Spartan Hegemony, Ithaca/London.
Hamilton, Ch. D. (1992), Lysander, Agesilaus, Spartan imperialism and the Greeks of Asia Minor, AncW 23, 35-50.
Hamilton, Ch. D. (1992), Plutarch's ›Life of Agesilaus‹, ANRW II 33.6, Berlin/New York, 4201-4221.
Hamilton, Ch. D. (1994), Thebes and Sparta in the fourth century: Agesilaus' Theban obsession, Ktema 19, 239-258.
Hatzfeld, J. (1946), Agésilas et Artaxerxès II, BCH 70, 238-246.

Lins, H. (1914), Kritische Betrachtung der Feldzüge des Agesilaos in Kleinasien, Diss. Halle.
Lotz, H. (2016), Die »Schlacht bei Sardeis« 395 v.Chr. Ein historisches Konstrukt?, Historia 65, 126–154.
Luppino-Manes, E. (1991), I φίλοι di Agesilao, Ktema 16, 255–262.
Rice, D. G. (1974), Agesilaus, Agesipolis, and Spartan Politics, 386–379 B. C., Historia 23, 164–182.
Schepens, G. (2004), Ἀρετή e ἡγεμονία. I profili storici di Lisando e di Agesilao nelle Elleniche di Teopompo, in: Il Peloponneso di Senofonte, hrsg. v. G. Daverio Rocchi u. M. Cavalli, Mailand, 1–40.
Schepens, G. (2005), À la recherche d'Agésilas. Le roi de Sparte dans le jugement des historiens du IVe siècle av. J.-C., REG 118, 31–78.
Shipley, D. R. (1997), A Commentary on Plutarch's Life of Agesilaos, Oxford.
Smith, R. E. (1954), The Opposition to Agesilaus' Foreign Policy 394–371 B. C., Historia 2, 274–288.
Wylie, G. (1992), Agesilaus and the Battle of Sardis, Klio 74, 118–130.
Zierke, E. (1936), Agesilaos. Beiträge zum Lebensbild und zur Politik des Spartanerkönigs, Diss. Frankfurt a. M.

Söldnerführer

Badian, E. (1967), Agis III, Hermes 95, 170–192.
Badian, E. (1994), Agis III: revisions and reflexions, in: Ventures into Greek History, Festschr. N. G. L. Hammond, hrsg. v. I. Worthington, Oxford, 258–292.
Braccesi, L. (1990), L'avventura di Cleonimo (a Venezia prima di Venezia), Padua.
Casillas, J. M. (1994), Los mercenarios en Esparta: desde Leuctra hasta la llegada de los Macedonios, in: VIII congreso español de estudios clásicos 3, Madrid, 115–123.
Christien, J. (2009), Archidamos III In Memoriam, in: Rituels et transgressions de l'Antiquité à nos jours, hrsg. v. G. Hoffmann u. A. Gailliot, Amiens, 243–258.
Cloché, P. (1945–46), La politique extérieure de Lacédémone depuis la mort d'Agis III jusqu'à celle d'Acrotatos, fils d'Areus Ier, EA 47, 219–242; 48, 29–61.
Couvenhes, J.-C. (2008), Le Ténare: un grand marché de mercenaires à la fin du IVe siècle?, in: Le Péloponnèse d'Épaminondas à Hadrien, hrsg. v. C. Grandjean, Bordeaux, 279–315.
David, E. (1981), Sparta between Empire and Revolution (404–243 B. C.). Internal Problems and Their Impact on Contemporary Greek Consciousness, New York.
Gianelli, C. A. (1974), Gli interventi di Cleonimo e di Agatocle in Magna Grecia, CS 3, 353–380.
Lock, R. A. (1972), The Date of Agis III's War in Greece, Antichthon 6, 10–27.
Meloni, P. (1950), L'intervento di Cleonimo in Magna Grecia, GIF 3, 103–121.
Millender, E. (2006), The politics of Spartan mercenary service, in: Sparta and War, hrsg. v. S. Hodkinson u. A. Powell, Swansea, 235–266.
Noethlichs, K. L. (1987), Sparta und Alexander: Überlegungen zum »Mäusekrieg« und zum »Sparta-Mythos«, in: Zu Alexander d. Gr., Festschr. G. Wirth, hrsg. v. W. Will, Bd. 1, Amsterdam, 391–412.

Areus

Cloché, P. (1945–46), La politique extérieure de Lacédémone depuis la mort d'Agis III jusqu'à celle d'Acrotatos, fils d'Areus Ier, EA 47, 219–242; 48, 29–61.
Marasco, G. (1980), Sparta agli inizi dell'età ellenistica: il regno di Areo I (309/8–265/4 a. C.), Florenz.

Agis, Kleomenes und die Reformierung Spartas

Africa, Th. W. (1961), Phylarchus and the Spartan Revolution, Berkeley/Los Angeles.
Africa, Th. W. (1968), Cleomenes III and the Helots, CSCA 1, 1–11.
Barello, A. (1996), Il processo di Cleomene e la crisi dinastica di Sparta, in: Processi e politica nel mondo antico, hrsg. v. M. Sordi, Mailand, 19–27.
Bernini, U. (1978), Studi su Sparta ellenistica. Da Leonida II a Cleomene III, QUCC 27, 29–59.
Bernini, U. (1981–82), Archidamo e Cleomene III. Politica interna ed estera a Sparta (241–227 A. C.), Athenaeum 59, 439–458; 60, 205–223.
Borza, E. N. (1971), The End of Agis' Revolt, CPh 66, 230–235.
Cloché, P. (1943), Remarques sur les règnes d'Agis IV et de Cléomène III, REG 56, 53–71.
Daubies, M. (1971), Cléomène III, les hilotes et Sellasie, Historia 20, 665–695.
Daubies, M. (1981–82), Quelques réflexions sur les réformes entreprises à Sparte par les rois Agis IV et Cléomène III, in: Acts of the Second International Congress of Peloponnesian Studies (1980), Bd. 2, hrsg. v. T. A. Gritsopoulos u. a., Athen, 17–33.
Doran, T. (2017), Eugenic Ideology in the Hellenistic Spartan Reforms, Historia 66 (im Druck).
Ducat, J. (1987), Cléomène III et les Hilotes, Ktema 12, 43–52.
Erskine, A. (1990), The Hellenistic Stoa. Political thought and action, London, bes. 123–149: The Spartan Revolution.
Fuks, A. (1962), Agis, Cleomenes, and Equality, CPh 57, 161–166 (= ders., Social Conflict in Ancient Greece, Leiden 1984, 250–255).
Fuks, A. (1962), Non-Phylarchean Tradition of the Programme of Agis IV, CQ 12, 118–121 (= ders., Social Conflict in Ancient Greece, Leiden 1984, 256–259).
Fuks, A. (1962), The Spartan Citizen-Body in Mid-Third Century B. C. and its Enlargement Proposed by Agis IV, Athenaeum 40, 244–263 (= ders., Social Conflict in Ancient Greece, Leiden 1984, 230–249).
Gabba, E. (1957), Studi su Filarco. Le biografie plutarchee di Agide e di Cleomene, Athenaeum 35, 3–55. 193–239.
Geske, N. (2009), Agis IV. und Kleomenes III. Ihre sozialen Reformen und das Volk von Sparta, in: Geschehen und Gedächtnis. Die hellenistische Welt und ihre Wirkung, Festschr. W. Orth, hrsg. v. J.-F. Eckholdt u. a., Berlin, 45–91.
Kazarow, G. (1907), Zur Geschichte der sozialen Revolution in Sparta, Klio 7, 45–51.
Marasco, G. (1978), La leggenda di Poliodoro e la redistribuzione di terre di Licurgo nella propaganda Spartana del III secolo, Prometheus 4, 115–127.
Marasco, G. (1979), Cleomene III, i mercenari e gli iloti, Prometheus 5, 45–62.
Marasco, G. (1980), Polibio e i rapporti etolo-spartani durante i regni di Agide IV e Cleomene III, Prometheus 6, 153–180.
Marasco, G. (1980), Storia e propaganda durante la guerra cleomenica. Un episodio del III sec. A. C., RSI 92, 5–34.
Marasco, G. (1981), Commento alle biografie plutarchee di Agide e di Cleomene, 2 Bde., Rom.
Marasco, G. (2004), Cleomene III fra rivoluzione e reazione, in: Contro le ›leggi immutabili‹. Gli Spartani fra tradizione e innovazione, hrsg. v. C. Bearzot u. F. Landucci, Mailand, 191–207.
Martínez-Lacy, J. R. F. (1988), Agis's and Cleomenes's Reforms and Their Relationship to Expressions and Appearances of Resistance by the Ruled, in: Forms of Control and Subordination in Antiquity, hrsg. v. T. Yuge u. M. Doi, Leiden u. a., 476–481.
Martínez-Lacy, R. (1997), The Application of the Concept of Revolution to the Reforms of Agis, Cleomenes and Nabis at Sparta, QS 46, 95–105.
Niccolini, G. (1910), Questioni al re di Sparta Cleomene III, in: Saggi di storia antica e di archeologia, Festschr. J. Beloch, Rom, 1–8.
Oliva, P. (1968), Die Auslandspolitik Kleomenes III, AAntHung 16, 179–185.
Oliva, P. (1984), Der achäische Bund zwischen Makedonien und Sparta, Eirene 21, 5–16.
Ollier, F. (1936), Le philosophe stoïcien Sphairos et l'oeuvre réformatrice des rois de Sparte Agis IV et Cléomène III, REG 49, 536–570.
Pozzi, F. (1968), Le riforme economico-sociali e le mire tiranniche di Agide IV e Cleomene III, re di Sparta, Aevum 42, 383–402.
Shimron, B. (1964), Polybius and the Reforms of Cleomenes III, Historia 13, 147–155.

Shimron, B. (1966), Some Remarks on Phylarchus and Cleomenes III, RFIC 94, 452–459.
Shipley, G. (2017), Agis IV, Kleomenes III, and Spartan Landscapes, Historia 66 (im Druck).
Sotiriadis, M. G. (1910), Τὸ πεδίον τῆς ἐν Σελλασίᾳ μάχης (222 πρὸ Χρίστοῦ), BCH 34, 5–57.
Stern, E. von (1915), Kleomenes III. und Archidamos, Hermes 50, 554–571.
Tausend, K. (1998), Der Arkadienfeldzug Kleomenes' III. im Jahre 225, RSA 28, 51–57.
Thommen, L. (2017), Agis und Kleomenes als Vorläufer der Gracchen, MH 74 (im Druck).
Urban, R. (1973), Das Heer des Kleomenes bei Sellasia, Chiron 3, 95–102.
Walthall, D. A. (2013), Becoming Kings: Spartan Basileia in the Hellenistic Period, in: Splendors and Miseries of Ruling Alone. Encounters with Monarchy from Archaic Greece to the Hellenistic Mediterranean, hrsg. v. N. Luraghi, Stuttgart, 129–163.

Frauen im Umkreis der hellenistischen Königshäuser

Mossé, C. (1991), Women in the Spartan Revolutions of the Third Century B. C., in: Women's History and Ancient History, hrsg. v. S. B. Pomeroy, Chapel Hill/London, 138–153.
Powell, A. (1999), Spartan women assertive in politics? Plutarch's Lives of Agis and Kleomenes, in: Sparta: New Perspectives, hrsg. v. S. Hodkinson u. A. Powell, London, 393–419.

Zwischen Makedonien und Aitolien

Pozzi, F. (1970), Sparta e i partiti politici tra Cleomene III e Nabide, Aevum 44, 389–414.
Shimron, B. (1964), The Spartan Policy after the Defeat of Cleomenes III, CQ 14, 232–239.
Toneatto, L. (1974–75), Lotta politica e assetto sociale a Sparta dopo la caduta di Cleomene III, Index 5, 179–248.

Nabis und der Achaiische Bund

Brulé, P. (1999), Polybe et Nabis. Piraterie et relations internationales ou violence et profit privés dans l'Égée à la fin du IIIè siècle, in: Le Péloponnèse. Archéologie et Histoire, hrsg. v. J. Renard, Rennes, 177–193.
Burton, P. (2015), Nabis, Flamininus, and the Amicitia between Rome and Sparta, in: Foreign clientelae in the Roman Empire. A Reconsideration, hrsg. v. M. Jehne u. F. Pina Polo, Historia Einzelschr. 238, Stuttgart, 225–237.
Eckstein, A. M. (1987), Nabis and Flamininus on the Argive Revolution of 198 and 197 B. C., GRBS 28, 213–233.
Fontana, M. J. (1980), Nabide tiranno tra Roma e i greci, in: φιλίας χάριν, Festschr. E. Manni, Bd. 3, Rom, 917–945.
Fossey, J. M. (1997), Nabis de Sparte et les villes de l'Argolide, in: Argolo-Korinthiaka, Bd. 1, hrsg. v. J. M. Fossey, Amsterdam, 55–63.
Homolle, Th. (1896), Inscriptions de Délos. Le roi Nabis, BCH 20, 502–522.
Karafotias, A. (1998), Crete in search of a new protector: Nabis of Sparta and his relations with the island, in: Post-Minoan Crete, hrsg. v. W. G. Cavanagh u. M. Curtis, London, 105–111.
Mendels, D. (1978), A Note on the Speeches of Nabis and T. Quinctius Flamininus, SCI 4, 38–44.
Mendels, D. (1979), Polybius, Nabis, and Equality, Athenaeum 57, 311–333.
Mossé, C. (1964), Un tyran grec à l'époque hellénistique: Nabis ›roi‹ de Sparte, CH 9, 313–323.
Mundt, J. (1903), Nabis, König von Sparta, Köln.
Robins, W. S. (1958), The Position of the Helots in the Time of Nabis, 206–192 B. C., Univ. of Birmingham Historical Journal 6, 93–98.
Shimron, B. (1966), Nabis of Sparta and the Helots, CPh 61, 1–7.

Shimron, B. (1972), Late Sparta. The Spartan Revolution 243–146 E. C., Arethusa Monographs III, Buffalo, N. Y.
Shimron, B. (1974), Nabis – Aemulus Lycurgi, SCI 1, 40–46.
Texier, J.-G. (1974), Nabis et les hilotes, DHA 1, 189–205.
Texier, J.-G. (1975), Nabis, Paris.
Texier, J.-G. (1976), Un aspect de l'évolution de Sparte à l'époque hellénistique: La modification de l'armée lacédémonienne et ses implications, AFLD 6, 69–86.
Texier, J.-G. (1976–77), Un aspect de l'antagonisme de Rome et de Sparte à l'époque hellénistique: l'entrevue de 195 avant J.-C. entre Titus Quinctius Flamininus et Nabis, REA 78/79, 145–154.
Wolters, P. (1897), König Nabis, AM 22, 139–147.

Zwischen Achaia und Rom

Bonnefond-Coudry, M. (1987), Mythe de Sparte et politique romaine: les relations entre Rome et Sparte au début du IIe siècle av. J.-C., Ktema 12, 81–110.
Camia, F. (2004), L'intervento di Roma nella controversia territoriale tra Sparta e Megalopoli (163 a.C.), ASAA, Ser. 3a 4, 477–483.
Golan, D. (1974), Philopoemen Immodicus and Superbus and Sparta, SCI 1, 29–39.
Texier, J.-G. (2014), 192–182 avant J.-C.: regards et réflexions sur dix ans d'histoire spartiate, in: Sparte hellénistique. IVe-IIIe siècles avant notre ère, hrsg. v. J. Christien u. B. Legras, DHA Suppl. 11, Besançon, 237–296.

Eurykles und das römische Sparta

Balzat, J.-S. (2005), Le pouvoir des Euryclides à Sparte, LEC 73, 289–301.
Balzat, J.-S. (2008), Les Euryclides en Laconie, in: Le Péloponnèse d'Épaminondas à Hadrien, hrsg. v. C. Grandjean, Bordeaux, 335–350.
Baudini, A. (2013), Propaganda and Self-Representation of a Civic Elite in Roman Greece: The Flogging Rite of Orthia in Sparta, in: Roman Power and Greek Sanctuaries. Forms of Interaction and Communication, hrsg. v. M. Galli, Athen, 193–203.
Bowersock, G. W. (1961), Eurycles of Sparta, JRS 51, 112–118.
Box, H. (1931/1932), Roman Citizenship in Laconia, I: JRS 21, 200–214; II: JRS 22, 165–183.
Bradford, A. S. (1980), The Synarchia of Roman Sparta, Chiron 10, 413–425.
Cartledge, P. – Spawforth, A. (2002), Hellenistic and Roman Sparta. A tale of two cities, 2. Aufl., London.
Chrimes, K. M. T. (1949), Ancient Sparta. A Re-Examination of the Evidence, Manchester (ND 1952/1999).
Fournier, J. (2005), Sparte et la justice romaine sous le Haut-Empire. À propos de IG V 1, 21, REG 118, 117–137.
Hupfloher, A. (2000), Kulte im kaiserzeitlichen Sparta. Eine Rekonstruktion anhand der Priesterämter, Berlin.
Kennell, N. M. (1991), The Size of the Spartan Patronate, ZPE 85, 131–137.
Kennell, N. M. (1992), IG V 1,16 and the Gerousia of Roman Sparta, Hesperia 61, 193–202.
Kennell, N. M. (1992), The Spartan Synarchia, Phoenix 46, 342–351.
Kennell, N. M. (2009), Marcus Aurelius Alexys and the ›homeland security‹ of Roman Sparta, in: Sparta and Laconia. From Prehistory to Pre-Modern, hrsg. v. W. Cavanagh u. a., Athen/London, 285–291.
Kjellberg, E. (1921), C. Iulius Euryklea, Klio 17, 44–58.
Lane, E. (1962), An Unpublished Inscription from Lakonia, Hesperia 31 396–398.
Lindsay, H. (1992), Augustus and Eurycles, RhM 135, 290–297.
Paton, J. M. (1895), Some Spartan Families under the Empire, TAPhA 26, 28–39.
Pettersson, M. (1992), Cults of Apollo at Sparta. The Hyakinthia, the Gymnopaidiai and the Karneia, Acta instituti atheniensis regni sueciae, ser. 8,12, Stockholm.

Piper, L. J. (1986), Spartan Twilight, New Rochelle.
Spawforth, A. J. S. (1978), Balbilla, the Euryclids and Memorials for a Greek Magnate, ABSA 73, 249–260.
Spawforth, A. J. S. (1980), Sparta and the Family of Herodes Atticus: a Reconsideration of the Evidence, ABSA 75, 203–220.
Spawforth, A. J. S. (1985), Families at Roman Sparta and Epidaurus: Some Prosopographical Notes, ABSA 80, 191–258.
Spawforth, A. J. S. (1992), Spartan Cults Under the Roman Empire, in: ΦΙΛΟΛΑΚΩΝ, Festschr. H. Catling, hrsg. v. J. M. Sanders, London, 227–238.
Spawforth, A. J. S. (1995), C. Iulius Spartiaticus, »First of the Achaeans«. A Correction, Hesperia 64, 225.
Steinhauer, G. (1998), Unpublished lists of gerontes and magistrats of Roman Sparta, ABSA 93, 437–447.
Steinhauer, G. (2006/7), The Euryklids and Kythera, MedArch 19/20, 199–206.
Steinhauer, G. (2010), C. Iulius Eurycles and the Spartan dynasty of the Euryclids, in: Roman Peloponnese III. Society, economy and culture under the Roman empire: continuity and innovation, hrsg. v. A. D. Rizakis u. Cl. E. Lepenioti, Athen, 75–87.
Thommen, L. (2014), Die Wirtschaft Spartas, Stuttgart.

Abbildungsverzeichnis

Karte 1: Rekonstruktion von Sparta/Lakedaimon nach den Angaben des Pausanias, Buch 3 (ca. 160 n. Chr.) und nach den archäologischen Befunden (nach *Der Neue Pauly* Bd. 11, Stuttgart/Weimar 2001, Sp. 787–790, mit Änderungen)
Karte 2: Sparta/Lakedaimon/Lakonike: Siedlungs- bzw. Staatsgebiet der Spartiatai/ Lakedaimonioi und der Perioikoi (nach *Der Neue Pauly* Bd. 11, Stuttgart/Weimar 2001, Sp. 785 f.; mit Änderungen)
Abb. 1: Blick vom Menelaion in Therapne nordwärts über das Eurotas-Tal und das moderne Sparta (S. 14)
Abb. 2: Das Flussbett des Eurotas. Blick von der Eurotas-Brücke in Sparta Richtung Süden mit den Ausläufern des Parnon-Gebirges (S. 15)
Abb. 3: Heiligtum der Artemis Orthia mit Tempel (um 570/60) und davorliegenden Altären innerhalb des römischen Theaterrundbaus (3. Jh. n. Chr.) (S. 16)
Abb. 4: Das Menelaion in Therapne (um 700, mit Ergänzungen des Podiums im 5. Jh.) mit Blick auf das Taygetos-Gebirge (S. 19)
Abb. 5: Stenyklaros-Ebene in Messenien (S. 24)
Abb. 6: Bronzespiegel aus Vasilikis (um 550/40), Museum Sparta Inv. 3302 (S. 41)
Abb. 7: Sog. Leonidas, gefunden in der Nähe des Athena Chalkioikos-Heiligtums (um 490/80), Museum Sparta Inv. 3365 (S. 70)
Abb. 8: Der Hafen von Gytheion (S. 102)
Abb. 9: Der Eurotas südlich von Sparta mit dem Taygetos-Gebirge im Hintergrund (S. 152)
Abb. 10: Die Hafenbuchten um das Kap Tainaron (S. 155)
Abb. 11: Das Theater Spartas am Abhang der Akropolis mit Blick über das moderne Sparta (S. 179)
Abb. 12: Römische Straße und Häuser im Nordosten Spartas, vom Eurotas Richtung Akropolis führend (S. 181)
Alle Fotographien (Abb. 1–12) von Lukas Thommen

Register

A

Achaia/Achaiischer Bund 46, 88, 161, 163, 165, 167, 173, 174, 175, 176, 177
Adeimantos (Ephor) 169
Adeimantos (von Korinth) 67
Agamemnon 19, 22, 46, 149
Agasikles 29
Agasisthenes 89
Agathoergen 45
Agathokles (von Syrakus) 158, 159
Agesilaos (Ephor) 96, 146, 165
Agesilaos II. 88, 93, 108, 126, 127, 143, 147, 149, 153, 155, 156, 157
Agesipolis I. 150
Agesipolis III. 170, 173, 175
Agesistrata 165, 167, 168
Agiaden 16, 20, 41, 82, 83, 84
Agiatis 165, 168
Agis II. 97, 101, 115, 129, 139, 149
Agis III. 157
Agis IV. 93, 94, 115, 163, 164, 165, 166, 167, 169
Agoge (*agogé*). s. Erziehung
Aigeiden 26, 109
Aigimios 21, 28
Aigina 46, 55, 60, 62, 63, 71, 102, 136
Aischines (von Sikyon) 53
Aitolien/Aitolischer Bund 161, 165, 159, 170, 174, 175
Aitoloi Erxadieis 47
Akrotatos 88, 158, 159
Alkamenes 139
Alkibiades 95, 96, 139, 140, 141
Alkidas 145
Alkman 6, 16, 39, 40, 41, 109, 115, 113
Alkmeoniden 57
Alpheios 16, 109
Amompharetos 71
Amphares 165
Amphipolis 136, 137, 138
Amyklai 14, 20, 23, 26, 89, 123, 180
Anaxandridas II. 45, 48, 55, 56
Anaxandros 108
Anaxibios 147
Anaxilas (von Rhegion) 65
Anchimolios 49, 57, 104, 147
Aneristos 78

Antalkidas 91, 150
Antigonos Doson 167, 169
Antigonos Gonatas 159, 161, 162
Antikrates 153
Antisthenes 140
Apella 34, 35, 94, 95, 96, 97, 175, 180
Apia 174
Arakos 143, 145
Aratos 163, 165
Archias 48
Archidamia 161, 165, 167
Archidamos II. 50, 95, 111, 136
Archidamos III. 152, 153, 156
Archidamos IV. 159
Archidamos V. 166
Archonten (*árchontes*) 56, 65, 164
Areus I. 51, 88, 125, 158, 159, 161, 163
Argos 22, 46, 54 60, 66, 78, 79, 135, 138, 139, 150, 159, 161, 167, 169, 170, 174, 175
Arimnestos 147
Aristagoras (von Milet) 59
Aristeides 68, 71 72
Aristodemos (Zitterer) 105
Ariston 45, 55
Arkadien 13, 23, 29, 32, 45, 46, 62, 65, 79, 133, 139, 153, 161, 155
Artaxerxes II. 149, 150
Artemis Orthia-Heiligtum 10, 15, 20, 36, 40, 112, 120, 123, 166, 180
Asteropos 54
Astyochos 140, 145
Athena Paliachos/Chalkioikos-Heiligtum 15, 36, 74, 93, 164

B

Begräbnisse 99, 102, 131
Bestechung 59, 60, 67, 68, 73, 78, 79, 125, 170
Bidyoi 113, 180
Blutsuppe 1, 42, 113
Boiotien 78, 96, 135, 137, 138, 150, 151, 157, 159, 161
Bouagos 113
Boulis 66
Brasidas 101, 128, 133, 135, 137, 138, 178
Byzanz 72, 73, 87, 141

C

Charilaos 31
Cheirisophos 155
Chileos (von Tegea) 71
Chilon 10, 47, 53, 54, 91, 109
Chilonis 159, 168
Chios 34, 140, 141

D

Damochares 165
Dareios 57, 61, 66
Dekarchien 142, 143, 147
Dekeleia 96, 139, 140, 142
Delphi 11, 22, 25, 26, 28, 30, 31, 32, 45, 55, 60, 61, 62, 72, 73, 77, 79, 82, 83, 94, 143, 157, 161, 162
Demaratos 28, 49, 53, 55, 56, 58, 60, 61, 84
Demetrios Poliorketes 159
Derkylidas 88, 148, 149
Diaios 176
Dikasterion 60, 61, 62, 73, 74, 87
Dionysiades 118
Dioskuren 14, 20, 21, 178, 179
Dorier 9, 11, 20, 22, 78, 105
Dorieus 48, 61, 80
Dorkis 72, 80
Dymanen 21, 22, 32, 37

E

Ehe 55, 117, 121, 122, 123
Eid (der Ephoren und Könige) 89, 118, 123
Eidolon 109
Eirenes 112
Elatos 54
Eleutheria 181
Eleutherolakones 178
Elis 23, 45, 138, 139, 149, 161, 165, 170
Endios 91, 140
Enomotien (*enomotíai*) 132
Epaminondas 25, 101, 152, 153
Epeunaktai 26
Ephoren 89, 90, 91, 92, 93, 94, 180 u. passim
Ephorenliste 54, 89
Epibat (*epibátes*) 146
Epidauros 139, 153
Epistoleus 141, 146
Epitadeus 97, 128
Erbe 105, 122, 123, 163, 168, 169
Erbtöchter 83, 84, 123
Erythrai 140
Erziehung 1, 3, 112, 113, 117, 118, 131, 163, 176, 177, 180
Eteonikos 141
Euainetos 66, 69
Euboia 67, 79, 140
Eudamidas 150

Eukleidas 166
Eunomia (*eunomía*) 29, 30, 32, 81
Euryanax 71
Eurybiades 67, 68, 109, 145
Eurykles/Eurykliden 2, 177, 178
Euryleon 48
Euryleonis 108
Eurypontiden 20, 28, 82, 83, 159, 165, 173
Eurysthenes 22, 28, 82
Euxenos 148

F

Frauen 26, 81, 117, 118, 119, 120, 122, 123, 124, 161, 163, 167, 168, 169, 173

G

Geißelung 106, 112, 113, 180
Geld 28, 73, 125, 178
Gelon (von Syrakus) 66
Geronten/Gerusia 30, 31, 33, 34, 86, 87, 88, 89, 97, 180 u. passim
Glaukos 62
Gorgo 59, 118
Große Rhetra 27, 28, 30, 31, 86, 95
Gylippos 96, 125, 128, 139, 143
Gymnetes 38
Gymnopaidien 16, 40, 93, 111, 152, 180
Gytheion 13, 78, 102, 145, 174, 175, 178

H

Handel 13, 14, 25, 27, 48, 102, 136, 174
Handwerk 106
Harmosten 103, 131, 135, 138, 140, 142, 145, 146, 147, 148, 151, 152
Hebontes 112, 113, 133
Helena 14, 20, 21, 118, 123
Hellanodikai 85
Hellenenbund 66, 68, 71, 72, 73
Heloten 99, 100, 101 u. passim
Herakleia Trachinia 27, 137, 147, 150
Herakliden 20, 21, 27, 118
Herodes 178
Hetairien 42
Hetoimaridas 77, 87
Himmelsbeobachtung 54, 61, 83, 94, 164
Hippagreten (*hippagrétai*) 133
Hipparmostes 133
Hippeis 45, 69, 93, 133, 180
Hippias (Tyrann) 50, 53, 61
Homoioi (*hómoioi*) 1, 26, 39, 104, 107, 126
Hyakinthien 14, 180
Hylleer 21, 22, 32, 37
Hyllos 21
Hypermenes 146
Hypomeiones 126, 127, 132, 163
Hysiai 23, 40

Register   231

I
Ile/Ilai 112
Isagoras 49, 57
Isonomia (*isonomía*) 37, 108
Ithome 23, 78, 153
C. Iulius Eurykles Herculanus 179
C. Iulius Laco 178, 179
C. Iulius Spartiaticus 179

J
Jagd 13, 113, 115
Junggesellen 119

K
Kallibios 142
Kallikratidas 128, 141
Karneen 39, 40, 65, 180
Kerkyra 136, 146
Kimon (von Athen) 74, 78
Kinadon 94, 97, 126, 127
Kleandridas 79, 80
Klearchos 87, 141, 148
Kleine Rhetren 28, 34, 106
Kleobulos 138
Kleombrotos I. 96, 151
Kleombrotos (Vormund) 70
Kleomenes I. 22, 28, 46, 48, 49, 50, 55, 56, 57, 58, 59, 60, 61, 62, 65, 87, 101
Kleomenes III. 89, 94, 113, 163, 165, 166, 167, 168, 169, 170
Kleon (von Athen) 137, 138
Kleonymos 88, 158, 159, 161
Knabenliebe 112, 113
Knemos 145
Könige 21, 30, 31, 32, 33, 35, 55, 57, 58, 59, 63, 81, 82, 83, 84, 85, 86, 87, 88, 89, 90, 92, 93
Königsliste 28, 82
Korinth 23, 46, 48, 49, 50, 51, 80, 136, 138, 139, 140, 142, 150, 151, 153, 157, 161, 167, 177
Kosmos 1, 10, 11
Kratesikleia 166, 168
Kratessipidas 141
Kritias (von Athen) 141, 143
Kroisos 29, 45, 46, 48
Krypteia 100, 112, 114
Kyniska 108
Kynosoura 14, 16, 20
Kynouria 13, 22
Kyros 48, 141, 148, 149, 155
Kythera 13, 26, 46, 53, 102, 103, 137, 138, 147, 178
Kytherodikes 103, 147

L
Lakon. s. C. Iulius Laco
Leobotes 28, 33
Leon 91
Leonidas I. 2, 3, 5, 9, 16, 39, 60, 69, 70, 105, 109, 118, 181
Leonidas II. 83, 94, 164, 165, 168
Leontiades 96, 150
Leotychidas 47, 55, 60, 61, 62, 70, 71, 72, 87
Lesbos 40, 137, 140
Leuktra 147, 148, 152, 153
Lichas 140
Limnai 14, 20
Livia 177
Lochen (*lóchoi*) 107, 132
Lykinos 108
Lykurg 27, 28, 29 u. passim
Lysander 141, 142, 143, 144 u. passim
Lysandros (Ephor) 88, 96, 164
Lysanoridas 151

M
Machanidas 170
Machatas 170
Maiandrios (von Samos) 49, 57, 59, 111
Mandrokleidas 164
Mantineia 46, 105, 132, 139, 150, 153, 159, 166, 170, 177
Marathon 65
Maron 16, 109
Megalopolis 153, 157, 163, 166, 167, 170, 174
Megara 46, 78, 135, 136, 137, 138, 161
Melanthos 139
Menalkidas 176
Menelaion 14, 20
Menelaos 14, 19, 20, 46
Mesoa 14, 20
Messenien 13, 22, 23, 40, 90, 99, 100, 170
Messenische Kriege 7, 22, 23, 24, 25, 26, 32, 37, 38, 40, 65, 99, 100, 104
Mikra Ekklesia (*mikrà ekklesía*) 97
Mindaros 140, 146
Minyer 26
Mitgift 122
Moren (*mórai*) 107, 132, 152, 166
Mothakes 105, 127, 128, 132, 166
Mykale 71

N
Nabis 14, 51, 147, 170, 171, 173, 174, 175, 176
Nauarchen 67, 68, 72, 73, 79, 135, 140, 141, 145, 146, 147
Naupaktos 79
Nemea 132, 150
Neodamoden (*neodamódeis*) 101, 126, 128, 133, 135, 139, 141, 149, 150
Neopolitai 166, 169
Nikias (von Athen) 138
Nikomedes 78
Nomophylakes 130
Nothoi 127

O
Oben 31, 32, 113, 131
Octavian/Augustus 177, 181
Oinoë 78
Oliganthropia 105, 122, 132
Olympiasiege 108
Olynth 150
oral tradition 7
Orest(es) 22, 45

P
Paides 112
Paidiskoi 112, 113
Paidonomoi 112, 113
Pamphyler 21, 32, 37
Pantites 105
Parthenier 26
Pasippidas 140
Patronomoi 113, 166, 169, 180
Pausanias (König) 6, 28, 32, 81, 87, 89, 92, 94, 142, 143, 144
Pausanias (Regent) 16, 68, 69, 70, 71, 72, 73, 74, 75, 100, 109, 145, 181
Pedaritos 140
Peisistratiden 46, 49, 53, 57
Peisistratos 29, 53
Pelopidas (von Theben) 151
Peloponnesischer Bund 45, 46, 47, 48, 49, 50, 78, 79, 100, 136, 153
Pentekostyen (*pentekostýes*) 132
Perikles 7, 79, 111
Periöken 101, 102, 103, 141, 147 u. passim
Phainomeriden (*phainomerídas*) 120
Pharnabazos 140, 143, 149
Phiditien (*phidítia*) 116, 164
Philipp V. 169, 170, 174
Philopoimen 14, 170, 173, 174, 175
Phleious 151, 153
Phoibidas 96, 150
Phokis 79, 96, 135, 144, 152
Phratrien 32, 180
Phylen 21, 31, 32, 37, 107, 131
Pitana 14, 16, 20
Plataiai 65, 69, 71, 77, 103, 104, 105, 106, 132, 136, 181
Platanistas 16
Pleistarchos 70
Pleistoanax 78, 79, 138
Podanemos 146
Polemarchen 67, 68, 73, 82, 85, 132
Pollis 146
Polyandrie 105, 117, 122
Polybiades 150
Polykrates (von Samos) 48, 56
Poteidaia 136
Presbytatoi 32
Prokles 22, 28, 82

Prothoos 96, 152
Proxenoi 84
Pyrrhos (von Epirus) 88, 159, 161
Pythagoras (von Argos) 174
Pythier 83

Q
T. Quinctius Flamininus 174, 175

R
Reisen 110
Rhodos 21, 141

S
Salaithos 137
Salamis 67, 145
Samios 155
Samos 48, 57, 71, 80, 107, 125, 140, 142
Sellasia 14, 142, 153, 167, 169
Sikyon 23, 46, 60, 153
Skias 15, 180
Skiriten 23, 103, 133, 150
Sklaven 99, 181
Söldner 125, 132, 133, 147, 148, 149, 155, 156, 157, 158, 173, 175
Sperthies 66
Sphaires 113, 180
Sphairos (von Borysthenes) 113, 116, 119, 163, 165, 166
Sphakteria 100, 132, 133, 137, 138
Sphodrias 86, 147, 148, 151
Stadtmauer 14, 17, 174, 176, 182
Sthenelaïdas 50, 92, 95, 96
Symbouloi 79, 84, 85, 93, 138, 139, 143, 145, 156
Synarchia 180
Syntrophoi 127
Syskenien (*syskénia*) 1, 82, 116, 164
Syssitien (*syssítia*) 27, 42, 100, 104, 115, 116, 123, 125, 131, 162, 163, 164, 166, 180, 181

T
Tainaron 13, 99, 155, 157, 158, 165
Tamiai 85
Tarent 26, 157, 158
Tegea 45, 46, 47, 73, 78, 80, 125, 144, 165, 170
Teisamenos 22, 46
Tele (*téle*) 69, 77, 79, 84, 86, 87, 91, 93, 95, 96, 97, 136, 139, 141, 142
Teleutias 146, 150
Terpander 39, 40
Theasides 62
Theater 15, 16, 113, 162, 178, 180
Theben 1, 3, 56, 69, 96, 127, 136, 142, 144, 148, 149, 150, 151, 152, 153, 156, 159
Themistokles 67, 68, 74, 77, 111
Theopomp(os) 23, 24, 31, 89

Theramenes (von Athen) 142
Thera(s) 21, 25
Thermopylen 2, 3, 46, 53, 65, 67 69, 70, 104, 131
Thespiai 3, 69, 151
Thessalien 21, 62, 67, 72, 73, 78
Thibron (Harmost) 148, 149
Thibron (Söldnerführer) 157
Thorax 125, 143
Thyreatis 13, 23, 46
Timaia 140
Tissaphernes 140, 149
Tolmides 78
Tresantes 105, 127, 158
Trierarch (*triérarchos*) 146
Tyndariden. s. Dioskuren
Tyrtaios 6, 23, 24, 30, 31, 32, 37, 33

V
Volksversammlung. s. Apella

W
Wirtschaft 12, 13, 14, 42, 99, 103, 117, 123, 124, 125, 126, 162, 181

X
Xanthippos 159
Xenagoi 133
Xenares 138
Xenelasia 110, 111
Xerxes 5, 53, 61, 66, 68, 72
Xouthias 125

Z
Zeltgemeinschaften. s. Syskenien
Zitterer. s. Tresantes

GPSR Compliance

The European Union's (EU) General Product Safety Regulation (GPSR) is a set of rules that requires consumer products to be safe and our obligations to ensure this.

If you have any concerns about our products, you can contact us on ProductSafety@springernature.com

In case Publisher is established outside the EU, the EU authorized representative is:

Springer Nature Customer Service Center GmbH
Europaplatz 3
69115 Heidelberg, Germany

Batch number: 09751682

Printed by Printforce, the Netherlands